Führen mit dem Omega-Prinzip

Führen mit dem Omega-Prinzip

Neuroleadership und Führungspraxis erfolgreich vereint

Arne Prieß
Dr. Sebastian Spörer

1. Auflage

Haufe Gruppe
Freiburg · München

Bibliografische Information der Deutschen Nationalbibliothek
Die Deutsche Nationalbibliothek verzeichnet diese Publikation in der
Deutschen Nationalbibliografie; detaillierte bibliografische Daten sind im Internet
über http://dnb.dnb.de abrufbar.

Print ISBN: 978-3-648-04899-3	Bestell-Nr. 00394-0001
EPUB ISBN: 978-3-648-04903-7	Bestell-Nr. 00394-0100
EPDF ISBN: 978-3-648-04904-4	Bestell-Nr. 00394-0150

Arne Prieß | Dr. Sebastian Spörer
Führen mit dem Omega-Prinzip
1. Auflage

© 2014, Haufe-Lexware GmbH & Co. KG, Munzinger Straße 9, 79111 Freiburg
Redaktionsanschrift: Fraunhoferstraße 5, 82152 Planegg/München
Telefon: (089) 895 17-0
Telefax: (089) 895 17-290
Internet: www.haufe.de
E-Mail: online@haufe.de
Produktmanagement: Bettina Noé

Lektorat: Helmut Haunreiter
Satz: Kühn & Weyh Software GmbH, Satz und Medien, 79110 Freiburg
Umschlag: RED GmbH, 82152 Krailling
Druck: fgb · freiburger graphische betriebe, 79108 Freiburg

Alle Angaben/Daten nach bestem Wissen, jedoch ohne Gewähr für Vollständigkeit und Richtigkeit. Alle Rechte, auch die des auszugsweisen Nachdrucks, der fotomechanischen Wiedergabe (einschließlich Mikrokopie) sowie der Auswertung durch Datenbanken oder ähnliche Einrichtungen, vorbehalten.

Inhaltsverzeichnis

Vorwort		9
1	**Führungsverständnis und Grundlagenwissen**	**15**
1.1	Definition von „Führung"	15
1.2	Definition von „Führungsstil"	19
1.3	Das „Peter-Prinzip"	22
1.4	Definition „Autorität"	24
1.5	Motivation – Mythos oder Basis erfolgreicher Unternehmen	26
1.6	Das Magische Dreieck der Führung	29
2	**Neuro-Wissenschaft – Grundlagenwissen über die Organisation des Gehirns**	**35**
2.1	Biologie bestimmt Verhalten – Verhalten bestimmt Biologie: Stand der Forschung	35
2.2	Milliarden von Neuronen	40
2.3	Gebrauchsabhängige Spuren – Das Gehirn ändert sich durch Benutzung	42
2.4	Was ist der Beitrag und der Nutzen von Neuro-Leadership?	45
2.5	Hauptaufgabe Bewertung	46
	2.5.1 Die konstruierte Welt	46
	2.5.2 Bewertungen	48
2.6	Im Zweifel: Überleben sichern	48
2.7	Fazit: Organisationsprinzipien des Gehirns	49
3	**Neuro-Leadership – Brückenbau von Neuro-Wissenschaft zu Führung**	**51**
3.1	Das Begeisterungssystem	52
3.2	Entweder – oder	54
3.3	Das Stresssystem	55
3.4	Schiedsrichter: Präfrontaler Cortex	59
	3.4.1 Begrenzte Ressource	60
	3.4.2 Marshmallow Test	61
3.5	Neuro-Skills: Mannschaftsaufstellung	63
	3.5.1 Selbstorganisation unter Führungsaspekten	64
	3.5.2 Beeinflussung von Anderen	66
3.6	Fazit	72

Inhaltsverzeichnis

4	**Rollenvielfalt der Führungskraft in dynamischen Zeiten**	**75**
5	**Das „Führungs-Omega"-Prinzip**	**83**
5.1	Plädoyer für eine Partnerschaft zwischen Führungskräften und Personalabteilung	84
	5.1.1 Die Phasen der Führungsverantwortung	87
6	**Die Führungsphasen**	**89**
6.1	Führung im „grünen Bereich": motivierte Performance	89
	6.1.1 Personalgewinnung und erfolgreiche Integration	89
	6.1.2 Mitarbeiter richtig einsetzen und steuern	110
	6.1.3 Personalentwicklung – Potenziale entdecken und freisetzen	125
	6.1.4 Coaching als Mittel der Personalentwicklung	139
	6.1.5 Beurteilung und Feedback – effektiver Anstoß zur Weiterentwicklung	141
	6.1.6 Gerechte Vergütung und Incentivierung	155
6.2	Führung im „gelben Bereich": Krisen und Konflikte mit Mitarbeitern lösen	164
	6.2.1 Wie Konflikte entstehen und wie man sie vermeiden kann	166
	6.2.2 Kritik- und Konfliktgespräche führen	170
	6.2.3 Denken in Bedingungen	175
	6.2.4 Moderation von Konfliktlösungs-Workshops im Team	176
6.3	Führung im „orangen Bereich": disziplinare Führung	188
	6.3.1 Grundannahme und Philosophie	190
	6.3.2 Arbeitsvertragliche Pflichten	191
	6.3.3 Ernsthaftigkeit des „Führungs-Willens"	194
	6.3.4 Dramaturgie durch Instrumente	196
	6.3.5 Vorgehensschema	203
6.4	Führung im „roten Bereich": professionelle faire Trennung von Mitarbeitern	205
	6.4.1 Trennungsmöglichkeiten im Überblick	206
	6.4.2 Auswirkungen auf das Arbeitgeberimage	212
	6.4.3 Rollen, Beteiligte und Prozess	214
	6.4.4 Psychologie der Trennung	218
	6.4.5 Nach der Trennung	225
	6.4.6 Austritts-Interviews als Quelle der Erkenntnis	226
7	**Führung ist eine Beziehung – den Mitarbeiter als aktiven Part einbinden**	**229**
8	**Schlüsselqualifikationen guter Führung und erfolgreicher Unternehmen**	**231**
8.1	Kommunikation: Basis-Kompetenz für Führung und Zusammenarbeit	231
	8.1.1 Fragen und aktiv zuhören anstatt reden	239
	8.1.2 Eisberg-Modell – Klassiker der Kommunikationstheorie	242
	8.1.3 Mitarbeitergespräche – Motor für Entwicklung und Zusammenarbeit	245
8.2	Entscheidungen: Größtes Recht und höchste Pflicht der Führungskraft	250

8.3	Verhandlungen: Wenn einer will, was der andere hat und umgekehrt	256
8.4	Moderation: Effizienz in Meetings und Workshops	262
	8.4.1 Gute Vorbereitung macht den guten Moderator aus	265
	8.4.2 Agenda: der systematische Weg zum Ziel	266
	8.4.3 Moderations-Methoden	268
	8.4.4 Humor und das Gefühl etwas zu schaffen als Meeting-Treiber	272
	8.4.5 Protokolle und Nachhalten	275
8.5	Change Management: Veränderungen erfolgreich managen	277
8.6	Mitarbeiterbindung und High Performance Management	286
	8.6.1 Mitarbeiterbindung: Engagierte Mitarbeiter binden anstatt „War for Talents"	288
	8.6.2 High Performance Management: Produktivität und Erfolg steigern	293
8.7	Distance Leadership: virtuelle Führung auf Distanz	299
	8.7.1 Vertrauen als Basis virtueller Führung	300
	8.7.2 Richtig kommunizieren bei virtueller Führung	303
	8.7.3 Virtuelle Teams entwickeln	304
9	**Werteorientierte Führung**	**309**
9.1	Selbsterkenntnis: eigene Werte erkennen und Verhalten vordenken	311
9.2	Führungs-Leitbilder: vereinbartes Spielfeld für das Führungsteam	313
10	**Sich selbst führen, bevor man andere führt**	**321**
11	**Führungskräfteentwicklung im Unternehmen implementieren**	**329**
Quellen und Literaturempfehlungen		**335**
Downloads und Hilfsmittel		**337**
Die Autoren		**343**

Vorwort

Führung ist vielleicht das Themenfeld, zu dem es „gefühltermaßen" die meisten Bücher gibt. Zahlreiche Autoren haben zu diesem anspruchsvollen Themengebiet vielfältige und hilfreiche Thesen und Modelle entwickelt. Und viele Autoren versuchen die Vielfalt der Meinungen und Ansichten in einem neuen Werk zusammenzufassen und mit ihren eigenen Gedanken zu verbinden.

Ich möchte mit diesem Buch ganz bewusst einen eigenständigen Weg gehen, ohne den Anspruch zu erheben, **die** neue Theorie zu postulieren.

Es bietet vielmehr ein in sich geschlossenes Konzept an, dass von keiner Meinung anderer Autoren abhängig ist. Das Besondere an dem zugrunde gelegten Führungs-Omega-Prinzip ist die Verbindung von zwei in Unternehmen häufig zu wenig verzahnten Bereichen: der Mitarbeiterführung und dem Personalmanagement.

Inspiriert durch den HR-Experten Prof. Dave Ulrich (University of Michigan) hat HR in den letzten Jahren versucht, die Idee der HR-Business-Partnerschaft umzusetzen — also sich stärker an seinen Kunden, den Managern im Business, zu orientieren und auf diese Weise mehr zur Wertschöpfung der Unternehmen beizutragen. Aber in vielen Fällen ist die Verbindung nur oberflächlich gelungen und nicht ausreichend wirksam. Dies ist nicht nur für das Personalmanagement frustrierend, viel schlimmer ist es, dass die Führungskräfte nicht ihre notwendigen und zum Teil versprochenen Supportleistungen erhalten, was für den Erfolg von Unternehmen ein begrenzender Faktor ist.

In Unternehmen, in denen die Personalorganisation noch dem „klassischen" Rollenbild von Verwaltung und Administration entspricht, leben Führungskräfte und Personaler nebeneinander her. In der Regel gibt es zwischen ihnen nur im Rahmen von administrativen Prozessen Schnittstellen, z. B. dann, wenn es um die Vertragserstellung für einen Bewerber geht.

Als Autor möchte ich Ihnen meine langjährigen Erfahrungen in der Menschenführung und im Personalmanagement zu Verfügung stellen — und zwar mit Hilfe des Prinzips „Führungs-Omega". Alle Inhalte repräsentieren meine praktischen Erfahrungen, die ich im Bereich der Führung und Führungskräfteentwicklung sowie im Rahmen meines Einsatzes im Personalmanagement gemacht habe. Dabei habe ich auch gelernt, dass mancher Gedanke richtig und gut sein mag, wenn man lange darüber nachdenkt, aber leider nicht praktikabel, weil er dem tatsächlichen Ge-

Vorwort

schehen in Unternehmen, der Gedankenwelt der Lernenden und der täglichen Führungspraxis zu fern ist.

Bitte verstehen Sie dieses Buch nicht nur als ein Werk, das man lediglich einmal liest. Es soll vielmehr eine begleitende Lektüre für Ihr ganzes Berufsleben als Führungskraft sein und Ihnen für die unterschiedlichen Situationen und Phasen der Führung Inspiration, Lern- und Arbeitshilfen bieten.

Zu vielen meiner Kapitel könnte man auch ganze Bücher lesen, in denen die komplexen Sachverhalte tief und breit erörtert werden. Aber ich habe während der Jahre, in denen ich im Bereich der Personalentwicklung tätig war, eines gelernt: Es ist besser nur fünf einzelne Sachverhalte zu begreifen und umzusetzen als fünf Bücher zu jedem einzelnen Sachverhalt im Schrank zu haben, aber sie aufgrund ihres großen Umfangs nie zu lesen.

Ich befürchte, es steht den Führungskräften heute nicht zu wenig Wissen zur Verfügung, sondern viel zu viel und sie müssen sich bemühen, sich auf das Wesentliche zu beschränken. Deshalb habe ich entlang des zugrunde liegenden Führungs-Omega-Prinzips alle Themen so beschrieben, dass sie kompakte, aber in die Praxis transferierbare Bausteine sind. Deswegen werden sicher manche Leser, die selbst zu bestimmten Bausteinen meines Buches viel ausführlichere Werke erstellt haben, denken: „Das ist mir zu dünn, da weiß ich mehr". Aber für diese Fachexperten habe ich dieses Buch nicht geschrieben. Ich möchte den Führungskräften einen kompakten aber hinsichtlich der Aspekte moderner Führung vollständigen Leitfaden anbieten. Und dieser soll bewusst nur so ausführlich sein, wie es nötig ist. Selbst wenn dieses Buch nur einige wichtige Impulse geben würde, die dann in die Praxis übertragen werden, hätte ich um die Professionalität der Führung keine Sorgen mehr.

Das Buch richtet sich aber nicht nur an Führungskräfte, sondern auch an interessierte Personalmanager, die meine Vision von einer festen und nachhaltigen Partnerschaft zwischen Führungskräften und HR-Management in ihrem Verantwortungsbereich verwirklichen wollen. Diese bezeichne ich nachfolgend zumeist ganz neutral als HR-Partner (andere Funktionsbezeichnungen wie HR-Business-Partner, Personalreferent oder Personalleiter sind zu spezifisch und treffen eben nicht alle Leser).

Mit einem Hinweisfeld wird jeweils deutlich gemacht, für welche der Führungsaufgaben die Personalabteilung Instrumente, Prozesse oder Konzepte zur Verfügung stellen kann und sollte. Nutzen Sie als Führungskraft diese Hinweise und fragen Sie im Unternehmen bei den HR-Mitarbeitern nach. Falls Sie aber Personaler sind, könnten Sie sich die Frage stellen, ob in Ihrem Unternehmen bereits die entsprechenden Hilfestellungen geleistet werden.

Vorwort

HR
Hier finden Sie Hinweise auf HR-Instrumente, Prozesse oder Konzepte.

Um bewährte Erkenntnisse und Methoden der Mitarbeiterführung mit neuesten Erkenntnissen aus der Neurowissenschaft zu verbinden, habe ich mit Dr. Sebastian Spörer einen Co-Autor gewonnen, in dessen Kapiteln der für dieses Buch relevante neurowissenschaftliche Background gegeben wird. Zudem finden Sie entlang des Buchs eine Reihe von Hinweisen, die eine Verbindung zwischen Führungswissen und den Neurowissenschaften herstellen. Diese Hinweise sind folgendermaßen gekennzeichnet:

NEURO
Hier finden Sie Hinweise auf wertvolle Erkenntnisse aus der Gehirnforschung.

Obwohl manches im Zusammenhand mit Führung arbeitsrechtliche Konsequenzen hat, ist dieses Buch keine arbeitsrechtliche Anleitung. Es liefert aber an den entsprechenden Stellen grundlegendes Basiswissen. Für die rechtliche Durchsicht bedanke ich mich bei einem befreundeten Arbeitsrechtler, Frank Albach aus Taufkirchen, ganz herzlich. Er steht mir seit vielen Jahren mit seiner juristischen Fachexpertise zur Seite, wenn die Projekte es erfordern.

Gemeinsam mit meinem Co-Autor Dr. Sebastian Spörer hoffe ich, fernab von allen akademischen Ehren, mit diesem Buch Nutzen zu stiften — einzig und allein dem Erfolg von Führung in der Praxis, von Personalmanagement und damit letzten Endes einem erfolgreichen und motivierenden Arbeitsleben der Mitarbeiter verpflichtet. So hoffe ich auch, den vielen Führungskräften, die nicht Teilnehmer eines von mir gestalteten Führungskräfte-Entwicklungsprogrammes sein können, Inspiration und Hilfestellungen zu geben. Frei nach dem Motto von Moshé Feldenkrais: „Du kannst nur tun, was du willst, wenn du weißt, was du tust!"

Breits an dieser Stelle entschuldige ich mich für meine vielleicht etwas lockere Ausdrucksweise. Ich schreibe, wie mir der „norddeutsche Schnabel gewachsen ist". Das prägt meine Trainings und als Autor fühle ich mich eben nicht recht authentisch, wenn ein fachlich-trockener Staub meine Ausführungen vernebelt.

Abschließend möchte ich Ihnen noch einen Hinweis geben: Im Buch verwenden wir für Begriffe wie Mitarbeiter oder Führungskraft durchgängig die männliche Form. Selbstverständlich sind immer beide Geschlechter angesprochen. Wenn also von „er" geschrieben wird, bitten wir die Leserinnen um Verständnis und hoffen, dass das flüssigere Lesen für diese einseitige Geschlechterbenennung entschädigt.

Beste Grüße
Arne Prieß

Widmung

Ich widme dieses Buch meiner viel zu früh gestorbenen Mutter,
meinen drei Jungs und meiner Frau.
Viele Stunden verbrachte ich am Laptop, vertieft in die Themen,
die mir Spaß machen, da kam so manches andere zu kurz.
Wenn meine Jungs irgendwann einmal Führungspositionen innehaben sollten,
werden sie dieses Buch vielleicht immer noch als Hilfestellung empfinden.
Denn der geführte Mensch verändert sich beileibe nicht so schnell,
wie es unser technischer Schnickschnack glauben lassen möchte.

Bis dahin!
Arne Prieß

1 Führungsverständnis und Grundlagenwissen

Bevor ich ein so viel beschriebenes Themengebiet wie Mitarbeiterführung betrete, sollte ich sicher etwas über grundlegende Dinge aussagen. Hilfreich ist es gewiss, Definitionen zu den wichtigen Begriffen Führung, Autorität und Führungsstil, aber auch zu Coaching in der Führung und zu dem grundsätzlichen Verständnis von Rollen, die sowohl von der Führungskraft als auch vom Personalmanagement eingenommen werden, zu formulieren. Auf diese Weise entsteht eine Basis, auf die man im Nachfolgenden aufbauen kann.

1.1 Definition von „Führung"

In meinen Trainings biete ich den Teilnehmern gerne eine Auswahl unterschiedlicher Definitionen für Führung aus verschiedenen Quellen an. Aufgefordert, sich eine auszusuchen, die ihnen am besten gefällt, fällt die Wahl zumeist auf folgende:

> **Führung ist richtungsweisendes und steuerndes Einwirken auf das Verhalten anderer Menschen, um eine Zielvorstellung zu verwirklichen.**

Ohne vorher die Quelle zu kennen, empfinden die Führungskräfte diese Definition als gut und insbesondere aufgrund des Bezugs zu Zielen als die passendste. Ein Einwirken auf Mitarbeiter im Sinne von vorher gesteckten Zielen scheint als grundlegender Bestandteil von Führung völlig akzeptiert zu sein.

Dass diese Definition aus der Dienstvorschrift der Bundeswehr stammt, verwundert dann regelmäßig etwas. Das mag daran liegen, dass es noch immer eine Reihe von Vorurteilen im Hinblick auf das dort herrschende Menschenbild oder auf die Modernität des Führungsverständnisses gibt. Aus eigener Erfahrung kann ich berichten, dass ich keine Organisation kenne, die ihre Führungskräfte derart umfänglich und vorausschauend auf die anspruchsvolle Rolle als Führungskraft vorbereitet.

Weiterhin ist bei Definitionen dess Begriffs Führung interessant, dass jene, die aus Werken der 1970er Jahre stammen, als voll akzeptabel ausgewählt werden. Das weist daraufhin, dass sich der Mensch, der geführt werden soll und die Menschen die führen wollen, über Jahrzehnte nicht grundlegend verändert haben. Natürlich gilt es, die Besonderheiten der verschiedenen Generationen nicht außer Acht zu

Führungsverständnis und Grundlagenwissen

lassen; so sind die Erwartungen eines „Generation Y"-Mitarbeiters sicher anders als die eines „Baby Boomers", aber die fundamentalen Mechanismen von Führen und Geführt-Werden sind meines Erachtens die gleichen geblieben.

Hierzu eine Anmerkung: Ich habe einmal den Versuch unternommen, die einzelnen Generationen dahin gehend zu beschreiben, welche Anforderung sie an Führung stellen. Betrachtet man ergänzend zu den allgemeinen Koordinaten die jeweiligen beruflichen und familiären Phasen, in denen sich der Mitarbeiter befindet, und ferner die für ihn geltenden individuellen Werte, ergibt sich ein mehrdimensionales Bild, das sich nicht mehr als allgemeines Führungsraster eignet. Aus diesem Grund funktioniert die einfache Formel „Führe den Y-Mitarbeiter so, dann passt es für ihn" nach meiner Erfahrung nicht. Deshalb habe ich mich am Ende dafür entschieden, lieber jeden einzelnen Mitarbeiter für sich kennenzulernen.

Kollektive Generationsbetrachtungen helfen aus meiner Sicht eher beim Employer Branding oder bei kollektiv wirksamen Konzepten, weil man in diesem Zusammenhang eine bestimmte Gruppe erreichen will, ohne den Einzelnen kennen zu müssen. Deshalb gehe ich an dieser Stelle auf die Generationen und ihre allgemein erwarteten Bedürfnissen nicht weiter ein.

Vorausgreifend auf das nachfolgend ausführlich beschriebene Verständnis von Führung nach dem „Führungs-Omega" möchte ich folgende Definition anbieten:

Führung bedeutet, die ganzheitliche Verantwortung dafür zu tragen, Menschen für eine Organisation zu gewinnen, sie erfolgreich in diese zu integrieren, ihnen Aufgaben und Verantwortung anzuvertrauen, ihnen Ziele für ihr Handeln und Streben zu geben, sie bei der Entwicklung ihrer Kompetenzen zu unterstützen, sie für ihre Leistungen zu belohnen, aber auch für ihr Fehlverhalten zu sanktionieren.

Führung erstreckt sich also über ein weites Feld: von der Mitarbeitergewinnung über deren Entwicklung und deren steuernden Einsatz bis hin zu Bereichen wie Konflikte und Trennung.

Eine gute Führungskraft

- unterstützt den Mitarbeiter dabei, erfolgreich die vereinbarten Leistungen zu erbringen,
- setzt bei seinen Mitarbeitern die Freude daran frei, am Erreichen von Zielen und an den Erfolgen des Unternehmens und der jeweiligen Teams mitzuwirken,
- ist ein aktiver Konfliktlöser,
- setzt, wo nötig, auch disziplinarische Maßnahmen bis hin zur fairen professionellen Trennung ein, um die Ernsthaftigkeit seines Führungsanspruches konsequent aber fair und gerecht durchzusetzen.

1 Definition von „Führung"

Natürlich werden noch viele Teilaspekte zu benennen sein, wenn man das Thema vollständig beleuchten will, aber zunächst ist eine Kurzfassung ausreichend für den Einstieg.

Mir ist an meinen Definitionen wichtig: Führungskräfte sollen erkennen, dass sie eine **breite Verantwortung** tragen, die sich von der Mitarbeitergewinnung bis hin zur Trennung von ihnen erstreckt. Und die Verantwortung können sie nicht an die Personalabteilung abgeben. Diese explizit geforderte Breite zollt der Erfahrung Rechnung, dass manche Führungskräfte insbesondere das Gewinnen neuer Mitarbeiter gerne an die Personalabteilung delegieren und sich aus schwierigen Themen wie z. B. aus Konflikten und Trennungen heraushalten. Ich bezeichne diese eingeschränkte Verantwortungsannahme als „Sonnenschein-Management". Aber Führungskräfte sollten ihrem erhöhten Status gerecht werden, indem sie gerade dann, wenn es anstrengend wird, selbst das Ruder in der Hand haben.

In diesem Zusammenhang ist es sicher wichtig, eine Rollenklärung vorzunehmen. Nach meiner festen Auffassung ist das Personalmanagement ein **„Subsystem der Führung"**, und das sage ich als langjährig aktiver Personaler, der sowohl operativ als auch als HR-Consultant und Trainer tätig war bzw. ist. Selbst die oft eingenommene Funktion als „Ordnungshüter", mit der Augabe, das Einhalten von Gesetzen und sonstigen kollektiven Regelungen sicherzustellen, füllt HR nur aus, um den Erfolg von Unternehmens- und Mitarbeiterführung nachhaltig zu sichern.

Erst die Ganzheitlichkeit der Verantwortung der Führungskräfte vervollständigt die eingangs zitierte Partnerschaft zwischen Führungskräften und HR.

Wichtig ist es, dass in Unternehmen früher oder später, je nach Reifegrad der Führung, eine einheitliche Definition des Führungsverständnisses vorliegt. Ein Führungsleitbild, richtigerweise von innen entwickelt und nicht von außen oder von oben plakativ übergestülpt, ist das beste Mittel, dieses einheitliche Verständnis zu formulieren und zu etablieren. Dazu mehr im Kapitel „An Werten orientierte Führung".

Betrachtet man den immer noch häufig verwendeten Begriff „Vorgesetzter" genauer, erschließt sich schnell, welche Auffassung sich dahinter verbirgt, auch wenn manche ihn einfach aus Gewohnheit oder unbedacht verwenden.

Stellen Sie sich bildlich vor, wie man Ihnen einen Kollegen vorsetzt, der wie Sie in Richtung Geschäftsführung schaut. Sie betrachten seinen Rücken und müssen akzeptieren, dass Ihnen nun jemand vorgesetzt wurde. Solange er sich Ihnen nicht zuwendet und aktiv Aspekte verwirklicht, die in der Definition oben formuliert wurden bzw. in den folgenden Kapiteln erklärt werden, behält er seinen Status des „Vorgesetzt-worden-zu-sein".

Streichen Sie diesen veralteten Begriff aus Ihrem Wortschatz und verwenden Sie „Führungskraft", denn bereits in der Bedeutung des Begriffs selbst zeigt sich, worum es geht: Es geht um Führung und die reichliche persönliche Kraft, die es dafür aufzuwenden gilt.

Nach meiner Philosophie ist Führung eine sehr aktive und engagierte Tätigkeit. Sie hat viel damit zu tun, dass Energie aufgewendet und zum Wohle des Mitarbeiters und seines individuellen Beitrags zum erfolgreichen Unternehmensgeschehen eingesetzt wird. Überspitzt formuliert ist **„Führung die höchste Form des Dienens"**. Nach meinen Quellen geht diese Formulierung auf eine mexikanische Hausfrau (Christina Sousa) zurück. So, wie der Trainer der Mannschaft oder der Lehrer den Schülern dient, so hat sie die dienende Rolle der Führungskraft benannt. Diese Auffassung wurde auch 1977 von Robert Greenleaf im Essay „Essentials of Servant Leadership" beschrieben.

Wem die eingangs von mir formulierte ganzheitlich beschreibende Definition zu lang ist, der sollte sich diese merken, die mit dem „Diener-Prinzip" arbeitet:

Führung heißt, dem Mitarbeiter so zu dienen, dass er seinen Unternehmensbeitrag leisten kann.

Wenn man jahrelang an seiner Karriere gearbeitet und mit dem Erreichen einer Führungsposition den verdienten Lohn erhalten hat und täglich den Habitus mancher Top Manager als Vorbild nimmt, mag einem diese bescheidende Definition befremdlich erscheinen. Aber es geht dabei nicht darum, dass man nur ein bescheidener Diener im Hintergrund ist. Es geht vielmehr darum, zu erkennen, dass man erst durch den Erfolg der einem anvertrauten Mitarbeiter selbst erfolgreich sein kann. Denn ein Bereichsleiter wird nur durch die Erfolge seines Bereichs „glänzen" — und die werden naturgemäß durch die Mitarbeiter des Bereichs erarbeitet. Also ist das „Diesen-Mitarbeitern-Dienen" im Sinne von „alles leisten, was sie für besonders erfolgreiche Arbeit benötigen" die Grundlage für den eigenen Erfolg als Führungskraft. Das Ziel bleibt also das gleiche, nur die Grundeinstellung und die Inhalte des Handelns sind andere.

Spaßeshalber möchte ich Ihnen eine Definition, die in die gegenteilige Richtung geht und aus dem Zitateschatz für Manager stammt, nicht vorenthalten:

„Personalführung ist die Kunst, den Mitarbeiter so schnell über den Tisch zu ziehen, dass er die Reibungshitze als Nestwärme empfindet."

Auch wenn sich diese Vorgehensweise für den Mitarbeiter kurzfristig und zumeist nur erstmalig als sehr mitarbeiterorientiert anfühlt, so darf man davon ausgehen, dass Unternehmen i. d. R. intelligentere Mitarbeiter haben, als manche Führungskräfte vermuten. Sie werden spätestens beim zweiten oder dritten Mal erkennen, wie der Hase läuft und der Führungskraft die Gefolgschaft und/oder das Vertrauen aufkündigen.

1.2 Definition von „Führungsstil"

Die Art und Weise des eigenen Führungsverhaltens wird mit dem Begriff „Führungsstil" beschrieben. Dieser wichtige Begriff beschreibt zunächst **„die durch regelmäßige Anwendung nachvollziehbare und persönliche Führungsweise"**.

Das in der folgenden Abbildung dargestellte Führungsstil-Kontinuum bietet eine gute Hilfestellung dafür, das eigenen Verhaltens im Umgang mit dem Mitarbeiter — also den eigenen Führungsstil — einzuschätzen und zu optimieren. Es zeigt auf, wie es um das Verhältnis zwischen der Entscheidungsfreiheit des Mitarbeiters und der durch die Führungskraft getroffenen Entscheidungen bestellt ist. Legt man eine 0 bis 100 Skala zugrunde, so kann man jeweils den eigenen Führungsstil in einer bestimmten Situation anhand einer Zahl oder eines Korridors einordnen.

Das Kontinuum beschreibt die drei Hauptausprägungen des Führungsstils mit folgenden Begriffen:

- demokratisch
- kooperativ bzw. partizipativ und
- autoritär bzw. patriarchaisch

Die moderne Führungstheorie geht davon aus, dass man als Führungskraft mit einem **situativen Führungsstil** flexibel, d. h. auf eine dem Mitarbeiter und der Situation angemesse Weise, führen und sich auf der gesamten Skala bewegen sollte.

Während ein unerfahrener Mitarbeiter richtigerweise an der „kurzen Leine" mit klaren Anweisungen und wenig Entscheidungsspielraum geführt wird, muss einem erfahrenen und nachweislich erfolgreich selbstständig arbeitenden Mitarbeiter mehr Entscheidungsspielraum eingeräumt werden, damit er sein ganzes Potenzial entfalten kann und zufrieden ist.

Führungsverständnis und Grundlagenwissen

Ergänzen Sie die folgende Abbildung gedanklich gerne mit einer an der rechten Kante fixierten Verbindungsleine (vergleichbar mit dem Sicherungsseil beim Bergsteigen), die sie entsprechend der Situation und Kompetenzen des betroffenen Mitarbeiters entweder lang oder eben kürzer gestalten. Ist ein Mitarbeiter in einer Situation gescheitert, in der Sie ihm „viel Leine" im Sinne von eigenverantwortlichem Entscheiden und Handeln gegeben haben, so haben Sie etwas über seine Grenzen erfahren. Sie sollten ihm beim nächsten Mal weniger Freiraum geben und mehr Führungsimpulse setzen. Auf diese Weise kann man ausloten, welcher Führungsstil in der individuellen Situation jeweils angemessen ist und ihn sukzessive anpassen.

Grundlegend ist bei diesem Modell, anzuerkennen, dass jeder Führungsstil seine Berechtigung hat. Manche Führungskräfte empfinden den autoritären Führungsstil als veraltet — als ein Führungsverhalten, das man heutzutage nicht mehr anwendet. Von einer solchen Wertung sollte man sich verabschieden. Jeder Stil kann effektiv sein, wenn er für den geführten Menschen und die gegebene Situation angemessen ist.

Das heißt im Fazit: Man sollte das eigene Verhalten unter dem Blickwinkel betrachten, ob es im Hinblick auf den Mitarbeiter und die Situation richtig war, und nicht umgekehrt nach dem Motto „ich bin eben die autoritäre Führungskraft, das müssen meine Mitarbeiter aushalten! Sie können sich ja einen anderen suchen, wenn es ihnen nicht passt".

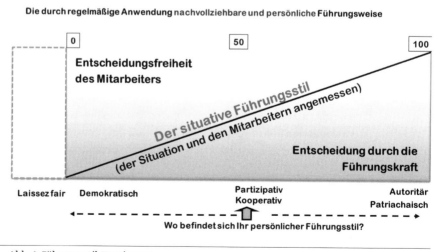

Abb. 1: Führungsstil-Kontinuum

1 Definition von „Führungsstil"

Auch die beste Führungskraft kann sich auf der oben gezeigten Skala nicht völlig flexibel zwischen 0 und 100 hin und her bewegen — eine solche Einschätzung wäre unrealistisch. Es wird immer Bereiche innerhalb des Führungs-Kontinuums geben, die sie lieber für sich in Anspruch nimmt als andere. Gleichwohl muss sich eine Führungskraft bemühen, ihr Verhalten dem Mitarbeiter und der Situation anzupassen — sofern sie sich gemäß der oben beschriebenen „Philosophie" dem höchstmöglichen Erfolg des Mitarbeiters verschreiben möchte.

Ich schlage Ihnen daher vor, darüber nachzudenken, innerhalb welchen Korridors Sie zumeist agieren. Streichen Sie dann die Extreme und legen Sie Ihren persönlichen Korridor auf der Skala von 0 — 100 fest.

Für Mitarbeiter ist es wichtig, eine gewisse Verhaltensstabilität ihrer Führungskräfte zu erleben. Wenn Sie in einer wiederkehrenden Situation üblicherweise die „lange Leine" lassen, irritiert es den Mitarbeiter, wenn er in einer ähnlichen Situation plötzlich „kurz gehalten" wird. Das kann ihn so sehr verärgern, dass ein Hauptteil seiner Energie in Frust übergeht, anstatt in die Arbeit zu fließen.

> **Neuro**
>
> Ideal ist, wenn sich Ihr persönlicher Führungsstil gegenüber dem einzelnen Mitarbeiter nach links also grundsätzlich in Richtung Kooperation bzw. hin zu demokratisch bewegt — also wenn Sie Ihrem Mitarbeiter im Laufe der Zeit mehr Kontrolle und mehr Entscheidungsräume lassen können. In den Neurowissenschaften konnte nachgewiesen werden, dass das Maß an gefühlter Kontrolle Stress reduziert (unter anderem durch Seligman: Prinzip der erlernten Hilflosigkeit). Daher ist es eine gute Idee, sich auf der Skala nach links zu bewegen, also dem Mitarbeiter im Laufe der Zeit mehr Kontrolle über seine Tätigkeit zu geben.

Bewegt sich die Führungskraft im Bereich des „Laissez faire", hält sie sich aus der Entscheidungsfindung ihres Mitarbeiters völlig heraus. Sicher gibt es Situationen, in denen auch diese „Abwesenheit von Führung" für das Gelingen einer Aufgabe sinnvoll sein kann. Meiner Erfahrung nach handelt es sich dabei aber nicht um einen echten Führungsstil, da dieser etwas Wiedererkennbares beinhalten muss, was bei Abwesenheit von Führungsverhalten schwerlich möglich ist. Mir klingen da eher Aussagen von Mitarbeitern in den Ohren: „Mal wieder typisch, wenn man ihn braucht, ist er nicht da. Und wenn ich dann entscheide und es schief geht, stehe ich im Regen!" Man sollte hier aber „typisch" nicht mit wiedererkennbarem Stil verwechseln.

Führungsverständnis und Grundlagenwissen

Führungskräfte, die diesen Bereich des Führungs-Kontinuums als „ihre Verhaltens-Heimat" empfinden, sollten sich aus meiner Sicht zumindest die Frage stellen, ob dies wirklich dem Erfolg ihrer Mitarbeiter dienlich ist, oder ob sie nicht lieber einen anderen Führungsstil vorziehen würden.

In meinen Führungstrainings stoße ich regelmäßig auf Teilnehmer, die sich hinter dem Argument verstecken, sie hätten so viel Arbeit, dass eben für die Führung keine Zeit bleibt. Ich nenne dies gerne das **„Edelfacharbeiter-Syndrom"**.

Wenn die Führungsaufgabe zu kurz kommt oder wochen- und monatelang mit „laissez faire" wahrgenommen wird, dann ist die eigentliche Berufung des Betroffenen die oft in der Funktionsbeschreibung auch aufgeführte anteilige Facharbeit, die eben als die eigentliche wichtige Aufgabe empfunden wird. Eine solche Fehlauffassung hat häufig ihren Ursprung darin, dass Unternehmen keine Fachlaufbahnen als Karrierewege anbieten, sondern die Führungslaufbahn für alle, die weiter kommen wollen, zwangsläufig eingeschlagen werden muss.

1.3 Das „Peter-Prinzip"

Wenn man eine Fachkraft ohne Führungsfähigkeiten mangels eines Angebots an Fachlaufbahnen in eine Führungsaufgabe befördert, passiert klassischerweise häufig das, was als „Peter-Prinzip" bezeichnet wird. Es geht zurück auf eine These von Laurence J. Peter und ist zusammen mit Raymond Hull in „The Peter Principle" 1969 bei William Morrow in New York erschienen.

Dieses Prinzip stellt die These auf, dass jedes Mitglied einer komplexen Hierarchie so lange befördert wird, bis es die Stufe seiner absoluten Unfähigkeit erreicht hat. Das ist in der Regel der Zenit der persönlichen Karriereleiter. In der Praxis erlebt man das häufig, wenn der beste Fachmann zur Führungskraft eines Bereiches ernannt wird. Das Problem ist, dass für Führung eben eine andere Kompetenz erforderlich ist als für fachliches Expertentum. Auf diese Weise beförderte „Edelfacharbeiter" erreichen dann das sogenannte „Peter-Plateau"; dies ist die erste Ebene ihrer Unfähigkeit bzw. Überforderung, die eben häufig die erste Führungsebene ist.

Wie bereits erwähnt resultiert dies oft aus Fehlern, die im Rahmen der Personalentwicklungsprozesse gemacht werden, und das ist den betroffenen Führungskräften nicht anzulasten. In unserer Gesellschaft aber ist es allzu schwer, innerhalb einer Organisation ohne Gesichtsverlust einen Schritt zurückzugehen. Es wäre wünschenswert, wenn man, nachdem man den Schritt nach vorne „einmal auspro-

Das „Peter-Prinzip" 1

biert" und dann festgestellt hat, dass Führung nichts für einen ist, einfach zurück in seine vorherige Rolle geht. Aber leider können solche überforderten Mitarbeiter häufig nur wieder Grund unter den Füßen bekommen, wenn sie das Unternehmen wechseln. So verbrennt man seine guten Fachleute und treibt sie zur Konkurrenz.

An dieser Stelle ist es wichtig, einen weiteren Teil meiner Führungsphilosophie zu beschreiben: Ich glaube fest daran, dass **„Führung ein Handwerk ist"**!

> **Neuro**
>
> Führung lernt das Gehirn genau wie alles andere: Indem Sie gern und häufig führen. So bilden sich viele neue Vernetzungen für die einzelnen Aspekte der Führung. Die Botenstoffe, die für das Lernen zuständig sind (u. a. Dopamin), werden bei Tätigkeiten ausgeschüttet, die uns begeistern. So lernen wir diese Tätigkeiten schnell. Ohne Freude wird Lernen schwer, das gilt für Führung genauso wie für sehr viele andere Tätigkeiten.

Aus meiner Sicht kann jeder die handwerklichen Grundzüge der Mitarbeiterführung erlernen, sofern er es nur will – auch wenn bestimmte Bereiche der Führung schwerer erlernbar sind, wie z. B. erfolgreiches Kommunizieren. Es gibt auch Führungsaspekte, für die persönliches Talent sehr förderlich ist. Das betrifft z. B. die Ko-Orientierungsfähigkeit: Sie setzt voraus, dass man sich in die Gedanken und Gefühle eines Menschen gut hineinversetzen kann, wofür manche Menschen eben begabter sind als andere.

Der Begriff Ko-Orientierungsfähigkeit ist in diesem Zusammenhang sehr gut gewählt. Er beschreibt die Fähigkeit, sich in den Mitarbeiter so hineinzuversetzen, dass man die Welt aus seinen Augen betrachtet. Sie ist im Vergleich zu Empathie und emotionaler Intelligenz viel mechanischer, dadurch aber auch besser erlernbar: Man fragt nach dem Hintergrund des Mitarbeiters, seinen Erfahrungen, seiner Ausbildung und seinem Platz innerhalb der bestehenden Situation – wodurch man sich besser vorstellen kann, wie der Mitarbeiter auf die Welt blickt. Vorausgesetzt, eine Führungskraft eignet sich dies an, kann sie ko-orientierter handeln.

Ich habe es in vielen Projekten, in denen Führungsleistung durch ein valides Messverfahren im Rahmen eines Managementfeedbacks gemessen wurden, erlebt, wie die Führungskräfte die Zufriedenheit der Mitarbeiter mit ihrer Führungsleistung durch einfaches handwerkliches Vorgehen signifikant verbessert haben. Damit ist Führung nicht in erster Linie auf Talent zurück zu führen, nichts was einem in die Gene gelegt wurde und anderen eben nicht. Man kann zu einer guten Führungskraft werden, wenn man die richtigen Dinge erlernt und umsetzt. Wenn auch im Rahmen bestimmter Grenzen, glaube ich also an eine erfolgreiche persönliche Führungskräfteentwicklung und nicht an das „Mandat des Talents".

Führungsverständnis und Grundlagenwissen

1.4 Definition „Autorität"

Ein weitere für den Führungserfolg wichtige Eigenschaft ist, „Autorität" zu besitzen. Autorität entsteht durch das:

> **Vertrauen der Mitarbeiter in das Vorhandensein verschiedener persönlicher und fachlicher Kompetenzen sowie von Entscheidungskompetenz! Dies muss von Dritten anerkannt bzw. bestätigt werden; Autorität wird einem also von anderen verliehen!**

Warum ist dieses Element so wichtig? Es hilft der Führungskraft, Gefolgschaft zu entwickeln und schon aus der Physik wissen wir „Ziehen ist leichter als schieben". Anders ausgedrückt: **„Autorität ist das Vermögen, die Zustimmung anderer zu gewinnen"** (Bertrand de Jouvenel, französischer Schriftsteller, 1903–1979).

Und darum geht es in der Führung täglich. Die Mitarbeiter für ein Ziel zu begeistern, für ein Projekt die überzeugte und engagierte Mitarbeit freizusetzen, für einen schmerzhaften Einschnitt die Veränderungsbereitschaft zu erwirken u. v. a. m.

Wie entsteht dieses Vermögen nun? Autorität unterteilt sich in die drei nachfolgend aufgezeigten Bausteine, die es gilt, durch aktives Verhalten als Führungskraft für die Mitarbeiter erlebbar zu machen:

- **Amtsautorität:** Sie resultiert aus der Führungsfunktion und den mit ihr verbundenen Befugnissen, im Verantwortungsbereich die notwendigen Entscheidungen treffen zu dürfen.
- **Fachautorität**: Sie resultiert aus der vorhandenen Fach-Kompetenz, um innerhalb der wichtigsten Prozesse des Verantwortungsbereiches mit Erfahrungen und Wissen einen Beitrag leisten zu können.
- **Persönliche Autorität:** Sie ist begründet im Auftreten, der Sprache und den persönlichen Werten wie Gerechtigkeit, Wahrhaftigkeit und Loyalität sowie vielen anderen Eigenschaften, die helfen, eine mitreissende und überzeugende Persönlichkeit zu sein.

Die 3 Bausteine haben unterschiedlich große Auswirkungen auf die Gesamtautorität. So hat die Amtsautorität nur eine kleine Wirkung, die Fachautorität eine mittlere und die persönliche die größte.

Wie so häufig gilt auch im Zusammenhang mit Autorität, dass die ersten Kontakte mit einem Menschen entscheidend dafür sind, wie er beurteilt wird. Und eine neue

Definition „Autorität" 1

Führungskraft wird zunächst als Persönlichkeit wahrgenommen, bevor Momente der fachlichen Kompetenz oder eines guten „Führungsjobs" erlebbar werden.

Mit dem Aufsteigen in der Führungshierarchie müsste eine Führungskraft seinen Mitarbeitern verdeutlichen, dass ihr Hauptfach nun Führung ist und dass sie akzeptiert, nicht mehr die beste Fachkraft im Team zu sein.

Ein solches Eingeständnis sollte aber erst mit dem Anwachsen der Führungskompetenz und dem Ausbau der führungsrelevanteren Aufgaben gemacht werden. Mitarbeiter erwarten erfahrungsgemäß, dass ihre Führungskraft mitreden kann und sich nicht hinter einer „Ich bin General Manager"-Attitüde versteckt.

Amtsautorität

Fachautorität

Persönliche Autorität

Autorität ist das Vermögen, die Zustimmung anderer zu gewinnen.

Bertrand de Jouvenel, französischer Schriftsteller, 1903-1979

Vertrauen in das Vorhandensein von verschiedenen persönlichen und fachlichen Kompetenzen sowie von Entscheidungskompetenzen

Dies muss von Dritten anerkannt bzw. bestätigt werden, Autorität wird einem also von anderen verliehen

Abb. 2: Autorität und ihre Bausteine

Mit folgender Reflexionsaufgabe habe ich „angeschlagenen" Führungskräften im Rahmen von Coachings den Bereich der Autorität analysieren lassen:

Was tun Sie, das die von Ihnen geführten Mitarbeiter so erleben, dass sie es als Zeichen Ihrer Amts-, Fach- und persönlichen Autorität verstehen?

Verwenden Sie für diese Selbstreflexion am besten eine kleine Tabelle, wie sie in der folgenden Abbildung dargestellt ist. Seien Sie aber selbstkritisch!

Führungsverständnis und Grundlagenwissen

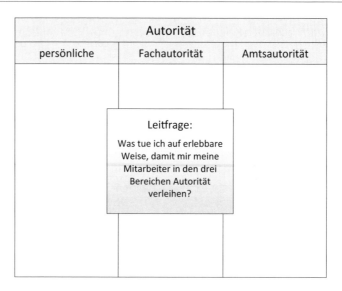

Abb. 3: Reflexion zur Autorität

Oft führte diese Reflexion auch dann, wenn konstruktive Anregungen gegeben wurden, nur zu wenigen glaubhaften Verhaltensbeschreibungen. Daraus ist zu schließen, dass die Mitarbeiter der Führungskraft wenig Autorität zubilligen, bzw. gemäß der Definition oben wenig Vertrauen haben in das Vorhandensein von persönlichen, fachlichen und Entscheidungskompetenzen. Entsprechend ist der Wille zur Gefolgschaft bei den Mitarbeitern meist nur gering ausgeprägt.

Insbesondere im Hinblick auf die Amtsautorität gibt es häufig Störfeuer aus der Organisation und von übergeordneten Chefs. So fehlen im Rahmen von Handlungsbefugnissen die entsprechenden Rechte, als Führungskraft auch Dinge durchzusetzen, Chefs hebeln Entscheidungen nachträglich aus und lassen so ihre unterstellten Führungskräfte wie zahnlose Tiger erscheinen.

1.5 Motivation – Mythos oder Basis erfolgreicher Unternehmen

Unabdingbar ist es, sich im Rahmen des Grundlagenwissens Gedanken darüber zu machen, wie eigentlich **Motivation** beim Mitarbeiter entsteht. Dazu gibt es zahlreiche Erklärungsversuche und provokante Thesen. Mit dem „Mythos Motivation" hat Spengler stark verkürzt aufgezeigt, dass man im Rahmen der Führung eigent-

1 Motivation – Mythos oder Basis erfolgreicher Unternehmen

lich nicht motivieren kann, dass Motivation nur intrinsisch beim Mitarbeiter selbst entstehen kann. Der Führungskraft kommt daher eher die Aufgabe zu, der Selbstmotivation nicht im Weg zu stehen.

Diese (von mir sicher sehr vereinfacht beschriebene) These bestätigte sich in meinen Beobachtungen zumindest für mich nicht. Ich glaube fest daran, dass eine Führungskraft zahlreiche Dinge aktiv tun kann, die zum Entstehen von Motivation bei Mitarbeitern führen. Natürlich sollte sie auch zahlreiche Dinge unterlassen, um Demotivation nicht zu fördern. Und natürlich haben Unternehmen auch ein Anrecht darauf, dass ein Mitarbeiter für sein Gehalt im Rahmen seiner arbeitsvertraglichen Pflichten dem Arbeitgeber eine grundsätzliche Selbstmotivation schuldet.

Wenn man es stark vereinfacht, kann man der Führungskraft folgende Hinweise zur Mitarbeitermotivation geben:

1. Finden und gewinnen Sie Mitarbeiter, die mit innerer Leidenschaft genau diesen Job machen wollen!
2. Sorgen Sie dafür, dass die Versprechen aus dem Recruitment-Prozess eingehalten werden!
3. Tun Sie das Gegenteil von dem was demotiviert!
4. Verlangen Sie von sich und Ihren Mitarbeitern, sich stetig selbst zu motivieren!
5. Trennen Sie sich von Mitarbeitern, die von innen und außen nicht zu motivieren sind!

Neuro

Aus neurowissenschaftlicher Sicht kann die Liste um einen Punkt erweitert werden: Achten Sie darauf, dass Mitarbeiter durch ihren Lebensstil eigene Motivation fördern. Motivation ist aus Gehirnsicht von Dopamin — und das wiederum von Eiweiß und Vitaminen — abhängig. Rauchen bremst z. B. Dopamin auf lange Sicht. So legt der Lebensstil die Grundlage für Motivation. Je mehr Sie Mitarbeiter im Hinblick auf ihren Lebenstill fördern, desto leichter erreichen diese biochemisch Motivation.

Es ist sicher hilfreich, sich neben rein praktischen Tipps an einem grundlegenden Modell hinsichtlich dem Phänomen der Motivation orientieren zu können. Dazu verwende ich die Motivationspyramide, die in ihrer Darstellungsweise zwar an Maslows Bedürfnispyramide angelehnt ist, inhaltlich aber zugeschnitten wurde auf die Situation von Mitarbeitern in Unternehmen.

Dieses Modell veranschaulicht, dass es mehrere Ebenen gibt, die wie bei einer Pyramide von unten nach oben aufeinander aufbauen. Auf jeder Ebene sind Elemente

Führungsverständnis und Grundlagenwissen

bzw. Motivatoren geclustert, die eine positive Wirkung auf die Motivation des Mitarbeiters haben können. Die Ebenen sind von unten nach oben folgendermaßen benannt:

- Hygiene-Faktoren: Dies sind Elemente, die erfüllt sein müssen, damit überhaupt Motivation entwickelt werden kann. Ein Fehlen würde dem Mitarbeiter so viele Sorgen bereiten, dass Motivation „im Keim erstickt wird". Ein Beispiel: Wenn ein Mitarbeiter die Gewissheit hat, für seine Aufgabenerfüllung und im Vergleich zu anderen Kollegen ein ungerechtes Gehalt zu bekommen, dann muss dies erst bereinigt werden, bevor eine Basis vorhanden ist, auf der er richtig motiviert werden kann.
- Unternehmen: Hier geht es um Faktoren, die das Unternehmen in seiner Strategie, Infrastruktur, Arbeitgebermarke u. v. a. m. sicherstellen muss.
- Führung: Hierzu gehört das gesamte professionelle Führungsverhalten.
- Persönliche Motivatoren: Das sind ganz individuelle „Treiber" jedes einzelnen Mitarbeiters.

Die Motivationseffekte nehmen nach oben hin zu, jedoch können die Faktoren in der Spitze nicht wirksam werden, wenn Faktoren auf den unteren Ebenen nicht ausreichend vorhanden sind. So ist es z. B. äußerst schwierig, während einer wirtschaftlichen Krise eines Unternehmens in Zeiten des Personalabbaus durch ein Lob nennenswerte Motivation freizusetzen, da der Mitarbeiter gerade existenzielle Sorgen hat. Wenn sich das Unternehmen aber auf der Erfolgsspur befinden würde, hätte das gleiche Lob große motivierende Wirkung.

Die oberste Ebene, also die Spitze der Pyramide, wird von den ganz persönlichen Motivatoren jedes einzelnen Mitarbeiters geprägt. Und hier herrschen, je nach Mitarbeiter, verschiedene Prioritäten, da eben jeder seine ganz eigenen Bedürfnisse und Wünsche hat. Viel Geld wirkt bei manchen, ein gutes Team bei anderen, Status und Macht wieder bei anderen. Immer hilfreich sind ganz persönliche individuelle Treiber, die man z. B. im Rahmen von Persönlichkeitsverfahren wie MBTI (Myers Briggs Typenindikator), DISC, INSIGHTS, Identity Compass etc. herausfinden kann.

Mit der Führungstechnik „Management by Motivation" wird diese Erkenntnis in eine Technik umgewandelt:

Finden Sie die individuellen Motivatoren Ihrer Mitarbeiter und drehen Sie an diesen Schrauben!

Das Magische Dreieck der Führung 1

Die wichtigsten **persönlichen Motivatoren**:

- Präferenzen in der Persönlichkeit
- Geld
- Macht
- Status
- Beförderung
- Anerkennung, Lob
- Selbstständigkeit
- Teamarbeit
- Harmonie
- Flexibilität
- etc.

Management by Motivation bedeutet: Finde die individuellen Motivatoren des Mitarbeiters und „drehe daran"!

Ist dies nicht möglich, muss ein vorübergehender Ausgleich auf den anderen Ebenen gewährleistet sein.

Motivation entsteht durch eine Vielzahl von Faktoren auf unterschiedlichen Ebenen der Motivationspyramide

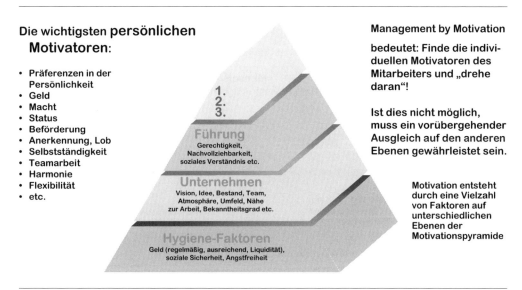

Abb. 4: Motivationspyramide

1.6 Das Magische Dreieck der Führung

Im Projektmanagement gibt es ein Magisches Dreieck, das sich aus Leistung, Zeit und Kosten zusammensetzt. Dieses hilft einem, sich an 3 Planungsparametern zu orientieren, um ständig zu wissen, ob das Projekt auf Kurs ist. Das „Magische" an dem Dreieck ist die Abhängigkeit der einzelnen Parameter voneinander. Will man ein Projekt z. B. früher abschließen (Zeit), so muss man i. d. R. die erwartete Leistung herunterschrauben und/oder mehr Mittel in Ressourcen stecken, um die Arbeit zu beschleunigen.

Dieses einfache Modell habe ich auf die Mitarbeiterführung adaptiert. Auch hier kann man sich an 3 Parametern orientieren, die man sich mit den 3 großen M's oder W's merken kann — verwenden Sie, was sich bie Ihnen besser einprägt.

Führungsverständnis und Grundlagenwissen

Abb. 5: Magisches Dreieck der Führung

Die praktische Umsetzung des Modells beginnt mit „Mensch" bzw. „Wer". Das Modell wird dann gegen den Uhrzeigersinn abgearbeitet. Aus diesem Vorgehen ergibt sich ein einfacher Prozess, der der Führungsarbeit jederzeit Stabilität gibt:

Schritt 1: Mensch — wer?

Man muss seine Mitarbeiter kennen lernen, um sich auf sie einzustellen. Es ist eben ein Unterschied, ob ich einen jungen unerfahrenen und frisch von der Uni kommenden Menschen vor mir habe oder eine langjährig erfahrene und erfolgreich arbeitende Fachkraft. Ich empfehle, Erkenntnisse, die man im Laufe der Zusammenarbeit einsammelt, mitzuschreiben. Eine Excel-Tabelle mit Tabellenblättern für jeden Mitarbeitern mit den Spalten Name, Ausbildungsabschluss, Alter, Stärken, Schwächen, erlebte positive und negative Situationen, individuelle Motivatoren reicht dafür schon aus. Mindestens aber ein Blatt pro Mitarbeiter mit den nachfolgend aufgezeigten Erkenntnissen (siehe nächste Abbildung) sollte es schon sein. Jede neue Erkenntnis wird mitgeschrieben und verbessert die Möglichkeit, den Mitarbeiter so zu führen, wie er es benötigt, um seinen Unternehmensbeitrag erfolgreich leisten zu können. So kann man im Übrigen auch ein konkretes, auf die eigenen Wahrnehmungen basierendes hilfreiches Feedback geben und der Mitarbeiter erfährt Wertschätzung, weil die Führungskraft sich mit ihm und seinen Leistungen auseinandersetzt.

Idealerweise haben Sie ein persönliches Profil mit einem standadisierten Persönlichkeitsverfahren wie z. B. dem MBTI (Myers Briggs Typenindikator), DISG oder etwas Vergleichbarem erhoben. Dann hätten Sie ein ausführliches Persönlichkeitsprofil

Das Magische Dreieck der Führung 1

mit vielen hilfreichen Hinweisen, z. B. wie man mit dem Mitarbeiter kommunizieren sollte, was ihn motiviert und was eben nicht. Wenn dies nicht möglich ist, sammeln Sie erlebte und auch vermutete persönliche Eigenschaften. Die Annahmen, die Sie über den Mitarbeiter getroffen haben, müssen Sie im Laufe der Zusammenarbeit immer wieder auf den Prüfstand stellen. Erleben Sie eine neue Situation, die neue Annahmen begründet, müssen die Aufzeichnungen aktualisiert werden. Durch dieses Verfahren entsteht mit der Zeit ein sehr genaues Bild vom Mitarbeiter, was dabei hilft, ihn so zu führen, wie es für ihn am hilfreichsten ist.

HR

Eine solche Tabelle könnten HR-Mitarbeiter für alle Führungskräfte als Musterinstrument erstellen und zentral auf einem Server bereitstellen. Bei einem Kunden habe ich zusammen mit der Personalleitung eine Excel-basierte Datei entwickelt und in einem Training zum Ausprobieren übergeben. Genannt haben wir es das **„dynamische Mitarbeiter-Profil"**. Die Führungskräfte haben es gut angenommen und „plotten" seitdem ihre Erkenntnisse mit.

Falls ein Beurteilungssystem existiert, sollten die Ergebnisse im Zusammenhang mit den Beurteilungskriterien protokolliert werden, damit man dann zu einem erforderlichen Zeitpunkt stichhaltige Einschätzungen abgeben kann.

Die beschriebene Tabelle könnte folgendermaßen aussehen:

Erkenntnisse über den Mitarbeiter, um mitarbeiterorientiert führen zu können			
Stärken		Persönliche Eigenschaften	
Schwächen		Individuelle Motivatoren	
Idealer Führungsstil		Aktuelle Motivationslage 1 = gering 5 = sehr hoch	

Neuro

Schützen Sie sich vor eigenen Verzerrungen. Haben wir einen Mitarbeiter erstmal bewertet, fällt uns oft nur noch auf, was in dieses Bild passt. Unser Gehirn sucht Bestätigung der These über den Mitarbeiter. Nutzen Sie Feedback von anderen oder Persönlichkeitsverfahren.

Schritt 2: Materie — was?

Mit welchem Thema kommt der Mitarbeiter zur Führungskraft? Will er z. B. Hilfe, Rat oder benötigt er eine Entscheidung? Hat er private Sorgen oder wünscht er sich Feedback zu einem missglückten Arbeitsvorgang? Wichtig ist, **wirklich** zu wissen, um was es geht und nicht vorschnell Annahmen zu treffen. Nehmen Sie sich Zeit, um zu verstehen und zu fragen, damit Sie das Anliegen des Mitarbeiters erfassen können. Erst dann kann der nächste Schritt effektiv gemanaged werden. In diesem zweiten Schritt muss man dem Mitarbeiter häufig dabei helfen, zu verstehen, was wirklich sein Problem ist. Wenn man das Gefühl hat, der Mitarbeiter hat das gar nicht richtig erfasst, kann man zum dritten Schritt gehen und ihm z. B. mit Problemlösungstechniken dabei helfen, sein eigentliches Problem zu durchdringen.

Schritt 3: Methode — wie?

Handeln Sie nicht sofort intuitiv und auf Basis Ihres gesunden Menschenverstandes (GMV) und verlassen Sie sich nicht allein auf die Kraft des Gespräches. Ein Gespräch hilft zwar häufig, aber es reicht nicht immer. Nutzen Sie auch erlernte Methoden und Techniken, wie z. B. Frage-, Management by, Feedback-, Moderations-, Kreativitäts- oder Visualisierungstechniken. Eine Führungskraft muss mehr sein als ein Gesprächspartner, sie muss als Katalysator dienen, um dem Mitarbeiter zu Erkenntnis und Meinungsbildung zu verhelfen. Für diesen Zweck gibt es ausreichend bewährte Methoden, man muss sie nur erlernen und anwenden.

Dieser kurze Dreiklang, den Sie sich als eine Art Mantra immer in Erinnerung bringen können **(Halt: wer, was, wie)** gibt Ihrer Führung Effektivität und Effizienz. Ihr Führen ist näher am betroffenen Mitarbeiter und der jeweiligen Situation und Sie erzielen damit eine höhere Wirkung, versprochen!

Ich empfehle als schnelle und pragmatische Vorbereitung für anstehende Führungssituationen, dass Sie sich auf einem Schmierzettel folgendes Bild skizzieren und es mit Stichworten abarbeiten:

Das Magische Dreieck der Führung

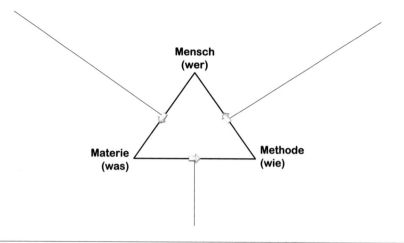

Abb. 6: Vorbereitung einer Führungssituation

2 Neuro-Wissenschaft – Grundlagenwissen über die Organisation des Gehirns

Dieses Kapitel gibt einen kurzen Überblick über die Funktions- und Organisationsweise des Gehirns und den praktischen Nutzen, den das Thema Neuro-Leadership bieten kann. Es bildet die Grundlage für die in Kapitel 3 beschrieben „Neuro-Prinzipien" sowie die Neuro-Tipps, die über das gesamte Buch verteilt sind. Wir laden Sie auf eine spannende Reise in die Welt der „Führungs-Neuro-Biologie" ein.

2.1 Biologie bestimmt Verhalten – Verhalten bestimmt Biologie: Stand der Forschung

Neuro-Leadership ist kein eigenes Forschungsgebiet, sondern nutzt die Erkenntnisse der Neuro-Wissenschaften zur **Qualitätssteigerung von Führung**. Es erscheinen jährlich ca. 100.000 Studien, die sich mit dem Gehirn im weitesten Sinne beschäftigen, doch nur ein Bruchteil davon ist für das Thema Führung interessant. Die meisten Studien beschäftigen sich mit Krankheiten wie Demenz oder Epilepsie. Aber es gibt inzwischen immer mehr Untersuchungen dazu, wie ein gesundes Gehirn funktioniert. Dadurch können wir lernen, was unsere Mitarbeiter brauchen, um Topleistungen zu bringen. Vor diesem Hintergrund werden folgende Fragestellungen immer häufiger und tiefgründiger untersucht: Welche Gehirnareale werden bei wahrgenommener Unfairness aktiviert, wie wird sozialer Ausschluss im Gehirn verarbeitet und wie funktioniert im bio-chemischen Sinne Begeisterung? Im Folgenden werden wir die wichtigsten Organisationsprinzipien des Gehirns, die für das Thema dieses Buchs praktische Relevanz besitzen, aufzeigen.

> **Organisationsprinzip 1:**
> Es besteht eine gegenseitige Beeinflussung zwischen der Bio-Chemie des Gehirns und unserem Verhalten.

Diese Erkenntnis haben wir uns an unserem Institut, dem Ersten Deutschen Zentrum für Leistungsmanagement und Burnout-Prävention, zu Nutze gemacht und daraus eine Schlüsselprämisse für die Trainings entwickelt.

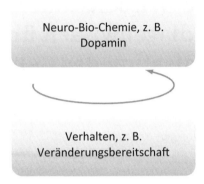

Abb. 7: Wechselseitige Beeinflussung von Neuro-Biologie und Verhalten

Für jede Führungssituation wurde eine neurobiologische Entsprechung identifiziert. Das kann z. B. anhand des Zusammenhangs von Dopamin und Veränderungsbereitschaft verdeutlicht werden. Dopamin ist ein Botenstoff im Gehirn, der für Antrieb, Motivation, Neugierde und Begeisterung zuständig ist. Je mehr Dopamin sich im Gehirn findet, desto neugieriger und veränderungsbereiter sind wir, je weniger, desto ängstlicher agieren wir — ein Beispiel dafür, wie Verhalten von der Biologie bestimmt wird. In einem Tierversuch, der an Ratten durchgeführt wurde, konnte man bereits nachweisen, dass eine unnatürlich geschaffene Veränderung der Lichtverhältnisse zu einer Abnahme von Dopamin im Gehirn führt (Dulcis 2013). Die Tiere wurden deutlich ängstlicher, als ihr Biorhythmus durcheinander gebracht wurde. Verhalten hat also eine biologische Entsprechung!

Ratten und Mäuse eignen sich als Versuchstiere deshalb besonders, weil sich Ihr Hirnaufbau nur wenig vom menschlichen unterscheidet, die verhaltensrelevanten Strukturen sind ähnlich. Eine 100 %ige Ableitung aus Tierversuchen ist zwar nicht möglich, doch die Hinweise, die wir aus Tierversuchen in Bezug auf unser Gehirn gewinnen, sind sehr wertvoll.

Umgekehrt führen Verhaltens-Trainings, die Neugierde wecken, auch zu einer Zunahme des Dopamins. **Der Weg geht also auch umgekehrt, Verhalten bestimmt Biologie**. Diese Erkenntnis macht sich die Psychologie zu nutze. Verhaltenstherapie kann die Bio-Chemie positiv beeinflussen. Durch eine Therapie steigt der Spiegel der positiv wirkenden Neurotransmitter wie Dopamin und Serotonin an und es kommt zu einer Verbesserung des Zustandes.

So kann geschlussfolgert werden, dass eine solche wechselseitig Beeinflussung auch im Bereich Neuro-Leadership existiert: Führungsverhalten beeinflusst die

2 Biologie bestimmt Verhalten – Verhalten bestimmt Biologie: Stand der Forschung

Neurobiologie. Die Fortschritte von Wissenschaft und Technik bieten uns heute den Vorteil, dass wir beim Denken „zusehen" können. Es haben sich in den letzten 20 Jahren die bildgeben Verfahren immer weiter verbessert. Mithilfe der funktionellen Magnetresonanz Tomografie finden Gehirnforscher im Gehirn Nervenverbände, die z.B. bei einer Angstsituation „feuern". Mit Feuern ist gemeint: Diese Nervenzellen werden besonders aktiv, wenn sich jemand im Zustand von Angst befindet. Andere Nervenzellen werden beim Fahrradfahren besonders aktiv, wieder andere beim Musikhören. So können wir inzwischen für sehr vielen Tätigkeiten die entsprechenden Gehirnregionen zuordnen.

Ein anderes Verfahren ist das EEG (Elektroenzephalografie). Damit können die Zeitpunkte der Aktivität in verschiedenen Nervenzellen untersucht werden. So führt dies einige Neuro-Wissenschaftlern, z.B. den Bremer Neurowissenschaftler Roth, zu der Annahme, dass es nur bedingt einen freien Willen gibt, weil die Entschlussregion im Gehirn erst nach der neuronalen Ausführung der Aktivität aktiv wurde. Im Klartext: Unser Gehirn gibt zuerst das Signal, dass wir unsere Hand bewegen, aber erst einige Millisekunden später entschließt es sich dazu. Vom Großteil der wissenschaftlichen Gemeinde werden Roths Thesen aber abgelehnt: Egal, welche Nerven zuerst feuern, wir können uns frei entscheiden, es gibt einen freien Willen.

Psychologie und Pädagogik sind angereichert worden — mit bildgebenden Verfahren, durch die Gehirnforschung und durch clevere Versuche der empirischen Sozialwissenschaftler. Was bislang oft Beobachtung von Verhalten und Erfahrungswissen war, ist nun durch die Komponente Biologie messbarer geworden. Dadurch haben sich einige Thesen der Geisteswissenschaften bewahrheitet (z.B., dass Ziele für Motivation eine wesentliche Rolle spielen), andere können verworfen werden. So können wir aus neurobiologischer Sicht ziemlich sicher sagen, dass eine „Einordnung" oder ein „Auf-Spur-bringen" nicht zu einer Leistungssteigerung des Mitarbeiters führen wird.

Unsere Trainings finden oft besonderen Anklang in technikgeprägten Unternehmen und bei „rationalen" Menschen (wir sehen in Kapitel 3, dass es solche Menschen nicht gibt), weil die Biologie Zahlen, Daten und Fakten liefert und Verhalten verstehbar macht.

> **Organisationsprinzip 2:**
> Mithilfe von Softskills, wie z. B. der Fähigkeit, gut zu kommunizieren, lässt sich die Biologie des Mitarbeitergehirns beeinflussen.

Neuro-Wissenschaft – Grundlagenwissen über die Organisation des Gehirns

Modernen Führungstheorien werden stets von der aktuellen Forschung auf den Prüfstand gestellt. Die reine Beobachtung von Verhalten reicht nicht mehr, um gute Führungsaussagen zu treffen. Dies ist bislang kaum in den Führungskräfteausbildungen angekommen. Neuro-Leadership schließt diese Lücke.

So haben die Neurowissenschaften z. B. das sogenannte „Belohnunssystem" im Gehirn identifiziert:

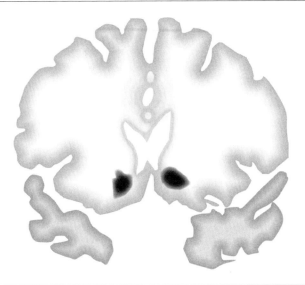

Abb. 8: Nukleus accumbens, das Belohnungssystem im Gehirn

Die dunklen Stellen im Bild entsprechen dem Nukleus accumbens, dem Belohnungssystem. Die Grafik zeigt eine Situation, in der für den Menschen gerade etwas Angenehmes stattfindet. Sein Gehirn „belohnt" ihn.

Geht es also um Belohnungsaktivitäten, wird der Nukleus accumbens farbig dargestellt, weil sich die Durchblutung in diesem Areal ändert, da dort eben eine besondere Aktivität stattfindet.. Wenn man nun weiß, wofür die Areale zuständig sind und deren Aktivität messen kann, kann man Rückschlüsse auf den Zusammenhang zwischen Reizen, Gehirnaktivität und Verhalten ziehen.

Für die Führungskräfte birgt die Beschäftigung mit diesem Thema zwei große Chancen:

1. Zunächst wird die eigene Leistungsfähigkeit stark erhöht. Indem Sie verstehen, was Ihr Gehirn braucht, um Sie erfolgreich zu machen, wird Ihnen eine zielführende Selbstorganisation leichter fallen.

2. Der zweite Punkt schließt sich daran an. **Wenn Sie verstehen, was Ihr Mitarbeiter braucht, wird es Ihnen leicht fallen, ihm dies zu geben**. Daher sind die Neurowissenschaften für Führungskräfte so spannend.

Daraus lassen sich Anforderungen für die Führungskräfte ableiten: In Zukunft müssen sie verstärkt die kontinuierliche Veränderungsbereitschaft beim Mitarbeiter im Blick haben. Die Welt verändert sich, genauso verändert sich auch das Unternehmen. Die Führungsaufgabe ist es, dem Mitarbeiter die Veränderung möglich zu machen. Für diese Führungsaufgabe ist die Neuro-Biologie enorm hilfreich.

Einer der zentralen Leitsätze der Gehirnwissenschaften ist:

Organisationsprinzip 3:

Unser Gehirn liebt Sicherheit!

Eine der zentralen Aufgaben unseres Gehirns ist es, uns sichere Prognosen über die Welt zu stellen. Insofern haben die Gehirnwissenschaften u. a. die Aufgabe, den scheinbaren Widerspruch zwischen Sicherheit und einer sich ständig verändernden Welt zu lösen. Dafür gibt es im Gehirn verschiedene Regionen und Funktionen. Das Gehirn ist ein komplexes modulares Netzwerk mit vielen Sicherungen und Backup-Möglichkeiten, daher ist eine Darstellung immer eine Vereinfachung. Eine gelungene Darstellung liefert Manfred Spitzers Buch „Geist im Netz".

Die folgende Grafik zeigt wichtigsten Gehirnregionen:

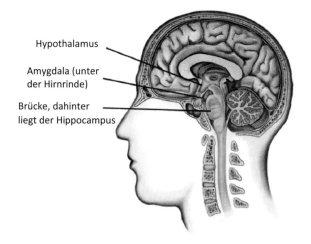

Abb. 9: Aufbau des Gehirns

Neuro-Wissenschaft – Grundlagenwissen über die Organisation des Gehirns

In der Abbildung sehen Sie einen Querschnitt des Gehirns. Je tiefer die Regionen im Gehirn liegen, desto weniger sind die dort angesiedelten Funktionen durch unseren Willen (Präfrontale Cortex) zu steuern.

Region	Funktion
Präfrontaler Cortex (vorderer Bereich der Großhirnrinde)	Verstand, Arbeitsspeicher, Hemmung von Impulsen
Amygdala	Eine Schaltstelle der emotionalen Verarbeitung, besonders der Angst
Hypothalamus	Steuerung der unwillkürlichen Prozesse wie Körpertemperatur oder Stressreaktion. Das können wir nur sehr begrenzt beeinflussen
Nukleus Accumbens	Zentrum von Begeisterung und Motivation
Limbisches System	Diese Struktur aus verschiedenen Regionen steuert unsere Emotionen.
Hippocampus	Für die Stresssteuerung und für das Erinnern hat der Hippocampus eine zentrale Funktion.

2.2 Milliarden von Neuronen

Unser Verständnis für die Veränderung des Gehirns (Plastizität) wächst immer weiter. Es gibt im Gehirn ca. 100 Milliarden Nervenzellen, jede dieser Nervenzellen hat bis zu 15.000 Verbindungen zu anderen Nervenzellen, die sogenannten Synapsen. Über diese Synapsen werden die Impulse übertragen. Je mehr Impulse über eine Synapse laufen, desto stärker wird diese und desto leichter hat es der nächste Impuls, weitergeleitet zu werden. Die Weiterleitung innerhalb der Nervenzelle funktioniert elektrisch. Deshalb gibt es Geschichten von Menschen, die vom Blitz getroffen wurden und plötzlich musikalisch waren (Sacks 2008). Der Mechanismus dahinter ist noch nicht geklärt, aber es scheint durch den Blitzschlag eine **elektrische Neuverschaltung** gegeben zu haben.

Da sich das Gehirn durch Benutzung verändert, müssen sich auch Synapsen verändern. Das passiert ständig. Wir können den Synapsen beim Neuaufbau und bei der Rückbildung inzwischen zusehen (Toni 1999). Die Übertragung zwischen zwei Nervenzellen erfolgt chemisch über Neurotransmitter.

2 Milliarden von Neuronen

Abb. 10: Die Synapse wächst mit ihren Aufgaben, nach Nature neuroscience Vol. No 6, S. 45, Lüscher et al., 2000

Die Vorgänge im Gehirn laufen auf der Ebene der Nervenzellen folgendermaßen ab:

1. Ein Aktionspotenzial erreicht das Ende einer Nervenzelle.
2. Dort werden chemische Botenstoffe freigesetzt, die Neurotransmitter.
3. Diese Neurotransmitter erreichen die nächste Zelle und lösen dort ein Aktionspotenzial aus.
4. Durch den häufigen Gebrauch verändert sich der Übergang, die Synapse und die nächsten Aktionspotenziale haben es leichter, ein neues Aktionspotenzial in der zweiten Zelle auszulösen.

Das ist der Mechanismus, der Lernen zugrunde liegt. Wäre alles elektrisch im Gehirn, könnte es sich nicht verändern. Da aber die Übergänge zwischen Nervenzellen über Neurotransmitter gesteuert werden, können sie immer wieder neu gebildet und gebrauchsabhängig eingestellt werden. So geschieht Lernen.

Auch Führungshandlungen resultieren letztlich aus Verschaltungen zwischen Synapsen — und diese können ebenfalls neu geschaltet werden. Die Fähigkeit, Führungshandwerk oder jede andere Fertigkeit zu lernen, ist bis ins höchste Alter gegeben. Die gute Nachricht: Bei gesunden Menschen nimmt die Lernfähigkeit im erwachsenen Alter kaum ab. Der gesunde 80-Jährige kann fast genauso gut das Personalrecht lernen wie der 20-Jährige. Was im Weg steht, ist nicht die Biologie, sondern die Soziologie mit Glaubenssätzen wie „Einen alten Baum verpflanzt man nicht". Auf neuronaler Ebene kann bei gesunden Menschen immer neu verschaltet werden.

Darüber hinaus existieren biologische Schalter, die sogar die Funktion einer Nervenzelle verändern können, indem der Botenstoff verändert wird. Das ist eine sehr neue Erkenntnis, da man bislang dachte, die Zellen würden Ihre ursprüngliche Funktion beibehalten. So kann aus einer Dopamin-ausschüttenden Zelle eine Somatostatin-Zelle werden und umgekehrt (Somatostatin ist ein Botenstoff im Gehirn, der bestimmte Wachstumsvorgänge hemmt). Entsprechend können wir uns z. B. Neugierde und Begeisterungsfähigkeit sprichwörtlich abtrainieren. In dem oben beschriebenen Tierexperiment mit den Ratten verlief das Abtrainieren durch eine simple Veränderung des Biorhythmus (Dulcis 2013). Wenn die Ratten aus dem Tag-/Nacht-Rhythmus gebracht werden, verlieren sie ihre Neugierde und an deren Stelle tritt Ängstlichkeit. Die richtigen Schalter und damit eine Art Bedienungsanleitung für die Schalter zu finden, ist die faszinierende Aufgabe der Neuro-Biologie. Neuro-Leadership ist die Übersetzung dieser biologischen Erkenntnisse, mit dem Ziel, die Qualität von Führung zu steigern.

Wenn Sie Ihre Schalter für Dopamin, also für Begeisterung, finden, dann wecken Sie in sich Begeisterung und Neugierde für Veränderungen. Die Veränderungsbereitschaft einer Führungskraft ist die Voraussetzung dafür, andere bei Veränderungen „mitzunehmen".

2.3 Gebrauchsabhängige Spuren – Das Gehirn ändert sich durch Benutzung

Für den Gebrauch des Gehirns gelten zwei Grundregeln:

Organisationsprinzip 4
Je häufiger wir etwas tun, desto stärker „brennt es sich ein"!

Organisationsprinzip 5
Je emotional beteiligter wir etwas tun, desto stärker „brennt es sich ein"!

„Einbrennen" bedeutet biologisch korrekt: Mehr Impulse, sogenannte Aktionspotenziale, laufen den neuronalen Weg und bilden so einen Schaltkreis im Hinblick auf das Ereignis. Das Ereignis wird dadurch im Gehirn „abgespeichert".

Sehen wir uns das recht bekannte und gut untersuchte Phänomen des Geigespiels an:

Je mehr wir Geige üben, desto größer wird das Gehirnareal, das für unser Geigenspiel zuständig ist (Elbert 2007). Das wird in diesem Fall besonders offenkundig, weil die für das Geigenspiel entscheidende linke Hand häufig filigrane Aufgaben ausführen muss. Aus diesem Grund entsteht im Gehirn professioneller Geigenspieler eine **ausgeprägte Repräsentation für diese Tätigkeit** der linken Hand. Mit

2 Gebrauchsabhängige Spuren – Das Gehirn ändert sich durch Benutzung

Repräsentation ist gemeint: Es gibt im Gehirn besonders viele Nervenzellen, die dieses Verhalten steuern.

Sehen Sie sich zunächst die Abbildung des sogenannten „Homunkulus" der Neuroanatomie an. Die dargestellte Verzerrung des Körpers repräsentiert die Anzahl der Nervenzellen im Gehirn, die für die einzelnen Körperteile zuständig sind.

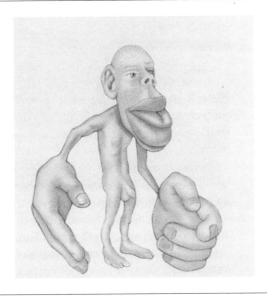

Abb. 11: Homunculus der Neuroanatomie, nach Bear, 2009

Bei „Geigen-Homunkuli" sieht die linke Hand größer aus. Dies bezieht sich aber nur auf eine spezielle Tätigkeit. Ein Geigenspieler kann sich nicht besser mit der linken Hand rasieren oder besser schreiben. Das bedeutet, es findet eine Spezialisierung im Gehirn statt; für weitere Aktivitäten hat das Gehirn kaum oder im Extremfall noch keine Schaltkreise entwickelt, sodass sich hier nicht von einem bestimmten Talent auf andere Kompetenzen schließen lässt.

Anhand dieses Versuchs und vieler weiterer ähnlicher Versuche erkennen wir ein wichtiges Organisationsprinzip:

Organisationsprinzip 6:
Das Gehirn verändert sich durch seine Benutzung!

Dieser Vorgang wird wissenschaftlich als Neuro-Plastizität umschrieben. Der Begriff ist jedoch sehr sperrig. Eckart von Hirschhausen hat für seine Erklärung eines bestimmten Phänomens einen einfacheren Weg gefunden: Er unterstellt den

Deutschen einen „Jammerlappen" im Gehirn. Da das beschriebene Organisationsprinzip für jedes Verhalten funktioniert, egal ob es sich um ein motorisches oder emotionales handelt, lässt sich der Schaltkreis für Jammern auch gut trainieren. Je mehr wir einen Schaltkreis gebrauchen, desto leichter ist es, ihn zu aktivieren.

Wenn wir für das Thema Personalauswahl etwas von den Gehirnwissenschaften lernen wollen, dann lautet eine interessante Frage:

Können Sie von den Erzählungen eines Einstellungskandidaten über seine letzten drei Jobs auf das schließen, was Sie erwartet?

Die Neuro-Wissenschaft bejaht die Frage, nach den neusten Erkenntnissen ist die Wahrscheinlichkeit durchaus gegeben. Mit seinen Erzählungen gibt der Kandidat einen Blick in seine Schaltkreise frei. Sie können davon ausgehen, dass es viel Mühe kosten wird, diese in Ihrem Sinne zu ändern.

Wenn Sie also einen optimistischen, fröhlichen Menschen mit einer hohen Selbstbejahung vor sich haben, ist die Wahrscheinlichkeit aus neuronaler Sicht hoch, dass er es im nächsten Job auch sein wird.

Der Sinn eines Einstellungsgespräches ist, die Schaltkreise des Kandidaten zu erfragen, also nicht den Inhalt, sondern seine Struktur. Dafür sind Fragen geeignet wie:

- Sind Sie in Ihrer Masterarbeit fair bewertet worden?
- Hat Ihr erstes Unternehmen Sie anständig bezahlt?
- Übernehmen Sie soziale Aufgaben?

Wenn Sie genau zuhören (auch das ist Trainingssache), erfahren Sie viel über die Informationsverarbeitung (die neuronalen Repräsentationen) des Kandidaten.

Biologisch gesehen gibt es an dieser Stelle kein Gut oder Schlecht, nur ein Passend oder Unpassen. Für den Job als Türsteher sind die fröhlichen Schaltkreise genauso unangemessen, wie die sub-depressiven Schaltkreise für Servicemitarbeiter. In allen Ausführungen über Neuro-Biologie geht es nicht um richtig oder falsch, sondern nur um passend für die Umwelt oder unpassend für die Umwelt.

2.4 Was ist der Beitrag und der Nutzen von Neuro-Leadership?

Neuro-Leadership bringt eine biologisch-wissenschaftliche Perspektive in die Erfahrungswissenschaften: Sie kann Führungswerkzeuge dahin gehend bewerten, ob sie dem Mitarbeiter für seine Leistungsfähigkeit nutzen oder nicht. So können wir beobachten, welche Gehirn-Schaltkreise bei Zielvereinbarungen aktiviert werden und welchen Nutzen Zielvereinbarungsgespräche tatsächlich haben. Hier gibt es einige Überraschungen. In Kapitel 6 betrachten wir die Zielvereinbarungen auch aus neuro-biologischer Perspektive.

Folgende Felder werden durch die Erkenntnisse des Neuro-Leadership bereichert:

- **Lösungen** können schneller und besser gefunden werden. Sie erfahren, wie die Lösungsfindung biologisch funktioniert.
- Die **Entscheidungsqualität** nimmt zu. Sobald Sie die neuro-biologischen Voraussetzungen für gute Entscheidungen kennen, werden diese besser.
- Der **Einfluss** auf die Mitarbeiter und Kunden verbessert sich.
- Die **Beziehungsebene** mit Mitarbeitern, Kollegen und Kunden wird gestärkt. Das, was als „soft skills" verstanden wurde, nämlich Mitarbeitern durch Kommunikation zu besseren Leistungen zu verhelfen, erhält ein objektives biologisches Abbild.
- Techniken, die dabei helfen, auch unter **Stress** exzellent zu arbeiten, werden durch Neuro-Biologie optimiert.
- Eine **Zeitersparnis** bei Besprechungen ergibt sich durch die konsequente Anwendung von Neuro-Management.
- Die **Veränderungsbereitschaft** des einzelnen und der Teams steigt.

Ein schöner Versuch dazu, wie Wissenschaft und Praxis zusammenspielen, wurde zum Thema Multitasking durchgeführt (Plessow 2012): Die Teilnehmer sollten zwei Aufgaben gleichzeitig erledigen. Das Ergebnis war niederschmetternd, die Qualität war miserabel und der Zeitaufwand war sehr hoch, besonders wenn zusätzlich Stress erzeugt wurde. Das Fazit: Multitasking ist uneffektiv. Der Nutzen der Gehirnforschung ist in diesem Fall, die Überlastung des Arbeitsspeichers, des Präfrontalen Cortex, zu erkennen und zielführende Handlungsimpulse zu geben.

Aus dieser Erkenntnis entsteht eine Führungsaufgabe:

1. Geben Sie ein Beispiel und seien Sie immer nur bei einer Sache.
2. Halten Sie die Mitarbeiter an, in Zeitblöcken Aufgabe für Aufgabe abzuarbeiten und nicht zu springen oder gleichzeitig viele Aufgaben zu erledigen.

2.5 Hauptaufgabe Bewertung

Wenn wir die Gehirnfunktionen auf einen Satz reduzieren müssen, dann wird es dieser sein:

> **Organisationsprinzip 7:**
> Unser Gehirn bewertet alle Situationen im Hinblick auf mögliche Gefahren und die Aussicht auf Belohnung — in dieser Reihenfolge!

Alle Systeme dienen dem Zweck der Organisation von Reizen. Reize können wahrgenommene Gefahren, sogenannte Stressoren, sein oder die Aussicht auf Gewinne versprechen. Man kann das Gehirn mit einem modularen Netzwerk vergleichen: Für verschiedene Situationen (Stress, Schmerz, Gewinne ...) gibt es verschiedene Schaltkreise. Je nach Situation werden unterschiedliche Teile des Gehirns aktiviert.

Je stärker zum Beispiel der dorso-laterale neofrontale Cortex — ein bestimmter Bereich des Gehirns — aktiviert ist, d. h., je stärker die neuronale Repräsentation in diesem Areal ist, desto besser können wir uns an langfristigen Zielen orientieren, anstatt impulshaft die sofortige Bedürfnisbefriedigung zu suchen. Wenn wir z. B. E-Mails bearbeiten und dabei dieses Areal stark im Schaltkreis eingebunden ist, werden wir die Aufgabe erfüllen. Ist der dorso-laterale neofrontale Cortex hingegen nur am Rande beteiligt, werden wir uns von Hunger, Durst, Facebook und Autolärm ablenken lassen.

Die Bewertung der Umwelt ist dabei höchst subjektiv. Was vor 30 Jahren lediglich eine psychologische These war, ist inzwischen mit Hilfe der Gehirnforschung, aber auch der empirischen Sozialwissenschaften, recht gut belegt:

Wir konstruieren unsere Welt!

Niemand hat dies schöner fomuliert wie Shakespeare in seinem Stück Hamlet: „... there is nothing either good or bad, but thinking makes it so ...".

2.5.1 Die konstruierte Welt

„Behalten Sie Ihren Hammer, Sie Rüpel." Dieser Satz gehört zu einer vortrefflichen Geschichte, die aus Paul Watzlawicks bekanntestem Werk „Anleitung zum Unglücklich sein" stammt — ein Buch, das mich persönlich sehr inspiriert hat. Die Geschichte veranschaulicht die Manipulationsfähigkeit des Gehirns. Sollten Sie das Buch nicht kennen, dann empfehle ich es Ihnen als nächsten Lesestoff.

2 Hauptaufgabe Bewertung

Unser Held möchte sich einen Hammer von seinem Nachbarn leihen und steigert sich gedanklich in eine Verschwörung des Nachbarn gegen ihn hinein. Er findet Gründe, warum der Nachbar ihm den Hammer wohl verweigern würde. Völlig aufgebracht geht er zum Nachbarn, klingelt und schnauzt den verdutzen Mann an: „Behalten Sie Ihren Hammer, Sie Rüpel."

Wir verknüpfen immer. Das bedeutet, unser 100 Milliarden Nervenzellen verbinden sich ständig neu. Die Übergänge der Nervenzellen ändern sich ständig und die Stärke dieser Übergänge ist ebenfalls sehr variabel. Das Gehirn ist wie ein Ameisenhaufen, es passiert ständig an irgendeiner Ecke eine Umbauarbeit oder um es in Anlehnung an Watzlawik zu sagen:

Organisationsprinzip 8:
Wir können nicht nicht verknüpfen!

Was lange als Krankheit galt, zeigt uns das Prinzip der Synästhesie. Es gibt Menschen, die können das Muster in folgendem Bild, das in diesem Salat aus Fünfen und Zweien versteckt ist, innerhalb von Sekunden erkennen. Weil sie die Zahlen andersfarbig sehen. Eine Zwei ist z. B. blau und eine 5 rot. Dies ist für manche Menschen machbar, da bei ihnen wahrscheinlich die Verknüpfung zwischen dem Gehirnareal für Zahlen und dem Gehirnareal für Farben überausgeprägt ist

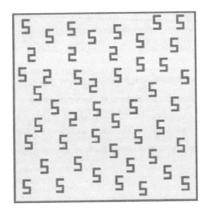

Abb. 12: Zahlen farbig sehen, nach Ramachandran 2005

Die Auflösung erfahren Sie am Ende des Kapitels.

Bei einigen Menschen gibt es eine Verknüpfung zwischen diesen eigentlich getrennten Bereichen. Genauso können wir uns jede Verknüpfung vorstellen, z. B. die Verknüpfung Kaffeemaschine mit einem Geruch, Chef mit einer Angstreaktion,

Blick in den Maileingangsordner mit Frust oder Resignation über die vielen Aufgaben. Wir verknüpfen immer. Manchmal machen uns „unnormale" Verknüpfungen deutlich, wie wir ticken. Diese Verknüpfungen sorgen dafür, dass wir einen Geruch zum Frühling präsent haben. Und sie sorgen dafür, dass ein Chef einem Mitarbeiter stets mit einem bestimmten Gefühl begegnet. Wir sind immer voreingenommen, das ist einer der Hauptzwecke unseres Gehirns.

2.5.2 Bewertungen

Wir organisieren uns die Welt, damit wir sie vorhersagen können. Es ist genau genommen die Sicherheit der Prognose, die unser Gehirn liebt. Die Wahrnehmung dient zu einem großen Teil dazu, unsere Annahmen über die Welt zu bestätigen. In dieses Bild passt auch, dass unsere für das Bewerten von Reizen zuständigen Gehirnzentren schneller sind als diejenigen, die dafür zuständig sind, Dinge zu verstehen oder zu erkennen.

> **Organisationsprinzip 9:**
> Bevor wir wissen, was es ist, haben wir es bewertet!

Die Verknüpfungsprozesse sind uns zum größten Teil nicht bewusst. Diese unbewussten Bewertungen laufen als Hintergrundprozesse ab, unser Verstand ist dabei nur ein Beifahrer. Unser Verstand ist trotzdem mächtig, hat eine Art Vetorecht innerhalb dieses Systems, aber nur, wenn wir uns der Tatsache bewusst sind, dass viele Bewertungen zu schnell und in Unkenntnis der Sachlage getroffen werden.

Bei wichtigen Bewertungen sollten Sie sich fragen, ob der Verstand abgewogen hat oder ob die Bewertung vorher da war. Hirschhausen nutzt die Metapher des Regierungssprechers: Er wird als letzter informiert und muss begründen, was andere (mächtigere Instanzen) entschieden haben. Dann konstruiert er sich eine Wirklichkeit, in die die schnelle Bewertung passt.

2.6 Im Zweifel: Überleben sichern

Warum vertrauen wir nicht stärker, warum fällt uns ein Lob schwerer als den Ärger über einen Mitarbeiter zu äußern? Hier kommt ein neues Organisationsprinzip zum Tragen:

Organisationsprinzip 10:
Bad is stronger than good!

Im Zweifel sehen wir eine Gefahr. Im Zweifel verzichten wir auf eine Belohnung und nehmen die Gefahr ernst. Von denjenigen, denen die Belohnung wichtiger war, stammen wir nicht ab. Daher stattet uns die Standardeinstellung unseres Gehirns bereits mit einer **mächtigen Mannschaft** aus, die im Zweifel alle anderen dominieren kann: Dem Stresssystem.

Wir sind nicht dazu programmiert, dauerhaft glücklich oder vertrauensvoll zu sein, sondern zunächst dazu, zu überleben. Das bedeutet, Gefahren ernst zu nehmen. Erst mit deren Abwesenheit können wir Neugierde, Fröhlichkeit und Entspannung zulassen.

2.7 Fazit: Organisationsprinzipien des Gehirns

In der folgenden Tabelle fassen wir für Sie die Prinzipen, nach denen unser Gehirn funktioniert, noch einmal im Überblick zusammen:

Nr.	Organisations-Prinzipien
1	Es besteht eine gegenseitige Beeinflussung zwischen der Bio-Chemie des Gehirn und unserem Verhaltens.
2	Mithilfe von Softskills, wie z. B. der Fähigkeit, gut zu kommunizieren, lässt sich die Biologie des Mitarbeitergehirns beeinflussen.
3	Unser Gehirn liebt Sicherheit.
4	Je häufiger und wir etwas tun, desto stärker „brennt es sich ein".
5	Je emotional beteiligter wir etwas tun, desto stärker „brennt es sich ein".
6	Das Gehirn verändert sich durch Benutzung.
7	Unser Gehirn bewertet alle Situationen im Hinblick auf mögliche Gefahren und die Aussicht auf Belohnung — in dieser Reihenfolge.
8	Sie können nicht nicht verknüpfen.
9	Bevor wir wissen, was es ist, haben wir es bewertet.
10	Bad is stronger than good.

Neuro-Wissenschaft – Grundlagenwissen über die Organisation des Gehirns

Hier die Auflösung zur Abbildung „Zahlen farbig sehen": Wenn Sie Zahlen farbig sehen würden, hätten Sie sofort ein Dreieck erkannt.

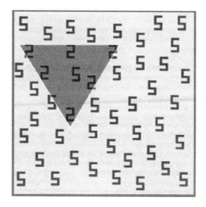

Abb. 13: Auflösung „Zahlen farbig sehen", nach Ramachandran 2005

3 Neuro-Leadership – Brückenbau von Neuro-Wissenschaft zu Führung

Zwei mächtige Gehirnsysteme konkurrieren im Gehirn miteinander. Beeinflusst werden Sie unter anderem durch den gehirneigenen Schiedsrichter, den Verstand. Wer die zugrunde liegenden Mechanismen kennt, kann Erkenntnisse der Gehirnwissenschaft nutzen, um seine Führungsfertigkeiten zu optimieren.

Um konkrete Handlungstipps ableiten zu können, ist es bedeutsam, die wichtigsten Schaltkreise im Gehirn zu verstehen. Diese spielen wie zwei Hockeymannschaften gegeneinander. Eine Mannschaft ist das Stresssystem, ihre gegnerische Mannschaft ist das Begeisterungs- bzw. Belohnungssystem. Welche Wirkungen die beiden Systeme haben und welche Impulse sich daraus für die Führung ergeben, zeigt das folgende Kapitel auf.

Die folgende Abbildung veranschaulicht die beiden Gehirnsysteme:

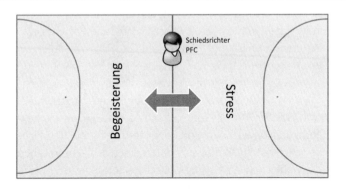

Abb. 14: Die beiden Mannschaften und der Schiedsrichter

Bei einer Hockeypartie kann nur eine Mannschaft den Ball haben, es gibt einen Schiedsrichter, der den Ballbesitz verteilen kann, und jede Mannschaft hat einige Einzelspieler, von deren Qualität die Leistungsfähigkeit der ganzen Mannschaft abhängt. Übertragen auf unser Thema, könnte man folgende Analogie herstellen: Das Gehirn kann nie gleichzeitig Stress und Begeisterung empfinden, es gibt einen Schiedsrichter, der Einfluss auf die Gefühle hat, das ist unser Verstand. Die Einzelspieler sind die einzelnen Gehirnregionen, die nur im Zusammenspiel wirklich leistungsfähig sind, aber von denen einzelne in bestimmten Situationen besonders gefordert sind.

3.1 Das Begeisterungssystem

Entdeckt wurde das Belohnungs- oder Begeisterungssystem auf spektakuläre Weise. Olds und Miller kartografierten in den 1950er Jahren das Gehirn von Ratten (Olds& Miller 1954). Sie gaben dazu schwache Stromimpulse an Neuronen im Gehirn und beobachteten, welche Neuronen für bestimmte Areale im Körper verantwortlich sind, was sie beispielsweise an den Zuckungen der Vorder- oder Hinterpfoten erkennen, konnten. Als sie jedoch den Strom an eine andere Region des Gehirns führten, stellten die Forscher fest, dass die Ratte die Stromstöße sehr genoss. In einem weiteren Versuch gab man der Ratte die Möglichkeit zur Selbststimulation, indem sie einen Schalter betätigen konnte. Die Forscher stellten fest, dass die Ratte nicht aufhören konnte, sich selbst zu stimulieren. Nach über 2000 Stromschlägen in der Stunde brach die Ratte völlig erschöpft zusammen.

Das Belohnungssystem, der Nucleus accumbens, war entdeckt. Und Dopamin ist der korrelierende Belohnungsbotenstoff. Dopamin wird ausgeschüttet, wenn unser Gehirn etwas wahrnimmt, das besser als erwartet ist, z.B. ein Lob des Chefs, gute Musik oder das Bild eines Porsches. Dieses System ist für unsere Begeisterungsfähigkeit verantwortlich.

Nun kann eine Schwelle der Begeisterung bestimmt werden. Dies ist die Stromstärke, die gerade noch ausreicht, damit die Ratte das Drücken des Schalters als Belohnung empfindet. Interessant ist, dass wir durch unseren Lebensstil diese Reizschwelle nach oben verschieben: Rauchen, Alkohol oder zucker/kohlenhydratlastiges Essen und — wie wir später sehen werden — chronischer Stress sorgen dafür, dass wir umso stärkere Reize benötigen, bis der Nucleus Accumbens aktiviert wird (Spitzer 2012). Es wird uns schwerer fallen, uns zu begeistern. Neugierde, Veränderungsbereitschaft und Begeisterung für die berufliche Tätigkeit hängen vom Dopaminsystem ab, das sich durch einen schlechten Lebensstil verstellt, wodurch die Wahrschenlichkeit, dass unser Belohnungssystem „anspringt", geringer wird. Die Neurobiologie lässt uns diesen Sachverhalt einfach verstehen.

3 Das Begeisterungssystem

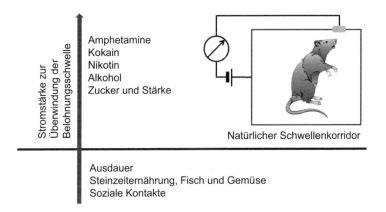

Abb. 15: Motivationsschwelle

Neuro-Prinzip 1:

Um veränderungsbereit zu werden, muss der Dopaminspiegel die Reizschwelle überschreiten: Der Schlüssel dafür ist Ihr Lebensstil.

Wir wissen inzwischen, dass bei der klassischen Konditionierung, wie es Pawlow bei seinen Hunden tat, Dopamin eine entschiedene Rolle spielt, und zwar auf eine leicht abgewandelte Weise. Statt einer Klingel wurden verschiede Gerüche eingesetzt. Die Hunde lernten schnell, wie sie an die Belohnung, in diesem Fall Zucker, kommen konnten. Nach einer Lernzeit wussten die Hunde über die Gerüche, wo Ihr Futter war und das dopaminerge System sprang bereits vor der Belohnung an. Das Gehirn erwartete etwas Gutes. Wir lernen daraus: Das Gehirn belohnt sich bereits vor der eigentlichen Belohnung. **Die Aussicht auf Erfolg ist bereits eine Belohnung für das Gehirn.** Beruflich bedeutet dies: Je klarer Sie die Ziele formuliert haben und je deutlicher dadurch der Erfolg in Aussicht gestellt wird, desto mehr Belohnung erhalten Sie und Ihre Mitarbeiter bereits im Vorfeld. Damit wird die Mannschaft „Belohnungssystem" – um das Hockey-Bild zu verwenden – im Vorteil sein.

Neuro-Prinzip 2:

Ziele müssen sehr konkret und mit Optimismus formuliert werden, dann erhalten Sie und Ihre Mitarbeiter bereits im Vorfeld eine Belohnung vom Gehirn.

Auch zur Neugierde fanden die Forscher Spannendes heraus: Das Belohnungssystem wurde durch Dopamin bereits in der Lernphase, also bei ungewissem Ausgang, aktiviert. Hundegehirne erwarten das Beste, sie sind optimistisch. An kleinen Kindern können wir sehen, dass der Mensch sich nur unwesentlich anders verhält. Am

Neuro-Leadership – Brückenbau von Neuro-Wissenschaft zu Führung

Anfang unseres Lebens blicken wir optimistisch in die Zukunft, Lernen empfinden wir als Gewinn.

Im Laufe der Zeit trainieren wir uns diese positive Erwartung immer mehr ab. Schon in der Schule wird vorsichtig geplant, der „ehrbare Kaufmann" im buddenbrookschen Sinne tut dies ohnehin. Je pessimistischer (viele nennen es realistisch) wir planen, desto häufiger wird unser Pessimismus-Schaltkreis aktiviert und der Dopamin-Kreislauf deaktiviert. Dopamin hilft uns in Best-Case-Szenarien zu denken und vor allem ins Best-Case-Szenario zu handeln.

> **Neuro-Prinzip 3:**
> Richten Sie Ihre Handlungen am Best-Case-Szenario aus.

Was bedeutet ein niedriger Dopaminspiegel bei Führungskräften?

- Handlungsabschwächung — weniger Handlungen
- Geringere Freude an Erfolgen
- Negativere Erwartungen an sich und andere
- Fehlende Neugierde und Veränderungsbereitschaft

Bei einem niedrigen Dopaminspiegel ist die die Mannschaft „Stresssystem" unverhältnismäßig oft im Ballbesitz und hat zu viele Chancen, ein Tor zu erzielen.

3.2 Entweder – oder

Entweder ist der Ballbesitz in den Reihen der Begeisterung oder in den Stressreihen. Prof. Spitzer aus Ulm hat in einem Experiment Worte mit Gefühlen gekoppelt. Studienteilnehmern wurden Bilder eines Stuhls und eines Hais, einer Waage und eines lachenden Babys usw. zusammen gezeigt. Nach einer Stunde hat er die Teilnehmer gefragt an welche neutralen Begriffe (Stuhl, Waage) sie sich erinnern konnten. Die Ergebnisse waren wie folgt

Erkenntnisse aus diesem Versuch

Fazit 1: Positiv Besetztes wurde besser gelernt. Die These mit dem „Ich arbeite unter Druck besser" ist neurobiologisch Unsinn. Optimal im Sinne des Lernens scheint eine positive emotionale Kopplung zu sein. Dass Gefühle beim Lernen einen große Rolle spielen, ist bekannt, wie stark diese Rolle ist, kristallisiert sich immer klarer heraus.

Fazit 2: Positive Begriffe wurden in einer anderen Gehirnregion abgespeichert als die negativen. Es sind verschiedene Schaltkreise aktiv, je nachdem, wie ein zu lernender Begriff emotional gefärbt wurde. Die Abspeicherung der positiven Begriffe wurde über das oben genannte Belohnungssystem und den Hippocampus bewerkstelligt. Die negativen Begriffe wurden über das Angstzentrum gespeichert. Dieses stellt den Körper auf einen Kampf ein, eine Stressreaktion folgt. Unter Einfluss dieser Stressreaktion werden die Begriffe gelernt und auch wiedergegeben. Das ist für eine komplexe Problemlösung völlig ungeeignet.

Neuro-Prinzip 4:

Entweder ist Ihr Belohnungs- oder Ihr Stresssystem aktiv.

3.3 Das Stresssystem

Wenn der Chef den Raum betritt, führt dies für den Mitarbeiter zu einer biologischen Situation im Körper, die wir Stress nennen. Die Menge der Ausschüttung der Stresshormone variiert dabei wahrscheinlich je nach Führungsstil. Was genau steckt dahinter und wie können wir das produktiv nutzen? Unser Stresssystem ist unser Überlebensjoker und hilft uns, erfolgreich zu sein. Die Kenntnis dieses Systems hilft Ihnen, die Entwicklung Ihrer Mitarbeiter zu fördern, anstatt sie zu blockieren

Was passiert, wenn Ihr Telefon klingelt und sich Ihr Chef oder ein wichtiger Kunde meldet? In fast allen Fällen werden Sie gestresst reagieren. Dabei fungiert der Anrufer als ein Stressor, der den Stress verursacht. Doch Stress ist individuell, denn Stress ist definiert als biologische Hormonausschüttung, die von Person zu Person unterschiedlich ist. Deswegen gilt: **Stress ist das, was Ihr Gehirn daraus macht!**

Im Klartext: Es gibt keinen Stress in irgendeinem Unternehmen, nur Stressoren. Daher ist es völlig individuell, wann sich ein Mitarbeiter gestresst fühlt. Bei dem einen ist die Stresstoleranz bereits vor dem Betreten des Büros aufgebraucht, während ein anderer abends um 21.00 Uhr nach einem anstrengenden Tag immer noch gelassen bleibt. Die biologische Antwort auf die Stressoren ist sehr individuell.

Neuro-Prinzip 5:

Der Mitarbeiter hat ein subjektives Empfinden von Belastung. Dabei ist die Stressschwelle sehr individuell. Entsprechend individuell muss der Umgang mit den Mitarbeitern gestaltet werden.

Stressor	Beispiel
Mental	Zeitdruck, Arbeitslast
Sensorisch	Fernsehkonsum abends, Hitze
Sensorisch	Wassermangel, eiweißarme/ kohlenhydratreiche Ernährung
Chemisch	Rauchen, Feinstaub
Physisch	Sport im falschen Pulsbereich, harte Arbeit
Immunologisch	Schimmelpilz in der Nahrung

Stressantwort des Körpers:

1. Adrenalinausschüttung
2. Cortisolausschütung

Abb. 16: Stressoren und Stress

Über eine Selbsteinschätzung erkennt man sehr häufig nicht die wahren Stressoren. Oft verursacht der beruflichen Bereich sogar weniger Stressoren als das Privatleben oder die Lebensführung. Ein guter Weg, einen objektiven Marker der tatsächlichen Stressbelastung zu erhalten, ist die Herzfrequenzvariabilitätsmessung. Anhand dieser Art „Mini-EKG" können Sie erkennen, was die wirklichen Stressoren sind. Einer der am stärksten unterschätzten Stressoren ist der Fernsehapparat. Bei der Verarbeitung der Stressoren im Gehirn wird das Stresssystem aktiviert. Diese nützliche Einrichtung sichert unser Überleben. Die wesentlichen Vorgänge, die dabei im Körper ablaufen, erläutert der nächste Abschnitt.

Die Stressreaktion beginnt im Kopf, in der Schaltzentrale des Gehirns, dem Hypothalamus. Bereits seit Jahrzehnten wissen wir, dass neue, unvorhersehbare und unkontrollierbar erscheinende Situationen, sogenannte Stressoren, diese Stress Achse aktivieren. Unser Gehirn liebt Sicherheit und das Gefühl von Kontrolle. Wenn es diese Sicherheit nicht gibt, aktiviert es den Überlebensjoker, die Stressmannschaft, und strebt die Sicherheit wieder an. Die Aufnahme und die Bewertung von Stresssignalen finden den Weg über den Cortex und das limbische System zum Hypothalamus. Hier liegt der Grund, warum uns nicht nur reale Gefahren „in Stress" versetzen, sondern auch ein Mord im Fernsehen oder der Gedanke an den anrufenden Chef. Signale, ob echt oder vorgetäuscht, lösen eine Aktivierung aus. Nun wird klarer, warum fernsehen oft ein größerer Stressor ist als z. B. E-Mails zu beantworten. Im Fernsehen geht es um Leben und Tod und ein mächtiger Teil unseres Gehirns kann nicht beurteilen, ob das Dargebotene fiktiv oder real ist (dazu auch Peters 2009).

Die beiden Kapitäne der Stressmannschaft sind die Hormone Cortisol und Adrenalin. Cortisol reguliert die Stressantwort, es ist anregend (unter anderem für unser Aufwachen verantwortlich) und verhindert auf der anderen Seite ein Überschießen der schnellen Stressreaktion, es reguliert das Adrenalin.

Das Stresssystem 3

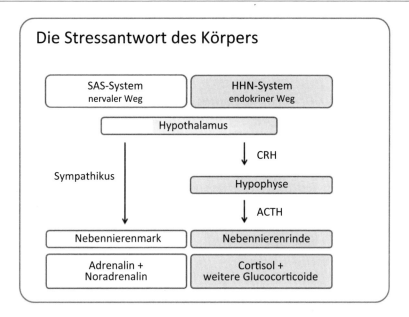

Abb. 17: Die Stressantwort

Die Unterscheidung in Eu- und Disstress ist aus biologischer Sicht irrelevant. Stress ist die Antwort des Gehirns auf einen Stressor, auf eine wahrgenommen Gefahr oder beispielsweise auch auf Sport, der falsch betrieben wird. Die Stressreaktion ist unser Überlebenstrumpf. Nur die chronische, d. h. dauerhafte, Aktivierung der Stressantwort ist ungesund. Wenn Sie im Garten eine Wasserpumpe ständig laufen lassen, wird die Mechanik irgendwann vor Erschöpfung aufgeben. So ähnlich ist die Mechanik der Nebennieren im Bezug auf Cortisol. Sendet der Hypothalamus laufend Stressreize, halten die Nebennieren dauerhaft den Cortisolspiegel hoch. Das Resultat sind Fatigue-Krankheiten und eine reduzierte geistige Leistungsfähigkeit. Die Stressreaktion beflügelt uns zu Leistungen, ohne unser Stresssystem würden wir nicht aufstehen wollen, nur die permanente Aktivierung macht krank.

Neuro-Prinzip 6:
Sehen Sie Stressspitzen bei sich und bei den Mitarbeitern als etwas Positives. Ihr System braucht Spitzen der Belastung. Nur nicht immer …

Was sollte eine Führungskraft zum Thema Stress wissen?

Nehmen wir ein Beispiel: Ein Vertriebschef fordert von seinem Außendienstmitarbeiter besseres Kundenmanagement sowie höhere Margen und droht in diesem

Zusammenhang dem Mitarbeiter mit Kündigung. Dies muss nicht ausgesprochen werden, es kann auch in der gelebten Unternehmenskultur verankert sein. Bei den meisten Menschen löst die Aussicht auf Kündigung eine starke Stressreaktion aus. Was passiert im Körper?

1. Die Drohung wird vom Mitarbeiter wahrgenommen und als Gefahr bewertet.
2. Wie in der Abbildung gezeigt, erfolgt die Stressaktivierung. Adrenalin und Cortisol werden ausgeschüttet. Dieses Ereignis wird in der Amygdala des Gehirns, unserem Angstzentrum, gespeichert. Die unangenehme Folge ist: Bei jedem Treffen mit dem Chef und bei jeder Verbindung zu diesem Inhalt (z. B. beim Kundentermin bzw. dem Versuch, die Margen zu erhöhen) wird die Stressreaktion wieder aktiviert. Der (Angst-)Schaltkreis Kündigung ist aktiv und wird immer dann aktiviert, wenn eine entsprechende Verknüpfung abgerufen wird. Dies passiert automatisch.

Daraus ergeben sich drei wichtige Fragen:

1. Hat dieses Vorgehen Erfolg?

Ja! Eine Kultur der Angst kann zu Verhaltensänderungen, in diesem Fall zu besseren Ergebnissen, führen. Experimente haben bewiesen, dass unser Angstzentrum schnell und gut lernen kann. Führen über Angst funktioniert. Die Androhung von Kündigung bringt Lahme zum Laufen.

2. Was können diese Mitarbeiter und was nicht?

Cortisol und Adrenalin helfen dabei, exakt und sehr fokussiert zu arbeiten. Genau das ist der Sinn des Stresssystems, nämlich den gesamten Fokus auf die eine überlebenswichtige Situation zu richten. Allerdings ist die Lösung komplexer Probleme in dieser Situation nahezu unmöglich. Die Kreativität sinkt, ebenso wie Verhaltensflexibilität und die Fähigkeit der Zukunftsplanung.

Wenn Sie Mitarbeiter wollen, die Arbeitsaufträge wortgetreu ausfüllen, ist Drohung ein guter Führungsweg. Wer allerdings kreative, flexible Mitarbeiter sucht, handelt mit Drohungen kontraproduktiv.

Neuro-Prinzip 7:
Angst hilft uns, sehr genau zu sein, daher ist es wahrscheinlich empfehlenswert, wenn z. B. Piloten oder Fluglotsen überdurchschnittlich durch das Stresssystem getrieben sind. Sie müssen sehr genau sein.

3. Bleiben Menschen gesund?

Nein! Wenn der Ball immer im Besitz der Stressmannschaft ist, sprechen Psychologen von chronischem Stress.

Bei chronisch gestressten Menschen verschiebt sich die Belohnungsschwelle im Gehirn nach oben. Der Mensch braucht dann stärkere Belohnungsreize, um wieder zu einer Dopamin-Ausschüttung zu gelangen. Hier entsteht ein Teufelskreis, weil das Gehirn Erfolge nicht mehr als Erfolge bewertet, sondern nur noch z. B. Alkohol oder andere Drogen dieses Belohnungszentrum aktivierten. Und diese setzen die Schwelle wiederum weiter nach oben, machen sie also mit „normalen" Mitteln unerreichbar.

Es gibt Unternehmen, deren Führungskultur Druck und Angst ist. Auch wenn dies von Betroffenen nicht als schlimm wahrgenommen wird, führt es aus neuro-biochemischer Sicht oft zu einer Beeinträchtigung des Gehirns. Die Frage ist nicht, ob dies gut oder schlecht ist, die Frage ist: Wofür wird ein Mitarbeiter benötigt: Zur genauen Fokussierung auf ein spezielles Thema (z. B. ein Fluglotse) oder zur flexiblen Problemlösung?

In dieser knappen Abhandlung geht es mir nicht um die ethische Beurteilung eines Führungsstills, sondern darum, die Bandbreite der Führungsmöglichkeiten und deren Auswirkungen auf das Gehirn aufzuzeigen. Immer mehr Unternehmen bekennen sich zu einer Unternehmensethik, die den Menschen in den Mittelpunkt stellt. Führung ist der Prüfstein, wie ernst die Worte sind.

> **Neuro-Prinzip 8:**
> Fragen Sie sich, welche Anforderungen an Mitarbeiter gestellt werden. Wenn die Antwort etwas mit Problemlösungskompetenz zu tun, dann müssen Sie das Stresssystem Ihrer Mitarbeiter entlasten.

3.4 Schiedsrichter: Präfrontaler Cortex

Wie beim Hockey gibt es auch im Gehirn eine Instanz, die der anderen Mannschaft den Ballbesitz zusprechen kann: Der sogenannte **Präfrontale Cortex** (PFC). Er ist der Sitz des Verstandes und macht uns zum Menschen. Wir können besser als Tiere planen, Impulse hemmen, in der Zukunft leben, Zielvereinbarungen treffen und Belohnungen aufschieben. Einige Tiere haben ähnliche Fähigkeiten, allerdings nicht so ausgeprägt wie der Mensch. Anatomisch ist die Gleichsetzung des PFC mit dem Begriff Verstand nicht einwandfrei, aber zur Vereinfachung nehmen wir es an dieser Stelle an.

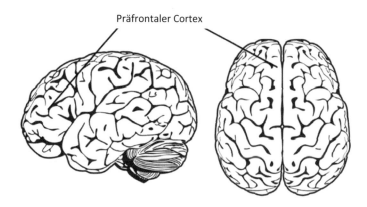

Abb. 18: Der präfrontale Cortex

Wir können den Präfrontalen Cortex aktivieren, indem wir unsere Gedankenwelt steuern: Schaffen wir es, uns auf negative Ereignisse oder mögliche negative Folgen zu fokussieren, aktivieren wir das Stresssystem. Dies hilft uns, besonders hellwach und detailorientiert zu sein. Wenn ich diesen Abschnitt auf Fehler durchlesen möchte, muss ich mir also vorstellen, welche negativen Folgen Rechtschreibfehler haben, dann bin ich kleinlich.

Wenn ich diesen Text formuliere, brauche ich Kreativität, dann muss der Ballbesitz in den Reihen der dopaminergen Begeisterungsmannschaft sein. Ich stelle mir also das fertige Buch bei der Präsentation vor. Je nach Fokus, kann ich andere Aufgaben wahrnehmen, dieser Fokus ist eine Funktion des Verstandes.

Neuro-Prinzip 9:
Gedankliche Steuerung ist Macht über die unbewussten Schaltkreise.

Um im Beispiel zu bleiben: Ich kann nie beides, ich kann nicht kreativ schreiben und gleichzeitig die Fehlerkorrektur machen. Allein dieses Wissen versetzt mich in die Lage, bewusst zu entscheiden, welches System die Aufgabe erfordert.

3.4.1 Begrenzte Ressource

Der PFC (Präfrontale Cortex) ist unser Arbeitsspeicher. Wie beim Computer ist die Leistung des Arbeitsspeichers weit kleiner als die Leistung des Hauptspeichers. Der PFC fordert daher Konzentration auf eine Tätigkeit, z. B. ein Gespräch zu führen, eine E-Mail zu lesen. Niemand schafft es, zwei Gespräche parallel zu führen, niemand kann zwei Texte genau zeitgleich lesen. Der PFC arbeitet seriell. Andere

… Areale im Gehirn lassen parallele Handlungen zu (wir können Autofahren, Kaffeetrinken und uns am Kinn kratzen. Diese Aktivitäten erfordern keinen Arbeitsspeicher, sondern lediglich unsere Routineareale. Bewusst vollzogene Aktivitäten aber müssen hintereinander ausgeführt werden. Alle Tätigkeiten, die mit Sprache zu tun haben, erfordern den PFC. Daher führt Multitasking zu einer Überforderung des Arbeitsspeichers. Die Fehlermeldungen häufen sich und die Qualität der Arbeitsergebnisse sinkt drastisch.

Alle sprachlichen Tätigkeiten laufen seriell ab. Daher ist der Fokus auf eine Tätigkeit der zeitsparendste Weg der Bearbeitung.

Hier liegt auch die Grenze der täglichen Schaffenskraft. Volle Konzentration auf eine Aktivität, z. B. das Führen eines Mitarbeitergespräch, kostet Energie und erschöpft unseren Verstand, den PFC. Die Pausen sind nicht fürs Gehirn allgemein, der Großteil unseres Gehirns braucht keine Pausen. **Aber der Verstand braucht eine Pause**. Geistige Erschöpfung bedeutet Erschöpfung des PFC. Ein Stück Schokolade hilft beim Denken, weil es dem PFC wieder Energie zuführt, auch deshalb entwickeln wir Appetit auf Süßes (inkl. Zucker im Kaffee, Fruchtsaft, Cola etc.), wenn wir länger angestrengt nachgedacht haben. Diese Erkenntnisse geben uns wichtige Hinweise, wie wir unsere Zeit organisieren sollten.

Daher sollten Sie Ihren Mitarbeitern den Raum lassen, wirklich an einer Aufgabe arbeiten zu können. Das bedeutet:

- Freie Zeiteinteilung nach geistigen Ressourcen.
- Die Möglichkeit nach richtigen Pausen für den PFC.
- Mailbeantwortung, Telefongespräche etc. im Block, nicht nebenbei
- Gehirnressourcenorientierte Arbeitsorganisation (mehr dazu im Teil Zeitmanagement).

3.4.2 Marshmallow Test

Selbstorganisation lässt sich auf eine Kernaussage zurückführen:

Neuro-Prinzip 10:
Fokussierung auf eine Tätigkeit ist Hemmung der anderen Impulse.

Dabei ist es völlig egal, um welche Tätigkeit es sich handelt.

Einer der spannendsten Versuche wurde über einen Zeitraum von 40 Jahren gemacht, der Marshmallow-Test. 4-jährige Kinder bekamen einen Marshmallow — mit der Aussicht auf einen zweiten, wenn sie sich gedulden könnten, den ersten zu essen (Mischel 2013). Die Kinder reagierten sehr unterschiedlich: Während einige ihren Marshmallow sofort aßen, warteten andere 15 Minuten oder länger auf den zweiten. 40 Jahre später zeigte sich, dass die Studienteilnehmer, die am längsten warten konnten, sozial am erfolgreichsten geworden waren — inklusive dem höchsten Durchschnittseinkommen und der besten Gesundheit.

Hier ist offenbar etwas untersucht worden, das massiven Einfluss auf unseren Erfolg im Leben hat, wahrscheinlich weit mehr als Intelligenz. Die Rede ist von Impulskontrolle. Ein Teil unseres Präfrontalen Cortex ist für die Unterdrückung von Impulsen verantwortlich. Dieses Areal ist bei Kleinkindern noch nicht gereift. Die Ummantelung der Nervenfasern ist noch nicht abgeschlossen, daher werden die Unterdrückungsimpulse nicht weitergeleitet. Dies lässt sich an Supermarktkassen anschaulich beobachten. Kleinkinder können den Impuls „Das Eis will ich jetzt haben" nicht unterdrücken. Je besser Kinder dies im frühen Alter bereits können, desto erfolgreicher sind sie als Erwachsene.

Für Führungskräfte und Mitarbeiter wird dies zu einem Erfolgsfaktor. Wie gut ist Ihre Impulskontrolle? Zugegeben, es wird uns immer schwerer gemacht, das Internet bietet als soziales Medium mit Facebook, Twitter, Onlinenachrichten etc. immer die Möglichkeit der Ablenkung. Zur Ablenkung gibt es viele Möglichkeiten. **Ein Erfolgsschlüssel ist die Hemmung der Ablenkungsimpulse.** Wie alles im Gehirn ist dies trainierbar. Je eher Sie es gelernt haben, desto leichter ist es später, daher können Forscher anhand des Marshmallow-Tests eine gute Vorhersage treffen, wie viel der 40-Jährige später verdienen wird. Aber für das Training ist es nie zu spät.

Wenn Mitarbeiter behaupten, Sie können sich nicht gut konzentrieren, bedeutet das neuronal: Sie können Ihre Impulse nicht hemmen. Ein guter Rat, sich besser zu konzentrieren, hilft da wenig. Hilfreich sind folgende Punkte:

1. Die beste Trainingsmethode ist spielerisches Lernen mit anderen mit Aktivitäten, die eine natürliche Impulshemmung beinhalten. Beim Tanzen wird eine natürliche Bewegung durch eine gelernte Taktfolge gehemmt. Beim Klettern ist der natürliche Bewegungsablauf durch ein vertikales Hindernis unterbrochen. Beim Essen auf alle Familienmitglieder zu warten, statt sofort loszulegen, bedeutet Impulskontrolle. Wenn wir offen für Impulshemmungen sind, werden uns jeden Tag dutzendfach Trainingsmöglichkeiten begegnen. Je mehr und je spielerischer wir Impulse hemmen, desto fokussierter werden wir bei allen Tätigkeiten sein.

2. Verhaltensregeln, die die Hemmung erleichtern.
   - Wenn Sie einen Text schreiben, gehen Sie offline.
   - Wenn Sie eine Besprechung haben, bleibt das Handy im Büro.
   - Wenn Sie telefonieren, haben Sie einen Platz, von dem aus Sie nicht auf den Bildschirm blicken können
   - Beim Essen essen Sie, in der Pause rasten Sie, beim Schreiben schreiben Sie.

Hier gilt natürlich wieder: Wer führt, geht voran. Der Chef, der während der Besprechung seine Mails kontrolliert, kann von seinen Mitarbeitern keine Konzentration (egal wann oder wo) fordern. Kontrolle der Impulse und Fokussierung auf die aktuellen Dinge müssen vorgelebt werden. **Konzentration auf Aufgaben ist Training der Impulshemmung.**

Ein Wort an die Männer: Impulskontrolle ist nicht Emotionshemmung. Gefühle nicht zu zeigen, ist nicht das geeignete Training, um Impulse im Griff zu haben. Emotionshemmung und Impulshemmung sind zwei verschiedene Aktivitäten.

3.5 Neuro-Skills: Mannschaftsaufstellung

Erneut benutzen wir den Sport — diesmal Fußball — um bestimmte neurowissenschaftliche Erkenntnisse zu veranschaulichen: Erfolg resultiert aus guten Spielern und der richtigen Taktik. Wir haben aus der Neurowissenschaft elf Schlüsselfaktoren identifiziert. Die Defensive betrifft hauptsächlich Vorschläge zur Arbeitsweise, also Themen der Selbstorganisation. Diese zu kennen gibt aber auch wichtige Führungsimpulse. Die Offensive gibt Empfehlungen hinsichtlich des guten Führungsverhaltens. Natürlich sind hier auch Hinweise enthalten, die die Führungskraft für eigenes Verhalten nutzen können. Wie im modernen Fußball fängt der Angriff in der Verteidigung an. Daher ist die Trennung zwischen Selbstorganisation und Führung aus Neuro-Perspektive oft fließend. Beide Aspekte müssen ineinander greifen. Inzwischen können die Neurowissenschaften sehr viel über einzelne Aspekte unseres Arbeitsverhaltens aussagen und viele Hilfestellungen geben. Diese sind in dem folgenden Modell zusammengefasst.

Abb. 19: Neuro-Skills

3.5.1 Selbstorganisation unter Führungsaspekten

Einige der Selbstorganisationsaspekte haben einen Einfluss auf Führung, daher werden sie hier kurz dargestellt. Führen Sie sich dafür nochmals die Grafik 19, in der die einzelnen Aspekte abgebildet sind, vor Augen.

1-Tasking: Unser Verstand bearbeitet auf Sprache bezogene Prozesse seriell. Das bedeutet: Er bearbeitet die Dinge nacheinander. Jedes Multitasking von Aufgaben, die Sprache benötigen, führt zu schlechter Qualität und höherer Arbeitszeit.

Neuro-Prinzip 11:
Halten Sie Ihren Mitarbeiter die Räume wirklich frei, damit sie konzentriert an einer Aufgabe arbeiten können.

Schriftlich: Der Präfrontale Cortex ist unser Arbeitsspeicher: Je mehr Aufgaben wir gleichzeitig „geöffnet" haben, desto langsamer ist er. Wann immer Sie können, entlasten Sie ihn. Schreiben Sie alles auf, was zu tun ist, statt es sich zu merken. Machen Sie für Ihre Mitarbeiter schriftliche Notizen, anstatt nur zu sprechen, handschriftlich ist dabei besser als per E-Mail. Damit räumen Sie nicht nur Ihren eigenen Arbeitsspeicher, sondern auch den Ihrer Mitarbeiter für Wichtigeres frei.

Neuro-Skills: Mannschaftsaufstellung 3

Kontrolliert: Je mehr Kontrolle ein Arbeitnehmer über seine Tätigkeit hat, desto zufriedener wird er. Ein sehr bekanntes Modell dazu stammt von dem amerikanischen Soziologen Karasek.

Entsprechend ergeben unsere Messungen, dass die Inhaber oder Geschäftsführer trotz hoher Arbeitsbelastung meistens die Gesündesten sind und sich die Sandwich-Manager oft in einer psychisch belastenden Situation befunden. Je mehr Eigenkontrolle Mitarbeiter über ihre Arbeit haben, desto stärker gehen sie in der Arbeit auf. Hinsichtlich des Entscheidungsspielraums und damit der Kontrolle über die Arbeit gehen alle modernen neurowissenschaftlichen Forschungen mit Karaseks Ideen konform. Lassen Sie Ihrem Mitarbeiter soviel Kontrolle und Entscheidungsspielraum wie möglich.

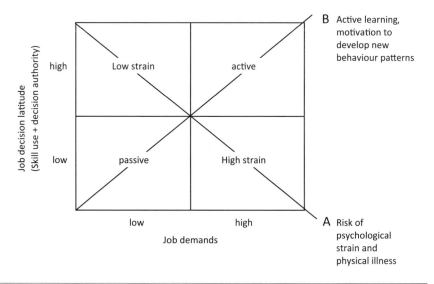

Abb. 20: Karasek Modell

Routiniert: Lagern Sie viele Tätigkeiten als Routine aus, als wiederkehrende Abläufe. Unser Gehirn liebt die Vorhersagbarkeit. Berufen Sie Meetings möglichst zur selben Zeit, mit derselben Sitzordnung, mit einer routinierten Agenda ein. Je mehr Sie in Routinen auslagern, desto mehr Arbeitsspeicher ist für wirklich Nachdenkenswertes vorhanden.

Bildhaft: Ca. 1/3 unserer Großhirnrinde wird durch unser visuelles System gebraucht. Auch wenn Sie sich Tätigkeiten, Menschen oder z. B. Ihren Schreibtisch lediglich vorstellen, wird das Sehsystem aktiv, obwohl Sie die Dinge nicht unmittelbar sehen. Je mehr Sie in Bildern und mit visuellen Versionen Ihrer Ziele arbeiten, desto mehr Verknüpfungen entstehen. Das ist besonders bei Zielen entscheidend. Der Autor des Buches hat beim Schreiben das fertige Buch im Regal der Buchläden im Blick, der Wettkampf-Sportler sieht den Pokal in seinen Händen. Das bezieht einen Großteil des Gehirns, das visuelle System, ein und dadurch gewinnt diese Aufgabe an Bedeutung.

> **Neuro-Prinzip 12:**
> Regen Sie als Führungskraft die visuelle Zielvorstellung Ihrer Mitarbeiter an, indem Sie gemeinsam die Teamziele aufschreiben und aufmalen. Nutzen Sie die Gehirnressourcen.

3.5.2 Beeinflussung von Anderen

Die ersten „Mitspieler" waren im Bereich Selbstorganisation angesiedelt. Von ihnen wurden einige Prinzipien zum Thema Führung abgeleitet. Im zweiten Teil der Neuro-Skills geht es um die Kreativität. Sehen Sie sich zunächst bitte nochmals die Abbildung 19 an.

Kreativität: Wann sind Mitarbeiter kreativ? Vereinfacht gesagt gibt es zwei Voraussetzungen:

1. Wenn der Ball in der Begeisterungszone liegt.
2. Wenn der Verstand nicht mit im Spiel ist.

Zum Punkt 1: Mit unserem Modell von zwei Mannschaften, dem Stresssystem und dem Begeisterungssystem, lässt sich dieser Punkt leicht erklären. Sobald die Stressmannschaft den Ball hat, können wir nicht kreativ handeln. Wir sind fokussiert und fehlerorientiert. Alle Energie liegt jetzt in der Fokussierung der einen Aufgabe (früher war das überlebenswichtig, weil die Aufgabe zum Beispiel Flucht war). Ein Nachdenken über komplexe Probleme war in solchen Situationen sicher nicht hilfreich, von den „Unter Stress erstmal kreativ eine Lösung Suchenden" stammen wir nicht ab. Das Gegenteil von Fokussierung ist die weite Öffnung der Gedanken. Das ist Kreativität. Wenn ein Chef seine Mitarbeiterin anweist, sich Gedanken zu machen, wo die nächste Verkaufspräsentation stattfinden könnte, ist kreatives Denken sicher hilfreich.

Ist der Ball in den Reihen des Stresssystems, weil z. B. das Arbeitsverhältnis der Mitarbeiterin unsicher ist oder sie letzte Woche „eingenordet" wurde, dann aktiviert sie im Gehirn nur einen kleinen Teil ihrer Ressourcen, nämlich den, der unmittelbar mit „Verkaufspräsentation" zu tun hat. Ihr werden dann die Orte einfallen,

Neuro-Skills: Mannschaftsaufstellung

an denen bereits Verkaufspräsentationen stattgefunden haben. Sie wird aber nur schwer Zugang haben zu anderen Orten, die ebenso geeignet wären. Dieser Transfer gelingt nicht unter Stress. Es ist, als wenn eine Taschenlampe im Gehirn sehr stark auf einen Punkt leuchtet. Alles andere liegt im Dunkeln.

Ist der Ball im Begeisterungssystem, leuchtet die Taschenlampe alles ab, zwar schwächer, aber die Taschenlampe mit dem weiten Lichtkegel leuchtet einmal hier, einmal dort die Regionen ab. So entstehen Verknüpfungen zu anderen Situationen und anderen Lebensereignissen, die eine kreative Lösung hervorbringen.

Im Gehirn heißt der Kegel der Taschenlampe Bedeutungshof. Er besteht aus einer Sammlung von Neuronen, die eng beieinander liegen. Wird der Bedeutungshof „Verkaufspräsentation" aktiviert (angeleuchtet), dann fällt der Mitarbeiterin sofort das Hotel ein, in dem die letzte Veranstaltung war. Wenn wir an schwarz denken, fällt uns sofort weiß ein, wenn wir Mutter denken, denken wir sofort auch Vater. Ein Bedeutungshof hat Verknüpfungen zu verwandten Begriffen, aber nicht zu völlig fernen begriffen. Für die fernen Begriffe und damit für neue Verknüpfungen von Bedeutungshöfen, also für Kreativität, brauchen wir Ruhe. Dazu bedarf es einer Deaktivierung unseres Stresssystems. Deshalb fallen uns oft unter der Dusche oder beim Sport gute Ideen ein. Da haben wir einen weiten, entspannten Blick auf die Dinge.

> **Neuro-Prinzip 13:**
>
> Wenn Sie kreative Mitarbeiter wollen, dann geben Sie Ablenkungsmöglichkeiten. Der obligatorische Kicker in der Werbeagentur ist ein Wertschöpfungsfaktor.

Zu Punkt 2: Je weniger Sie den Verstand bei einer komplexen Problemlösung bemühen, desto schneller und besser kommen Sie auf Lösungen. Nachdenken hilft nicht. Je komplexer das Problem, desto sinnvoller ist es, dem Verstand eine Pause zu gönnen, sich mit anderen Dingen zu beschäftigen und dann eine Entscheidung „aus dem Bauch heraus" zu treffen.

In Wahrheit entsteht sie natürlich nicht im Bauch, sondern durch viele (Quer-)Verknüpfungen im Gehirn. Je fokussierter sie die Fragestellung betrachten, desto enger wird der Radius der Verknüpfungen, desto schlechter ist die die Entscheidung. Dazu gibt es sehr viele Hinweise der empirischen Sozialforschung, die auch durch Erfahrungen gestützt werden. Kekulé kam im Schlaf auf die Struktur des Benzolrings. Doch ohne sein chemisches Wissensfundament hätte Kekulé die Lösung nicht gefunden. Für die Entscheidung oder die Lösung ist Wissen die Voraussetzung. Durch Ablenkung alleine werden Mitarbeiter nicht erfolgreich. Sich viel Wissen anzueignen, widerspricht also der Aussage darüber, wie Kreativität entsteht, nicht, sondern stützt sie. Wissen und Entspannung müssen für kreative Ergebnisse zusammenspielen.

Neuro-Prinzip 14:
Setzen Sie sich einen Zeitpunkt für eine Entscheidung und lassen Sie Ihr Gehirn in Ruhe arbeiten. „Morgen früh um 9.00 Uhr habe ich die Entscheidung für den Ort der Verkaufspräsentation".

Begeisternd: Begeisterung kann nur entfachen, wer selbst begeistert ist. Die biologischen Abläufe hinter der Begeisterung haben wir bereits erläutert. Nun geht es darum, Begeisterung weiterzutragen. Eine Führungskraft muss die Begeisterungspunkte seiner Mitarbeiter kennenlernen. Er muss wissen, was jedem Einzelnen Freude bereitet; er muss wissen, wie er zur Dopaminausschüttung beitragen kann. Wenn der Arbeitnehmer Dopaminausschüttung mit dem Unternehmen in Verbindung bringt, wird dieser das Unternehmen nicht so schnell verlassen. Wenn Mitarbeiter von AUDI über ihre Autos sprechen, leuchten die Augen, Dopamin wird über das Produkt der Arbeit und den Stolz darauf gebildet. Bei anderen Mitarbeitern sind es die Arbeitszeiten, z. B. bei jungen Eltern die flexiblen Arbeitszeiten, wieder andere schätzen Weiterbildungsmöglichkeiten. Die Begeisterungsmomente sind bei jedem Mitarbeiter unterschiedlich und höchst individuell. Führungskräfte müssen ihre Mitarbeiter gut kennen, nur dann gelingt es, den richtigen Ton zu treffen. Das gilt im Besonderen für Zielvereinbarungen. Diese lösen häufig eher Skepsis bei Mitarbeitern aus oder die Mitarbeiter erken den Wert nicht.

Neuro-Prinzip 15:
Zielvereinbarungen/Personalgespräche sollten mehrfach im Jahr stattfinden und im besten Fall auch zwei oder mehr Stunden dauern.

Wer begeistern möchte muss:

1. Selbst begeistert sein und sein Dopaminsystem im Griff haben.
2. Die Begeisterungspunkte bei den Mitarbeitern finden (siehe individuelle Motivationsfaktoren in der Motivations-Pyramide)

Konstruktivistisch: In einem Experiment wurde Probanden das Bild einer weinenden Frau gezeigt. Sie reagierten mit Mitgefühl auf das Bild, die Schmerzareale wurden aktiviert. Sie brachten die Situation mit Verlust und Schmerz in Verbindung. Sobald dem Betrachter aber erklärt wurde, dass die Frau Freudentränen vergießt, weil ihre Tochter geheiratet hatte, wird das Schmerzareal deaktiviert und stattdessen entsteht Freude (Ochsner 2006). Die Interpretation des Bildes aktiviert andere

3 Neuro-Skills: Mannschaftsaufstellung

Schaltkreise im Gehirn. In der Psychologie wird dies als Reframing bezeichnet. Weiter oben haben wir bereits gesehen, dass positive Emotionen zu besseren Ergebnissen führen, insofern ist jede Führungskraft gut beraten, den positiven Rahmen zu suchen.

Neuro-Prinzip 16:
Wann immer Sie als Führungskraft können, setzten Sie die Dinge in einen positiven Rahmen, Sie entlasten Ihre Mitarbeiter. Dann können Ihre Mitarbeiter neue Probleme besser lösen.

Zugehörigkeit beachten: Aus den neusten Studien hat die Gehirnforschung die Erkenntnis gewonnen, dass wir den Wunsch nach Zugehörigkeit zu einer Gruppe oder nach sozialer Anerkennung haben. 2012 untersuchten Ochsner und andere, welche Hirnareale mit Schmerz zusammenhängen (Ochsner 2012). Sie hatten ihren Probanden geringe Schmerzen zugefügt und gleichzeitig überprüft, welche Bereiche im Gehirn Schmerz repräsentieren, d. h., welche Gehirnteile und Neuronen für körperlichen Schmerz zuständig sind. Dann wurden die Teilnehmer dazu eingeladen, bei einem virtuellen Ballspiel mitzumachen. Drei Teilnehmer hatten sich solange die Bälle zugeworfen, bis ein Teilnehmer ausgeschlossen wurde. Bei dem Ausgeschlossenen wurde der soziale Schmerz genauso repräsentiert wie der körperliche.

Das bedeutet: Soziale Schmerzen und körperliche Schmerzen entsprechen sich im Gehirn. Wird demnach ein Mitarbeiter von der Arbeitsgruppe oder seinem Team ausgeschlossen oder entsteht ein neues Team, das nicht sofort sozial harmoniert, verursacht dies bei den Ausgeschlossenen Schmerz. Wir wissen, dass solche Schmerzen im Gehirn Vorfahrt haben. Schmerzsignale müssen zuerst wahrgenommen werden. Das ist ein Überlebensvorteil. Erst in Abwesenheit von Schmerzen können wir unbelastet arbeiten. Mit Zahnschmerzen kann niemand eine Präsentation vorbereiten. Erst müssen die Schmerzen ausgeräumt werden — seien sie körperlicher oder seelischer Natur. Auf dieser Basis können Teams dann effizient zusammenarbeiten.

Neuro-Prinzip 17:
Bevor auf der Sachebene gearbeitet wird, muss die soziale Gruppe zusammengeführt werden. Sonst überlagern die Schmerzen die Leistungsfähigkeit.

Sicherheit vermitteln: Aus dem Abschnitt über das Stresssystem kennen Sie bereits das Beispiel des Vertriebschefs, der seinem Außendienstmitarbeiter einen gewissen Umsatz abverlangt, ansonsten wird dem Mitarbeiter gekündigt. Dieser reagiert mit einer Stressaktivierung und fatalerweise mit einer Stressaktivierung in jeder Vertriebssituation, egal ob bei der Angebotserstellung, einem Kundentermin oder einer Präsentation der neusten Zahlen beim Chef. Hinter der Stressaktivierung steht das Streben des Gehirns nach Sicherheit. Die Stressreaktion ist ein Signal, dass etwas aus dem Gleichgewicht geraten ist und nun wieder ins Lot gebracht werden soll.

Was können Führungskräfte tun?

Bringen Sie kaufmännischen Zahlen nicht mit Arbeitsplatzsicherheit in Verbindung. Haben Sie eine solche Verbindung bei Ihren Mitarbeiter hergestellt, im Sinne von „wenn ich den Umsatz nicht bringe, bin ich weg", dann wird ein freude-getriebenes Arbeiten schwer. Gehen Sie davon aus, dass Sie mit Druck über Zahlen langfristig Ihren Mitarbeiter potenziell unproduktiv machen. Die Mitarbeiter, die diese Verbindung bereits im Gehirn verankert haben, haben eine stark aktivierte Stressachse und ein immer schwächer ausgeprägtes dopaminerges Belohnungssystem.

Das hat zwei Folgen:

1. Es kostet den Mitarbeiter über Jahre gesehen immer größere Anstrengung, das gleiche Leistungslevel zu halten.
2. Der Mitarbeiter ist besonders anfällig für psychische Erkrankungen.

Stattdessen ist die Empfehlung aus neuro-biologsicher Sicht: Geben Sie Zahlen vor und dann coachen Sie Ihren Mitarbeiter, damit dieser die Zahlen erreicht. Die Zahlen sind ein Ausdruck dafür, wie gut Sie als Coach sind. Wenn Sie auf Jahre erfolgreiche Mitarbeiter wollen, dann nehmen sie sich die Zeit, um Strategien und Wege mit dem Mitarbeiter zu erarbeiten, die ihm helfen, Ziele zu erreichen.

Neuro-Prinzip 18:
Führung heißt nicht, Zahlen vorzugeben, sondern fragend zu begleiten.

Das fragende Begleiten spielt eine wichtige Rolle. Auch hier sind es unsere Gehirnsysteme, die uns die Antwort zu dieser Aussage geben. Wenn Sie als Führungskraft den Raum der Mitarbeiter betreten, werden Sie bereits für Ihre Position von Ihrem Gehirn belohnt. Sie erhalten sehr wahrscheinlich beim Betreten des Raumes einen Dopaminschub, Ihr Mitarbeiter einen Stressschub. Ohne eine weitere Handlung passiert dies als biologische Reaktion auf die Rangfolge. Im Tierreich ist das ähnlich. Der Ranghöhere wird durch bio-chemische Botenstoffe für seinen Rang belohnt. David Rock beschreibt dies mit Status, ein guter Begriff. Seien Sie sich dieser Konstellation immer bewusst. Aus diesem Verständnis heraus ist es Ihre Aufgabe, Verbesserungen und Kritik anzubringen, und dabei den Status des Mitarbeiters zu achten. Je häufiger Sie Ihrem Mitarbeiter auf Augenhöhe begegnen, desto besser sind die Chancen, den Mitarbeiter als wirklichen Problemlöser einsetzen zu können. Das ist in der Tat eine sehr schwierige Aufgabe für Führungskräfte.

> **Neuro-Prinzip 19:**
> Seien Sie bei Kritik beschreibend, klar, knapp und konstruktiv. Nutzen Sie die Zeit dann dafür, den Mitarbeiter mittels gezielter Fragen eine Lösung finden zu lassen.

Fragen sind meistens systemisch und können folgendermaßen lauten: „Was erwartet der Kunde nun von uns?", „Welche Ideen haben Sie zur Lösung?", „Wie haben Sie eine ähnliche Situation vorher gelöst?". Statt mit Ratschlägen zu kommen, sind die Fragen hier der beste Weg. In der ersten Zeit ist dies mühsamer als die Lösung vorzugeben, über die Monate und Jahre wird sich dieses Vorgehen aber auszahlen. Statt in Hierarchien zu agieren, fördern Sie Lösungskompetenz.

Fairness: Jede Führungskraft hat bereits gehört, wie wichtig ein faires Verhalten gegenüber dem Mitarbeiter ist. Darüber kann inzwischen auch die Neurowissenschaft gute Aussagen treffen.

Eine Studie zur Fairness stammt von Nowak und anderen (Nowak, 2006). Die Grundlage bildet das Ultimatum-Spiel: Der Mitspieler A erhält 10 Euro und darf die Summe beliebig aufteilen zwischen sich und Mitspieler B. Mitspieler B kann den von A angebotenen Betrag annehmen, womit beide Geld bekommen. Er kann aber auch ablehnen, dann erhält niemand etwas. Falls also Mitspieler B die ihm angebotene Summe ablehnt, verliert auch Mitspieler A sein Geld. Der „rationale" Mitspieler B müsste ab einem Cent den Deal annehmen, denn er hat dann mehr als vorher, er hat also etwas gewonnen. In der Realität nimmt kaum ein Mitspieler einen Cent an, sondern lässt den Deal platzen. Erst ab ca. 3-5 Euro nehmen die meisten an. Daraus folgt im Hinblick auf die Fairness: Menschen schaden sich eher selbst, als dass Sie unfaires Verhalten eines anderen akzeptieren.

Das ist nicht rational, sondern biologisch. Der Scanner zeigt die Gehirnareale, die bei der Ablehnung eines unfairen Angebots aktiviert werden. **Es ist überraschenderweise das dopaminerge Belohnungssystem.** Wir werden von unserem Gehirn dafür belohnt, dass wir unfaire Menschen bestrafen, auch wenn es zu unserem Nachteil ist.

Für Führungskräfte bedeutet das: Sorgen Sie dafür, dass sich die Mitarbeiter fair behandelt fühlen. Das ist eine der wichtigsten Führungsaufgaben.

> **Neuro-Prinzip 20:**
> Wenn sich Ihre Mitarbeiter unfair behandelt fühlen, werden sie von ihrem Gehirn dafür belohnt, dass Sie Ihnen schaden!

Die Gallup-Studie zur emotionalen Verbundenheit mit dem Unternehmen kommt zum Schluss, dass 80 % der Mitarbeiter emotional nicht stark an das Unternehmen gebunden sind; 20 % davon sind sogar aktive Gegner. Diese 20 % werden dafür belohnt, dass sie dem Unternehmen schaden. Das ist kein bewusster Vorgang, aber in seiner Bedeutung nicht zu unterschätzen.

Als Fazit zum Thema Fairness empfehlen wir aus neuro-biologischer Perspektive: Vor jeder Fachaufgabe steht die Frage: Fühlt sich der Mitarbeiter fair behandelt? Wenn Sie die Frage mit Nein beantworten, besteht hier der erste Handlungsbedarf.

Mit einem weiteren Vorurteil räumt dieses Ergebnis ebenfalls auf: dem „homo oeconomicus". Wieso sollte ein rational handelnder Mensch auf einen eigenen Vorteil verzichten, um unfaires Verhalten zu bestrafen? Die biologische Antwort ist leicht: Die soziale Gruppe ist so wichtig für das Individuum, dass wir Mechanismen im Gehirn haben, um die Gruppe vor unfairem Verhalten Einzelner zu schützen.

3.6 Fazit

Hier noch einmal alle Neuro-Prinzipien im Überblick:

Nr.	Neuro-Prinzip
1	Um veränderungsbereit zu werden, muss der Dopaminspiegel die Reizschwelle überschreiten: Der Schlüssel ist Ihr Lebensstil.
2	Ziele müssen sehr konkret und mit Optimismus formuliert werden, dann erhalten Sie und Ihre Mitarbeiter bereits im Vorfeld eine Belohnung vom Gehirn.
3	Richten Sie Ihre Handlungen am Best-Case-Szenario aus.
4	Entweder ist Ihr Belohnungs- oder Ihr Stresssystem aktiv.
5	Der Mitarbeiter hat ein subjektives Empfinden von Belastung. Dabei ist die Stressschwelle sehr individuell. Entsprechend individuell muss der Umgang mit ihm gestaltet werden.
6	Sehen Sie Stressspitzen bei sich und bei den Mitarbeitern als etwas Positives. Ihr System braucht Spitzen der Belastung. Nur nicht immer.

Fazit 3

Nr.	Neuro-Prinzip
7	Angst hilft uns, sehr genau zu sein, daher ist es wahrscheinlich empfehlenswert, wenn z. B. Piloten oder Fluglotsen überdurchschnittlich durch das Stresssystem getrieben sind. Sie müssen sehr genau sein.
8	Fragen Sie sich, welche Anforderungen an Mitarbeiter gestellt werden. Wenn die Antwort etwas mit Problemlösungskompetenz zu tun, dann müssen Sie das Stresssystem Ihrer Mitarbeiter entlasten.
9	Gedankliche Steuerung ist Macht über die unbewussten Schaltkreise.
10	Fokussierung auf eine Tätigkeit ist Hemmung der anderen Impulse.
11	Halten Sie Ihren Mitarbeiter die Räume wirklich frei, damit sie konzentriert an einer Aufgabe arbeiten können.
12	Regen Sie als Führungskraft die visuelle Zielvorstellung Ihrer Mitarbeiter an, indem Sie gemeinsam die Teamziele aufschreiben und aufmalen. Nutzen Sie die Gehirnressourcen.
13	Wenn Sie kreative Mitarbeiter wollen, dann geben Sie Ablenkungsmöglichkeiten. Der obligatorische Kicker in der Werbeagentur ist ein Wertschöpfungsfaktor.
14	Setzen Sie sich einen Zeitpunkt einer Entscheidung und lassen Sie Ihr Gehirn in Ruhe arbeiten. „Morgen früh um 9.00 Uhr habe ich die Entscheidung für den Ort der Verkaufspräsentation".
15	Zielvereinbarungen/Personalgespräche sollten mehrfach im Jahr stattfinden und im besten Fall auch zwei oder mehr Stunden dauern.
16	Wann immer Sie als Führungskraft können, setzen Sie die Dinge in einen positiven Rahmen, Sie entlasten Ihre Mitarbeiter. Dann können Ihre Mitarbeiter neue Probleme besser lösen
17	Bevor auf der Sachebene gearbeitet wird, muss die soziale Gruppe zusammengeführt werden. Sonst überlagern die Schmerzen die Leistungsfähigkeit.
18	Führung heißt nicht, Zahlen vorzugeben, sondern fragend zu begleiten.
19	Seien Sie bei Kritik beschreibend, klar, knapp und konstruktiv. Nutzen Sie die Zeit dann dafür, über Fragen den Mitarbeiter eine Lösung finden zu lassen.
20	Wenn sich Ihre Mitarbeiter unfair behandelt fühlen, werden sie vom Gehirn dafür belohnt, dass Sie Ihnen schaden!

4 Rollenvielfalt der Führungskraft in dynamischen Zeiten

Eine der größten Herausforderungen einer modernen Führungskraft ist die Vielfalt ihrer Rollen. Diese ergeben sich aus den vielen unterschiedlichen Situationen aber auch aus den Erwartungen von „Stakeholdern" (Interessenten) an der Führungsleistung.

Neben den Mitarbeitern haben z. B. auch der Arbeitgeber, vertreten durch die Geschäftsführung, die nächsthöheren Führungskräfte, externe Partner und Betriebsräte Erwartungen, die es zu erfüllen gilt.

Sicher könnte man unzählige Rollen benennen, aber mit dem nachfolgenden Bild werden die wichtigsten auf einen Blick zusammengefasst.

Stellen Sie sich vor, die Führungskraft hätte 7 verschiedene Hüte auf ihrem Schreibtisch liegen mit den in der folgenden Abbildung genannten Bezeichnungen — klar erkennbar für Dritte durch Schilder. Je nach Situation und Erfordernissen würde nun die Führungskraft diese Hüte wechseln und damit würde erkennbar sein, in welcher Rolle sie gerade agiert. Leider ist dies in der Realität schwerlich möglich (auch wenn es sicher ein netter Anblick wäre).

Den „Hütewechsel" muss die Führungskraft kenntlich machen, und zwar durch die Benennung dessen, was sie machen möchte. So z. B. „und nun entscheide ich!" für den Hut des Commanders oder „ich übernehme für dieses Meeting die Moderation" für den Hut des Moderators. Und wenn sie merkt, dass das Meeting in eine falsche Richtung läuft, muss sie z. B. sagen „an dieser Stelle möchte ich eine Richtlinie des Unternehmens in Erinnerung rufen, die uns bei der Diskussion Grenzen aufgibt". So verdeutlicht sie die Rolle des „Vertreters des Arbeitgebers". Danach kann dann wieder weiter moderiert werden.

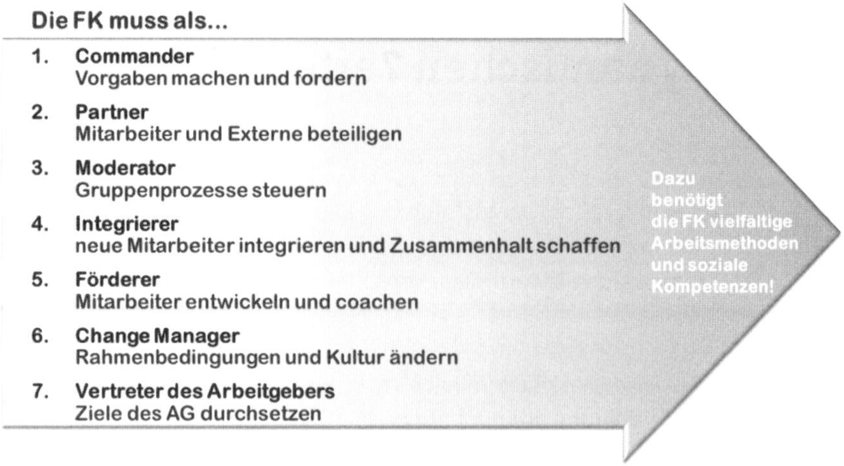

Rollenvielfalt der Führungskraft in dynamischen Zeiten

Die FK muss als…

1. **Commander**
   Vorgaben machen und fordern
2. **Partner**
   Mitarbeiter und Externe beteiligen
3. **Moderator**
   Gruppenprozesse steuern
4. **Integrierer**
   neue Mitarbeiter integrieren und Zusammenhalt schaffen
5. **Förderer**
   Mitarbeiter entwickeln und coachen
6. **Change Manager**
   Rahmenbedingungen und Kultur ändern
7. **Vertreter des Arbeitgebers**
   Ziele des AG durchsetzen

Dazu benötigt die FK vielfältige Arbeitsmethoden und soziale Kompetenzen!

Abb. 21: Führungs-Rollen – 7 Dimensionen der Führung (7 Hüte)

> **Neuro**
>
> Finden Sie eine für Sie angemessene Form der inneren Visualisierung Ihrer jeweiligen Rolle (sofern Sie ungern Hüte tragen). Das wird Ihnen helfen, auf der Spur zu bleiben und die gerade erforderliche Rolle in der Situation auszufüllen. Je mehr Sinneseindrücke von dem, was zu tun ist, den Weg in Ihr Gehirn finden, desto eher wird es die Rolle ausfüllen, indem es andere Muster hemmt. Je besser Sie diese Symbole nutzen, desto eher vermeiden Sie, in alte, trainierte Rollenmuster zu fallen. Ein Symbol für den Commander könnte Ihre Visitenkarte mit Funktionsbezeichnung sein.

Natürlich muss die Führungskraft **Commander** sein, d. h., sie muss wie ein Kapitän der Mannschaft Richtung bzw. Kurs geben durch Ziele, die effektiv, also wirksam das Erreichen übergeordneter Ziele unterstützen. In dieser Rolle muss die Führungskraft aber auch einfordern, dass alle Mitarbeiter ihren Beitrag zum Erreichen des Zieles erbringen. Dies ist manchmal unbequem für die betroffenen Mitarbeiter und anstrengend für die einfordernde Führungskraft.

Nach meiner Erfahrung wollen und brauchen Mitarbeiter und Teams aber Führungskräfte, die bereit und willens sind, diese Rolle einzunehmen. Nichts ist schlimmer, als wenn sich keiner traut, einmal klar zu sagen, wo die Reise hingehen soll. Insbesondere in Krisen bedarf es einer solchen klaren Rolleneinnahme, da darf sich eine Führungskraft nicht hinter einem vermeintlich kooperativen oder demokratischen Führungsstil verstecken.

4 Rollenvielfalt der Führungskraft in dynamischen Zeiten

Die Rolle des Commanders beinhaltet aber auch eine vollständige Verantwortungsübernahme. Wenn das Schiff auf Grund fährt, darf der Commander nicht auf den Steuermann zeigen und ihn verantwortlich machen. Dies sollte eine Grundeinstellung bei Führungskräften sein. Bei aller Verantwortungsdelegation an Mitarbeiter, die im Rahmen der später noch erklärten Führungstechnik Management by Delegation erfolgt, muss der Führungskraft klar sein, dass die Gesamtverantwortung am Ende doch bei ihr liegt. Als Commander verlässt sie sinnbildlich als letzte das Schiff.

Dort, wo Externe, hierarchisch gleich gestellte Kollegen und nicht unterstellte Mitarbeiter aus dem Unternehmen an der Leistungserbringung beteiligt sind, muss eher ein partnerschaftliches Verhältnis gepflegt werden. Als **Partner** begegnet man sich auf Augenhöhe, man kommt zu gemeinsamen Entscheidungen und findet Kompromisse, die alle beteiligten Partner mittragen.

Eine gute Führungskraft holt sich gute Leute ins Team, was gerade für fachliche Themen bedeutet, dass der Mitarbeiter oft einen Fachkompetenz-Vorsprung hat, dies umso mehr, je höher die Führungskraft in der Management-Hierarchie aufgestiegen ist. Denn auf höheren Levels muss die Kompetenz immer mehr in generalistischen Management-Methoden liegen und immer weniger im Fachdetail. Fachlich sehr guten Mitarbeitern muss man daher, auch wenn sie einer Führungskraft unterstellt sind, eher als Partner entgegen treten, um sie in ihrer Gestaltungsfreiheit und Experten-Rolle zu bestätigen. Am Ende eines partnerschaftlich geführten Arbeitsprozesses kann die Führungskraft dann erneut z. B. den Commander-Hut aufsetzen, wenn es etwas zu entscheiden oder durchzusetzen gilt.

Ab drei Personen beginnt eine Gruppe. Das ist eine alte Erkenntnis, die auf die mit der Gruppengröße zunehmenden gruppendynamischen Prozesse hinweist. Zwei Personen pendeln sich aufeinander ein, ab drei Personen ergeben sich Allianzen, Meinungskämpfe, das Streben um Redezeit etc. und das bedarf eines **Moderators**. Mit zunehmender Anzahl von Teilnehmern in einem Team nimmt auch der Aufwand zu, dieser Anzahl von Menschen dabei zu helfen, dass ein Meeting zu einem positiven Ergebnis führt.

In einem Motivationsbild habe ich einmal den Spruch gelesen: „No one of us is as dump as all of us!", zu Deutsch, keiner von uns Einzelnen ist so dumm, wie wir alle es sind, sobald wir als Gruppe beieinander sitzen. Über die Sinnhaftigkeit von Meetings könnte man sicher viel schreiben. Nicht umsonst ist die kürzeste Definition des Begriffes Meeting:

„Viele gehen rein, nichts kommt raus!"

Rollenvielfalt der Führungskraft in dynamischen Zeiten

Wenn aber Teamarbeit nötig ist, wenn das Ergebnis einer Lösungssuche von allen mitgetragen werden muss, dann ist es unerlässlich, dass das Team durch einen Moderator in seiner gemeinsamen Arbeit unterstützt wird. Dazu benötigt eine Führungskraft, wenn sie den Hut des Moderators aufsetzt, einige i. d. R. einfacher Techniken, von denen ich eine Auswahl im Kapitel „Moderation: Effizienz in Meetings und Workshops" beschreibe.

Gute Mitarbeiter zu finden, ist angesichts des heutigen Fach- und Führungskräftemangels sowie des demografischen Wandels ein schwieriges Unterfangen.

Umso wichtiger ist es, dass jeder neue Mitarbeiter auch erfolgreich integriert wird, damit man auf einer Vakanz keinen „Durchlauferhitzer-Effekt" bekommt (Mitarbeiter kommen, werden schlecht integriert, sind unzufrieden und gehen wieder; dann kommt der nächste Mitarbeiter usw.) und Recruiting dann zur Dauerbeschäftigung wird. Die Rolle eines **Integrierers** sichert demnach, dass Routine, gegenseitiges Vertrauen und Eingespieltsein und dadurch Produktivität in einem Team entsteht. Dazu mehr im Kapitel 6.1.1.

Neben neuen Mitarbeitern müssen aber auch externe Partner in die Prozesse integriert werden, so dass sie ihren Beitrag erfolgreich leisten können.

Ganz wichtig ist auch, dass das eigene Team oder die eigene Abteilung in die Gesamtorganisation erfolgreich integriert werden muss. Denn die meisten Unternehmenserfolgs-kritischen Prozesse durchlaufen die ganze Organisation; wenn dann eine Abteilung sich nicht so wie in den Prozessen definiert in die geplante Arbeitsteilung einfügt, wird sie zum Störfaktor.

Ein drastisches Beispiel dafür habe ich einmal in einem Coaching eines Abteilungsleiters erlebt. Dieser war für die Buchhaltung und auch für ein Reisekosten-Abrechnungs-Team in einem 3.000 Mitarbeiter zählenden Unternehmen verantwortlich. Dieses Team nahm seine Aufgabe der Prüfung der Reisekostenabrechnungen gemäß Richtlinien und Gesetzen so ernst, dass sie zwar formal meistens Recht hatten, aber im Unternehmen bald zum meist gehassten Team avancierten. Teil des Coachings war die „Hilfe zur Selbsthilfe" im Hinblick darauf, wie die Führungskraft dieses Team wieder in die Organisation re-integrieren konnte. Kein leichtes Unterfangen angesichts der „verbrannten Erde". Mit verschiedenen Maßnahmen wie z. B., einen Servicegedanken zu etablieren, Teambuilding-Maßnahmen gemeinsam mit ausgewählten Kunden (die Reisenden) des Teams zu treffen, Zielvereinbarungen zu formulieren, die neben formalen auch Service- und Kundenzufriedenheits-Aspekte berücksichtigten, konnte das Team jedoch langsam und stetig in die Organisation zurückgeführt werden.

4 Rollenvielfalt der Führungskraft in dynamischen Zeiten

Immer schneller werdende Produkt- und Veränderungszyklen sowie wachsende Anforderungen erfordern stetiges Lernen bei den Mitarbeitern. Dazu den Anstoß zu geben und die Entwicklung zu fördern, mündet in die nächste Rolle bzw. den nächsten Hut, den des **Förderers**.

Manche Führungskräfte meinen, hier auf die Personalabteilung verweisen zu können und dort die Verantwortung für Personalentwicklung zu verorten. Aber hier gilt, was eingangs bereits aufgezeigt wurde: HR ist ein Subsystem der Führung und unterstützt diese; die Verantwortung für die Personalentwicklung liegt bei der Führungskraft und natürlich insbesondere bei dem Mitarbeiter selbst.

„Fordern und Fördern" ist im Übrigen eine Einheit. Nach dem Commander-Hut muss man häufig sofort den Förderer-Hut aufsetzen, denn es gilt, den Mitarbeiter auch dazu zu befähigen, seine Leistung zu erreichen. Zu fordern „springe 2.00 m über die Hochsprung-Messlatte" ist schnell gesagt, dann darf man aber seinen Mitarbeiter mit dieser sportlichen Aufgabe nicht alleine lassen. Ein Versagen des Mitarbeiters angesichts mangelnder Förderung fällt am Ende in die Verantwortung der Führungskraft. Mehr dazu in Kapitel 4.

HR

In größeren HR-Organisationen gibt es i. d. R. auch auf Personalentwicklung spezialisierte Mitarbeiter. Diese können Sie im Hinblick auf gezielte Entwicklungsmaßnahmen beraten und sie organisieren gegebenenfalls auch Inhouse-Maßnahmen oder empfehlen geeignete Maßnahmen, die am externen Markt angeboten werden. Das befreit die Führungskraft nicht von der Verantwortung, zu fördern, aber es führt natürlich zu einer Erleichterung bei der Gestaltung von effektiven Personalentwicklungsmaßnahmen.

Die zuvor erwähnten schneller werden Zyklen stellen nicht nur hohe Anforderungen an die Personalentwicklung, sondern auch an die Veränderungen von Rahmenbedingungen und Einstellungen. Um dies systematisch und bewusst anzugehen, steht der Führungskraft der Hut des **Change Managers** zur Verfügung. Das anstrengende an dieser Rolle ist, dass die Führungskraft dem Wandel vorausgehen muss, also Vorbild sein sollte in Verbindung mit der geforderten Veränderung. Ich habe es aber einige Male erlebt, dass gerade die Führungskräfte, die von ihren Mitarbeitern ein neues Verhalten, die Umsetzung eines geänderten Prozesses oder die Anwendung einer neuen Software fordern, sich selbst vorbehalten, in der „alten Welt" bleiben zu dürfen.

> **Neuro**
>
> Das Vermeiden von Veränderungen ist ein menschliches Bedürfnis und ein neuronales Prinzip. Der Change-Manager muss also dem Mitarbeiter Sicherheit in der Pahse des Wandels geben.

Ich habe einmal einen Vertriebsleiter beraten, der für seinen Bereich eine neue Vertriebs-Software einführen ließ. Diese sollte einen Dokumentationsprozess ablösen, der bisher enorm kompliziert war und vor allem die Assistenzkräfte der Sales Manager enorm in Anspruch nahm. Die neue Software war viel anwenderfreundlicher als die alte und konnte von jedem Sales Manager schnell erlernt und vor allem **selbst** bedient werden — wodurch die Assistenzkräfte von ineffizienten Arbeiten entlastet wurden.

Aber gerade der Vertriebsleiter benutzte die neue Software nicht, sondern verwendete ein Datenblatt, nach dem seine Assistentin nach wie vor die Dokumentation für den Vertriebsleiter erstellen musste. Dieses Verhalten war alles andere als vorbildlich. Natürlich war die Assistentin des Vertriebsleiters höchst demotiviert, da die avisierte Entlastung für sie selbst nicht eintrat und die mangelnde Veränderungsbereitschaft des Vertriebsleiters sprach sich schnell herum. Es dauerte nicht lange, da war der neue Prozess aufgeweicht und die Assistenzkräfte waren wieder die Softwarebediener, nun aber immerhin mit einer moderneren Software.

Nicht umsonst gilt das Sprichwort aus unbekannter Quelle „Change Management often means to change Management", frei übersetzt „Veränderungen bedürfen häufig zuerst einer Änderung im Führungsteam". Mehr dazu im Kapitel „Change Management: Veränderungen erfolgreich managen".

In einer weiteren Rolle haben Führungskräfte eine hohe Verpflichtung als **Vertreter des Arbeitgebers**. Sie sind von ihm in ihre Position befördert worden und sind ihm zur Loyalität verpflichtet. Entscheidungen der Geschäftsführung können und sollten im Vorfeld mit beeinflusst werden, und zwar durch Wissen, Empfehlungen und Erfahrungen aus dem jeweiligen Fachbereich. Wenn aber einmal eine Entscheidung getroffen wurde, dann gilt es, diese im eigenen Verantwortungsbereich loyal durchzusetzen, auch gegen etwaige Widerstände im eigenen Verantwortungsbereich.

Gerade junge aber auch erfahrenere Führungskräfte nehmen nach meiner Erfahrung diese Verpflichtung manchmal ungern an, da eine unbewusste Konfliktscheu oft zu einer falsch verstandenen Verbundenheit gegenüber den Mitarbeitern verleitet. So wirken manche Führungskräfte gegenüber dem Top Management eher wie zusätzliche Betriebsräte. Wenn der Betriebsrat sich für die Belange der Mitarbeiter einsetzt, ist das für die Geschäftsführung erkennbar und sie kann darauf entsprechend reagieren. Wenn es aber die Führungskräfte tun, geschieht dies oft auf verdeckte Weise und die Geschäftsführung erkennt die schlechte Umsetzung einer Entscheidungen erst, wenn erwartete Ergebnisse ausbleiben. Getroffene Entscheidungen bleiben durch dieses Verhalten also in einer Art von „Lehmschicht" im Unternehmen hängen.

Über die Rolle bzw. den Hut „Vertreter des Arbeitgebers" führe ich in Trainings und im Coaching regelmäßig hitzige Diskussionen. Im Rahmen eines Coachings eines IT-Leiters gab ich dem Coachee einen etwas provozierenden Rat: „Wenn Sie diesen Hut nicht tragen wollen, dann geben Sie Ihre gesamte Führungsrolle zurück, Sie können das eine nicht ohne das andere haben, entscheiden Sie sich! Denn Führung funktioniert nicht mit Cherry Picking, man kann nicht die Vorteile nehmen und die schwierigen Aufgaben ablehnen."

Der Coachee hatte m. E. eine sehr harmoniebedürftige Grundeinstellung und wollte es jedem seiner Mitarbeiter Recht machen. Ein solcher Spagat geht leider nicht lange gut und scheitert vollends, wenn es gilt, „harte Entscheidungen" der Geschäftsführungen durchzusetzen. Da dies in der IT-Abteilung, die eine zentrale Rolle in der Wertschöpfung des Unternehmens innehatte, regelmäßig nicht klappte, wurde u. a. ein Coach als letzte Hoffnung beauftragt. Um dem Coachee zu helfen, vermittelte ich ihm zunächst ein Grundprinzip, das im Übrigen ganz häufig passt:

Es geht nicht um das „Ob", sondern um das „Wie"!

Es war für den IT-Leiter nicht akzeptabel, sich einfach hinzustellen und die Entscheidung der Geschäftsführung zu verkünden, wenn ihm der „Bauch grummelte". Ich erarbeitete mit ihm folgenden Handlungsablauf:

1. Vor den Entscheidungen alle Bedenken und fachlichen Impulse bei der Geschäftsführung einbringen, so gut und so weit es eben möglich ist.
2. Nach der Entscheidung sich an den Hut „Vertreter des Arbeitgebers" und die damit verbundene Loyalität erinnern, nun aber mit der Gewissheit, den vorher zur Verfügung gestandenen Freiraum genutzt zu haben (das „Ob" ist also geklärt).
3. Ausloten der eigenen Umsetzungsfreiräume („wie" kann ich die Umsetzung gestalten?).
4. Finden einer Umsetzungslösung innerhalb der oben genannten Freiräume, gegebenenfalls gemeinsam mit den betroffenen Mitarbeitern.
5. Durch- bzw. Umsetzen der Entscheidung.

Rollenvielfalt der Führungskraft in dynamischen Zeiten

Der Coachee verlor dadurch nicht seinen Hang zu Harmonie, der war in seiner Persönlichkeit tief verwurzelt, aber er hatte einen Prozess für sich gefunden, mit dem er sich selbst die Gewissheit zusprechen konnte, dass er seine Möglichkeiten ausnutzt, um positiven Einfluss auf Entscheidungen und deren Wirkungen auf seine Mitarbeiter zu nehmen, ohne seine Pflicht zur Loyalität gegenüber dem Arbeitgeber zu vernachlässigen.

> **HR**
>
> Als Führungskraft sollten Sie die Richtlinien bzw. Betriebsvereinbarungen und sonstigen Regeln im Unternehmen kennen, damit sie diese auch durchsetzen können. Die HR-Abteilung bietet dafür häufig „Personalhandbücher" als Compendium an. Auch das Intranet kann eine gute Plattform sein und z. B. ein Wicki anbieten. Wenn eine Führungskraft neu in ein Unternehmen kommt, ist es eigentlich Usus, dass ein Paket der Regelungen als Lektüre ausgehändigt wird oder elektronisch zur Verfügung steht. Lesen Sie alles und verlassen Sie sich nicht darauf, dass man es Ihnen schon sagen wird. Hier besteht Holschuld.

Dieser kurze Abriss der wichtigsten Rollen bzw. Hüte von Führungskräften sollte aufzeigen, welch anspruchsvolle und vielfältige Aufgaben eine Führungskraft hat. Um diese erfolgreich und nachhaltig leisten zu können, bedarf es zahlreicher Arbeitsmethoden aber auch sozialer Kompetenzen. Diese kann man aber zumeist lernen, das meiste davon muss einem nicht im Blut liegen oder genetisch veranlagt sein, wie manchmal von erfolgreichen Führungskräften behauptet wird.

Meine Erfahrung hat mir gezeigt, dass viele Unternehmen ihre Führungskräfte ohne vorherige Förderung mit dieser herausfordernden Aufgabenvielfalt allein lassen. Aber gerade bei den erfolgskritischen Führungsfunktionen gilt das weiter oben formulierte Prinzip: Man muss fordern und fördern als Einheit betrachten!

5 Das „Führungs-Omega"-Prinzip

Das **Führungs-Omega-Prinzip** beschreibt anschaulich und einprägsam ein ganzheitliches Verständnis von Führung und kann die didaktische Grundlage für Führungstrainings und -entwicklungsprogramme sein.

Der Buchstabe Omega veranschaulicht aufgrund seiner Form sehr gut, welche Bereiche im Leben eines Mitarbeiters von einer Führungskraft „gestaltet" werden müssen. Es gibt einen Eintritt des Mitarbeiters ins Unternehmen, ein Hochfahren der Einsatz- und Leistungsfähigkeit, aber auch einen Abschwung der Leistungen durch Krisen und Konflikte bis hin zu einem Austritt durch Trennung. Die farbigen Kennzeichnungen veranschaulichen ähnlich einer Ampel verschiedene Phasen: Es gibt entlang des Führungs-Omegas — von unten links bis unten rechts — die vier Farben grün, gelb, orange und rot. Grün bedeutet „alles ist in Ordnung" bzw. positiv. Aber es gibt auch Phasen, bei denen die Ampel auf gelb und orange steht. Diese beiden Farben signalisieren, dass man mit den Leistungen des Mitarbeiters nicht mehr zufrieden ist. Rot signalisiert schließlich, dass eine Beendigung des Arbeitsverhältnisses durch den Arbeitgeber oder den Mitarbeiter von der Führungskraft zu managen ist.

Als Führungskraft ist man für alle Bereiche voll verantwortlich!

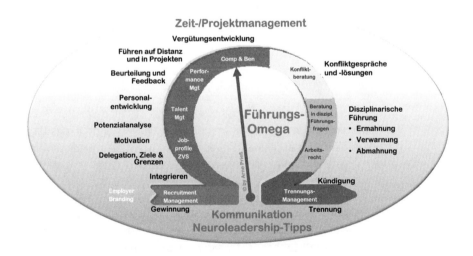

Abb. 22: Führungs-Omega als Basisprinzip eines ganzheitlichen Führungsverständnisses (einen Link zum Download des farbigen Führungs-Omegas finden Sie am Ende des Buches im Kapitel „Downloads und Hilfsmittel")

Das „Führungs-Omega"-Prinzip

5.1 Plädoyer für eine Partnerschaft zwischen Führungskräften und Personalabteilung

Es ist meine tiefste Überzeugung, dass Führungskräfte heute alle Phasen, in denen sich ein Mitarbeiter befindet, im Unternehmen managen können müssen. Dies ist nach meiner Erfahrung noch kein uneingeschränkt verstandenes Prinzip.

Während der Jahre, in denen ich operative Funktionen im Personalmanagement bekleidet hatte, kamen manche Führungskräfte zu mir, wenn sie mit einem Mitarbeiter nicht mehr klar kamen, und äußerten den Wunsch „lös mir das Problem" — im Sinne von „entlasse den Mitarbeiter". I. d. R. hatte vorher weder ein Versuch zur Konfliktlösung stattgefunden, noch wurde dem Mitarbeiter ernsthaft disziplinar aufgezeigt, dass man unzufrieden mit seinen Leistungen oder seinem Verhalten ist. Dieses Verfahren „alles ist in Ordnung, bis wir Dich rausschmeißen" halte ich moralisch aber auch betriebswirtschaftlich für sehr bedenklich. Und es zeigt mir, dass den so denkenden Führungskräften erst einmal das Verständnis dafür vermittelt werden muss, wo die Führungsverantwortung beginnt und wo sie endet.

Die Spannweite der Führungsverantwortung will ich mit dem Führungs-Omega-Prinzip aufzeigen. Die Teilnehmer meiner Trainings und meine Coachees nehmen dieses Modell hervorragend an. Sie rüsten sich danach für alle Führungsphasen und treten damit dem Verdacht, nur „Sonnenschein-Manager" zu sein („ich bin nur im Lead, solange alles paletti ist"), entgegen.

Mit der Bezeichnung „Missing Link zwischen Mitarbeiterführung und Human Resources Management" will ich mit meinem Modell weiterhin aufzeigen, dass das Personalmanagement als Subsystem der Führung geeignete Prozesse, Instrumente und Beratung anbieten sollte, damit die eigentlichen Akteure des HR-Managements, die Führungskräfte, eine erfolgreiche Arbeit leisten können.

Wenn der Begriff des „HR-Business-Partners" das moderne Rollenverständnis des Personalmanagers beschreibt und dieses Rollenverständis in das tägliche Geschehen in einem Unternehmen Eingang finden muss, dann in dieser direkten Verbindung zwischen Führungskräften und Personalabteilung.

Zum Verständnis: HR-Business-Partner ist eine Idee, die Dave Ulrich (u. a. in „The HR Value Proposition", zusammen mit Wayne Brockbank) geprägt hat. Viele Personalabteilungen versuchen seitdem, mit der Rolle des HR-Business-Partners an den Tisch strategischer Entscheidungen zu kommen und für die wirtschaftliche Wertschöpfung im Unternehmen Beiträge zu leisten.

Meist wird dieses Modell zusammen mit dem sogenannten „Center of Expertise" (Kompetenz-Center z. B. für die strategischen HR-Themen Personalentwicklung,

5 Plädoyer für eine Partnerschaft zwischen Führungskräften und Personalabteilung

Personalgewinnung, Vergütung, Grundsatzfragen) und einem „Center of Scale" (Shared Service Center für alle administrativen HR-Prozesse) umgesetzt, so dass es oft als 3-Box-Modell bezeichnet wird. Ich habe einige Unternehmen darin unterstützt, diese Organisationsform einzuführen. Es ist ein langer Weg, bis diese HR-Organisationsform wirklich nachhaltig erfolgreich funktioniert und manche Personalmanager tragen insbesondere den Titel HR-Business-Partner vor sich her, ohne die Vision von Dave Ulrich erfolgreich realisiert zu haben.

Um mich nicht zu sehr auf diese eine von vielen Organisationsformen einer Personalabteilung zu fokussieren, möchte ich eher die grundsätzliche Philosophie einer modernen Rolle des Personalmanagements beschreiben: Es geht letztlich darum, dass sich die Personalabteilung weg vom reaktiven und kurzfristig wirksamen, hin zum proaktiven und langfristig wirksamen Personalmanagement verändert. Es ist der Weg in eine Partnerschaft, bei der alle Beteiligten zusammenhalten und zum Nutzen des Unternehmens miteinander arbeiten

Denn eine Personalabteilung, die man bildlich gesprochen nur anruft, wenn das Haus schon in Flammen steht, kann nur Feuer löschen. Viel effektiver wäre es aber, um bei diesem Bild zu bleiben, wenn HR schon bei der Planung der Brandschutzmaßnahmen am gemeinsamen Tisch sitzt und damit bereits den Ausbruch von Feuer zu verhindern hilft.

Hier ein Beispiel aus einem Beratungs-Unternehmen der Aviation-Branche: Das Management plante, in zwei Jahren einen strategischen Schwenk von einer „Body-Leasing-Firma" hin zu einer Management-Beratung zu vollziehen. Die Personaler am Tisch begleiteten diese Ideen sofort mit sinnvollen Hinweisen auf eine notwendige strategische Personalentwicklung und -planung (neudeutsch „Workforce Planning"). So konnten rechtzeitig unrealistische Ideen in realistische Vorhaben umgewandelt werden. Denn bei diesem Vorhaben mussten rechtzeitig Maßnahmen aufgesetzt werden, um zeitgerecht die richtigen Skills und Ressourcen am Start zu haben. Ein Mitarbeiter, der jahrelang erfolgreich bei operativen Prozessen der Kunden unterstützend tätig war, wird nun einmal nicht in wenigen Wochen zu einem Management-Berater. Das ist ein langwieriger Kompetenzschwenk, der gegebenenfalls sogar nicht zu schaffen ist.

Um diese frühzeitige Beraterrolle erfolgreich bekleiden zu können, müssen für Personaler aber zwei Voraussetzungen gegeben sein:

1. Man muss dazu die **richtigen Kompetenzen** besitzen — im Sinne von Wissen und Können aber auch von Befugnissen.
2. Man muss **akzeptiert sein bei den Führungskräften** und von diesen im Rahmen der strategischen und taktischen Planungen als Partner zugelassen werden, so dass Rat und Hilfe auch gewünscht und angenommen wird.

Das „Führungs-Omega"-Prinzip

Für den ersten Punkt müssen die Personaler selbst sorgen und das ist schwer genug, denn man muss meist „auf Halde" lernen, bevor die zweite Voraussetzung, nämlich von den Führungskräften akzeptiert zu sein, erfüllt ist. Und setzen Sie einmal den Umbau der Personalabteilung, zu dem neue Befugnisse ebenso gehören wie ein angemessenes Personalentwicklungsbudget, im Management durch; das Brett ist kein dünnes, das kann ich Ihnen aus Erfahrung sagen, obwohl die betriebswirtschaftlichen Vorteile für den Unternehmenserfolg auf der Hand liegen.

Für den zweiten Punkt müssen sich die Führungskräfte auf das HR-Management zubewegen und Unterstützung einfordern, sie dann aber auch zulassen, selbst wenn sie gegebenenfalls zu Mehrarbeit oder zur Änderung des eigenen Führungsverhaltens führen sollte.

Wenn diese oben genannten beiden Voraussetzungen nicht vorliegen, entsteht ein Teufelskreislauf: HR bleibt in der administrativen Schmollecke, weil die Führungskräfte vorhandenes Wissen und Ratschläge nicht annehmen. Deshalb verblassen die Fähigkeiten des HR-Bereichs wieder, weil man zudem kein Budget in die Hand nehmen darf, um sie „State of the Art" zu halten.

Mein **Plädoyer an Personaler** ist: Gebt nicht auf, eignet Euch strategische Kompetenzen an, schafft über das Führungs-Omega-Prinzip geeignete Supportleistungen für die Mitarbeiterführung und robbt Euch zentimeterweise ran an die Akzeptanz durch die Führungskräfte und das Management im Unternehmen.

Mein **Plädoyer an die Führungskräfte** und das Management ist: Holen Sie die Personaler an den Tisch, machen Sie sie zu Partnern — auch und insbesondere frühzeitig, nämlich schon im Rahmen der Strategiearbeit. Fordern Sie alles ab, was erforderlich ist, um die Aufgaben entlang des Führungs-Omegas vollständig und nachhaltig professionell zu leisten und pflegen Sie eine fruchtbare Partnerschaft. Denn an der Führungsspitze ist es oft einsam, ein vertrauter Partner, der einem beisteht mit Rat, Instrumenten und Prozessen ist da das Beste, was man bekommen kann.

HR

Lassen Sie sich von Seiten des HR-Bereichs erklären, was das Leistungsspektrum ist. Welche Services könnten Sie erhalten und, was genauso wichtig ist, wer liefert sie Ihnen. Die Organisationsform kann bei HR ganz unterschiedlich sein. Das bereits genannte 3-Box-Modell ist nur eine Form von vielen. Wichtig ist, dass sich HR so aufgestellt hat, dass die Führungskräfte für ihr Business erhalten, was sie zur Zielerreichung brauchen.

Plädoyer für eine Partnerschaft zwischen Führungskräften und Personalabteilung

Ganz häufig klappt aber der Abruf der Leistungen bei HR deshalb nicht, weil keiner genau weiß, welche Leistungen zur Verfügung stehen und weil den Führungskräften die Ansprechpartner der HR-Abteilung nicht bekannt sind. Das mag an der mangelnden PR-Arbeit von HR liegen, vielleicht wurde den HR-Mitarbeitern aber auch einfach nicht aumerksam zugehört, als sie entsprechende Erklärungen abgaben. Deshalb fragen Sie einfach noch einmal nach: Wer aus dem HR-Bereich liefert mir welche Leistungen?

5.1.1 Die Phasen der Führungsverantwortung

Es gibt vier Phasen bzw. Bereiche der Führungsverantwortung, die im Führungs-Omega durch verschiedenen Farben gekennzeichnet sind. Zu diesen Bereichen und Farben möchte ich Ihnen einen kurzen Überblick geben:

- „Grüner Bereich" — **Mitarbeiter gewinnen, Performance entwickeln und halten:** Die Ziele dieses Führungsbereiches sind u. a., neue Mitarbeiter zu gewinnen, sie erfolgreich zu integrieren und sie nachhaltig im Bereich hoher Leistungsbereitschaft und -fähigkeit zu halten.
- „Gelber Bereich" — **Konflikte und Krisen managen:** Wenn die Leistungen des Mitarbeiters und die Zusammenarbeit im Team nicht mehr den Erwartungen entsprechen, muss die Führungskraft aktiv versuchen, den Mitarbeiter zurück in die grüne Phase zu führen.
- „Oranger Bereich" — **Disziplinare Führung:** Dies bedeutet, dass angesichts arbeitsvertraglicher Pflichtverletzungen mit Instrumenten und Handlungen, die für den Mitarbeiter als solche erkennbar sind, versucht wird, ihn zurück in die grüne Phase zu führen.
- „Roter Bereich" — **Trennung:** Wenn das Leistungsbild des Mitarbeiters nachhaltig nicht den Erwartungen entspricht oder sonstige Gründe dies erfordern, muss die Führungskraft eine Trennung durchsetzen. Auch wenn der Mitarbeiter sich trennen möchte, muss dies professionell gemanaged werden.

Für diese vielfältigen Aufgaben müssen Führungskräfte vorbereitet werden: Das betrifft sowohl methodisch-handwerkliche als auch psychologische Aspekte. Zudem muss sich die Führungskraft mit der eigenen Einstellung und dem eigenen Wertesystem auseinandersetzen. Die Personalabteilung muss dafür beratend unterstützen und geeignete Prozesse sowie Instrumente zur Verfügung stellen. Daraus sollte sich eine erfolgreiche Partnerschaft ergeben, deren Ziel es ist, für hohe Mitarbeiterzufriedenheit, -bindung und -produktivität zu sorgen.

Das „Führungs-Omega"-Prinzip

Eingerahmt wird das Führungs-Omega von den Schlüsselqualifikationen Kommunikation sowie Zeit- und Projektmanagement. Die Notwendigkeit dieser erfolgssichernden Zusatzqualifikationen erklärt sich aus folgenden Erkenntnissen:

- Ohne erfolgreiche **Kommunikation** kann keine erfolgreiche Führung gelingen, denn wer nicht kommunizieren kann, erreicht seine Mitarbeiter nicht mit seinem „steuernden Einwirken".
- Die Führungskraft muss heute vielfältige Herausforderungen in dynamischen Organisationen und Zeiten bewältigen und muss sich dabei optimal selbst managen und organisieren. Ferner muss sie ihren Mitarbeitern helfen, dass auch diese solchen Rahmenbedingungen erfolgreich standhalten können. Dies gelingt nur mit einer ausreichenden Kompetenz im **Zeitmanagement.**
- Immer öfter müssen neben der täglichen Arbeit in der Linienorganisation komplexe und strategisch erfolgskritische Vorhaben in Projekten gemanaged werden. Hierfür werden einschlägige Arbeitsmethoden und **Projektmanagement**-Know-how benötigt, damit dieses „Führen unter erschwerten Bedingungen" erfolgreich gelingt. Ein eingespieltes Team in der Linienorganisation arbeitet i. d. R. mit eingespielten Prozessen, einer allen Beteiligten bekannten und bewährten Arbeitsteilung und mit einer gefestigten Beziehung zwischen Führungskraft und Mitarbeitern. In Projekten ist dies alles nicht vorhanden und der Projektleiter muss sich seine Autorität erst noch aufbauen. Das alles sind erschwerte Bedingungen für die Führung, deshalb gilt ein Grundsatz in der Personalentwicklung von Führungskräften: „Wenn Du wissen willst, ob jemand das Potenzial zur Führungskraft hat, gib ihm ein Projekt!" Denn wenn ein Projektleiter unter den beschriebenen erschwerten Bedingungen eine gute Führungsleistung abliefert, ist die Wahrscheinlichkeit sehr hoch, dass er dies unter normalen Bedingungen erst recht gut hin bekommt. Gute Führung allein sichert aber nicht den Erfolg von Projekten. Ohne das Beherrschen der für ein Projektmanagement erforderlichen Arbeitsmethodik, würden solch komplexe Vorhaben scheitern, deshalb ergänzt diese Kompetenz das Führungs-Omega-Prinzip.
- Als Sonderform der Führung ist **Coaching** ein zusätzlicher Baustein des Führungs-Omega-Prinzips. Mit dem Grundsatz der „Hilfe zur Selbsthilfe" ist diese Form der Führung unmittelbar auch Teil der Personalentwicklung und damit ein bedeutender Garant für eine zunehmende Selbstständigkeit der geführten Mitarbeiter (siehe auch die Beschreibung im Kapitel 6.1.4).

Zeit- und Projektmanagement können aufgrund des thematischen Umfanges in diesem Buch nicht abgebildet werden, dazu gibt es aber gute Literatur und effiziente Trainings.

6 Die Führungsphasen

In diesem Kapitel werde ich Ihnen die einzelnen Phasen bzw. Bereiche der Führung, wie sie im Führungs-Omega abgebildet sind, detailliert erläutern.

6.1 Führung im „grünen Bereich": motivierte Performance

Im Idealfall gelingt es, die Mitarbeiter in einen Bereich hoher Leistungsbereitschaft und -fähigkeit (**„grüner Bereich"**) zu führen, dort nachhaltig zu halten und an das Unternehmen zu binden. Das ist allerdings mit einigen Anstrengungen verbunden und Führungskräfte spielen dabei die entscheidende Rolle. Sie müssen die geeigneten Bewerber für die im Unternehmen anfallenden Aufgaben identifizieren und gegebenenfalls auch als zukünftige Führungskräfte für sich gewinnen. Im Rahmen der Integration müssen sie dafür Sorge tragen, dass die neuen Mitarbeiter fachlich und sozial erfolgreich im Unternehmen „heranwachsen"; dazu gehört auch, dass die Versprechen aus dem Employer Branding eingehalten werden, damit die Erwartungen des Bewerbers nicht in den ersten Monaten bitter enttäuscht werden. Unter Anwendung der grundlegenden Führungstechniken müssen die Führungskräfte Aufgaben- und Verantwortungsklarheit herstellen und eine Verständigung über die Ziele und Grenzen des Handelns erreichen. Darüber hinaus gilt es, dem Mitarbeiter Impulse für seine Motivation und für die Entwicklung und Freisetzung noch verfügbarer Potenziale zu geben und ihm mittels Personalentwicklung, Feedback und Vergütungsentwicklung zu beweisen, dass sich hohe und nachhaltige Leistung für das Unternehmen lohnt. Insgesamt ist also viel zu tun und es besteht reichlich Bedarf an Wissen und Methoden.

6.1.1 Personalgewinnung und erfolgreiche Integration

Seit einigen Jahren gibt es in Deutschland — u. a. verursacht durch den demografischen Wandel — einen zunehmenden Fach- und Führungskräftemangel, der sich in starken Wirtschaftsjahren in ganz Europa feststellen lässt. In Krisenzeiten ist die Lage etwas entspannter.

Die Führungsphasen

Es geht bei diesem Phänomen allerdings nicht so sehr um die reine Anzahl gut ausgebildeter Fachkräfte, es geht eigentlich darum, sich auf Dauer erfolgreich um die besten Bewerber auf dem Markt zu bemühen und sie zu den besten Mitarbeitern zu machen. Der vielzitierte „War for Talents" ist nämlich ein „Krieg ohne Friedenszeiten", also eine dauerhafte Aufgabe, die in Boom-Zeiten der Wirtschaft noch einmal schwieriger wird.

In manchen Unternehmen vertreten die Führungskräfte die Auffassung, dass das Recruitment bzw. die Personalgewinnung die Aufgabe der Personalabteilung sei, und halten sich bis zum finalen Gespräch, in dem es um die Einstellungsentscheidung geht, heraus. Manche Personaler bestärken diese Auffassung, indem sie diesen Ausschnitt aus ihrem Portfolio zu ihrer Schlüsselkompetenz erklären und „claimen". Ich empfehle hier gemäß der oben beschriebenen Philosophie der ganzheitlichen Führungsverantwortung eine klare Rollenteilung vorzunehmen, bei der die Führungskraft die alleinige Verantwortung hat, die richtigen Leute zu gewinnen und auf die richtigen Positionen zu setzen, während HR sich als ein kompetenter Prozesspartner und mit erfolgskritischen Beiträgen einbringen sollte.

Für die Personalgewinnung gilt eine Variante des Grundsatzes „Mitarbeiter verlassen nicht Unternehmen, sie verlassen Führungskräfte" (als erstes wohl gesagt von Curt Coffman; Gallup Institute: „People do not leave Companies – People leave Bosses!"). Sie lautet:

Kandidaten bewerben sich bei Unternehmen, aber Sie entscheiden sich für Führungskräfte, wenn sie ein Vertragsangebot unterschreiben.

Versetzen Sie sich selbst in die Situation, dass Sie mit Ihrer zukünftigen Führungskraft in einem Bewerberinterview sitzen, und zunehmend das Gefühl bekommen, dass Sie mit einem solchen Menschen nicht zusammenarbeiten wollen. Würden Sie einen Vertrag unterschreiben und bei Ihrer aktuellen Firma kündigen? Mit einem Ja beantworten Sie diese Frage wohl nur, wenn Sie in Ihrer alten Firma eine noch viel schlimmere Führungskraft ertragen müssen. Im letzteren Fall würde sich das Original-Zitat von Coffmann mit meinem adjustierten Grundsatz zusammen fügen. Daraus ergibt sich dann eine weitere Annahme:

Kandidaten kommen nur zu neuen Unternehmen mit neuen Führungskräften, wenn diese eine bessere Führung in Aussicht stellen, als diejenigen, die man gerade verlassen möchte!

Aber eine solche Flucht und die Wahl eines kleineren Übels generiert keine gute intrinsische Motivation für einen erfolgreichen Start als neuer Leistungsträger in Ihrem Unternehmen.

6 Führung im „grünen Bereich": motivierte Performance

Kehren wir zurück zu meiner These, dass ein Bewerber sich im Laufe des Bewerbungsverfahrens gegen seine neue Führungskraft entscheidet und analysieren die möglichen Gründe dafür. Diese können vielfältig sein:

Die zukünftige Führungskraft

- lässt den Bewerber nicht zu Wort kommen und hört sich selbst am liebsten reden,
- beantwortet Fragen nur ausweichend,
- fragt den Bewerber nur, warum er geeignet sein soll, erklärt aber nicht, warum das Unternehmen und die Position für ihn das richtige sein sollen,
- kann zu den vielen Versprechungen, die das Unternehmen in seinem Employer Branding und im Personalmarketing gemacht hat, keine konkrete Auskunft geben („da müssten wir die Personalabteilung fragen"),
- vermittelt den Eindruck, dass sie keine Ahnung von moderner und professioneller Führung hat, und verwendet verdächtig oft das Wort „Vorgesetzter", um seinen Status in der Hierarchie möglichst klar zu positionieren.

Die Aufzählung könnte sicher noch viel länger sein und stellt eine „No-Go-Liste" dar. Ihre Überschrift könnte lauten: „Wie man die kostbaren Top-Bewerber verprellt, nachdem das aufwendige Personalmarketing sie an den Tisch geholt hat." Anschließend wird von der so handelnden Führungskraft im Übrigen ausreichend glaubhaft begründet, warum der Bewerber gar nicht geeignet war und die Absage folglich gar nicht so schlimm ist.

Der geschilderte Wettbewerbsnachteil um die besten Bewerber hat eine direkte Verbindung zum unternehmerischen Erfolg, denn mangels guter Mitarbeiter bleiben Chancen (z. B. einen möglichen Umsatz am Markt zu machen und/oder den Gewinn zu erhöhen) ungenutzt.

Neben diesem Nachteil gibt es aber drei weitere ganz pragmatische Gründe, sich als Führungskraft intensiv mit professionellem Recruitment auseinanderzusetzen:

1. Wenn man keine Mitarbeiter gewinnt, kann man sie nicht führen.
2. Wenn man die falschen Mitarbeiter gewinnt, erhöht sich der Führungsaufwand erheblich.
3. Jede misslungene Einstellung kostet das Unternehmen 1–2 Jahresgehälter (Kosten für den Recruitment-Prozess, Aufwand bei den beteiligten Personen, doppelte Einarbeitung, Kollateralschäden im Team, der Organisation und gegebenenfalls bei Kunden und Partnern).

Die Führungsphasen

Nach dieser Herleitung muss erfolgreiches, weil professionelles, Recruitment also Pflichtkompetenz für alle Führungskräfte sein — und damit ein fester Bestandteil jeder Führungsausbildung.

> **HR**
> Die HR-Abteilung sollte als Dienstleister einen Recruitment-Prozess und geeignete Tools vorschlagen und den Prozess moderieren, damit die Führungskraft sich innerhalb dieser Rahmenbedingungen auf ihre Verantwortung konzentrieren kann. Teilen Sie sich die Arbeit auf diese Weise, müssen Sie aber dranbleiben und insbesondere die erforderlichen Termine freimachen bzw. -halten. Jede Bewerbung, die aus dem HR-Bereich zugesandt wurde, muss mit hoher Priorität behandelt werden und darf im Arbeitsstapel nicht nach ganz unten rutschen und dem Tagesgeschäft untergeordnet werden. Denken Sie immer daran: **Sie** sind im Lead, HR hilft Ihnen nur dabei, dass Sie bald den geeigneten Bewerber erfolgreich gewinnen und als Mitarbeiter begrüßen können. Im Fazit: Recruitment ist Chefsache!

Als grundsätzlich Erfolg versprechender Prozess hat sich der 4-Phasen-Prozess herausgestellt (siehe nachfolgende Abbildung):

1. Planung (plan),
2. Ansprache (attract),
3. Auswahl (select),
4. Integration (integrate).

Diesen Prozess habe ich in meiner Zeit als HR-Business-Partner im Siemens-Konzern kennengelernt, wobei da noch ein 3-Phasen-Prozess gelebt wurde („attract, select, integrate"). Ich habe ihn um die Phase Planung (plan) erweitert, weil ich diese für ganz erfolgskritisch halte, wie ich später noch begründen werde.

Der gesamte Prozess sollte durch eine Prozessbeschreibung dokumentiert und idealerweise durch eine HR-Software unterstützt werden. Eine solche Software kann Ihnen viel Fleißarbeit in der Bewerberadministration abnehmen, die eigentliche „Intelligenz" im Prozess muss aber durch die handelnden Personen eingebracht werden, also von der zuständigen Führungskraft und seinem HR-Partner.

Auf jeden Fall sollte jeden Bewerber ein Papierleitfaden begleiten, mit dem man jeden Austausch, jede Erkenntnis dokumentiert und phasenweise hinsichtlich der Passung zum Idealprofil bewertet. Nur so wird das oft verwendete „selection by stomach" (Auswahl nach Bauchgefühl) durch eine analytische Bewertung ersetzt, die dann an der richtigen Stelle auch immer wieder die „Bauchseite" mit einbezieht.

6 Führung im „grünen Bereich": motivierte Performance

> **Neuro**
>
> Für eine solch komplexe Entscheidung wie die Mitarbeiterwahl ist es aus neurobiologischer Sicht sinnvoll, sich — sobald alle Informationen vorliegen — einen Zeitrahmen zu setzten und genau an dieser letzten Stelle dem Bauchgefühl Rechnung zu tragen. Das Bauchgefühl ist eigentlich die Summe des Ergebnisses der Arbeit von 100 Milliarden Nervenzellen. Versuche deuten darauf hin, dass komplexe Entscheidungen an Qualität gewinnen, wenn wir zwischen Informationssammlung und Entscheidung eine Zeit haben, in der wir etwas anderes tun, z. B. an einem anderen Projekt arbeiten, duschen oder am Kicker spielen

Für den ganzen Prozess darf man folgende Erkenntnis nicht vergessen:

> **Recruitment ist keine exakte Wissenschaft!**

Gleichwohl haben Sie soeben einfache Möglichkeiten kennengelernt, um zu einer validen Entscheidung zu gelangen, womit sich die Wahrscheinlichkeit, dass ein Bewerber auch zu einem guten Mitarbeiter werden kann, erheblich erhöht.

Insgesamt kann man für die einzelnen Phasen folgenden Zeitansatz veranschlagen:

1. **Planung**: ca. 1 Woche bis zum abgestimmten Suchprofil.
2. **Ansprache**: ca. 2–4 Wochen bis zum Eintreffen ausreichend qualifizierter Bewerbungen.
3. **Auswahl**: ca. 6–8 Wochen, wobei diese Zeitdauer sich mit Phase 2 überschneidet und idealerweise schon die Vertragsverhandlungen bis zum Abschluss beinhaltet. Man sollte also für die Phasen 1, 2 und 3 insgesamt gut 10–12 Wochen veranschlagen.
4. **Integration**: Hier plant man i. d. R. die gesamte Probezeit, also ca. 6 Monate. Sie beginnt aber erst mit der Einstellung, die aufgrund von Kündigungsfristen beim Bewerber durchaus auch erst 3 Monate nach dem Vertragsabschluss erfolgen kann (manchmal sogar noch später).

Diese Angaben sind nur grobe Richtwerte, aber sie helfen, unrealistische Erwartungen an den Zeitrahmen zu vermeiden. In Zeiten des „War for Talents" sollte der oben beschriebene Prozess möglichst beschleunigt werden, damit man der Konkurrenz nicht hinterherhinkt. Also: Seien Sie lieber schneller als gemächlich unterwegs und haben Sie den Mut, bei besonders geeigneten Kandidaten Abweichungen vom Standardprozess zuzulassen! Dies kann Ihnen die entscheidende Nasenlänge Vorsprung vor den Wettbewerbern geben. Denn wenn Sie sich nicht schnell um den besten Kandidaten kümmern, sind Sie der Einzige, der es nicht tut!

Die Führungsphasen

Diese Beschleunigungs-Empfehlung sollten Sie aber bitte nicht als Freifahrtschein für eine schlechte Auswahl auslegen. Niemals darf nur eine schnelle Entscheidung erfolgen, es muss immer eine gut begründete schnelle Entscheidung sein.

Bis ein neuer Mitarbeiter mit seiner Arbeit beginnt, vergehen leicht 3–5 Monate, bis er erfolgreich integriert ist und seine Aufgaben vollumfänglich erfüllen kann, gegebenenfalls sogar 9 Monate. Soviel Zeit also wie bei einer Schwangerschaft!

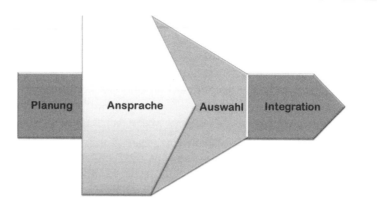

Abb. 23: **Die vier Phasen des Recruitment-Prozesses**

Die obige Abbildung ist wie folgt zu verstehen: Man plant, wen man einstellen/integrieren will. Idealerweise kann man durch geeignete Medien mehr Bewerber ansprechen und für eine Bewerbung interessieren, damit man Auswahlmöglichkeiten hat. Im Rahmen der Auswahl fokussiert man sich auf den optimalen Kandidaten und versucht, ihn durch ein attraktives Vertragsangebot „an Bord" zu holen. Dann muss der neue Mitarbeiter erfolgreich fachlich und sozial integriert werden, damit er seine volle Kraft und Produktivität freisetzen kann.

Im Folgenden werden die vier Phasen des Recruitment-Prozesses ausführlicher beschrieben.

Phase: Planung

Wenn man weiß, welche Aufgaben jemand erfüllen soll und welche Kompetenzen er dazu idealerweise benötigt, kann man denjenigen finden, der genau diesen Job erfolgreich machen kann.

6 Führung im „grünen Bereich": motivierte Performance

Bevor man also damit beginnen kann, potenziell geeignete und interessierte Bewerber am Markt anzusprechen, muss man — abgeleitet von einer übergeordneten strategischen Personalplanung — eine operative Besetzungsplanung in Form eines Suchprofils vornehmen. Das **Suchprofil** ist i. d. R. eine Stellenbeschreibung bzw. ein Jobprofil (üblicherweise mit Stellenbezeichnung, Einordnung in die Organisation und Hierarchie, Haupt- und Nebenaufgaben, ideales Kompetenzprofil), das um zusätzliche Informationen erweitert wird, wie z. B.:

- idealer Startzeitpunkt,
- befristet oder unbefristet (Letzteres ist für Fach- und Führungsaufgaben sicher eine Grundvoraussetzung),
- Gehaltsplanung (als Spanne von Minimum bis Maximum: Fixum, variable Bestandteile, Benefits),
- gegebenenfalls gewünschte persönliche Eigenschaften.

HR

Fragen Sie in der HR-Abteilung nach dem Mustersuchprofil oder lassen Sie sich einen Vorschlag für die zu besetzende Funktion erstellen. Achten Sie dabei darauf, dass das Profil nicht mit Floskeln angereichert ist und dass keine „Übermenschen" beschrieben werden, da es die nicht gibt. Auch sollten Sie alte Profile nicht einfach kopieren. Eine neue Suche ist auch eine gute Gelegenheit, die Suchprofile zu aktualisieren. Insbesondere dann, wenn die vorherige „gescheiterte" Besetzung eigentlich dem Suchprofil entsprach, lag der Fehler vielleicht genau hier.

Die Zeit und Arbeit, die man in die genaue Klärung des Suchprofils steckt, ist eine gute Investition. Merkt man aufgrund eines Schnellschusses in den Bewerberinterviews, dass man eigentlich jemand anderen benötigt, obwohl die Bewerber der Ausschreibung entsprechen, hat man den potenziellen Bewerbermarkt unnötig irritiert und viel Arbeit ohne Nutzen verursacht. In der Regel muss man dann im Prozess wieder ganz zurückspringen und neu anfangen. Um das zu vermeiden, empfiehlt es sich, intensiv mit seinem HR-Partner zu diskutieren und das so entstehende Suchprofil als ein positives Ergebnis von „Reibungshitze" zu verstehen.

Wichtig ist hierbei ein HR-Partner, der der Führungskraft hilft, klassische Muster zu durchbrechen, wie z. B.

- **„Hans sucht Hänschen"**: Die Führungskraft definiert Eigenschaften in dem Suchprofil, die ein Abbild der Führungskraft selbst sind (nur in „kleinerer Ausführung"). Oft benötigt die erfolgreiche Übernahme einer Position aber andere, manchmal gegenteilige Kompetenzen, mit denen man sich als Führungskraft auch aktiv arrangieren muss.

- Man fokussiert zu sehr auf **Teampassung**, manchmal bedarf es aber aufbrechender Kompetenzen, die Teams neu inspirieren und dazu führen, dass man sich den Themen anders widmet und die gewohnten Pfade verlässt.
- Man definiert den „**Übermenschen**", der alles macht und alles kann. Ein Suchprofil darf natürlich eine ideale Besetzung beschreiben, sie muss aber realistisch bleiben und von lebenden Menschen zu erfüllen sein. Ansonsten scheitert auch der optimalste Bewerber an zu hoch gesteckten Hürden. Das zum Idealprofil festgestellte Delta muss dokumentiert und nach einer Einstellung gleich als Ausgangsbasis für eine gezielte Personalentwicklung genutzt werden.

Es empfiehlt sich darüber hinaus, Teammitglieder bei der Definition des Suchprofils mit einzubeziehen. Hierbei aber bitte nicht basisdemokratisch vorgehen, sondern ganz gezielt bestimmte Personen auswählen. Soll die Neubesetzung neue Impulse ins Team bringen, muss man die gewünschten Impulse natürlich verteidigen, wenn sie von den an der Definition des Suchprofils beteiligten Teammitgliedern kritisiert werden. Hierbei kann man gleich den eigenen Plan mit den Meinungen der Teammitglieder abgleichen und prüfen, ob das Team sich durch den neuen Mitarbeiter und in Richtung der angestrebten Impulse beeinflussen lassen würde oder ob der Veränderungswiderstand zu groß ist. So vermeidet man, dass der neue Mitarbeiter überfordert wird oder so stark aneckt, dass er schon in der Probezeit entmutigt aufgibt.

Es geht also bei der Planung darum, das Recruiting wie ein kleines Projekt aufzusetzen, um mit dem passenden Suchprofil, in realistischer Zeit, mit geeigneten Medien, den notwendigen und marktüblichen Parametern (Gehalt, Benefits, Einordnung in die Hierarchie) zu planen. Wie heißt es so schön? „Erst zielen, dann schießen!"

Nur wenn die Planung wie oben beschrieben erfolgt, werden alle nachfolgenden Phasen und Arbeitsschritte effektiv sein. Denn nur wer weiß, was er benötigt, kann finden was er sucht! Damit ist der oben erwähnte Hinweis auf den erfolgskritischen Beitrag dieser Phase sicher nachzuvollziehen.

HR

Insbesondere bei der Einstufung des Profils in die Gehaltssystematik muss genau geplant werden. Erfahrungsgemäß wachsen die Erwartungen an die Vergütung am Markt schneller als im Unternehmen. Man muss das antizipieren und sich überlegen, wo die Grenzen des Machbaren sind, ohne die internen Strukturen zu sprengen. Während der nachfolgenden Phasen sollte man seine Möglichkeiten und Obergrenzen kennen, sonst neigt man dazu, seine ausgeschriebene Stelle um „zu teure" Wunschbewerber herum zu bauen. Dies ge-

6 Führung im „grünen Bereich": motivierte Performance

schieht immer dann, wenn ein Bewerber mehr Vergütung fordert, als man sich selbst vorgenommen hat, anzubieten. Dann wird manchmal die zu vergebende Vakanz mit Aufgaben und Verantwortung aufgewertet und hierarchisch angehoben, damit das Wunschgehalt gerechtfertigt ist. Auf diese Weise entstehen Funktionen, die man so gar nicht geplant hatte.

Es bietet sich in solchen Fällen von unterschiedlichen Vorstellungen zum Zielgehalt an, weniger erfahrene Kandidaten mit Potenzial zur Entwicklung in Betracht zu ziehen und sie gleich mit Personalentwicklungsmaßnahmen beim Hineinwachsen in die Anforderungen zu unterstützen.

Phase: Ansprache

Mit dem Suchprofil hat HR eine gute Basis, um eine zielgerichtete Ansprache vorzunehmen. Als Führungskraft darf man erwarten, dass diese Leistung durch die Personalabteilung gemanaged und gesteuert wird. Hinsichtlich der Ansprache sollte man aber Folgendes wissen:

- Man sollte in Eskalationsstufen vorgehen und mit der günstigsten Option, die eine Aussicht auf Erfolg hat, beginnen. Das ist zumeist eine Stellenausschreibung in einer der bekannten Internet-Jobbörsen. Flankiert von einer Ansprache über Social-Media-Kanäle (z. B. Xing, Facebook, LinkedIn), der eigenen Website und einem Mitarbeiter-werben-Mitarbeiter-Programm ist im ersten Schritt i. d. R. genug getan.
- Weitere Eskalationsstufen sorgen dafür, die Bewerberzahl zu erhöhen, falls man nicht genügend passende Bewerbungen erhält. Hier können weitere Jobbörsen, Printveröffentlichungen und das Einschalten von Personalvermittlern und -beratern hilfreich sein. Das erhöht natürlich das Budget, aber geizen würde in diesem Fall bedeuten, an der falschen Stelle zu sparen. Ist zu erwarten, dass sich durch einen Mehraufwand für die Ansprache geeignetere Bewerber finden lassen, sollte man unbedingt nachlegen. Nicht der günstig gefundene schnelle Bewerber ist die richtige Wahl, sondern der Geeigneteste, den man im Rahmen seiner Möglichkeiten ansprechen kann.
- Eine Direktansprache über Headhunter kann, muss aber nicht automatisch den besten Kandidaten liefern, nur weil es am meisten kostet; das ist ein häufig vorkommender Irrglaube. Oft werden Kandidaten aus der Datenbank vorgeschlagen und die ist auch bei namhaften Personalberatungen naturgemäß begrenzt. Außerdem sind Kandidaten, die in Unternehmen angesprochen werden, oft gar nicht wechselwillig und lassen sich im schlimmsten Fall nur durch einen Gehaltsfortschritt ködern, sind aber vom suchenden Unternehmen und der angebotenen Position nicht immer begeistert. Wenn ein Kandidat dem

Werben eines Headhunters und dem Versprechen nach einem Gehaltssprung nachgibt, folgt er nicht seiner eigenen intensiv überlegten Entscheidung, sich in Ihre Richtung auf Ihre ausgeschriebene Vakanz zu verändern. Ich habe die Erfahrung gesammelt, dass man mit eigen initiierten Ausschreibungen eher Kandidaten erhält, die sich hoch interessiert bewerben. Im Rahmen der Direktsuche durch Personalberater gewinnt man in erster Linie den Vorteil, den bisher nicht wechselwilligen Kandidaten zusätzlich in die Auswahl zu holen. Ein Plädoyer gegen eine Direktsuche oder gar gegen Personalberatungen sollen diese Ausführungen allerdings nicht sein. Sie liefern lediglich einen Hinweis darauf, dass man seine Ansprachekanäle sorgsam wählen sollte.

- Gibt es noch kein „Mitarbeiter-werben-Mitarbeiter-Programm" in Ihrem Unternehmen, sollten Sie es bei HR einfordern. Es gibt keine bessere Vorauswahl, als die, dass ein Mitarbeiter einen Bekannten empfiehlt, den er persönlich als passend und fachlich geeignet einschätzt und mit dem er jederzeit bereit wäre, seine Arbeitstage zu verbringen. In der Regel kann man mit überschaubaren Prämien arbeiten und gewinnt mit wenig Aufwand gute Bewerber. Die Belohnung durch Prämien kann man z. B. über steuerlich günstige Lösungen in Form von Mitarbeitergutscheinen/-karten regeln, was für den empfehlenden Mitarbeiter Brutto/Netto-Vorteile mit sich bringt (siehe dazu z. B. die Angebote der Firma BONAGO Incentive Group, die auch eine Social-Media-integrierte Software dazu anbietet, bei der die Mitarbeiter mit wenig Aufwand die Vakanzen gleich in ihren Netzwerken verteilen können). Ein Nebeneffekt ist, dass sich die Mitarbeiter über ihre eigentlichen Aufgaben hinaus Gedanken um ihr Unternehmen machen, was die Loyalität und damit die Bindung stärkt.

Wenn der Ansprache-Prozess erfolgreich läuft und interessante Bewerber reagieren, muss als Teil dieser Phase auch ein gutes Bewerbermanagement greifen. Das fängt bei einem schnellen Eingangsbescheid an und sichert über eine schnelle Einladung der interessantesten Bewerber zu ersten Interviews den Übergang in die nächste Phase.

HR

Lassen Sie sich ruhig einmal die Texte der entsprechenden Bewerberkorrespondenz zeigen, denn auch hier gilt wie so oft: Das Ob allein reicht nicht aus, auch das Wie hat einen entscheidenden Einfluss. Schließlich lernt der Bewerber das Unternehmen schrittweise kennen, und hier zählt jeder Schritt, zumal es manchmal nur wenige sind.
Es reicht hier nicht aus, Mustertexte zu kopieren, man muss sich in den Bewerber, den es zu gewinnen gilt, hineinversetzen. Dabei müssen Sie generationsgerecht und funktionsgerecht formulieren. Außerdem muss sich der Spirit des Unternehmens im Text wiederspiegeln, damit er authentisch bleibt. Verwen-

den Sie also keine „flippige" Sprache, wenn Ihr Unternehmen eher konservativen Werten folgt, und umgekehrt.

Lassen Sie doch einmal Ihre „besten Mitarbeiter" die Texte lesen und bewerten oder umformulieren.

Die Erfahrung lehrt, dass Texte aus der Bewerberadministration sich meistens auch administrativ lesen. Versuchen Sie deshalb Wertschätzung, Interesse und auch Herzlichkeit mit ihren eigenen Worten zu vermitteln.

Auf eine Erfahrung sei noch hingewiesen: Es dauert ein paar Tage/Wochen, bis die ersten Bewerbungen auf den Tisch kommen. Läuft es gut, steigt ihre Zahl dann rasch an und der Auswahlprozess kann beginnen. Oft sind es aber die „Nachzügler", die die optimalsten Kandidaten darstellen. Hier darf man nicht zu „prozessgetrieben" sein, nach dem Motto: „Wir sind im Prozess schon zu fortgeschritten, der Bewerber passt jetzt nicht mehr ins Konzept". Stattdessen sollte man diese Kandidaten durch kompaktere Auswahlverfahren noch in den Prozess einschleusen.

HR

Der oben beschriebene Prozess ist ein reaktiver. Eine Vakanz wird abgearbeitet, wenn sie eintritt. Das wird in Zukunft nicht mehr ausreichen. Verlangen Sie von Ihrer HR-Organisation vorausschauende Lösungen. Solche Lösungen werden i. d. R. unter dem Begriff „Talentmanagement" betrieben. Dieser Begriff wird zwar unterschiedlich definiert und die Konzepte können vielfältig sein, aber meistens beinhalten sie den Versuch, insbesondere für die Schlüsselfunktionen eine proaktive und vor der eigentlichen Vakanz stattfindende Arbeit in der Talentegewinnung am Bewerbermarkt und eine vorausschauende interne Personalentwicklung zu etablieren. Je schwieriger sich die Suche nach geeigneten Bewerbern am Markt gestaltet, desto sinnvoller sind vorausschauende Talentmanagementkonzepte. Und manchmal muss man einen Mitarbeiter „über Plan" einstellen, damit man ihn zu dem Zeitpunkt gewinnen kann, zu dem er gerade wechselwillig ist. Drei Monate später, wenn man selbst eigentlich die Suche beginnen wollte, hat er vielleicht bei einem anderen Unternehmen bereits Fuß gefasst und ist damit dann sicher wieder für einige Zeit „vom Markt".

Phase: Auswahl

Die wichtigste Erkenntnis für diese dritte Phase ist, dass sie als eine Fortführung der Ansprache verstanden werden sollte. Der am häufigsten vorkommende Fehler besteht darin, dass man den „Prüfmodus" anschaltet und den Bewerber durch alle nachfolgenden Schritte auf Herz und Nieren dahin gehend prüft, ob er dem

Idealprofil gerecht wird. Es ist wichtig, daran zu denken, dass man auch als Unternehmen und (wie oben bereits begründet wurde) insbesondere als Führungskraft geprüft wird: Ist man attraktiv genug, dass sich die guten Bewerber für einen entscheiden?

Deshalb muss für alle Auswahlschritte auch Zeit eingeplant werden, in der man sich damit befasst, wie man den Bewerber gewinnen kann. Dieses Vorgehen beschreibt die nachfolgende Abbildung, in der sich das Verhältnis von Auswahl und Gewinnen mit jedem Schritt in Richtung des Gewinnens verschiebt:

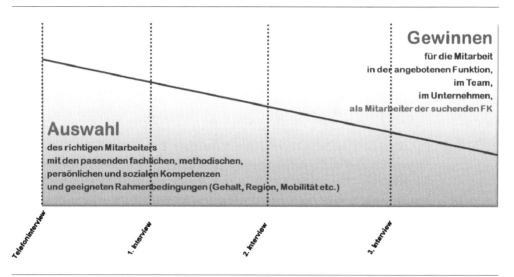

Abb. 24: Verhältnis von Auswahl und Gewinnen in den Auswahlschritten

Die sinnvollen Schritte bei der Auswahl sind:

1. Auswertung der **Bewerbungsunterlagen**.
2. **Telefoninterview**: Hier kann man viel Zeit und auch Reisekosten sparen, weil man oft schon in 15 Minuten herausfindet, ob jemand den Anforderungen entspricht und ob er hält, was seine Unterlagen versprochen haben.
3. **Erstes Interview** (oder Assessment Center).
4. **Zweites Interview** inklusive konkreter Arbeitsprobe (oder Assessment Center) gegebenenfalls mit übergeordneter Führungskraft.
5. **Drittes Interview** oder Probearbeitstag gegebenenfalls mit Teammitgliedern. Ein drittes Interview ist bei Fach- und Führungskräften sicher angemessen, um ausreichend Möglichkeiten für das gegenseitige Kennenlernen zu haben. Wenn Sie die gesamte Dauer des Auswahlprozesses zusammen rechnen, ergeben sich ja nicht mehr als 4 bis 6 Stunden und bei anspruchsvollen Stellen sollte man

6 Führung im „grünen Bereich": motivierte Performance

lieber an der oberen Kante der Dauer liegen. Probearbeitstage werden i. d. R. eher für zuarbeitende Funktionen eingeplant.

6. **Referenzen** bei vorherigen Arbeitgebern einholen — wenn es machbar ist und sich der Bewerber nicht aus einem bestehenden Arbeitsverhältnis bewirbt. Vorherigen Stationen sollten noch aussagefähig sein, sonst führen sie zu keinem Erkenntniszugewinn. Manchmal reihen sich Stationen innerhalb eines Konzerns aneinander und die letzte Station in einem anderen Unternehmen liegt bereits zehn Jahre zurück. In einem solchen Fall ist es sicher nicht mehr sinnvoll, dort eine Referenz einzuholen.

Wichtig ist bei allen Auswahlschritten, dass man den Bewerber einerseits in der Breite seiner Fachlichkeit und Persönlichkeit zunehmend kennenlernt, andererseits aber auch schrittweise tiefer geht und Aussagen und Annahmen verifiziert. Das kann nur gelingen, wenn mindestens eine Person — und das muss die zuständige Führungskraft sein — in den Interviews dabei ist und alle Aussagen stichwortartig dokumentiert werden. Besser ist es allerdings, wenn zwei Personen (Führungskraft und HR-Vertreter) bei den Interviews zugegen sind.

> **Neuro**
>
> Seien Sie sich bewusst, dass Ihr Gehirn den Kandidaten bewertet hat, bevor Sie ein einziges Argument gehört oder gelesen haben. Wir bewerten immer vor dem Verstehen. Schützen Sie sich vor Verzerrungen, indem Sie öfter einmal während des Prozesses prüfen, ob Sie sich nicht eigentlich schon entschieden haben. Wenn Sie sich innerlich schon entschieden haben, empfiehlt es sich, eine möglichst neutrale Position einzunehmen und alle Information noch einmal neu zu bewerten und eine weitere Meinung einzuholen.

Eine Negativanekdote soll zeigen, was nicht passieren darf: In einem Investmentunternehmen wurden Senior-Investment-Manager-Bewerber von acht Managern in mehreren Ländern nacheinander interviewt, jeweils mit der Pflicht, anschließend eine Kurzbewertung zu erstellen. Das Verfahren kostete die Organisation ca. 20 Stunden, den Bewerber samt Reisekosten erheblich mehr. Die Ergebnisse boten viele Redundanzen, weil alle das Zeitfenster ähnlich verwendeten, mit typischen Fragen zum Lebenslauf und anstehenden Aufgaben. Geschickte Bewerber wurden von Gespräch zu Gespräch (durch den „Trainingseffekt") immer überzeugender in ihrer Argumentation und gingen am Ende auf die Gesprächspartner so gut ein, dass ihre Antworten so formuliert waren, wie sie der Fragende — suggestiv vermittelt — hören wollte. Durch dieses Verfahren wurde der Bewerber letztendlich nur oberflächlich kennengelernt. Etwaige Unstimmigkeiten in der Darstellung seines Könnens und seiner Erfahrung fielen mangels eines durchgängig vorhandenen Zuhörers nicht auf.

Die Führungsphasen

Das Unternehmen beauftragte mich dann, ein Assessment Center zu entwickeln, um zu einer validen Analyse zu gelangen, die den oberflächlichen und austauschbaren Ergebnissen des eigenen Prozesses eine zusätzliche Entscheidungshilfe hinzufügte. Mittels Stressinterviews, Arbeitsproben, Persönlichkeitsverfahren (MBTI) und mithilfe eines Intelligenztests (BOMAT) ergab sich ein differenziertes Bild, das weit über die durch die Interviews gewonnenen Erkenntnisse hinausging. Das Unternehmen konnte so auf einer viel tieferen und breiteren Basis entscheiden als vorher.

Nachfolgend möchte ich Tipps gegeben sowie wichtige und erfolgskritische Faktoren bei der Auswahl beschreiben:

- Führungskraft und HR bilden den Gesamtprozess gemeinsam ab, dadurch wird Konsistenz und ein Erkenntniszuwachs garantiert.
- Ein Leitfaden begleitet den gesamten Prozess pro Bewerber. In ihm werden Erkenntnisse zur fachlichen und persönlichen Qualifikation sowie die nach jedem Prozessschritt getroffenen Entscheidungen dokumentiert. Die fachliche Eignung sollte man an den vier Hauptaufgaben oder Hauptkompetenzen festmachen; die Zeit erlaubt meistens keine tiefgehendere fachliche Prüfung. Konzentrieren Sie sich lieber auf wenige Aufgaben und Kompetenzen, statt sich im „Wald der Aufgaben und Kompetenzen" zu verlieren.
- Hinzukommende Personen werden darüber informiert, was man schon weiß, damit die begrenzte und kostbare Zeit mit dem Bewerber nicht durch unnötige Wiederholungen („erzählen Sie mal Ihren Lebenslauf") vergeudet wird. Wiederholungen sind nur da sinnvoll, wenn man Bedenken hinsichtlich der Konsistenz und damit der Glaubhaftigkeit von Aussagen hat.
- Lassen Sie den Bewerber nicht nur erzählen, sondern auch machen. Arbeitsproben können dem Bewerber sowohl ad hoc im Gespräch („Gehen Sie bitte mal ans Flipchart und skizzieren Sie uns Ihre Lösung zu folgender Fragestellung", „Bitte visualisieren Sie diese Konzeptskizze mit Powerpoint; Sie haben 15 Minuten Zeit") als auch in Vorbereitung auf das nächste Gespräch abgefordert werden. Wo in einem Job konzeptionelle Arbeit zu leisten ist, kann man sich mit der Einladung zum zweiten Gespräch zu einer ohnehin anstehenden Aufgabe eine Konzeptskizze, Projektplanung oder Präsentation erstellen lassen und diese dann im Gespräch abfordern. Ein solches Vorgehen „verzahnt" die sonst oft theoretischen Erkenntnisse mit den tatsächlich vorliegenden Anforderungen der jeweiligen Stelle. Man muss bei der Beurteilung weniger mit Annahmen arbeiten, sondern kann anhand tatsächlicher Leistungen für konkrete Anforderungen die Eignung des Kandidaten bewerten.
- „Zwingen" Sie Bewerber vom Tisch weg. Sitzen können alle gelassen und „cool", aber wenn der Bewerber ans Whiteboard gehen und etwas erklären

6 Führung im „grünen Bereich": motivierte Performance

bzw. präsentieren muss, erfährt man viel über seine Sicherheit in Gestik und Auftreten. So erhalten Sie Eindrücke, die Ihnen sonst erst in der Probezeit ermöglicht werden.
- Bohren Sie bei allzu oberflächlichen Aussagen nach. Bewährt hat sich der Dreiklang:
  - Was war die genaue Herausforderung?
  - Wie sind Sie vorgegangen, was war Ihr persönlicher Beitrag?
  - Was war das konkrete Ergebnis?
- Unterbrechen Sie Ihre Frageblöcke immer wieder mit dem Angebot, Fragen des Bewerbers zu beantworten; sollten keine Fragen kommen, informieren Sie proaktiv über alle positiven Themen, die den Bewerber zu der Erkenntnis kommen lassen, dass er sich für Sie und Ihr Unternehmen entscheiden sollte.

Das Einholen von Referenzen gehört bei höherrangigen Positionen zum Prozess dazu. Natürlich werden vom Kandidaten nur wohlgesonnene Referenzpersonen benannt und diese sind mit Sicherheit vorgebrieft, aber ein geschickter Frager kann in den Zwischentönen und mit den richtigen Fragen zumindest kleine Fragezeichen ausräumen.

Schon die Benennung von Referenzen durch den Kandidaten eröffnet Erkenntnisse. Wird z. B. aus den letzten drei Stationen keine Person benannt, lässt das vermuten, dass der Kandidat dort keine positiven Meinungen erwartet. Sicher sind in einem ungekündigten Arbeitsverhältnis die aktuellen Führungskräfte nicht ansprechbar, aber in der Station davor, dürfte es dafür keinen Grund geben. Manchmal hat ein Bewerber allerdings innerhalb eines Konzerns von Station zu Station gewechselt. Das kann Referenzen praktisch bis zurück zum Berufsstart unmöglich machen. Und: Älter als fünf bis sieben Jahre darf eine Referenz eigentlich nicht sein, wenn sie noch als Prognoseunterstützung für die Zukunft hilfreich sein soll.

Eine der wichtigsten Fragen in dieser Phase ist natürlich: Wie kommt man zu einer guten Auswahlentscheidung?

Die Antwort ist: Indem man die Bewerber, die man durch den beschriebenen Prozess geschleust hat, nach den folgenden Kriterien bewertet (z. B. mit 1–5 oder A–D, wobei die Bewertung durch „+" oder „–" ergänzt werden kann) und dann einen Vergleich zwischen den Kandidaten anstellt:

- Fachliche Eignung (gemessen an den vier Hauptaufgaben)
- Persönliche Eignung (Berufs-/Lebensphase, persönliche Eigenschaften aus dem Suchprofil)

Die Führungsphasen

- Sonstige Rahmenbedingungen:
  - Gehaltswunsch im Vergleich zu den Möglichkeiten im Unternehmen
  - Region (muss der Kandidat mit der ganzen Familie von seinem Heimatort wegziehen? Ist die Motivation dafür wirklich glaubhaft?)
  - Starttermin, zu dem der Kandidat frühestens anfangen kann
  - Passung ins Team
- Was sagt Ihnen Ihre Intuition („Bauch"-Impuls)?

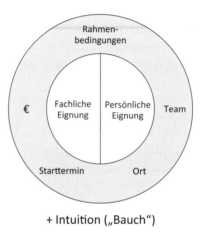

Abb. 25: Kriterien für die Auswahlentscheidung

HR

In den Interviews sollten Sie den HR-Mitarbeiter als Partner vorstellen, das zwingt den Kandidaten, sich zwei Personen zuzuwenden und den jeweiligen Fragen gerecht zu werden. Der HR-Partner darf nicht nur „stiller Beisitzer" sein.

Vereinbaren Sie vor dem Interview die Rollenverteilung untereinander. Es bietet sich z. B. an, dass der HR-Kollege den Bewerber beobachtet, während Sie etwas vorstellen und umgekehrt. Viel über den Bewerber erfährt man anhand seiner nonverbalen Kommunikation, wenn man sie durchgängig beobachtet.

Ein im Recruitment erfahrener Personaler wird Ihnen auch als Moderator der Interviews und sonstigen Verfahren sowie bei der analytischen Entscheidung helfen können.

Sollten Sie Assessment Center oder Testverfahren einbinden wollen, lassen Sie sie von der HR-Abteilung organisieren und entwerfen. Bleiben Sie aber in Ihrer Rolle als Gesamtverantwortlicher sichtbar und federführend.

6 Führung im „grünen Bereich": motivierte Performance

Eine stark unterschätzte weitere Erkenntnis im Auswahlprozess kann sich durch die Vertragsverhandlung ergeben. Deshalb sollte dieser Schritt auch nicht delegiert werden. So mancher Bewerber wechselt seine Prioritäten von den bis zu diesem Zeitpunkt im Prozess genannten spannenden Aufgaben, neuen Erfahrungen, Veränderungen erleben und Teamspirit plötzlich zu rein monetären Kleinigkeiten, Sicherheitsdenken und Besitzstandswahrung, um die er vehement kämpft. Wenn diese Erkenntnisse den bis dato noch als Idealbesetzung erlebten Kandidaten in einem anderen Licht erscheinen lassen, dürfen sie z. B. nicht beim Personalreferenten/-leiter versickern, weil er diesen Part des Prozesses übernommen hat. Hier muss man sich eine Auszeit nehmen und die Erkenntnisse hinsichtlich ihrer Relevanz für die Einstellungsentscheidung bewerten. Lieber eine späte Erkenntnis und ein rechtzeitiges Umschwenken auf einen anderen Bewerber als ein Durchziehen der einmal getroffenen Entscheidung mit einem schmerzhaften Scheitern — im schlimmsten Fall kurz nach Beendigung der Probezeit.

Den obigen Sachverhalt möchte an einem Beispiel verdeutlichen: Ich hatte den Auftrag, für eine Managing Director Stelle in Paris ein Assessment Center zu entwerfen, um aus dem kleinen Kreis der Kandidaten die optimale Besetzung herauszufiltern. In den verschiedenen Schritten im Interview und der dann von mir moderierten gemeinsamen Analyse fiel die Entscheidung zugunsten des seniorsten der drei Bewerber aus. In der nachfolgenden Verhandlung seines Vertrages — ich empfahl aufgrund der vorher beschriebenen Erfahrungen dem Geschäftsführer der Unternehmensgruppe, diese selbst zu übernehmen — ergab sich ein kleinteiliges Ringen um vielerlei Benefits. U. a. beharrte der Kandidat auf einer Bezahlung einer monatlichen Parkgebühr auf einer Seite der Seine, um einen langen umständlichen täglichen Anfahrtsweg durch einen kurzen direkten Weg abzukürzen. Sicher hatte der Kandidat seine Erfahrungen mit der Verkehrslage in Paris gemacht, aber er schien sich in dieser Phase des Prozesses mehr um eine Optimierung seiner persönlichen Rahmenbedingungen zu sorgen, als um die großen Herausforderungen, die es in der anstehenden Zeit zu meistern galt. Zusätzlich verlangte er entgegen der in den Vorgesprächen geäußerten Aufgeschlossenheit für eine variable Komponente, die an die Zielerreichung geknüpft war, in der Verhandlung auch einen deutlich größeren fixen Vergütungsanteil und eine zweijährige 100 %-Garantie für den variablen Anteil.

Der Geschäftsführer erlebte den Wunschkandidaten nun von einer Seite, die neu und für die Entscheidung wichtig war und zog das Angebot folgerichtig zurück.

Auf der Zielgeraden des Auswahlprozesses muss man mit allen Kandidaten, die in die engere Wahl gekommen sind, den Kontakt halten. Ein solches „Bonding" sorgt dafür, dass man nicht mit leeren Händen dasteht, sollte der Wunschkandidat oder man selbst aufgrund neuer Erkenntnisse aus der Vertragsverhandlung abspringen. Hat man nämlich die durchaus gut geeigneten B-Kandidaten vernachlässigt, haben diese sich unter Umständen schon enttäuscht anderen Unternehmen zugewandt und stehen für eine Reaktivierung nicht mehr zur Verfügung. Diese Aufgabe ist „Chefsache", sollte also von der suchenden Führungskraft selbst übernommen werden. Ein kurzes Telefonat passt immer rein und sichert den Besetzungserfolg.

Neuro

„Bonding" hat auch den Vorteil, dass es die soziale Integration, sobald es zur Einstellung gekommen ist, erleichtert. Der Kandidat hat das Gefühl, gewünscht und wertvoll zu sein. Sein Gehirn ist sofort im Zugehörigkeitsmodus. Der Unterschied zum „Ich gehöre noch nicht dazu"-Modus ist messbar. Binden Sie Ihre Mitarbeiter so früh wie möglich und nehmen Sie die Neuen in die Gruppe auf. Damit werden Sie einem wichtigen neuronalen Prinzip gerecht.

Ein Scheitern auf der Zielgeraden ohne einen „Reservekandidaten" bedeutet einen kompletten Neustart, der die Arbeit, das Budget und die Zeit für die Besetzung verdoppelt. Aber hier gilt wie so oft: „Man hat nie genug Zeit, etwas richtig zu machen, aber immer, um es nochmal zu machen" (Murphy's Law II).

Phase: Integration

Nach all dem Aufwand der bisher beschriebenen drei Phasen (Planung, Ansprache und Auswahl) hat man oft das Gefühl, dass genug Zeit investiert wurde und es nun an der Zeit ist, dass der neue Mitarbeiter den Aufwand durch die erfolgreiche Übernahme seiner Aufgaben rechtfertigt.

So entstehen oft die „zum Schwimmen ins kalte Wasser geworfen"-Situationen, die allzu häufig noch in der Probezeit scheitern. Natürlich kann man dann zur eigenen Seelenhygiene feststellen, dass der Mitarbeiter eben doch nicht so gut war, wie man im Auswahlprozess vermutet hat. Naheliegender ist es aber, zu hinterfragen, was man zum erfolgreichen „fachlichen und sozialen Anwachsen" des neuen Mitarbeiters hätte beitragen können.

Für den neuen Mitarbeiter beginnt am Starttag ein Weg, der eine angemessene Anlaufphase und reichlich Hilfe benötigt. Die folgenden Maßnahmen sollten das Mindestprogramm sein, das eine Führungskraft seinem neuen Mitarbeiter angedeihen lässt:

6 Führung im „grünen Bereich": motivierte Performance

- Einarbeitungsplan, der die ganze erste Woche abbildet und dem neuen Mitarbeiter zwei Wochen vor Arbeitsantritt zugesandt wird, inklusive
  - ausführlichem Startgespräch mit der Führungskraft (mindestens ein halber Tag, den Sie sich schon eintragen sollten, sobald der Starttermin feststeht),
  - Kennenlernen der wichtigsten Ansprechpartner und Teammitglieder (bei einem gemeinsamen Mittagessen),
  - Einarbeitung in die EDV und in die Prozesse,
  - Ortsbegehungen,
  - Informationsgespräche, um angrenzende Abteilungen und Funktionen zu verstehen.
- Festlegung eines Mentors (kann ein seniorer Kollege sein), der sich vorbereitet und Zeit einplant. Seine Aufgabe ist es, die erfolgreiche Integration überall da zu unterstützen, wo der neue Mitarbeiter sich nicht traut, seine neue Führungskraft zu fragen oder um Unterstützung zu bitten. Manche Unsicherheit oder fehlende Kompetenz möchte man als gerade gestarteter Mitarbeiter eben nicht sofort dem Chef offenbaren, da man in der Probezeit ja möglichst überzeugend auftreten möchte. Der Mentor kann in diesen Situationen einspringen und so mit Rat und Tat unnötiges Fehlerpotenzial verringern helfen.
- Vorbereitung der gesamten Ausstattung, die der Mitarbeiter benötigt, um erfolgreich arbeiten zu können (Arbeitsplatz, EDV, Visitenkarten, Firmenfahrzeug etc.). Es gibt nichts Frustrierenderes als die Erfahrung, dass man Wochen nach dem Vertragsabschluss den ersehnten ersten Tag im neuen Unternehmen verbringt, aber nichts vorbereitet ist und alle einem das Gefühl geben, dass man gerade das Tagesgeschäft stört. Die ersten Stunden entscheiden häufig darüber, ob man beim neuen Arbeitgeber bleibt.
- Zeichen eines herzlichen Willkommens: der Blumenstrauß auf dem Tisch, das „First-Aid-Paket" mit netten Kleinigkeiten für die ersten Tage (Essensgutscheine für die Kantine oder Restaurantschecks, Energieriegel und -getränke), der Stadtführer für den Neustart in neuer Umgebung, Gastgeschenke für die Familie.

HR

Starten gerade mehrere neue Mitarbeiter, sollte HR Welcome Days organisieren, bei denen den Neuankömmlingen systematisch Informationen zum Unternehmen und zu übergeordneten Prozessen etc. gegeben werden. So kann man sich die Arbeit teilen und vermeidet unnötige zeitfressende Redundanzen.

Eine häufig vernachlässigte Transferleistung ist der Übertrag wertvoller Erkenntnisse aus der Auswahlphase. Etwas provokant gesagt, wird oft behauptet, dass man über einen Mitarbeiter nie wieder so viel wissen wird, wie kurz nach dem Auswahlverfahren. Nur wenn man die Erkenntnisse in eine Personalentwicklungs-

Die Führungsphasen

planung überträgt, begeht man nicht den Fehler, dass man den Mitarbeiter am Tag seines Starts (häufig etliche Wochen nach dem Auswahlverfahren) als voll einsatzfähig empfindet, weil man ihn ja schließlich eingestellt hat. Stattdessen sollten gleich in der Startwoche die Erkenntnisse aus der Auswahlphase als Feedback zurückgemeldet werden und es sollten Personalentwicklungsmaßnahmen zum Ausgleich des erkannten Suchprofil-Deltas vereinbart werden. Wenn man z. B. die englische Sprachkompetenz in den Interviews als grenzwertig empfunden hat, dann sollte sofort mit einem Englischtraining begonnen werden. Auch hier kann HR einen Vorschlag unterbreiten, die Führungskraft aber führt dieses erste Personalentwicklungsgespräch als Zeichen seiner Verantwortung.

Wie lange die Integration dauert, ist sicher abhängig von der jeweiligen Position. Es gibt Unternehmen, die zwei Jahre investieren müssen, bevor die Mitarbeiter soweit sind, erfolgreich und selbstständig für das Unternehmen arbeiten zu können. Grundsätzlich ist die Probezeit aber eine erste zeitliche Eingrenzung, in der das „Anwachsen" i. d. R. gelungen sein sollte. In dieser Zeit stehen im Übrigen beide Seiten unter dem „Probevorbehalt". Gute Leute sind immer in der Lage zu wechseln, wenn das neue Unternehmen oder die neue Führungskraft die erhofften Erwartungen nicht erfüllen konnte oder Versprechen aus dem Bewerbungsprozess nicht eingehalten werden.

Im Rahmen der Probezeit sollte die Führungskraft zahlreiche Zwischengespräche führen, in denen Feedback gegeben und eingeholt werden sollte, um gegebenenfalls rechtzeitig gegensteuern zu können. Mindestens drei Probezeitgespräche sind bei einer 6 Monate dauernden Probezeit angeraten. Dabei sollten die folgenden Fragen besprochen werden:

1. Gespräch nach einem Monat:
    - Ist die Einarbeitung gut gelaufen?
    - Hat der Mitarbeiter alles, was er für seinen Job benötigt?
    - Fühlt er sich fachlich und persönlich wohl?
    - Wie geht es der Familie mit dem beruflichen Wechsel?
    - Was kann die Führungskraft noch beisteuern? Wo kann sie noch unterstützen?
    - Wie sieht die Zielvereinbarung für das laufende Geschäftsjahr aus?
    - Welche Erkenntnisse aus dem Bewerbungsverfahren müssen im Rahmen der kurzfristigen Personalentwicklung umgesetzt werden?
2. Gespräch nach zwei Monaten:
    - Abgleich mit dem Stellen- und Kompetenzprofil: Wo ist welches Delta? Was muss getan werden, um es zu schließen?

6 Führung im „grünen Bereich": motivierte Performance

- Welche Verbesserungsvorschläge hat der Mitarbeiter für seinen Arbeitsbereich?
- Fühlt er sich fachlich und persönlich wohl?
3. Gespräch nach fünf Monaten
    - Mit Blick auf das Probezeitende: Wie bewertet der Mitarbeiter seine Integration? Ist er fachlich und sozial erfolgreich angekommen?
    - Wie erfolgreich war die Personalentwicklung zur Schließung des Kompetenzdeltas?
    - Welche Erwartungen wurden seitens des Arbeitgebers, welche seitens des Mitarbeiters erfüllt?
    - Wie sieht der Mitarbeiter seine Zukunft beim Arbeitgeber?

Denken Sie an die Kosten für eine gescheiterte Einstellung (1 bis 2 Jahresgehälter) und das oben genannte Murphy's Law II. Neue Mitarbeiter und ihre erfolgreiche Integration sollten für eine Führungskraft Priorität haben, wenn man nicht zu einem „Durchlauferhitzer" werden will, bei dem neue Leute nach kurzer Zeit wieder gehen oder gehen müssen und sich nie Stabilität in den vakanten Stellen und in den jeweiligen Teams und Prozessen einstellt.

Auch wenn wir damit schon in den rechten und roten Bereich des FührungsOmegas hinüberspringen, sei an dieser Stelle angemerkt, dass man die Entscheidung über eine erfolgreiche und nachhaltige Besetzung nicht durch eine künstliche und arbeitsrechtlich nicht immer tragfähige Verlängerung der Probezeit hinausschiebt. Es gilt der Grundsatz, dass Sie erhebliche Bedenken hinsichtlich der tatsächlichen Eignung eines neuen Mitarbeiters aus den ersten sechs Monaten i. d. R. auch in einer etwaigen Verlängerungszeit nicht anders beurteilen werden. Beenden Sie das Arbeitsverhältnis lieber innerhalb der Probezeit als — arbeitsrechtlich erschwert — danach. Meistens ist die Verlängerung nur Ausdruck eines Harmoniebedürfnisses und der Milde, statt eine klare Entscheidung zu treffen und sich zu trennen. Sie verlieren nur weitere kostbare Zeit für eine erfolgreiche Besetzung im zweiten Anlauf.

Man sollte auch nicht versuchen, seine einmal getroffene Auswahlentscheidung im Hinblick auf die Eignung des Bewerbers durch „Aussitzen" zu festigen. Erinnern Sie sich an das Eingangsstatement: „Recruitment ist keine exakte Wissenschaft", Fehlbesetzungen kommen immer wieder vor, solange man Menschen einstellt, weil man diese Menschen nur begrenzt kennenlernen kann. Potenzialannahmen bleiben, was sie sind: Annahmen. Und Annahmen können eben falsch sein.

6.1.2 Mitarbeiter richtig einsetzen und steuern

Um einen Bewerber nach dem erfolgreichen Rekrutierung und der Integration zu einem erfolgreichen und leistungsfähigen Mitarbeiter zu machen, bedarf es der Berücksichtigung einer einfachen Erkenntnis:

> **Der richtige Mitarbeiter auf der richtigen Stelle kann nur so gut sein, wie er richtig eingesetzt und gesteuert wird!**

Für den Einsatz des Mitarbeiters sollte man sich der grundlegenden Führungs- bzw. Management-by-Techniken bedienen. Wichtig sind dabei drei Aspekte:

Der Mitarbeiter

1. kennt seinen Verantwortungsbereich genau,
2. versteht die Ziele seines Handelns,
3. kennt die Grenzen, die es einzuhalten gilt.

Diese drei Aspekte werden durch die wichtigsten und grundlegenden Führungstechniken unterstützt:

1. Management by Delegation (MbD) — Führung durch Delegation von Verantwortung für Aufgaben,
2. Management by Objectives (MbO) — Führung durch Vereinbarung von Zielen,
3. Management by Exception (MbE) — Führung nach dem Ausnahmeprinzip bzw. mit Grenzen.

Wendet die Führungskraft diese drei Techniken systematisch und nachhaltig an, kennt der Mitarbeiter seinen Job, hat Richtung für sein Handeln und weiß, bis zu welcher Grenze er frei agieren darf und wo er seine Führungskraft einbinden muss. Damit ist der Mitarbeiter nicht nur richtig eingesetzt, er sollte auch motiviert sein. Denn diese drei Aspekte sind die Grundlage für Motivation, aber auch für ganz häufig beklagte Mängel bei demotivierten Mitarbeitern.

Die Kenntnis der drei Techniken seitens der Führungskraft und entsprechende etablierte und richtig angewendete Instrumente und Prozesse, die den Transfer in den Führungs- und Arbeitsalltag sicherstellen, bilden die Basis für den erfolgreichen Mitarbeitereinsatz und ermöglichen eine effektive Steuerung, um die gemeinsamen Ziele im Unternehmen zu erreichen.

6 Führung im „grünen Bereich": motivierte Performance

Im Folgenden werden die drei Techniken visualisiert und genauer erklärt:

Abb. 26: Die drei wichtigsten Management-by-Techniken – Management by Delegation, Objectives, Exception

Bevor man die ersten beiden Management-by-Techniken wirklich verstehen kann, muss man sich den Unterschied zwischen Aufgaben und Zielen klarmachen. Denn diese beiden Techniken basieren auf diesen beiden Elementen bzw. Begriffen.

Aus meiner Erfahrung bei der Auditierungen von Zielvereinbarungen ergibt sich die Erkenntnis, dass zumeist Aufgaben anstelle von Zielen vereinbart werden. Deshalb muss man die Begriffe „Aufgabe" und „Ziel" definieren und voneinander abgrenzen:

Aufgaben	Ziele
sind längerfristig delegierte Inhalte eines Verantwortungsbereiches	sind Ergebniszustände in der Zukunft

Die Führungsphasen

Eine umfänglichere Definition und Abgrenzung von Aufgaben und Zielen bietet die nachfolgende Übersicht:

Aufgaben	Ziele
- Beschreibung von Inhalten eines Verantwortungsbereichs, die längerfristig gültig sind (im Gegensatz zu Tätigkeiten, die z. B. tagesaktuell betrachtet werden können). - Aufgaben werden i. d. R. im Rahmen der Führung an Mitarbeiter delegiert. Innerhalb der delegierten Aufgaben hat der Mitarbeiter eine gewisse Selbstständigkeit, er kann sich somit entfalten und zur Entlastung der Führungskraft eigene Entscheidungen innerhalb der formulierten Grenzen selbst treffen. - Aufgaben werden in Tätigkeiten untergliedert.	- Beschreibung künftiger Ereignisse oder Zustände, die durch Handeln herbeigeführt werden sollen. - Ziele sind anzustrebende Zustände, Ergebnisse, Wirkungen u. ä., die durch kommunale Tätigkeiten realisiert werden sollen. - Ziele geben dem Handeln Orientierung, legen fest, „Was" erreicht werden soll — das Ergebnis —, ohne das „Wie" vorzugeben — das Verfahren, den Weg, um dieses Ergebnis zu erreichen. - Ziele können nach Zeitbezug und Bedeutung unterschieden werden: operative, taktische, strategische Ziele. - Ziele können konkreter (messbar/operational) oder eher nur als Orientierung formuliert sein, so z. B. in Leitbildern, Visionen.

Das Dumme an Zielen ist, dass sie in der Zukunft liegen. Mangels Glaskugel und der Möglichkeiten für einen Zeitsprung müssen wir mutig mit Annahmen arbeiten und unsere Vorstellungskraft ausbauen. Diese muss man dann in Worte fassen, damit ein Mitarbeiter sich vorstellen kann, was er am Ende seines Weges erreichen soll.

Neuro

In wesentlichen Teilen unseres Gehirns können wir nicht zwischen Fiktion/Wunsch und Realität unterscheiden. Zustände in der Zukunft können vom Begeisterungssystem (Nukleus Accumbens) genauso stark belohnt werden wie gegenwärtige Erfolge. Daher ist es so wichtig, Ziele detailreich festzulegen. Unser Gehirn begeistert sich nicht für Aufgaben, nur für gute Zustände in der Zukunft (Ziele). Das motiviert uns dazu, diese Zustände zu erreichen.

6 Führung im „grünen Bereich": motivierte Performance

Machen wir den Unterschied zwischen Aufgaben und Zielen an zwei Beispielen deutlich:

Aufgabe	Ziel
Durchführung von Messen	Am Ende des Jahres wurde auf den drei wichtigsten Branchenmessen das Unternehmen mit einem repräsentativen Stand vertreten und pro Messe wurden mindestens 30 neue und nach dem vereinbarten Schema qualifizierte Kundenkontakte geknüpft, die anschließend dem Vertrieb zur weiteren Bearbeitung übergeben wurden.
Leitung von Projekten	Das Projekt „XYZ" wurde gem. verabschiedeter Planung zeitlich, budgetär und mit den vereinbarten Zielen erfolgreich geleitet. Die Akzeptanz der Projektergebnisse wurde durch ein professionelles Change Management sichergestellt und die erreichten Neuerungen und eingeführten Prozesse wurden an die Linie übergeben.

Vielleicht ist Ihnen aufgefallen, dass die Formulierung so gewählt wurde, als wenn das Ziel bereits erreicht wurde. Dieses Vorgehen folgt dem später unter „smarti" erklärten Kriterium „als ob jetzt". Dabei formuliert man den Ergebniszustand, als ob er bereits eingetreten ist.

Management by Delegation

Zunächst wird dem Mitarbeiter sein Verantwortungsbereich klar beschrieben und er wird dauerhaft delegiert. Das erfolgt i. d. R. durch ein Jobprofil bzw. eine Stellenbeschreibung. Beide Begriffe stehen synonym für die in der folgenden Aufzählung genannten Aspekte:

- Bezeichnung der Stelle/Funktion/Position
- An wen wird berichtet (Stellenbezeichnung der Führungskraft)?
- Haupt- und Nebenaufgaben

Idealerweise werden diese oben aufgezählten Elemente durch ein Kompetenzprofil ergänzt, das beschreibt, über welche Kompetenzen der Stelleninhaber in welcher Ausprägung verfügen müsste, wenn er die Aufgaben ideal erfüllen möchte. Zusätzlich kann aufgezeigt werden, wie ein möglicher Entwicklungspfad für die Funktion aussehen könnte, zu welchen weiterführenden Funktionen der Stelleninhaber sich also prinzipiell weiterentwickeln kann. Genauere Ausführungen hierzu finden Sie unter dem Abschnitt „Personalentwicklung".

Die Führungsphasen

> **HR**
>
> Fragen Sie bei der HR-Organisation nach, ob es ein Musterstellenprofil gibt. Vergewissern Sie sich, ob es den hier aufgeführten inhaltlichen Kriterien entspricht. Hat ein Mitarbeiter den oben beschriebenen Recruitierungsprozess durchlaufen, liegt Ihnen das Suchprofil ja bereits vor. Dieses Profil wird dann nur um die Informationen „erleichtert", die für das Recruitment wichtig waren (z. B. geplante Vergütung, Starttermin).
>
> Wichtig ist, dass der Mitarbeiter in Form von Handlungsvollmachten auch die Befugnisse erhält, die es ihm ermöglichen, die definierten Aufgaben zu erfüllen. Dazu erfahren Sie mehr unter dem Abschnitt „Management by Exception".

Das Jobprofil kann durch Hinweise ergänzt werden, welche IT-Systeme die Arbeit unterstützen und welche verpflichtenden Prozesse im Unternehmen definiert sind.

Mit den oben genannten Informationen kennt der Mitarbeiter die „Spielfläche", auf der er seinen Erfahrungen und seiner Ausbildung entsprechend agieren darf und soll. Ein Nebeneffekt ist, dass er weiß, was er nicht tun soll, weil es an andere Funktionen delegiert wurde. Im Gesamtblick dient diese Technik dazu, in einer Organisation Klarheit über die Aufgabenteilung zu erlangen.

Die Erfahrung zeigt, dass Mitarbeiter gerne in Bereichen agieren, die ihnen liegen oder mehr Spaß machen. So verzetteln sich die Ressourcen und es wird redundante oder doppelte Arbeit gemacht. Das kostet eine Organisation Kraft und führt gegebenenfalls auch zu unnötigen Konflikten. Solche Situationen sind oft in Start-ups oder in Unternehmen, die sich im Umbruch befinden, erlebbar. Mit einer klaren schriftlichen Delegation lassen sie sich weitestgehend verhindert.

Wichtig ist, dass die Delegation nicht übertrieben und zu einer „It's not my Job"-Kultur pervertiert wird. So ist das „Harzburger Modell", das auf MbD basierte, verkrustet und verlor seine positive Kraft durch übertriebenes Schachteldenken. Um diesem negativen Effekt entgegenzuwirken, sollten die Aufgabenbeschreibungen nicht zu messerscharf sein und leichte Ausdehnungen, Überschneidungen auch im Sinne von Vertretungen und Prozessschnittstellen zulassen. Durch heute häufig vorkommende Projektorganisationen, die es neben der Linienorganisation gibt, kommt es immer wieder vor, dass eine Arbeit über die gesteckte Spielfläche hinausgeht, wodurch es nicht zu einer ungewollten „Einigelung" kommen wird.

Neben dem Stellen-/Jobprofil kann MbD auch im Rahmen von Mitarbeitergesprächen realisiert werden, indem man mit geeigneten Fragen und Antworten den Bereich der Aufgaben thematisiert. Im Mitarbeitergespräch sollte das Augenmerk auf die Hauptaufgaben und eine etwaige Änderung gelegt wird, während das Stellen-

Führung im „grünen Bereich": motivierte Performance

profil das Mitarbeitergespräch als ein aktualisiertes und detailliertes Instrument zum Nachlesen begleitet.

Das Nachweisgesetz fordert im Übrigen in Deutschland eine Beschreibung der Aufgaben. Eine lapidare Bezeichnung als „Mitarbeiter im Bereich Marketing" allein würde also dem Gesetz nicht genügen und mindestens den Verweis auf ein Jobprofil benötigen, in dem dann die erforderliche Klarheit geschaffen wird.

Fazit: Die Technik MbD ermöglicht es, Verantwortungsklarheit für den einzelnen und innerhalb einer ganzen Organisation zu schaffen und ist äußerst hilfreich, solange sie nicht übertrieben und zu einer Unflexibilität im Denken und Handeln führt.

Management by Objectives

Nachdem der Mitarbeiter seinen Verantwortungsbereich verstanden und angenommen hat, benötigt er richtungsgebende Führungsimpulse, die durch Zielsetzungen gegeben werden. Nach modernem Verständnis von Führungstechnik sind Zielvereinbarungen eher motivierend als reine top-down-Zielvorgaben. Unter der Annahme, dass der Mitarbeiter seinen Verantwortungsbereich gut kennt und er derjenige ist, der die Ziele erreichen soll, ist es allemal hilfreich, das Ziel mit ihm gemeinsam zu formulieren. Nur dadurch wird das Erreichen des Ziels realistisch und Sie bekommen ein glaubhaftes Commitment durch den Mitarbeiter, sich für die Ziele einzusetzen.

Recht bekannt ist das Merkwort „smart" als Qualitätskriterium für gute Ziele. Da das wichtigste Element fehlte, habe ich es auf „smarti" ergänzt, „i" wie „integriert in die Zielkaskade". Die smarti-Qualitätskriterien sollen sicherstellen, dass das Ziel seine richtungsgebende Kraft freisetzen kann und nicht nur zusätzliche Führungsarbeit verursacht ohne Mehrwert zu generieren.

Jede Führungskraft sollte beim Einsatz von Management by Objectives mindestens folgende Worte verinnerlicht haben, um mit dieser Technik erfolgreich arbeiten zu können:

- **s**pezifisch konkret
- **m**essbar
- **a**ktionsauslösend
- **r**ealistisch
- **t**erminiert
- **i**ntegriert in die Zielkaskade (ausgehend von Unternehmenszielen über Bereichsziele bis hin zu Teamzielen und schließlich persönlichen Zielen des einzelnen Mitarbeiters)

Die Führungsphasen

Die nachfolgende Abbildung gibt Anregungen zu den einzelnen Kriterien, was Ihnen helfen wird, die Ziel-Qualität zu verbessern.

1. Spezifisch – konkret 2. Selbst initiierbar 3. Simpel	S	1. Was genau wollen wir? 2. Liegt die Zielerreichung allein in Ihrer Macht? 3. Ist das Ziel einfach und verständlich formuliert
Messbar	M	Woran erkennen Sie, dass Sie das Ziel erreicht haben?
1. Aktiv beeinflussbar 2. Als ob jetzt 3. Attraktiv 4. Aktionsauslösend	A	1. Kann der Mitarbeiter die Zielerreichung weitgehend selbst beeinflussen? 2. Ist das Ziel in der Gegenwart formuliert? 3. Lassen Sie und der Mitarbeiter sich von diesem Ziel wirklich begeistern (Motivation)? 4. Stößt das Ziel eine Handlung/Veränderung an (Stillstand wird nicht belohnt)?
Realistisch	R	• Ist das Ziel anspruchsvoll, aber auch erreichbar? • Liegt das Ziel im Bereich des Möglichen?
1. Terminiert 2. Timing 3. Total positiv	T	1. Sind klare Termine festgelegt? 2. Wann genau ist das Ziel erreicht? 3. Ist das Ziel positiv beschrieben (etwas tun, nicht etwas unterlassen)?
Integriert in die Zielkaskade	i	„Zahlt" das Ziel in die übergeordneten Ziele schlüssig rein, leistet es einen glaubhaften Beitrag?

Abb. 27: Merkwort smarti – Qualitätskriterien für gute Ziele

Die meisten Buchstaben bzw. Qualitätskriterien sind recht leicht nachzuvollziehen. Hier trotzdem ein paar Anmerkungen, um häufig vorkommende Fragen zu beantworten:

- **Spezifisch konkret aber noch simpel**: Wenn der Mitarbeiter die Zielformulierung liest bzw. hört, muss er anschließend sagen können, „das Ergebnis meiner Arbeit kann ich mir nun gut vorstellen". Wenn eine Zielbeschreibung auf drei Seiten kleingedruckt daher kommt, wird nach dem Durchlesen gegebenenfalls Verwirrung angesichts zu vieler Informationen herrschen. Deshalb sollte das Wort simpel den Verfasser zu einer knappen und klaren Formulierung anregen. Nur wenn der Mitarbeiter das Ziel noch mit eigenen Worten beschreiben kann, hat er es auch vor Augen. Vielleicht haben Sie schon einmal etwas vom „abnehmenden Grenznutzen" gehört. Genau dieser Effekt ist damit gemeint: Immer mehr Worte führen oft zu immer weniger Verständnis des gesagten bzw. geschriebenen Inhalts. Formulieren Sie also so kurz wie möglich aber so ausführlich wie nötig.
- **Messbar** ist nicht alles, was man vereinbaren will. Nicht immer hat man eine konkrete, einfach zu messende Kennzahl (wie Umsatz, Gewinn, Auftragseingang etc.). Es muss akzeptiert werden, dass neben den quantitativen Zielen,

6 Führung im „grünen Bereich": motivierte Performance

die man i. d. R. klar messen kann, auch qualitative Ziele ihre Berechtigung haben und als richtungsgebende Führungsimpulse ebenfalls wichtig und hilfreich sind. Bei rein qualitativen Zielen muss man das Ergebnis so beschreiben, dass man anschließend den erreichten Zustand mit der Beschreibung vergleichen und feststellen kann, ob das Ziel erreicht wurde. Auch muss man akzeptieren, dass manchmal die Führungskraft selbst das Messinstrument ist, indem sie den Zielerreichungsgrad festlegt. Dass dies zu Diskussionen mit dem betroffenen Mitarbeiter führen kann, liegt in der Natur der Sache. Man sollte in solchen Fällen aber gegebenenfalls darauf verzichten, die Zielerreichung an eine variable Vergütung zu koppeln.

- **Aktionsauslösend** sind Ziele dann, wenn Mitarbeiter am Ende etwas erreicht haben sollen, das besser ist als der aktuelle IST-Zustand. Aber hüten Sie sich vor dem „Klassiker", die Messlatte immer dahin zu hängen, wo man am Ende des Vorjahres „gelandet" ist. Einen Umsatz zu halten, kann bei deutlich verschlechterten Rahmenbedingungen eine große Herausforderung und das Erreichen dieses Status Quo eine außerordentliche Leistung sein. Es gilt also, für jedes Jahr neu zu betrachten, ob Aktionen notwendig sind, die lediglich darauf abzielen, den Status Quo zu halten, oder ob er weiter entwickelt werden muss. Bei Zielen, die auf eine Mitarbeiter- und Kompetenzentwicklung abzielen, gilt es zu vermeiden, „Bleib-wie-du-bist-Ziele" zu vereinbaren, denn Stillstand in der Entwicklung bedeutet angesichts sich dynamisch verändernder Rahmenbedingungen bekanntlich Rückschritt und der Mitarbeiter verliert auf Dauer seine Beschäftigungsfähigkeit.
- **Attraktiv** sind Ziele, wenn der Mitarbeiter versteht, dass die Zielerreichung einen wichtigen Beitrag zum Gesamterfolg des Unternehmens leistet. Und das ist transparent zu machen. Ziele, deren „Impact" im Verborgenen liegt und die man nicht als Herausforderung empfindet, langweilen den Mitarbeiter und wecken in ihm nicht etwaige noch vorhandene Potenziale, sondern belassen ihn in seiner Komfort- und Routinezone.
- **Als ob jetzt** (bereits oben erwähnt bei der Unterscheidung von Aufgabe und Zielen) ist ein vielfach unterschätztes Kriterium, bietet es doch die Garantie, dass man nicht den klassischen Fehler begeht, Aufgaben anstatt Ziele zu formulieren. Formulieren Sie also den Ergebniszustand so, als wenn er jetzt bereits eingetreten ist. Also nicht „Einführung eines ZVS", sondern „das ZVS wurde... eingeführt". Das liest sich am Anfang etwas hakelig, aber es ist tatsächlich Ihr Rettungsschirm, damit Sie nicht zusätzlich zum MbD weitere Aufgaben definieren müssen, anstatt die eigentlich beabsichtigten Ziele zu verteilen. Formulieren Sie also „Ist erreicht worden" statt „erreichen Sie"!
- **Realistisch** ist ein Ziel dann, wenn beide Parteien nach einer fairen offenen Diskussion den Ergebniszustand in der Zukunft für erreichbar halten und bereit sind, ihn durch das Unterschreiben einer Zielvereinbarung mit einem Commit-

ment zu versehen. Wichtig ist dabei, dass die Führungskraft den „Mitarbeiter nicht so schnell über den Tisch zieht, dass er die Reibungshitze als Nestwärme empfindet" – ein Phänomen, das Sie ja bereits aus dem ersten Kapitel kennen. Das Dumme an Zielen ist, dass sie erst in der Zukunft erreicht werden sollen. Und da wir wie bereits erwähnt nach wie vor nicht über „magische Glaskugeln" verfügen, müssen wir mutige Annahmen über die Zukunft treffen und an sie glauben, solange keine gegenteiligen Informationen bekannt sind. Denken Sie an den Spruch von Karl Valentin „Prognosen sind schwierig, besonders wenn sie die Zukunft betreffen". Eine gute Führungskraft besitzt demnach den Mut, die Zukunft vorzudenken und über Annahmen beschreibbar zu machen.

- **Terminiert** bedeutet, dass auch der Endtermin festgeschrieben wird, zu dem das Ergebnis vorliegen muss. Aber bedenken Sie, dass nicht jedes Ziel innerhalb eines Turnus des Zielvereinbarungssystems (zumeist das Geschäftsjahr des Unternehmens) erreicht werden kann. Und berücksichtigen Sie dabei auch, was der Philosoph Friedrich Nietzsche so ausdrückte: „Nur auf das Ziel zu sehen, verdirbt die Lust am Reisen". Setzen Sie also Zwischenziele und feiern Sie deren Erreichen angemessen, ansonsten kann der Weg zum Ziel allzu lang und frustrierend sein.

- **Integriert in die Zielkaskade** ist nach meinem Dafürhalten das wichtigste Kriterium – auch wenn es im etablierten Begriff „smart" nicht enthalten ist. Warum auch immer dieser Aspekt fehlt: Es ist für die Effektivität der eingebrachten Energien des Mitarbeiters absolut wichtig, dass er – bildlich gesprochen – nicht einem absolut smarten Ziel in Richtung Norden folgt, während das Unternehmen nach Süden will. Es muss also bei jedem Ziel hinterfragt werden, welches übergeordnete Ziel damit unterstützt wird. Erst wenn diese beiden Ziele miteinander zu vereinbaren sind, ist das „i" aus dem Merkwort hinreichend realisiert. Dies bedeutet natürlich auch, dass man bei sich zwischenzeitlich veränderten übergeordneten Zielen, in den heutigen dynamischen Zeiten sind solche Veränderungen normal, die Zielkaskade nachjustiert. Sobald auf einer Zielebene die Prüfung der Zielkaskaden-Kette unterbleibt, reißt die Effektivitäts-Leine ab und die Basis investiert ihre kostbaren Energien in veraltete und/oder kontraproduktive Ziele. Sicherzustellen, dass dies nicht passiert, ist die wichtigste Aufgabe der Führungskräfte bei Zielveränderungen.

Neuro

Achten Sie darauf, dass Sie auch Träume zulassen: Zwar dürfen Ziele realistisch sein, doch das Gehirn liebt es zu träumen. Auch daraus kann sich Kraft entwickeln. Besonders die persönliche Entwicklung muss nicht in jedem Punkt an der Realitätsmarke geprüft werden, sondern darf Mut zur Vision beinhalten. Ziele dürfen realistisch sein, Visionen sollten begeistern und ruhig eine Spur größer und unrealistisch sein.

6 Führung im „grünen Bereich": motivierte Performance

Losgelöst von den beschriebenen Systemen gilt folgender Hinweis: Ziele sollten so formuliert werden, dass sie zur Übererfüllung ermutigen. 100 % Zielerreichung sichert zwar die Zielkaskade, aber wirklich hervorragende Leistungen bieten für Unternehmen ja erst die Möglichkeit, dem Wettbewerb voraus zu sein.

Wenn in Ihrem Unternehmen Zielerreichungen incentiviert werden (i. d. R. durch ein variables Vergütungssystem), achten Sie also darauf, dass keine Deckelung der Incentivierung bei 100 % erfolgt, denn ansonsten fühlt sich kein Mitarbeiter aufgerufen, darüber hinaus zu schießen. Und wenn er es doch tut, ist er spätestens dann demotiviert und frustriert, wenn die Incentivierung bei 100 % im System stecken bleibt.

Manchmal sind die Ziele so sportlich, dass der Mitarbeiter schnell erkennt, wie anstrengend der Weg zum Ziel ist, und er befürchtet, ihn nicht erfolgreich gehen zu können. In solchen Fällen wendet er sich häufig an die Führungskraft und plädiert darauf, die Messlatte im Rahmen eines Zwischen- bzw. Standortgespräches zu senken. Darauf allzu mitarbeiterorientiert zu reagieren und aus Harmoniebedürftigkeit und Rücksichtnahme das Ziel in abgeschwächter Form zu formulieren, wäre ein typischer „Kardinalfehler". Denn dadurch lernt der Mitarbeiter einen Mechanismus: „Gehe zu deiner Führungskraft, klage über das Ziel und seine Unerreichbarkeit, dann wird die Messlatte gesenkt". Wenn der Mitarbeiter anschließend mehrfach vorspricht, gleichen sich Ziel und Zielerreichung stetig an. Unternehmen, die diesen ungünstigen Prozess als Normalfall pflegen, könnten erfolglos sein, obwohl alle Mitarbeiter ihre Ziele erfüllen. Erinnern wir uns an das i-Kriterium, „integriert in die Zielkaskade". Jedes „zurückgeschraubte" Ziel schwächt die Zielkaskade und damit das Erreichen der übergeordneten Ziele.

Die richtige Reaktion auf die beschriebene Situation ist deshalb, das Ziel zunächst unangetastet zu lassen und nach Maßnahmen zu fragen, die trotz aller Unwägsamkeiten doch noch die Zielerreichung sichern könnten. Konfrontieren Sie den Mitarbeiter deshalb mit folgender Frage:

Was müssen wir tun, um unsere Ziele trotzdem zu erreichen?

Im besten Fall lernt der Mitarbeiter, sich diese Frage bereits zu stellen, bevor er sich an die Führungskraft wendet und er bemüht sich, von sich aus zielführende Maßnahmen vorzuschlagen. Erst wenn die oben formulierte Frage zu keinem sinnvollen und glaubhaften Ergebnis mehr führt, kann das Ziel heruntergeschraubt werden. Dann sollten Sie aber gleichzeitig bedenken, welche Auswirkungen das auf die Zielkaskade haben wird und Sie sollten das mit der übergeordneten Führungskraft besprechen.

Die Führungsphasen

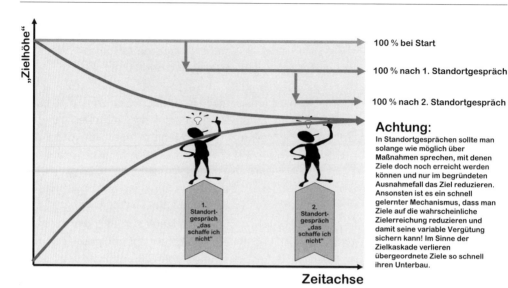

Abb. 28: Verhalten im Standortgespräch bei Problemen mit der Zielkaskade

Das soeben erläuterte Vorgehen sollte in Form einer Zielvereinbarung (ZV) festgelegt werden — schriftlich und durch eine Unterschrift besiegelt. Grundsätzlich ist MbO aber nicht an die Schriftform und einen im Unternehmen fest definierten Prozess gebunden, diese Führungstechnik kann letztlich jederzeit auch mündlich und ausserhalb von etablierten Prozessen angewendet werden.

HR

MbO funktioniert auch ohne ein systematisches, etabliertes Zielvereinbarungssystem (ZVS).
Zumeist ist die ZV in Unternehmen aber in ein offizielles Zielvereinbarungssystem (ZVS) eingebettet, oft gekoppelt an ein variables Vergütungssystem, das je nach Grad der Zielerreichung mehr oder weniger „Belohnung" ausschüttet. Solche Systeme sind komplex und können an dieser Stelle nicht ausführlich thematisiert werden. Sie sollten von der Personalabteilung zusammen mit dem Management entwickelt und gut implementiert werden. Im Zweifel sollte ein Fachberater hinzugezogen werden, denn solche Führungssysteme haben große positive Kraft, sie bergen aber auch viel Konfliktpotenzial, wenn man leichtfertig Fehler beim Konzept, Prozess, Instrument und bei der Implementierung macht. Da Zielvereinbarungssysteme mit dem Arbeitsvertrag, der Leistung und Transparenz von Ergebnissen sowie oft mit dem Gehalt verzahnt sind, leuchten erfahrungsgemäß alle „roten Lampen" beim Mitarbeiter und beim Betriebsrat, wenn man plant, ein solches einzuführen.

Führung im „grünen Bereich": motivierte Performance 6

Sollte das HR-Management im Auftrag der Geschäftsführung ein ZVS implementieren, weisen Sie daraufhin, dass man nicht zu schnell eine variable Vergütung damit verzahnt. Es ist sinnvoll, erst einmal dafür zu sorgen, dass ein Zielvereinbahrungssystem bei allen Mitarbeitern verinnerlicht ist, bevor man es an Geld koppelt.

Erfahrungsgemäß produzieren solche Systeme häufig mehr Frust als Lust bei den Beteiligten. Das liegt nach meiner Wahrnehmung bei zahlreichen Auditierungen solcher Systeme aber häufig nicht an den Konzepten, sondern zumeist an der falschen oder inkonsequenten Umsetzung durch die Führungskräfte. Machen Sie es sich also nicht zu einfach, indem Sie auf den HR-Bereich schimpfen, wenn das ZVS nicht richtig läuft, konzentrieren Sie sich stattdessen auf Ihre Beiträge und darauf, was Sie selbst besser machen können. Allzu intensive Diskussionen über Systeme nehmen nur der eigentlich wichtigen Zielvereinbarung den Rückenwind.

Management by Techniken — was es sonst noch gibt

Neben den drei wichtigsten ausführlich erklärten Management by Techniken gibt es einige weitere, die man kennen sollte. Manche dieser Techniken wendet man an, ohne zu wissen, dass es sie gibt bzw. dass sie einen Namen haben — häufig leider auch ohne zu wissen, wie sie richtig funktionieren.

Bevor ich Ihnen mit der nächsten Abbildung einen Gesamtüberblick über die wichtigsten Management by Techniken gebe, möchte ich Ihnen Folgendes nicht vorenthalten:

Neben den ernstgemeinten Techniken gibt es noch zahlreiche „Varianten", deren Ursprung wohl schlechtes Führungsverhalten sein dürfte. Mitarbeiter haben ihnen vielsagende Namen gegeben:

- Management by **Känguru**: Auch mit leerem Beutel kann man Sprünge machen!
- Management by **Jeans**: An jeder Nahtstelle eine Niete!
- Management by **Spargel**: Mitarbeiter im Dunkeln schwitzen lassen, und wer den Kopf raus steckt, bekommt ihn abgeschnitten!
- Management by **Champignons**: Mitarbeiter beschatten, mit Mist beschmeißen und warten bis einer den Kopf zeigt zum Absäbeln!
- Management by **Crocodile**: Das Maul weit aufreißen, auch wenn einem das Wasser bis zum Hals steht!
- Management by **Potato**: Rein in die Kartoffeln, raus aus den Kartoffeln, rein in die …!
- Management by **Helicopter**: Landen, rotieren, Staub aufwirbeln, abheben und verschwinden!

Die Führungsphasen

Wer immer diese „Techniken" zum ersten Mal in Worte gefasst hat, es war sicher kein Trainer, der seine Teilnehmer belustigen wollte. Es war bestimmt ein Mitarbeiter, der sich nach den ernst gemeinten Führungstechniken sehnt und seinem Frust mit diesem kreativen Beitrag zum Toolset Ausdruck verschafft hat.

Was man daraus lernen sollte? Schmunzeln Sie und dann tun Sie das Gegenteil von dem, was beschrieben wird!

In einem Führungstraining bei einem IT-Unternehmen versuchte ich mit den oben genannten Frusttechniken den Teilnehmern aufzuzeigen, was man nicht machen wollte. Bei allen Techniken wurde herzhaft geschmunzelt, aber bei der letzten (by Helicopter) war Totenstille im Raum. Bei dem abendlichen Social Event fragte ich beim Bier einen Teilnehmer, in welchen Fettnapf ich da reingetreten war. Er verwies auf den anwesenden Vorstand des Unternehmens, der genau solche Hubschrauberlandungen aus dem 6. Stock des Unternehmens in den 3. zur Software-Entwicklung unternahm. Als Gründer des Unternehmens hatte er vor vielen Jahren an den Codes der Software mitgearbeitet, war mit dem wachsenden Unternehmen aber zum Vertriebsvorstand „aufgestiegen". Seine Landungen brachten die gesamte Entwicklung durcheinander, und der Software-Entwicklungschef, einer der anderen Gründer, hatte alle Mühe, die Luft vom Staub zu befreien und wieder für Arbeitsfähigkeit zu sorgen.

Wenn in Ihrem Team solche „Techniken" die Flurfunk-Runde machen, sollten Sie aufmerken werden und sich auf die seriösen Varianten zurückbesinnen. Wenn Mitarbeiter erst sagen „Eine Flasche im Weinkeller ist wenig, aber eine im Büro unseres Abteilungsleiters ist unerträglich", ist es vielleicht schon zu spät.

6 Führung im „grünen Bereich": motivierte Performance

Die folgende Tabelle gibt Ihnen einen Überblick über die seriösen Management by Techniken:

Führungstechniken	Führen durch ...	Wie funktioniert das?
Management by Delegation	Delegation von Verantwortung	- Delegation von Verantwortung für einen Aufgabenbereich, für Tätigkeiten in diesem, basierend auf Stellenbeschreibungen, Jobprofilen oder durch den Arbeitsvertrag - Dazu muss auch der entsprechende Handlungsspielraum bzw. die passenden Befugnisse erteilt werden - Was ist mein Job, was ist er nicht, innerhalb welcher Grenzen darf/muss ich mich frei bewegen zur Erfüllung meiner Aufgaben
Management by Objectives	Vereinbaren von Zielen	- Vereinbaren (seltener Vorgabe) von Zielen innerhalb des delegierten Verantwortungsbereiches, die smart formuliert sind - Es wird auf Resultate abgehoben, nicht auf Wege zur Zielerreichung (Ergebniskultur) - Die Vereinbarung entspricht einem Commitment: „das will ich schaffen und daran lasse ich mich ohne wenn und aber messen!"
Management by Exception	Definition von Grenzen	- Definition von Grenzen, innerhalb derer der Mitarbeiter sich auf dem Weg zum Ziel selbstständig bewegen darf und soll (Zeitvorgaben, Budgetrahmen, in Abstimmung mit..., unter Anwendung bestimmter Regeln und Bestimmungen) - Ein Überschreiten dieser Grenzen stellt eine Ausnahme dar (Exception), die vorher mit der Führungskraft abgeklärt bzw. genehmigt werden muss - in genau umrissenem Aufgabengebiet wird Führungskraft nur informiert, wenn die Erfüllung von Teilzielen gravierend vom Plan abweicht - Abweichungsbereiche werden festgelegt und definieren Normal- und Ausnahmeabweichungen

Die Führungsphasen

Führungstechniken	Führen durch ...	Wie funktioniert das?
Management by Motivation	Motivationsfaktoren	▪ Erkenne die Motivationsfaktoren des Mitarbeiters und nutze bzw. befriedige sie ▪ Z.B. Arbeitsplatzsicherheit = Verlängern der Kündigungsfrist; Status = Gewähren eines Firmenwagens; Anerkennung = Lob vor den Kollegen
Management by Crisis	Krisen	▪ Artikuliere eine vorhandene Krise bewusst und setze Kraftreserven frei bei den Mitarbeitern, die noch unbenutzt sind ▪ Darf nicht zu häufig verwendet werden, da sonst die Reserven nicht wieder aufgebaut werden können ▪ Darf nicht künstlich wirken (aus einer „Mücke" eine Krise machen)
Management by System	Strukturen	▪ Schaffe Strukturen, Abläufe und Automatismen, um Handlungsabläufe zu stabilisieren und zu sichern ▪ Z. B. Checklisten für Vorgänge, Prozessbeschreibungen für Abläufe, Softwareeinsatz für Unternehmensprozesse
Management by Break-through	Durchbrüchen	▪ Definiere einen Durchbruch und konzentriere dadurch Energien auf Schlüsselmomente ▪ Z. B., wenn wir diesen Kunden gewinnen, eröffnet sich für uns ein neuer Markt in einer neuen Branche; wenn wir die Anzahl der Kundenbeschwerden auf die Anzahl x/Monat reduzieren, sind alle mit uns zufrieden und wir können uns wieder unseren Aufgaben voll widmen
Management by Projects	Projekten	▪ Definieren von Projekten für z. B. Abteilungsübergreifende umfangreiche Aufgaben unter der Verwendung professionellen Projektmanagements als Vorgehensweise und Sicherstellung von Ergebniserreichung und erfolgreicher Zusammenarbeit, wo vorher Abteilungsgrenzen die Erfolge erschwert haben

6.1.3 Personalentwicklung – Potenziale entdecken und freisetzen

Bevor man Personalentwicklung betreiben kann, muss man wissen, was Personalentwicklung bedeutet. Es gibt dazu reichlich Literatur und viele Beschreibungen. Man kann den Begriff sehr weit fassen und ihn schon auf die Ausbildung beziehen. Ferner kann man Personalentwicklung systemisch als einen Bestandteil der strategischen Unternehmensentwicklung sehen (was häufig als Talentmanagement bezeichnet wird). Denn wenn bestimmte Funktionsgruppen in einem Unternehmen erfolgskritisch sind und sich gemeinschaftlich weiterentwickeln müssen, um langfristige Ziele der Unternehmensentwicklung tragen zu können, muss man auch kollektive Maßnahmen aufsetzen. Aber solche Programme müssen ohnehin zentral aufgesetzt werden. Deshalb beschränke ich mich im Folgenden auf die Personalentwicklung einzelner bzw. weniger Mitarbeiter, die ein originärer Teil der Führungsverantwortung ist.

> **HR**
>
> Klären Sie mit dem HR-Bereich, für welche Funktionsgruppen kollektive Maßnahmen aufgesetzt werden und welche Programme bereits aufgesetzt oder geplant sind. Diese Maßnahmen können Sie dann bei der Personalentwicklung einzelner Mitarbeiter berücksichtigen.

Auf jeden Fall gelten drei Grundannahmen:

1. Erlebte und erfolgreiche Personalentwicklung ist ein ganz wichtiger und wirksamer **Mitarbeiterbindungsfaktor**. Das haben mehrere Studien ergeben und so äußern sich auch befragte Mitarbeiter. Hat man das Gefühl, dass man im Unternehmen vorankommt, ist das ein Anreiz, um im Unternehmen zu bleiben.
2. **Man muss fördern, was man fordert!** Ein Mitarbeiter kann nichts erreichen, nur weil die Führungskraft es von ihm verlangt. Will ich also mit meinen Mitarbeitern sportliche Ziele erreichen, muss ich mit einkalkulieren, dass einige meiner Mitarbeiter von sich aus erfolgreich sein können. Andere müssen aktiv gefördert werden, damit sie nicht scheitern. Zu hohe Forderungen ohne eine Perspektive auf Unterstützung macht im Übrigen Angst und diese Angst blockiert eher, als dass sie anspornt.
3. Viele Führungskräfte und Mitarbeiter **wissen nicht, was Personalentwicklung ist**, und so wird die Frage „Hast Du Personalentwicklung erlebt?" am Ende eines Jahres oft mit „Nein, ich habe kein Seminar besucht und bin nicht befördert worden" beantwortet. Viel zu oft werden Trainings/Seminare und Beförderungen mit Personalentwicklung gleichgestellt, aber das greift viel zu kurz. Personalentwicklung hat viel mit kleinen Impulsen und Fortschritten zu tun, man muss sie nur als solche verstehen und realisieren.

Die Führungsphasen

Wenn Sie sich die nachfolgenden Erklärungen durchgelesen haben, würde ich mir wünschen, dass Sie mit Ihrem Mitarbeiter ein anderes und gemeinsames Verständnis von Personalentwicklung haben bzw. entwickeln. Ihre Frage an den Mitarbeiter sollte in Zukunft lauten:

Was kannst Du heute mehr/besser/anders als am Anfang des Jahres?

Wie auch immer es zu einem Fortschritt gekommen sein mag, wenn er fühl- oder messbar ist, hat sich jemand weiterentwickelt. Und es ist die Aufgabe der Führungskraft, dem Mitarbeiter genau diesen Umstand transparent zu machen und ihm aufzuzeigen, dass er sich entwickelt hat. Erst wenn das gelingt, kann Personalentwicklung ihre Wirkung als Motivations- und Bindungsfaktor entfalten.

Ich habe versucht, die Personalentwicklung einzelner Mitarbeiter (individuelle Personalentwicklung) auf eine einfache Formel zu bringen, die man als Führungskraft abarbeiten kann:

Abb. 29: Formel für individuelle Personalentwicklung

Was es mit dieser Formel auf sich hat, sehen Sie im Folgenden:

1. Stellen Sie fest, wie das **aktuelle Kompetenz- und Leistungsprofil** eines Mitarbeiters ist **(X)**.

Das liest sich einfach, ist aber häufig gar nicht so leicht, was daran liegt, dass weder der Mitarbeiter noch die Führungskraft die Leistungsgrenzen wirklich vor Augen hat. Wann kommt man schon einmal wirklich an seine Grenzen? Bei einem Marathon kann es passieren, dass man nach 30 Kilometern keinen einzigen Schritt mehr gehen kann und die Grenzen seiner Leistungsfähigkeit erreicht hat. Aber bei einer Fachaufgabe sind Leistungsgrenzen weniger sichtbar, es sei denn, ein Mitarbeiter scheitert mit Pauken und Trompeten und unübersehbarem Schaden. Um das zu vermeiden, bleibt der Mitarbeiter gerne in seiner „Komfortzone", das ist der Bereich, in dem er auf positive Erfahrungen zurückgreifen kann („Das habe ich schon zahlreiche Male erfolgreich gemacht"). Auch die Führungskraft vermeidet in der Regel ein Überschreiten der Grenzen. Entweder aus falsch verstandener Fürsorge oder um sich nicht nachsagen zu lassen, dass in seinem Führungsbereich etwas schiefgegangen ist.

Führung im „grünen Bereich": motivierte Performance 6

Hierzu passt ein Zitat von Henry Ford:

> **Wer immer tut, was er schon kann, bleibt immer das, was er schon ist!**

Fehler zu machen bedeutet, dass man erfährt, wo die Grenzen der eigenen Kompetenz bzw. Leistungsfähigkeit liegen und wo man durch gezielte Personalentwicklung nachlegen muss. Deshalb sollte man — innerhalb angemessener Grenzen — ausloten, was man kann, und dabei auch Fehler zulassen. Wichtig ist dann aber die Nachbesprechung, damit man ein „Lessons Learned" bewusst betreibt. Nur so lernt der Mitarbeiter etwas aus seinen Fehlern und erkennt, dass sie ein durchaus akzeptierter Bestandteil der Entwicklung sind.

Bei einem Kunden habe ich einmal den folgenden Satz im Unternehmensleitbild entdeckt: „Wir haben eine Fehlerkultur! Aber unser nächster Fehler wird ein neuer sein!"

Besser kann man es nicht ausdrücken. Fehler gehören zur Entwicklung, aber man sollte sie auch als Erkenntnismittel nutzen und nicht fleißig und hartnäckig wiederholen.

> **Neuro**
>
> Unser Gehirn leitet aus einer Vielzahl von Einzelfällen allgemeine Regeln ab. So lernen wir zum Beispiel sprechen nicht, indem wir Grammatik pauken, sondern indem wir Regeln, die wir anhand vieler gehörter Beispiele erkannt haben, anwenden. Wenn Sie eine Fehlerkultur etablieren wollen, ist nur die Anwendung entscheidend, nicht aber Worte oder Beteuerungen. Wenn Sie wollen, dass Mitarbeiter Fehler machen (weil sie handeln), dann freuen Sie sich über die Fehler Ihrer Mitarbeiter. Nur so kann das Mitarbeitergehirn die Regel „Wir haben eine Fehlerkultur" lernen. Die Vielzahl der Einzelfälle entscheidet darüber, wie die Kultur gelernt wird und wie daraus Handlungen entstehen.

2. Definieren Sie, wie das **zukünftige Kompetenz- und Leistungsprofil** sein soll, das notwendig ist, um die vereinbarten Aufgaben erfolgreich übernehmen und die Ziele erreichen zu können **(X+1)**.

Hier zwei Beispiele:

- Soll ein Mitarbeiter ein Meeting moderieren, muss er grundlegende Moderationstechniken beherrschen (z. B. Erstellen einer Agenda, Reflektieren, Visualisieren, Diskussionen leiten).

Die Führungsphasen

- Soll ein Mitarbeiter, der bisher in Projekten nur mitgearbeitet hat, ein Teilprojekt oder sogar ein gesamtes Projekt leiten, bedeutet das für sein Profil, dass er grundlegende oder fortgeschrittene Fähigkeiten im Bereich „Projektmanagement" benötigt.

Für den Betroffenen kann es sich unter Umständen um einen größerer Entwicklungsschritt handeln, sodass die Formel sogar X+2 oder mehr aufweist. Achten Sie aber darauf, dass die Schritte nicht zu groß sind, ansonsten ist ein Scheitern abzusehen. Und ein „komplettes Scheitern" hat eine deutlich andere Wirkung auf den Mitarbeiter als ein „einfacher Fehler". Bei einem Scheitern kann es durchaus passieren, dass der betroffene Mitarbeiter völlig frustriert ist und an sich selbst so stark zweifelt, dass sein Selbstbewusstsein verletzt ist oder aber sein Ruf im Unternehmen so beschädigt ist, dass er kaum wieder „auf die Füße" kommt. Bei einem Fehler schüttelt sich der Mitarbeiter bestenfalls einmal, wenn er erst einmal gelernt hat, über Fehler zu reflektieren und gestärkt aus ihnen hervorzugehen. Er empfindet es als eine Herausforderung, die entsprechende Situation beim nächsten Mal besser zu meistern. Achten Sie deshalb darauf, dass die Entwicklungsschritte angemessen sind. Sie sollten nicht so klein sein, dass sie unmerklich sind, und nicht so groß, dass sie ein Scheitern geradezu provozieren.

In dem zweiten oben genannten Beispiel wäre es sicher besser, den Mitarbeiter erstmal einmal mit einem kleinen Teilprojekt zu betrauen, danach mit einem größeren, wichtigeren Teilprojekt und erst dann mit einem kompletten Projekt.

- Fragen Sie, wie groß das **Delta** ist **(Δ)**. Kleine Abweichungen lassen sich durch „Learning on the Job" schließen. Dabei hilft die Erfahrungsweitergabe durch die Führungskraft oder durch einen Kollegen, der einen Wissens- und/oder Fähigkeitsvorsprung hat. Größere Abweichungen müssen im nächsten Schritt durch gezielte Personalentwicklungsmaßnahmen angegangen werden. Dabei ist natürlich eine stärkere Begleitung des Mitarbeiters notwendig, denn solche Lücken schließen sich nicht durch eine Maßnahme allein, sondern durch einen erfolgreichen Transfer, bei dem kein Mitarbeiter alleingelassen werden sollte.
- Leiten Sie **Maßnahmen** ab, die dazu geeignet sind, das geplante Profil zu erreichen bzw. das Delta zu schließen **(M)**. Wichtig ist, dass der Besuch eines Trainings (der allen als erstes einfällt) aber nicht unbedingt die effektivste Maßnahme ist. Hüten Sie sich vor dem Reflex, ihren Mitarbeiter auf ein Training zu schicken und damit seine Personalentwicklung abzuhaken. Es gibt für jeden Bedarf eine geeignete und effektive Maßnahme. Welche das ist, gilt es herauszufinden. Dabei hilft Ihnen das folgende Modell der „Vier Schrauben der Personalentwicklung" (manchmal auch als „Vier Schrauben der Veränderung" benannt).

6 Führung im „grünen Bereich": motivierte Performance

- **Evaluieren** Sie, ob die Maßnahmen erfolgreich waren, ob ein Transfer stattgefunden hat **(E)**. Leider ist Personalentwicklung erfahrungsgemäß ein „müßiges Geschäft". Der Transfer von vermitteltem Wissen gelingt Menschen eben nicht unmittelbar. Hier gibt es eine Regel, die leider nicht sehr ermutigend ist:

> **Ein Drittel des vermittelten Wissens nimmt man mit,
> davon wiederum wird ein Drittel nachhaltig umgesetzt.**

Man muss kein Mathematiker sein, um zu erkennen, dass Lerntransfer offensichtlich nur unter großen Verlusten stattfindet und man einen Aufwand manchmal mehrfach betreiben muss. Aber angesichts des ständig wachsenden Veränderungs- und Entwicklungsdrucks sollte einen die Regel eher dazu ermutigen, öfter und mehrfach Impulse zu setzen und insbesondere die Transferphase aktiv zu unterstützen.

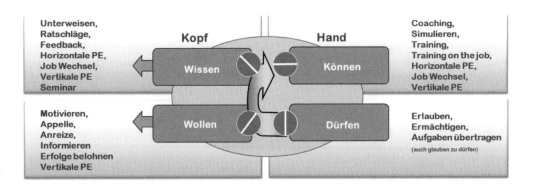

Abb. 30: Vier Schrauben der Personalentwicklung (Vier Schrauben der Veränderung)

Die Abbildung lässt sich ganz leicht erklären: Wenn Sie die oben genannte Formel abarbeiten und sich ein Mitarbeiter von X zu X+1 entwickeln soll, Sie sein Delta festgestellt haben und dann zu Schritt 4 „Maßnahmen" kommen, dann stellen Sie sich die vier Fragen in der durch den Pfeil in der Mitte aufgezeigten Reihenfolge. Mit dem Festlegen und der Durchführung von gezielten Personalentwicklungsmaßnahmen drehen Sie an den Schrauben und justieren sie für die zu X+1 passende Stellung:

Dürfen:

Darf der Mitarbeiter X+1? Hat er also die Befugnis, sich im Rahmen seiner Linienfunktion so zu verhalten, wie X+1 es erfordert? Stehen irgendwelche arbeitsrechtlichen Barrieren, fehlende oder begrenzte Handlungsvollmachten oder ungeschriebene

Die Führungsphasen

Verhaltensregeln dagegen? **Dann muss man erlauben und ermächtigen und die Verantwortung für Aufgaben übertragen!**

Häufig stehen auch unausgesprochene Annahmen im Weg. Der „Klassiker" ist, dass man den Mitarbeiter angesichts einer ausbleibenden Entwicklung fragt, warum er dies oder jenes nicht getan habe, worauf er antwortet: „Ja, wenn ich gewusst hätte, dass ich das darf, dann hätte ich natürlich …". Nur ist dann vielleicht schon ein Teil der knappen Zeit bis zur Zielerreichung ins Land gezogen. Hier ein Beispiel:

Ein Mitarbeiter im Marketing soll eine vorliegende Vermarktungsbroschüre für ein Produkt auf den neuesten Stand bringen und dabei aktuelle Erkenntnisse der Neurologie berücksichtigen. Er tut sich schwer und „googelt" sich Halbwissen zusammen. Das Ergebnis überzeugt den Marketingleiter nicht und der Mitarbeiter kann auch nicht erklären, warum er was verändert hat. Auf die Frage des Marketingleiters, warum er sich nicht ein einschlägiges Buch angeschafft und zuhause gemütlich und in Ruhe auf der Couch gelesen und ausgewertet habe, antwortet der Mitarbeiter: „Ja, wenn ich gewusst hätte, dass ich das darf, dann hätte ich das natürlich getan. Aber ich habe ja nicht die Befugnis, Büromaterial zu bestellen …".

Bedenken Sie also vorhersehbare Barrieren und sprechen Sie diese gleich an: „Nur zur Sicherheit: Du kannst natürlich einschlägige Literatur dazu lesen, und ich fände es auch in Ordnung, wenn Du sie zuhause während der Arbeitszeit in Ruhe durcharbeitest. Ist ja allemal günstiger als der Besuch eines Trainings …".

Wollen:

Will der Mitarbeiter X+1 überhaupt, oder hat er innerlich eine Blockade, weil er sich nicht verändern möchte oder die Konsequenzen scheut? Wenn dem so wäre, könnten Sie so viele Maßnahmen aufsetzen wie sie wollen, der Betroffene würde den Erfolg der Personalentwicklung bewusst oder unbewusst blockieren. Man darf sich aber auch nicht zu schnell mit einem ablehnenden Lippenbekenntnis zufriedengeben, insbesondere wenn die Weiterentwicklung für den Bestand des Arbeitsplatzes oder des Unternehmens unabdingbar ist. Auch hier gilt, dass jeder Mensch jemanden braucht, der an ihn glaubt und ihm über seine selbst definierten Grenzen hinweghilft. Folgendes Zitat passt hierzu gut:

> **„Was uns im Leben am meisten Not tut, ist ein Mensch, der uns zu dem zwingt, was wir können."**
>
> *Ralph Waldo Emerson, amerikanischer Dichter und Philosoph, 1803–1882*

6 Führung im „grünen Bereich": motivierte Performance

Das Wollen kann man unterstützen durch **Motivieren, Appelle, Anreize, Informieren, Erfolge belohnen und „vertikale Personalentwicklung"** (Letzteres ist mein Versuch, ein deutsches Wort für Job Enrichment zu finden, also für die Erweiterung des Verantwortungsbereiches um anspruchsvollere Aufgaben, die einen dazu ermutigen, herauszufinden, dass noch mehr in einem steckt).

Eine Erkenntnis sollten Sie bei dieser Schraube berücksichtigen: Niemand sollte dem Mitarbeiter abnehmen, dass er sich selbst dafür entscheidet, ernsthaft zu wollen. Bei allen guten Impulsen durch die Führungskraft **kann** ein **Wollen nur intrinsisch entstehen**.

Man kann einem Mitarbeiter nur helfen, einen Willen zu entwickeln. Und ganz falsch wäre es, einen unwilligen Mitarbeiter zu einem Seminar zu schicken und dem Trainer Versagen vorzuwerfen, wenn der Mitarbeiter unwillig zurückkehrt. Das ist zwar einfach, hilft aber nicht weiter.

Ein Beispiel aus der Praxis, das Sie sicher an das bereits beschriebene Peter-Prinzip erinnern wird, soll die Wichtigkeit dieser Schraube aufzeigen:

Ein talentierter und erfolgreicher Verkäufer wollte vorankommen und sein Gehalt steigern, um der Familie ein besseres Auskommen zu sichern. Er bewarb sich auf eine ausgeschriebene Stelle als Leiter einer Handelsfiliale und wurde in seine erste Führungsaufgabe befördert.

Erste Erkenntnis: Er wollte mehr Geld und musste im Gegenzug auch Führungsverantwortung übernehmen.

Nach einem Jahr sprach ich beim Grillen mit ihm und gab ihm im Spaß das Feedback, er habe auch schon mal besser ausgesehen. Daraufhin erzählte er mir, dass er wohl kurz vor einem Magengeschwür stehe und unter Schlafstörungen leide. Als ich nach den Gründen fragte, erzählte er mir von seinen Mitarbeitern, die immer nur Urlaub wollen, wenn es nicht passt, und andauernd krank seien, von Azubis, die einfach nicht begreifen, wie man verkauft etc.

Auf meine Frage, ob er vielleicht eine seiner Hauptaufgaben als Filialleiter, die Mitarbeiterführung, nicht wirklich wolle, gab er zu, dass dies in der Tat der Teil seines neuen Jobs sei, den er am wenigsten mag. Er berichtete auch von absolvierten Trainings wie z. B. „Schwierige Mitarbeiter führen" und „Wie man Krankenquoten senkt", aber das war nach seiner Meinung alles theoretischer Unfug und vertane Zeit für ihn.

Die Führungsphasen

Zweite Erkenntnis: Er wollte nicht führen, weil ihm die damit verbundenen Aufgaben keinen Spaß bereiteten. Die Personalentwicklungsmaßnahmen sind deshalb bei ihm verpufft und anstatt zu lernen, hat er nach Gründen gesucht, warum das vermittelte Wissen reine Theorie ist.

Meinem Rat, sich rechtzeitig einen neuen Job zu suchen, in dem er wieder seinem Talent zum Verkaufen nachkommen könne, folgte er und wechselte zu einem Getränkelieferanten. Hier war er dann so erfolgreich, dass seine neue Firma ihm bald eine regionale Vertriebsleitung anbot. Murphy's Law folgend („Man hat nie genug Zeit, etwas richtig zu machen, aber immer, um es nochmal zu machen") ließ er sich erneut bebauchpinseln und tappte zum zweiten Mal in die Beförderungsfalle. Es dauerte nicht lange, bis er wieder verzweifelt vor mir stand. Alles war schrecklich, die Welt hart und biestig: Er solle mit einer Mannschaft, deren eine Hälfte sich im „Sinkflug zur Rente" befindet und die Zahlen nicht schafft und einer anderen leistungsstarken Hälfte, die die erstgenannte ausgleichen soll und das ungerecht findet, einen viel zu strammen Plan schaffen. Da die erste Hälfte aber unter dem Schutz der Geschäftsführung stünde, dürfe er diese nicht härter anpacken und sein blödes Seminar „Mitarbeiter motivieren" sei ein derartiger Unsinn gewesen …

Dritte Erkenntnis: Auch in einem anderen Unternehmen gelten oft die gleichen Prinzipien. Wer mehr verdienen möchte, muss Führungsverantwortung übernehmen. Der mangelnde Spaß daran steckt aber im betroffenen Mitarbeiter, der dieses „nicht Wollen" in jedes neue Unternehmen mitnimmt.

Mein Rat war derselbe wie beim ersten Gespräch und er wechselte zu einem namhaften Wasserlieferanten. Es kam, wie es kommen musste: Seine Zahlen als Verkäufer gingen durch die Decke und man diente ihm eine regionale Vertriebsleitung an. Trotz heftigen Werbens der Personalabteilung blieb er dieses Mal standhaft seinen Talenten treu und unterließ den dritten Schritt ins Unglück. Er bot stattdessen an, andere Kollegen als Mentor und interner Trainer zu unterstützen.

Ahnen Sie, was geschah? Genau! Seine Führungskraft und die Personalleitung konnten es nicht glauben und machte ihm die Hölle heiß. Es könne ja wohl nicht sein, dass er ein solches Angebot ausschlage. Man würde ihn ja auch in ein Führungskräfteentwicklungsprogramm einschleusen …

Vierte Erkenntnis: Auch anderen Beteiligten wie z. B. den übergeordneten Führungskräften und der Personalleitung, sollte bekannt sein, dass man jemanden, der nicht führen will, nicht zur Führungsaufgabe zwingen oder überreden sollte. Ansonsten kann sich ein Mitarbeiter nicht auf seine eigentlich Stärken besinnen und wird in eine unglückliche Situation gedrängt, in der er sich mangels „Wollen" nicht erfolgreich entwickeln wird.

6 Führung im „grünen Bereich": motivierte Performance

Es dauerte eine Weile, bis sich die Wogen geglättet hatten und man seine Entscheidung akzeptierte. Heute macht er erfolgreich und glücklich seinen Job.

Aus der Zeit seiner „Karriere" als Führungskraft sollte noch Folgendes erwähnt werden: Natürlich stürzte sich der oben beschriebene Kollege in Aufgaben, die seinen eigentlichen Talenten entsprachen. Er setzte sich an die Kasse, besetzte Verkaufsstände, baute seine Kundenbesuche aus und glich die Minderleistungen seiner Mitarbeiter durch eigene Verkaufserfolge aus. Es ist wohl überflüssig, zu sagen, dass er bei Coaching-Impulsen zur Führung, die ich gab, sofort damit argumentierte, dass er dazu ja bei all den operativen Fachaufgaben gar keine Zeit habe …

Fünfte Erkenntnis: Wenn einer Führungskraft die operativen und fachlichen Aufgaben jenseits der Führungsarbeit am meisten Spaß machen und sie deshalb davon so viel leistet, dass die Zeit für Führung regelmäßig fehlt, ist dies ein klares Signal, dass sie ihre Führungsrolle eigentlich nicht will. Eine solche Führungskraft wäre sicher in einer Fachkarriere besser aufgehoben und würde glücklicher und erfolgreicher arbeiten.

Ein kurzer Satz soll diese ausführliche Betrachtung zusammenfassen: **Wollen ist die innere Bereitschaft, eine Entscheidung umzusetzen!** Liegt diese Bereitschaft nicht vor, wird das, was man bräuchte, um zu X+1 zu gelangen, nicht gelernt. Oder es wird das, was man gelernt hat, nicht umgesetzt, weil einen das wiederum auf eine Spielfläche zwingen würde, die man eigentlich nicht betreten will.

Wissen:

Weiß der Mitarbeiter theoretisch, was er wie tun muss, um X+1 zu erreichen, kann er in Worte fassen oder einen Plan erstellen, welche Arbeitsschritte geleistet werden müssen, damit er seine Ziele erreicht? Wissen ist eine Theorie- bzw. eine Kopf-Schraube. Man kann davon ausgehen, dass Maßnahmen zum Aufbau von Wissen ein guter Zwischenschritt zum tatsächlichen Erreichen der gesteckten Ziele ist, denn wenn der Kopf weiß, was die Hand tun muss, fällt es der Hand mit hoher Wahrscheinlichkeit leichter, es tatsächlich auch zu tun.

Will man die Wissen-Schraube richtig justieren, muss man **unterweisen, Ratschläge, Informationen und Feedback geben, vorübergehende Jobwechsel innerhalb des Unternehmens zum Wissensaustausch arrangieren, Seminare besuchen, Bücher lesen, vertikale und horizontale Personalentwicklung** betreiben (Letzteres ist mein Versuch, ein deutsches Wortes für Job Enlargement zu finden, also für die Erweiterung des Verantwortungsbereiches um gleichwertige Aufgaben).

Die Führungsphasen

Seminare vermitteln üblicherweise einen höheren Wissensanteil als Trainings, bei denen mehr Wert auf die Umsetzung gelegt wird. Diese beiden Begriffe werden heute aber umgangssprachlich nicht mehr unterschieden. Jeder Trainer wird heute versuchen, ein angemessenes Verhältnis von Theorie und Praxis zu finden, um beide Schrauben ansprechen und das Training interaktiv und kurzweilig gestalten zu können. Nur so kehren die Teilnehmer mit der Erinnerung an ein tolles Training, mit ausreichend Rüstzeug und guten Vorsätzen an den Arbeitsplatz zurück und bemühen sich, den Transfer hinzubekommen.

Neuro

Das Gehirn ist ein paradoxes Lernsystem: Je mehr wir wissen, desto mehr können wir neu hinzulernen. Es ist also das Gegenteil einer Festplatte oder eines Karteikartensystems und erinnert mehr an einen Ameisenhaufen. Je mehr da ist, desto mehr kann dazukommen. Je erfolgreicher Ihr Mitarbeiter bereits lernt, desto größere Schritte dürfen Sie erwarten — aber desto mehr neuem Stoff müssen Sie ihm auch anbieten. Bei neuem Wissen müssen Sie sich am Wissensstand und am bisherigen Lerntempo des Mitarbeiters orientieren. Auch deshalb ist „Personalentwicklung von der Stange" nicht gehirngerecht.

Im Hinblick auf die Wissen-Schraube muss man grundsätzlich annehmen, dass viel notwendiges Know-how im Unternehmen an irgendeiner Stelle verfügbar ist. Man müsste nur wissen, in welchem Kopf es schlummert und einen Austausch mit dem betroffenen Mitarbeiter arrangieren. Wissensmanagement ist eine Aufgabe, zu der es umfangreiche Literatur und Konzepte gibt. Während meiner Zeit in einem namhaften deutschen Konzern galt das geflügelte Wort: „Wenn XYZ wüsste, was XYZ weiß …!"

HR

Die HR-Mitarbeiter müssten den besten Überblick über die Kompetenzen und Erfahrungen der Belegschaft haben. Pragmatisch gedacht, wäre es einfach notwendig, sich selbst oder seinen HR-Partner zu fragen, wer etwas über das bei einem Mitarbeiter zu entwickelnde Themenfeld wissen könnte. Im Zweifel fragt man auch im Führungs-/ Managementteam nach und landet sicher schnell bei den verfügbaren Quellen.
Wenn die HR-Abteilung eine Skills-Datenbank etabliert hat, funktioniert so eine Suche auch per Knopfdruck. Aus Erfahrung muss ich aber sagen, dass solche Systeme noch die Ausnahme sind, was sicher an der Komplexität der Einführung, der häufigen Gegenwehr der Betroffenen, dem notwendigen Datenschutz und der Mitbestimmung liegt.

Führung im „grünen Bereich": motivierte Performance **6**

Können:

Theoretisches Wissen erfolgreich in die Praxis zu transferieren, ist die Voraussetzung für das Können. Diese Schraube ist eine Hand- bzw. Praxis-Schraube.

Eine kurze Definition könnte lauten: **Können ist die Fähigkeit, erfolgreich zu tun, was man sich vorgenommen hat.** Da man hier am Ende der Kette angelangt ist, kann man mithilfe einer Prüfung oder Messung, ob X+1 erreicht wurde, prüfen, ob die Personalentwicklung erfolgreich war.

Manchmal gibt es aber auch Erfolge, die man sich nicht erklären kann: „Keine Ahnung warum, aber das Ziel ist erreicht". In meinen Trainings verdeutliche ich dieses Phänomen mit folgender Denksportaufgabe: Stellen Sie sich folgenden Aufbau vor: An einem Brett mit einem Loch in der Mitte ist rechts und links ein Seil befestigt. Das Seil ist zweimal durch das Loch geführt. Auf beiden Seiten des Loches hängen Holzkugeln mit Bohrungen, durch die das Seil gezogen wurde. Nun soll eine der beiden Kugeln in die Schlaufe auf der anderen Seite zu der anderen Kugel gebracht werden. Damit das Ganze nicht zu einfach geht, ist das Loch natürlich für die Kugel zu klein, sie kann also nicht einfach am Seil entlang durch das Loch auf die andere Seite geschoben werden. (Ich hoffe, dass Sie es sich vorstellen können).

Als ich mit dieser Aufgabe zum ersten Mal konfrontiert wurde, habe ich das natürlich nicht hinbekommen, weil mir mein Kopf sagte, dass das nicht möglich sei, weil die Kugel nicht durch das zu kleinen Loch passt. Dann erhielt ich drei Bilder: Ausgangsposition, zweiter Schritt, Kugel auf der anderen Seite. Nach einer Stunde habe ich erneut aufgegeben. Meine Frau kniffelte solange, bis sie es schließlich hinbekam. Im ersten Moment konnte sie nicht sagen, wie sie es geschafft hatte. Nach einiger Zeit und vielen Versuchen war sie dann doch dazu in der Lage, den Weg zu beschreiben. Ich kann das heute nachmachen wie ein Äffchen, habe aber auch nicht die geringste Ahnung, warum es geht. Ich habe die Wissen-Schraube übersprungen und die Können-Schraube erreicht. Dummerweise kann ich die gewonnene Fähigkeit nicht auf ähnlich geartete Aufgaben übertragen, weil ich Dösbattel ja die Lösung nicht verstehe.

Ein solches Überspringen der Wissen-Schraube ist also leider nicht effizient, weil der Mitarbeiter seinen Ergebniserfolg nur schwer auf andere, ähnlich geartete Ziele übertragen kann.

Fragen Sie also Ihren Mitarbeiter nach einem sichtbaren Erfolg immer, worauf er zurückführt, dass er das Ziel erreicht hat. Diese Reflektion festigt den Entwicklungserfolg und zeigt, ob ein reproduzierbarer Fähigkeitsfortschritt stattgefunden hat.

Die Führungsphasen

Auf diese Weise wird dem Betroffenen bewusst, dass gerade Personalentwicklung stattgefunden hat. Das wirkt dem eingangs erwähnten falschen Verständnis „Personalentwicklung heißt: Ich war auf Training oder bin befördert worden" positiv entgegen.

> **Neuro**
>
> Können hängt aus Sicht des Gehirns zu einem extrem großen Teil von der Frage ab, ob ich mir etwas zutraue? Sehr viele Experimente und Versuche verdeutlichen diesen Zusammenhang. Der vielzitierte Klassiker ist ein Test an Studentinnen, deren Mathematikergebnis zu 50 % davon abhing, was sie vorher über die Mathematikfähigkeiten von Frauen gelesen hatten. Hier war das Testergebnis kein Ausdruck von Intelligenz oder Wissen, sondern in erheblichem Maße ein Ausdruck von Zutrauen in die eigenen Fähigkeiten. Ihre Aufgabe als Führungskraft besteht genau darin, dieses Zutrauen zu stärken. Wenn Sie das tun, ergibt sich das Können viel leichter.

Angesichts der stetigen Notwendigkeit, seine Mitarbeiter in ihrer Entwicklung zu unterstützen, kann man durchaus sagen, dass Führen auch ständig Lehren bedeutet. Deshalb muss man wissen, wie ein Mitarbeiter lernt. Rufen Sie sich den Trainer vor Augen, bei dem Sie am meisten gelernt haben, und adaptieren Sie sein Verhalten. Die folgenden drei einfachen Erkenntnisse sollen Ihnen das erleichtern:

1. Menschen lernen am besten, wenn zum Dürfen auch das Wollen dazukommt und wenn sich das Wissen im Alltag zum Können transferieren lässt (das beschreibt in einem Satz das Modell der Vier Schrauben der Personalentwicklung).
2. Menschen lernen, wenn sie umsetzen, an was sie sich erinnern! Und die Wege des Erinnerns sind vielfältig: Wir erinnern uns an das, was wir lesen, hören, sehen, sagen und tun. Am besten lernen wir, wenn alles zusammen geschieht. Achten Sie deshalb darauf, dass alle Lernkanäle genutzt werden. Der Satz „Ich habe es ihm doch schon hundert Mal gesagt" trägt das Problem schon in sich: Man hat es ihm eben immer nur gesagt und alle anderen Lernkanäle ungenutzt gelassen.
3. Meines Erachtens nach lernen Menschen auch dann besser, wenn man sie fühlen lässt, dass man fest an sie glaubt, und davon überzeugt ist, dass sie es schaffen werden. Hier passt wieder mein Credo: Es geht nicht darum, ob der Mitarbeiter sich entwickeln wird, sondern darum, *wie* er es schaffen kann, sich zu entwickeln. Seien Sie als Führungskräfte also Lehrer, die mit Wort, Gestik und Mimik den Glauben an die Entwicklungsfähigkeit ihrer Mitarbeiter ausstrahlen. Denken Sie an den weisen Rat von Goethe:

6 Führung im „grünen Bereich": motivierte Performance

> „Behandle die Menschen so, als wären sie, was sie sein sollten, und du hilfst ihnen zu werden, was sie sein können."
>
> *Johann Wolfgang von Goethe, deutscher Dichter der Klassik und Universalgenie, 1749–1832*

HR

Nutzen Sie Ihren HR-Partner als Berater für das Finden der effektivsten Personalentwicklungsmaßnahme. Als kleinen Qualitätscheck sollten Sie ihm aber erst einmal drei Fragen stellen:

1. Was verstehen Sie unter Personalentwicklung?
2. Wie gehen Sie vor, um die richtige Maßnahme abzuleiten?
3. Welche Maßnahmen gibt es und welche sind Ihrer Erfahrung nach die wirksamsten?

Wenn Sie keine Antworten hören, die zu den oben beschriebenen Ausführungen passen, und Ihnen nur der klassische „Da suche ich mal ein Seminar raus"-Reflex begegnet, sollten Sie lieber selbstständig agieren. Dabei ist dem HR-Partner noch nicht einmal ein Vorwurf zu machen. Nicht jeder Personaler „kann" Personalentwicklung, das ist ein Spezialwissen, das häufig zentralisiert wird, und damit nicht automatisch allen zur Verfügung steht. Mit diesem der Personalentwicklung gewidmeten Kapitel hoffe ich ein wenig auf „Entzauberung", denn die von mir aufgezeigten Mechanismen sind leicht zu erlernen und entfalten ihre Kraft durch nachhaltige Anwendung.

Wenn Sie mit den einzelnen Mitarbeitern über ihre Potenziale sprechen, ist es sicher sinnvoll, dicht an deren Kompetenzen und Funktionen im Unternehmen zu bleiben.

Ganz einfach und transparent kann man sein Team einschätzen, indem man einem klassischen Muster folgt, das mit zwei Achsen arbeitet:

- Potenzial nach mehr Verantwortung (Möglichkeit zu Job Enrichment),
- Leistung im Job.

HR

Für eine Einschätzung der Mitglieder Ihres Teams im Hinblick auf Potenzial und Leistung sollten Sie Ihren HR-Partner hinzuziehen. Er kann auf Basis der Protokolle von Mitarbeitergesprächen und Zielerreichungen seine Einschätzungen abgeben. Außerdem kann er Sie davor bewahren, dass Sie Ihre Favoriten zu positiv und Ihre kritischen Mitarbeiter zu negativ einstufen.

Die Führungsphasen

Im Hinblick auf die beiden Achsen, die den Ist-Zustand und die Zukunft abbilden, müsste man eigentlich von einer Potenzial-/Leistungs-Analyse sprechen. Es hat sich aber der Begriff „Potenzialanalyse" eingebürgert.

Das Vorgehen ist recht einfach: Bewerten Sie Ihre Mitarbeiter der Reihe nach hinsichtlich ihres Potenzials und ihrer Leistung. Bewerten Sie die Leistung des Mitarbeiters aber nur im Hinblick auf die Funktion, die er aktuell ausfüllt.

Das Potenzial des Mitarbeiters beurteilen Sie bitte mit Blick auf anspruchsvollere Aufgaben im Sinne von Job Enrichment und Beförderungen auf höherwertige Funktionen.

Sie können dies mit Werten von 1 bis 6 quantifizieren, so ergeben sich für alle Mitarbeiter 2 Zahlen, mit denen Sie schnell vor Augen haben, wo sie stehen. Das können Sie auf einem Blatt schnell aufzeichnen (siehe Abbildung).

In der abgebildeten Matrix gibt es verschiedene Cluster für Mitarbeiter:

- **Top Stars:** Mitarbeiter mit deutlich überdurchschnittlichen Leistungen und Potenzialen. Diese Top Stars gilt es zu binden und zu fördern.
- **Stars:** Mitarbeiter mit überdurchschnittlichen Leistungen und Potenzialen. Diese Stars gilt es zu binden und in ihren Leistungen weiter zu steigern.
- **Leistungsträger:** Mitarbeiter mit deutlich bzw. überdurchschnittlichen Leistungen. Diese Leistungsträger gilt es zu binden und in ihren Leistungen stabil zu halten und wo machbar noch zu steigern.
- **Talente:** Mitarbeiter mit deutlich erkennbaren bzw. überdurchschnittlichen Potenzialen, die aber „ihre Kraft noch nicht auf die Straße bekommen". Es gilt, die Leistung dieser Talente noch zu steigern, also das Können bzw. den Transfer der Potenziale in tatsächliche Leistungen zu unterstützen.
- **Fragezeichen:** Mitarbeiter mit unterdurchschnittlichen Leistungen und Potenzialen. Diese Mitarbeiter müssen ihre Leistung deutlich steigern, also durch entsprechende Personalentwicklungs-Maßnahmen für eine deutlich bessere Aufgabenerfüllung und Zielerreichung befähigt werden.
- **Problemfälle:** Mitarbeiter mit mangelnden Leistungen und Potenzialen. Von diesen Mitarbeitern sollten Sie sich aktiv trennen. Auf keinen Fall sollten Sie hier Ihre kostbare Zeit einbringen und die anderen Mitarbeiter, bei den mit wenigen Mitteln häufig starke Verbesserungen zu erwirken sind, vernachlässigen.

Beachten Sie, dass nicht alle Mitarbeiter Potenzial haben müssen. Sonst würden auch alle auf Ihrer Matte stehen und nach Förderung rufen. Ein Team benötigt hauptsächlich Leistungsträger und auch einige Potenzialträger, die sie in der Ver-

6 Führung im „grünen Bereich": motivierte Performance

antwortungshierarchie aufsteigen bzw. nachrücken lassen können. Letzteres sollten Sie im Sinne des Unternehmens bitte auch außerhalb Ihres eigenen Verantwortungsbereiches ermöglichen. Talentmanagement ist in vielen Unternehmen schon gescheitert, weil die Führungskräfte ihre Talente claimen, anstatt sie für die Entwicklung im Unternehmen frei zu geben. Das Ende von diesem traurigen Lied ist zumeist, dass die Talente zum Wettbewerb wechseln, wo sie die Abteilungsgrenzen leichter überwinden und Karriere machen können.

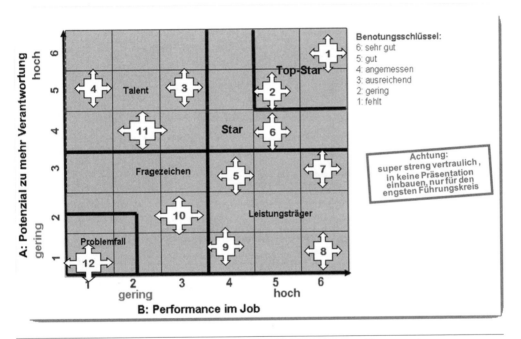

Abb. 31: Potenzialanalyse (Namen wurden hier zur Anonymisierung durch Zahlen ersetzt)

6.1.4 Coaching als Mittel der Personalentwicklung

Die **Führungskraft als Coach** ist ein Konzept, mit dem das Führungsverhalten andere Akzente bekommt: Anstelle von steuern steht **helfen**, anstelle von fordern steht **fördern**. Darüber hinaus kann man durch Coaching einen mehr kooperativ geprägten Führungsstil erlebbar machen, was bei der weiteren Beschreibung des Vorgehens noch deutlich werden wird.

Die kürzeste Definition für den Begriff Coaching ist **Hilfe zur Selbsthilfe**. Damit ist viel gesagt. Es beschreibt einen Vorgang, bei dem die Führungskraft zunächst

Die Führungsphasen

einen erhöhten Input liefern muss, denn Hilfe mit dem Ziel, dass der Mitarbeiter zukünftig selbstständiger arbeitet, ist eben aufwendiger als lediglich kurze Anweisungen zu geben. Aber schnell stellt sich der Return on Invest ein, wenn die Mitarbeiter deutlich weniger Führungsimpulse benötigen, da die Coaching-Impulse Lerneffekte freigesetzt haben, die ein selbstständigeres Handeln ermöglicht. Wenn man diese Investition nie tätigt, bleibt der Führungsaufwand stetig auf hohem Niveau und der Frust beim Mitarbeiter nimmt bei denen zu, die sich nach mehr eigenem Gestaltungsspielraum und nach mehr Selbstverantwortung sehnen.

Beim Coaching ist man Ansprechpartner zu fachlichen und persönlichen Themen, der Coach ist Know-how-Träger und hilft auch durch Erfahrungs- und Wissensweitergabe. Es gilt der Grundsatz „Befähigen statt Delegieren".

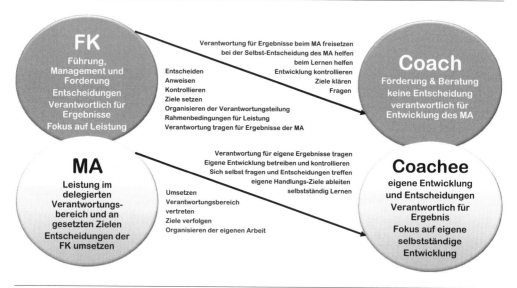

Abb. 32: Coaching als Mittel der Personalentwicklung – Hilfe zur Selbsthilfe (FK = Führungskraft, MA = Mitarbeiter)

Das Bild oben veranschaulicht: Es ist wichtig, dass beide — der Coach und der Coachee — auf der „gleichen Seite" stehen bzw. sich im gleichen Modus befinden. Wenn ein Mitarbeiter in der „Mitarbeiter"-Rolle verharrt und sich die Führungskraft im Coach-Modus befindet, passt das genauso wenig zusammen, wie wenn der Mitarbeiter gerne gecoacht werden möchte, aber die Führungskraft den Modus nicht wechselt. Daraus wird ersichtlich, dass beide Personen ein gemeinsames Verständnis vom Zusammenspiel ihrer Rollen und ihrer jeweiligen Verantwortung innerhalb der Rollen haben müssen.

6 Führung im „grünen Bereich": motivierte Performance

Coaching als Element der Führung wurde in einigen Büchern thematisiert und ausführlich beschrieben. Ich möchte dem Thema gerne die Komplexität nehmen, um es für Ihre Führungsarbeit leichter nutzbar zu machen, deshalb versuche ich es auf zwei einfache Tipps zu verdichten:

Coaching-Tipp	Erklärung
1. Den Mitarbeiter bei Entscheidungen beraten, anstatt selbst entscheiden!	Beraten führt dazu, dass der Mitarbeiter den Weg zu einer guten Entscheidung aktiver durchläuft und nach dem im Abschnitt über den Führungsstil erklärten „Leinen-Prinzip" immer mehr befähigt wird, größeren Entscheidungsfreiraum erfolgreich eigenständig zu nutzen. Die Führungskraft hilft also dabei, den „richtigen" Weg zu finden und ist jederzeit Feedbackgeber.
2. Fragen stellen, anstatt Antworten geben!	Antworten soll der Mitarbeiter finden. Durch das Stellen der richtigen Fragen durch die Führungskraft lernt der Mitarbeiter, sich mit diesen Fragen zukünftig selbst zu helfen. Coaching basiert also in erster Linie auf einer verstärkten Fragekompetenz (siehe dazu auch Kapitel 8.1).

Neuro

Krankenkassenberichte und Untersuchungen zeigen, dass es eine immer steigendere Zahl von psychischen Erkrankungen gibt. Wenn Sie jemanden mit einer solchen Erkrankung oder einer ihrer Vorstufen vor sich haben, sind alle Maßnahmen und alle Bemühungen vergebens. Daher empfiehlt es sich, auch hier Lösungen in der Hinterhand zu haben. Fragen Sie bei Ihrem HR-Partner nach, was das Unternehmen in einem solchen Fall unterstützend anbieten kann. Er sollte für diesen Fall Kontaktdaten von Ärzten, Psychologen und Psycho-Neuro-Immunologen bereit halten.

6.1.5 Beurteilung und Feedback – effektiver Anstoß zur Weiterentwicklung

Beurteilen oder Feedback geben ist ein einfacher Mechanismus, um seinen Mitarbeitern zu helfen, sich weiter zu entwickeln. So erfahren sie, wie ihre Leistungen aus dem Blickwinkel der Führungskraft eingeschätzt werden und erhalten Anregungen, ob sie ihr Verhalten beibehalten oder ändern sollen.

Die Führungsphasen

Manch einer empfindet dies als autoritär und einseitig, als nicht mehr zeitgemäß. Meine Erfahrung zeigt, dass Mitarbeiter beurteilt werden wollen und danach „dürsten", Feedback zu erhalten. Vielleicht liegt dieser Wunsch nach Rückmeldung einfach daran, dass dies als eine Form von Wertschätzung empfunden wird. „Meine Führungskraft nimmt sich Zeit, um meine Leistungen zu betrachten". Das ist viel mehr, als viele Mitarbeiter je erfahren. Ich habe viele Jahre als Vorstand eines Beratungsunternehmens auch das Geschäftsfeld „Mitarbeiterbefragungen und Management-Feedbacks" verantwortet. Wenn man den dabei entstandenen Erkenntnissen zum Thema Feedback, Lob und Kritik sowie Beurteilung Glauben schenken darf, gilt nach wie vor wohl die häufig als bayrische oder schwäbische Führungsweise bezeichnete „nicht geschlagen ist gelobt genug"-Methode (ich entschuldige mich bei allen angesprochenen Landsleuten, aber ich habe das nicht erfunden). Ich glaube fest daran, dass in Beurteilung und Feedback eine ganz große Kraft steckt, die Personalentwicklung eines Mitarbeiters zu unterstützen. Und das Schönste daran: Es kostet nicht einmal etwas, bis auf die Zeit und den Willen der Führungskraft.

HR

Der Begriff **Beurteilung** ist zumeist geknüpft an ein im Unternehmen etabliertes systematisches Schema, auf das man sich geeinigt hat. Fragen Sie Ihre HR-Partner, was der zu verwendende Standard im Unternehmen ist. Wenn es keinen gibt, sollte man darüber nachdenken, ob es nicht allen Führungskräften helfen könnte, einen vergleichbaren Maßstab und ein einheitliches Instrument in Form eines Beurteilungsbogens anzusetzen.

Wenn es noch kein kollektives System gibt, hier ein einfacher Gestaltungstipp: Sinnvollerweise hat ein Beurteilungssystem den gleichen Aufbau und die gleichen Bestandteile wie das Stellenprofil, in dem die Haupt- und Nebenaufgaben benannt werden. Was liegt näher, als sich genau daran zu orientieren und die jeweilige Ausprägung dann im Ist zu beurteilen.

Die direkteste Beurteilung erfolgt meines Erachtens an den Aufgaben, die ein Mitarbeiter zu bewältigen hat. Als Führungskraft sollte ich mir durch Beobachtungen und Analyse von Arbeitsergebnissen eine Meinung bilden können, wie gut ein Mitarbeiter seine Aufgaben erfüllt.

Wenn im Unternehmen ein sogenanntes Komptenzmodell vorliegt (z. B. ein Katalog aller wichtigen Kompetenzen, die man je nach Aufgaben in unterschiedlicher Ausprägung haben sollte), kann die Führungskrat sich bei der Beurteilung auch an diesen Kompetenzen orientieren. Bei diesem Vorgehen kann die Führungskraft besser einschätzen, ob Personalentwicklungsmaßnahmen erforderlich sind, da es schneller ersichtlich ist, welche Kompetenz, verglichen mit einer vorher für die jeweilige Stelle definierten Idealausprägung, beim betroffenen Mitarbeiter schächer ausgeprägt ist und durch eine gezielte Personalentwicklungsmaßnahme ausgebaut werden sollte.

6 Führung im „grünen Bereich": motivierte Performance

Ich bevorzuge jedoch, die Beurteilung an den Aufgaben fest zu machen, da es sich durch Beispiele und die Wiedergabe von Beobachtungen leichter begründen lässt, warum eine Aufgabe gut oder schlecht erfüllt wurde. Im Hinblick auf die Aufgaben, die als schlecht erfüllt beurteilt wurden, kann man dann immer noch die für eine gute Aufgabenerfüllung nötige Kompetenzen herausarbeiten und durch Personalentwicklungsmaßnahmen aufbauen.

Wichtig ist dabei natürlich, die Beurteilung mittels konkreter Erlebnisse und Situationen und nicht mit der Methode „Daumen hoch oder runter" zu begründen. Dieses Privileg hatten römische Kaiser in der Gladiatoren-Arena, es wird aber nach herrschender Meinung bei heutigen Beurteilungssystemen als nicht mehr zeitgemäß empfunden. Auch hier gilt wieder: Nicht das Ob, sondern das Wie ist entscheidend. Beurteilung ist nötig, aber bitte gut nachvollziehbar soll sie sein.

Wie immer Ihre im Unternehmen etablierte Beurteilungsskala aussieht, achten Sie bei Ihren Beurteilungen darauf, nicht den nachfolgend beschriebenen klassischen Fehlern zu unterliegen, denn dann verlieren Beurteilungen ihre Kraft und führen zum Frust bei betroffenen Mitarbeiter. Das sind die bekanntesten Beurteilungsfehler

- **Harmoniebedürfnis**: Machen wir uns nichts vor, man kommt morgens ja nicht zur Arbeit und überlegt sich, wo man heute wieder ordentlich Streit vom Zaun brechen kann. In der Regel versucht man harmonisch durch den Tag zu kommen. Aber wie oft geht man abends nach Hause und es grummelt noch der Bauch und das Abendessen schmeckt nicht so recht, weil man eine schwierige und konfliktreiche Situation, die man mit einem Mitarbeiter oder seinem Team über den Tag erlebt hat, noch mit sich herumträgt. Häufig kennt die Führungskraft den Mitarbeiter schon lange und hat auch Kenntnis von seiner familiären und finanziellen Situation und mag deshalb keine Disharmonie verursachen. Aber als Führungskraft muss man das eben manchmal, wenn es die Situation erfordert. Denken Sie immer an die oben beschriebenen Rollen bzw. Hüte. Es liegt keiner auf dem Tisch, der mit „alle haben mich lieb" benannt ist.
- **Tendenz zur Milde**: Als Führungskraft befürchtet man, bei vorliegender Untererfüllung erwarteter Leistungen und Pflichten durch eine zu klare und kritische Ergebnisbetrachtung die erhoffte Motivation des Mitarbeiter für die Zukunft zu schwächen. Deshalb ist man mild im Urteil. Konkret gesagt: Eigentlich ist eine Aufgabe schlecht erfüllt, aber man möchte den Mitarbeiter nicht kränken, deshalb wird das Urteil weichgespült und die Mitarbeiterleistung wird als akzeptabel bewertet. Dummerweise verbessert sich dadurch nichts, denn ein leistungsschwacher Mitarbeiter, der dauerhaft seine Ergebnisse nicht bringt, weil ihm nicht klar ist, dass sich etwas verbessern müsste, hilft dem Unterneh-

men auf Dauer nichts. Da sollte man lieber einmal Klartext sprechen, auch wenn es schwer fällt. Dann sollte man gezielte Maßnahmen zur Verbesserung der Leistung des Mitarbeiters ableiten.

- **Tendenz zur Mitte:** Starkes Lob und heftige Kritik „strengen" mehr an als das Übersehen von guten und schlechten Leistungen, durch das man sich den Aufwand der Begründung und Argumentation spart. Damit nivelliert man aber Topleister und erhebt Minderleiste in den Durchschnitt. Wer so auf Dauer agiert, fördert die Mittelmäßigkeit seiner Mitarbeiter.
- **Tendenz zur Strenge:** Manche Führungskräfte neigen dazu, eine allzu hohe Messlatte an die Leistungen des Mitarbeiters anzulegen. Im Vergleich zu anderen Führungskräften fallen so die Beurteilungen immer strenger aus, immer eine Note schlechter. Leistungen sollten an einer Meßlatte beurteilt werden, die einem definierten Idealprofil entspricht, oder, wenn ein solches nicht vorliegt, an fairen für die Stelle angemessenen Erwartungen.
- **Feedbackschwäche:** Eine Beurteilung muss mit einem nachvollziehbaren Feedback einhergehen. Manchmal weiß man aber gar nicht, wie man Dinge in Worte fassen soll, insbesondere wenn es sehr kritische und persönliche Themen betrifft. Und dann sagt man lieber gar nichts bevor man ein mißlungenes Feedback gibt. So bleiben dann die Dinge wie sie sind, und der Mitarbeiter kann und wird sich nicht änden oder weitereintwickeln. Dazu erkläre ich in Kapitel 7 noch mehr.
- **Antitypen:** Man sieht in einem Mitarbeiter Eigenschaften seines „Antitypen" (das ist der Mensch, der alle Eigenschaften auf sich vereinigt, die einem gegen den Strich gehen), und ist dadurch nicht mehr objektiv in seiner Bewertung. Als Führungskraft hat man i. d. R. auch Mitarbeiter, die man sich nicht aussuchen durfte, die schon da waren, als man das Team übernahm. Oder man durfte sie sich aussuchen, hat aber im Recruiting-Verfahren nicht genau genug hingeschaut. Wenn nun ein solcher Mitarbeiter Eigenschaften an den Tag legt, die einen zur Weißglut bringen oder einfach nur nerven, dann verändert sich sofort die Betrachtung. Was bei einem Lieblingsmitarbeiter als Ausrutscher hingenommen wird, wird beim Antitypen als Grund zur Abmahnung oder Kündigung hochstilisiert. Unbewusst wird man nonverbal und verbal (Ton und Gestik) angespannter. Das spürt auch der Mitarbeiter und empfindet eine Beurteilung nicht als Versuch zur Standortbestimmung sondern als Strafe für das Unbeliebt-Sein.
- **Schlechtes Gewissen:** Häufig verspürt die Führungskraft ein schlechtes Gewissen gegenüber dem Mitarbeiter, sieht im Mitarbeiter sein eigenes Versagen widergespiegelt. Die Führungskraft redet sich ein, nicht rechtzeitig unterstützt zu haben oder einer Bitte um Unterstützung durch den Mitarbeiter nicht nachgekommen zu sein oder keine Zeit für den Mitarbeiter gehabt zu haben. So projiziert die Führungskraft die Minderleistung des Mitarbeiters auf sich und spricht ihn frei von seinem Anteil an der Lage. Clevere Mitarbeiter erkennen diesen Mechanismus schnell und nutzen ihn dann aus, um von sich abzulenken.

6 Führung im „grünen Bereich": motivierte Performance

HR

Aufgrund der vielen möglichen Beurteilungsfehler kann es sinnvoll sein, in unregelmäßigen Abständen das Beurteilungssystem zu rejustieren. Wenn Sie z. B. merken, dass mittlerweile die Beurteilungen aller Mitarbeiter schleichend nach oben gerutscht sind und Mitarbeiter immer besser abschneiden, dann hat sich z. B. eine Tendenz zur Milde eingeschlichen und Sie sollten Ihre HR-Partner um eine Rejustierung bitten.

Es ist auch hilfreich, seine Beurteilungen der Mitarbeiter einmal mit seinem HR-Partner durchzusprechen und sich Feedback einzuholen, ob sie gerecht sind. Der HR-Partner kann dann seine eigenen Beobachtungen einbringen und Vergleiche zu den Beurteilungen anderer Führungskräfte anstellen, um Tendenzen zu Milde und Strenge zu erkennen.

Bei Beurteilungen sollte man sich auch vor dem häufig eintretenden Erinnerungsproblem schützen. Menschen erinnern sich zumeist nur an kurz zurückliegende Ereignisse (das ist menschlich und kein Vorwurf) und bauen darauf das Gesamtfeedback/-beurteilung auf.

So wird aus einem über das Gesamtjahr kontinuierlich gut arbeitenden Mitarbeiter schnell ein „angeschlagener Kollege", wenn gerade einmal etwas richtig schief ging. Die damit verbundenen Erlebnisse sind natürlich präsent und überstrahlen dann etwaige Leistungen über viele Monate. Diesem Effekt muss man durch schriftliches „Mitplotten" von positiven und negativen Ereignissen und ein Bewerten der Gesamtergebnisse entgegen wirken.

Neuro

Auch dazu, wie Erinnerungen funktionieren, geben uns die neusten neurowissenschaftlichen Erkenntnisse Aufschlüsse. Erinnerungen sind eher eine wachsartige „Masse", die sich beim Abrufen dauernd verändert. Wir holen keine Karteikarte heraus, sondern bauen uns durch die Synapsenverbindungen eine konstruierte Welt über das Vergangene zusammen.

Erinnerungen sind nicht realistisch, sondern hängen stark davon ab, wie Ereignisse sprachlich gespeichert wurden. Sprache ist unser Zugang zu Erinnerungen. Wenn Sie „Mitplotten", sollten Sie eine extrem euphorische oder extrem abwertende Sprache vermeiden, das führt nämlich zu Verzerrungen. Und seinen Sie sich bewusst, dass eine Erinnerung nicht die Realität ist, sondern Ihre Wahrnehmung, Ihre Einspeicherung und Ihr Abrufen. Ihr Mitarbeiter kann andere Einspeicherungen haben und lügt deshalb nicht.

Die Führungsphasen

Arbeiten Sie zu Vermeidung des Erinnerungsproblems nach dem Punktestand-Prinzip: Geben Sie dem Mitarbeiter für gute Leistungen über einen definierten Betrachtungszeitraum (z. B. das Kalender- oder Geschäftsjahr) Punkte, für negative Leistungen ziehen Sie Punkte ab bzw. geben Sie Minus-Punkte. So entsteht ein Gesamtpunktestand, der nicht durch Einzelvorkommnisse überstrahlt wird. Je nach Leistung können mehrere Punkte vergeben werden, hervorragende Leistungen (Spitzenleistung 3 Punkte, mittlere 2 Punkte, kleine Leistung 1 Punkt) bringen mehr Punkte, kleine Ausrutscher ziehen nur wenige wieder ab. Die nachfolgende Abbildung soll dies visualisieren. Umsetzen können Sie das in einer kleinen Excel-Tabelle, in der jeder Mitarbeiter einen Positiv- und einen Negativ-Saldo hat. Daneben schreiben Sie sich eine kurze Notiz, woran Sie die Punktevergabe festmachen (Erlebnis). Ihr Mitarbeiter wird es Ihnen danken, dass Sie differenziert und lange erinnernd beurteilen und nicht mit dem Kurzzeitgedächtnis an seine Leistungsbetrachtung heran gehen.

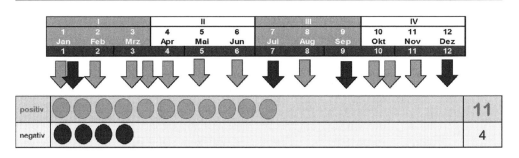

Abb. 33: Beurteilung nach dem Punktestand-Prinzip

Feedback-Burger — „schmackhaftes" Feedback geben

Vor der Entwicklung eines Führungs-Trainings wird mir von den Auftraggebern häufig gesagt: „Aber bloß nicht wieder **Feedback** oder so was einbauen, das haben wir schon zu häufig gehabt". Da ich schon ein „paar Erfahrungen" habe, baue ich es trotzdem mit ein, denn trotz reichhaltigem Erfahrungsschatz ist Feedback-geben nach meiner Wahrnehmung auch bei langjährigen Führungskräften immer noch eine zu selten angewandte und häufig missglückte Angelegenheit. Spätestens anhand der folgenden Fallstudie zeigt sich das oft mangelnde Geschick, hilfreiches und konstruktives Feedback zu geben:

„Ein Teammitglied kommt zu Ihnen und beschwert sich über den starken Körpergeruch eines Kollegen und teilt mit, dass das gesamte Team nicht mehr mit ihm zusammen arbeiten will. Die Führungskraft solle doch bitte etwas dagegen unternehmen".

6 Führung im „grünen Bereich": motivierte Performance

Nach kurzer Vorbereitungszeit sollen dann die Führungskräfte diesem Mitarbeiter ein Feedback geben (Sie können ja kurz versuchen, Ihr Feedback an den betroffenen Mitarbeiter in Worte zu fassen). Klassiker dieser Übung sind Lösungen wie „Seife und Deo auf den Schreibtisch stellen"; noch beliebter ist es, die Rolle eines Arztes einzunehmen und in einem Gespräch nachfragen, ob derjenige an einer seltenen unheilbaren Schweißgeruch-Krankheit leidet.

Dabei wäre **Feedback eine willkommene Chance zur Selbsterkenntnis**, die bei richtiger Durchführung dem Betroffenen enorm nutzen würde und am Ende auch vom Mitarbeiter mit Dankbarkeit belohnt wird. Bei den beiden oben genannten Lösungsversuchen macht der betroffene Mitarbeiter i. d. R. die Schotten dicht und stellt alle Energien auf Abwehr um. Damit ist die Antenne für Feedback eingezogen und ein Änderung erfolgt nicht.

Es geht also darum, Führungsimpulse in Form von gelungenen Feedbacks zu geben, die dem empfangenden Mitarbeiter so schmackhaft erscheinen, dass er genüsslich zubeißen möchte. Dabei geht es im Übrigen nicht immer nur um kritisches Feedback, sondern natürlich auch um positives in Form von Lob. Denn auch dieses muss so hilfreich aufgebaut sein, dass der Mitarbeiter damit etwas anfangen kann. Ein Schulterklopfen mit einem „Weiter so!" mag der Mitarbeiter ja besser finden als ein Herumgemäkle. Besser wäre es aber, wenn der Mitarbeiter nachvollziehen könnte, was er Lobenswertes vollbracht hat, so dass er genau dieses Verhalten „weiter-so" an den Tag legen könnte.

Das Modell des „Feedback-Burgers" veranschaulicht, wie man Feedback auf eine Art und Weise geben kann, dass der Feedbackempfänger „genüsslich Reinbeißen mag". Das Modell zeigt, wie man das Feedback in so schmackhafte Botschaft verpacken kann, damit der Empfänger nicht das Visier herunter fallen lässt, sondern die Ohren offen hält, zuhört und lernt.

Ich kann Ihnen leider nicht sagen, wer sich rühmen darf, dieses Modell als sein gedankliches Eigentum in Anspruch zu nehmen. Selbst habe ich es in einem Training erlernt, bei dem der Trainer auch nicht mehr sagen konnte, wer der Erfinder ist. Es erscheint mir jedenfalls eine besonders schlüssige Vorgehensweise für Feedback zu sein, die obendrein schnell erlernbar ist und tatsächlich funktioniert.

Die Führungsphasen

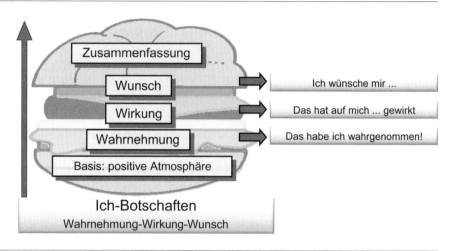

Abb. 34: „Lecker Feedback geben" mit dem Feedback-Burger

Wie bei der Herstellung eines echten Burgers, wird auch hier von unten nach oben gearbeitet:

1. Eine **positive Grundatmosphäre** ist die Basis für das Gelingen des Feedbacks. Diese entsteht in einer Situation, in der Feedbackempfänger aber auch -geber nicht negativ angespannt sind. Stellen Sie sich vor, Ihr Mitarbeiter kommt gerade von einem Meeting, in dem für ihn alles total schief ging. Seine Präsentation wurde völlig zerrissen, seine Arbeit heftig kritisiert und man hat das Meeting abgebrochen und ihn zur Nachbesserung zurück geschickt. Er ist aus nachvollziehbaren Gründen „am Boden zerstört". Und nun kommen Sie und wollen ihm Feedback dazu geben, was Sie als Teilnehmer des Meetings erlebt haben. Sie dürfen davon ausgehen, dass der Boden gerade nicht fruchtbar ist, die Antennen nicht auf Aufnahme gestellt sind. Vertagen Sie also Ihr Feedback auf einen anderen Tag, ansonsten verursachen Sie nur „Schallwellen im Raum", die beim Mitarbeiter ungehört abprallen oder sogar das Fass der Depression zum Überlaufen bringen.

   Eine positive Atmosphäre sollte eigentlich die sein, die Sie (hoffentlich) sonst auch haben. Wenn Sie üblicherweise übers Eck am Tisch sitzen und etwas zum Trinken anbieten, dann sollten Sie dies auch tun, wenn ein kritisches Feedback ansteht. Sobald sich die Atmosphäre verändert, spürt der Mitarbeiter dies und fährt vorsichtshalber schon mal das Visier herunter.

2. Danach folgt der Dreiklang Wahrnehmung, Wirkung und Wunsch:
   - **Wahrnehmung**: Beschreiben Sie sehr konkret, was Sie mit Ihren Sinnen wahrgenommen haben. Ich habe gehört, gesehen, gelesen, gefühlt ... Hierbei ist erfolgskritisch, dass Ihre Wahrnehmungen persönlich gemacht wur-

6 Führung im „grünen Bereich": motivierte Performance

den und nicht von Dritten kommen. Wenn Sie z. B. erklären, dass Ihnen ein nicht genannter Kollege erzählt hat, dass dieser in der Kaffeeküche gehört haben will, dass jemand ein Erlebnis erzählte, in dem der Mitarbeiter irgendetwas gemacht haben soll, begeben Sie sich auf dünnes Eis, auf dem das Einbrechen in Form eines mißlungenen Feedbacks vorprogrammiert ist. Der Mitarbeiter fragt einmal nach, wer der nicht genannte Kollege denn sei und wenn Sie den Namen nicht preisgeben, beginnt er zu spekulieren, wer ihn hier in die „Pfanne hauen" will. Im Schlimmsten Fall benennen Sie den Kollegen und hetzen damit den Feedbackempfänger gegen diesen auf. Zuletzt behauptet der Mitarbeiter, seit Wochen gar nicht in der Kaffeeküche gewesen zu sein, so dass Ihr Fedback wie ein Kartenhaus in sich zusammen fällt. Bei jedem Feedback gilt das Prinzip der **„Ich-Botschaften"**. Wenn „Gefahr im Verzug" ist und unbedingt eine Verhaltensänderung beim Mitarbeiter geschehen muss (z. B. wegen Störung des Betriebsfriedens aufgrund sexistischer Äußerungen), dann nutzen Sie eigene vergleichbare Vorkommnisse und geben Ihr Feedback als Ich-Botschaft: „ich habe am Freitag gehört, als Sie folgenden Blondinen-Witz im Meeting gemacht haben …".

- **Wirkung**: Dann beschreiben Sie die Wirkung Ihrer Wahrnehmung, in dem Sie erzählen, wie sie auf Sie persönlich gewirkt hat. Dadurch wird die Tragweite, das Gewicht der Wahrnehmung erkennbar. Denn es ist ja ein Unterschied, ob ein bemängeltes Verhalten von niemanden bemerkt wurde oder ob es als grobe Pflichtverletzung beurteilt wird. Eine Ich-Botschaft ist Ihnen grundsätzlich erlaubt. Sie sind die Führungskraft und es ist egal, ob jemand anderes eine andere Bewertung vornimmt. Bei dem Beispiel mit dem Blondinen-Witz könnte dies lauten: „Auf mich hat dieses Verhalten sexistisch gewirkt und ich bewerte dies als wenig sensibel angesichts der Anwesenheit von drei blonden Kolleginnen beim Meeting".

- **Wunsch**: Der Mitarbeiter bzw. Feedback-Empfänger kann sein Verhalten in Zukunft nur anders und damit in Ihren Augen positiver gestalten, wenn Sie ihm aufzeigen, welches Verhalten Sie zukünftig von ihm erwarten. Deshalb schließen Sie ihr Feedback mit Ihrem Wunsch: „Ich würde mir wünschen, dass Sie zukünftig alle Witze unterlassen, die Anwesende auf sich beziehen können, wenn Sie sich diesbezüglich unsicher sind, machen Sie am besten keine Witze".

Natürlich muss man seine Wortwahl dem Gewicht der Ereignisse entsprechend anpassen. Einen Wunsch zu äußern angesichts mehrfacher schon mit Feedback versehener Fehlverhalten untergräbt Ihre Autorität und die Ernsthaftigkeit Ihres Führungsimpulses.

Die Führungsphasen

Deshalb steigern Sie die Wortwahl angemessen, insbesondere bei Ihrem Wunsch. Hier ein paar Alternativen, die übrigens auch vermeiden, dass durch den „Refrain Wahrnehmung, Wirkung, Wunsch" Ihre rhetorischen Fähigkeiten angezweifelt werden:

Wahrnehmung: Ich habe …	Wirkung: Das …	Wunsch: Ich …
<ul><li>gehört</li><li>gesehen</li><li>gelesen</li><li>festgestellt</li><li>wahrgenommen</li><li>Mir ist (am, in) aufgefallen …</li></ul>	<ul><li>hat auf mich gewirkt …</li><li>habe ich empfunden als</li><li>werte ich als</li><li>bewerte ich</li><li>beurteile ich wie folgt</li><li>hat sich für mich so angefühlt</li></ul>	<ul><li>würde mir wünschen</li><li>bitte darum</li><li>möchte</li><li>erwarte</li><li>fordere</li><li>verlange<ul><li>nachdrücklich</li><li>abschließend</li><li>letztmalig</li><li>ab sofort</li></ul></li></ul>

Hier zwei Beispiele, um das eingangs genannte Problem des Körpergeruchs bei einem Mitarbeiter und einen weiteren Sachverhalt in diesen Feedback-Dreiklang zu überführen:

Wahrnehmung:	Wirkung:	Wunsch:
Mir ist aufgefallen, dass Sie deutlichen Körpergeruch haben.	Auf mich wirkt das etwas ungepflegt und störend, wenn wir bei Besprechungen beieinander sitzen.	Ich möchte Sie bitten, dies abzustellen.
Ich stelle fest, dass Sie erneut und diese Woche zum dritten Mal zu spät zu unserer Besprechung erscheinen.	Ich bewerte dieses Verhalten als Respektlosigkeit gegenüber dem Zeitmanagement der anderen Meeting-Teilnehmer und lässt mich vermuten, dass Ihnen die Inhalte unserer Meetings nicht wichtig erscheinen.	Ich erwarte von Ihnen ab sofort pünktliches Erscheinen. Sollte es gewichtige Gründe für Ihre Verspätungen geben, möchte ich, dass Sie mir eine SMS auf mein Handy senden, damit wir wissen, dass wir nicht warten müssen.

3. Manchmal haben sich Ereignisse angesammelt, sodass man mehrere Feedbacks geben möchte. Ich möchte Ihnen dazu drei Tipps geben:
    - Wenn positive und kritische Feedbacks anstehen, ist es sicher gut, diese **abzuwechseln und mit einem positiven Feedback zu beginnen**. Bitte aber nicht jedes kritische Feedback mit einer wie auch immer hergeleiteten posi-

Führung im „grünen Bereich": motivierte Performance

tiven Aussage einläuten. Das hat nichts mit der positiven Grundatmosphäre zu tun, die den ersten Baustein des Feedback-Burgers darstellt. Denn durch diese Abfolge lernt ein Mitarbeiter im schlimmsten Fall, zukünftig bei Lob schon mal vorsorglich den Kopf einzuziehen, da anschließend i. d. R. erst der „Hammer schwingt". Besonders schnell wird dieses Spiel durchschaut, wenn die positiven Einleitungen Platitüden sind, nach dem Motto „Ich wollte Ihnen schon immer mal sagen, dass ich es bewundere, dass Sie jeden Tag zur Arbeit kommen".

- Wenn mehrere Feedback-Themen zur Sprache kamen, fassen Sie diese zusammen als ein **Fazit**: „Zusammenfassend wären mir also folgende drei Dinge wichtig ...". Eine Zusammenfassung hilft insbesondere, wenn das letzte Feedback die vorherigen aufgrund der Wichtigkeit des Inhalts überstrahlt.
- Jeder Mensch hat eine **„Ladegrenze" für Feedback**. Bei positiven und negativen Rückmeldungen hat jeder Empfänger irgendwann genug und alles Weitere verursacht nur „Schallwellen im Raum", die ohnehin nicht mehr verarbeitet werden. Im ungünstigsten Falle bricht ein Mitarbeiter unter zu viel Feedback zusammen und verliert das Selbstbewusstsein. Ich habe schon Mitarbeiter erlebt, die nach drei Feedbacks ängstlich fragten, ob man sie gerade auf die gleich folgende Kündigung hinführen will. Und ich habe Mitarbeiter (insbesondere introvertierte und bescheidende) weinen sehen, als man sie vor großem Publikum „eimerweise" mit Lob überschüttete. Dies geschah nach meiner Vermutung nicht aus Rührung, sondern weil ihnen die gut gemeinte aber überzogene Lob-Orgie so unangenehm war, dass sie es irgendwann nicht mehr aushielten und sich der Situation nur noch entziehen wollten.
Vertagen Sie also weiteres Feedback, wenn Sie aufgrund der Gestik, Mimik oder der verbalen Reaktion des Feedbackempfängers das Gefühl haben, das Fass droht gerade überzulaufen.

Wenn man in seinem Team den Feedback-Burger als Basis für zukünftige gegenseitige Rückmeldungen einführen möchte, muss man ihn kurz erklären und idealerweise als Schaubild sichtbar machen. Zusätzlich sollten dann bei der Anwendung noch folgende Spielregeln vereinbart werden:

Spielregeln für den Feedback-Geber:

- Ich gebe nur so viel Rückmeldung, wie der Empfänger auch bereit bzw. fähig ist anzunehmen („Ladegrenze").
- Ich spreche von meiner Wahrnehmung, also von „ich" und nicht von „man".
- Ich beschreibe konkrete Situationen und Verhaltensweisen, d. h., ich rede möglichst bildlich und ausführlich.

Die Führungsphasen

- Ich versuche, durch konstruktive Vorschläge Alternativen wertfrei aufzuzeigen und zu erläutern, wie diese Alternativen auf mich wirken könnten.
- Ich melde zurück, was mir positiv aufgefallen ist und spreche darüber meine Anerkennung aus.
- Ich sage meinem Gegenüber, welches Verhalten ich mir wünsche, damit es mir leichter fällt, zufrieden mit seinem Verhalten zu sein.

Spielregeln für den Feedback-Empfänger:

- Ich höre zu, ohne sofort zu kommentieren.
- Ich höre zu, ohne verteidigen zu müssen.

Diese Spielregeln müssen Sie als Führungskraft vorleben. Nichts ist schlimmer, als wenn man bei einem seltenen Feedback eines Mitarbeiters an seine Führungskraft — wenn der Mitarbeiter einmal den Mut dazu aufbringt — sofort mit den Worten reagiert: „Moment mal junger Mann, da fehlen Ihnen aber die übergeordneten Informationen. Von Ihrer niedrigen Flughöhe aus, mag das ja vielleicht so aussehen, aber…".

Sollte ein Feedback in der Tat unberechtigt sein, empfehle ich folgende Reaktion: „Vielen Dank für dieses Feedback, ich werde darüber nachdenken und schauen, was ich daraus für mein zukünftiges Verhalten ziehen kann!" Einige Tage später könnten Sie dann noch einmal anknüpfen: „Ich habe über Ihr Feedback noch einmal nachgedacht, mir sind noch einige Informationen eingefallen, die ich gerne gemeinsam mit Ihnen in Bezug auf Ihr Feedback abwägen möchte". Mit einem gewissen zeitlichen Abstand wirkt das dann nicht wie ein Verstoß gegen die Regeln nicht kommentieren oder verteidigen zu müssen.

Stärken-Schwächen-Pendel — idealer Einstieg für Feedback

Beim Feedback-Geben geht es der Führungskraft wie bereits erklärt darum, dem Mitarbeiter neben positiven Bestätigungen regelmäßig auch Veränderungs- und Verbesserungsimpulse zu geben. Diese sollen bei ihm wirklich ankommen bzw. von ihm verstanden werden und ihre positive Wirkung für die weitere Entwicklung entfalten. Man muss also unbedingt versuchen, die Aufgeschlossenheit und den Willen zur Veränderung beim Feedback-Empfängers aufrecht zu halten.

Nicht nur deswegen, sondern weil es in der Tat fast immer klappt, empfehle ich für den Einstieg zu einem kritischen Feedback die Verwendung des Stärken-Schwächen-Pendels. Es ist angelehnt an das Werte- und Entwicklungsquadrat von Frie-

Führung im „grünen Bereich": motivierte Performance

demann Schulz von Thun, das ich persönlich irgendwann in dieses Pendel weiter entwickelt habe, weil Trainingsteilnehmer es nur schwer verstanden haben (nichts gegen die Modelle von Schulz von Thun, wahrscheinlich war ich nur zu dusselig zum Erklären).

Ich habe es mit einem Grundsatz gekoppelt: **„Die Übertreibung einer Stärke ist eine Schwäche!"**

Als ich diese Definition des Begriffes „Schwäche" zum ersten Mal als Feedback-Empfänger gehört habe — ich war seinerzeit jung, unerfahren und „konnte vor Kraft kaum gehen" (vielleicht erinnern Sie sich an eine solche Phase in Ihrem Leben) — dachte ich mir „das war mal ein geschickter Einstieg, mal sehen was jetzt kommt". Meine damalige Führungskraft sagte mir Folgendes angesichts von Vorwürfen einiger Kollegen, ich wäre allzu arrogant:

„Herr Prieß, was ich wirklich an Ihnen schätze, ist Ihr ausgeprägtes Selbstbewusstsein und der Mut an neue Themen forsch heranzugehen. Aber Sie müssen etwas aufpassen, dass Sie diese Stärke nicht übertreiben und sich allzu selbstbewusst äußern; denn dann wird diese Eigenschaft zu einer Schwäche und wird Ihnen als Arroganz ausgelegt. Üben Sie sich doch mal in Bescheidenheit, reden Sie nicht darüber, was Sie draufhaben, sondern lassen Sie ihre Ergebnisse und Taten für sich sprechen".

Aufgrund des positiven Einstiegs, blieb ich neugierig und aufgeschlossen und nachdem ich den Rat beherzigte, endeten die Vorwürfe der Arroganz tatsächlich.

Was mir meine Führungskraft mit dem obigen Einstieg mitgeteilt hatte, war

- eine von ihm erkannte **Stärke** (meine Interpretation: er meint es also gut mit mir und wertschätzt Stärken, also schön offen bleiben)
- eine Sensibilisierung für die Folgen einer Übertreibung der Stärke, die dann zu einer **Schwäche** wird (meine Reaktion: das kann ich aushalten, da mein Verhalten ja grundsätzlich aus meiner Stärke kommt, also weiter schön offen bleiben)
- eine **Co-Stärke**, die ich entwickeln sollte (mein Schluss daraus: Warum nicht versuchen, wenn es mir hilft, meine Stärken nicht ins Negative zu übertreiben, also mal ausprobieren)

So wie die Stärke, die den Ausgangspunkt in dem Beispiel darstellt, übertrieben werden kann, so kann man auch die Co-Stärke übertreiben. Gerade wenn man erst lernt, sich diese anzueignen, neigt man doch dazu, zuerst über das Ziel hinaus zu schießen. Aus der oben genannten Co-Stärke Bescheidenheit kann dann schnell

Die Führungsphasen

eine Gehemmtheit oder Schüchternheit werden. Es gilt also, sich mit der Verbindung von Stärke und Co-Stärke in einem sinnvollen, positiv wirkenden („grünen") Bereich zu halten und die Ausschläge in einen negativ wirkenden („roten") Bereich zu vermeiden.

Aus diesem Mechanismus und mit dem Modell von Friedemann Schulz von Thun entstand das unten abgebildete Modell des Stärken-Schwächen-Pendels für den gelungenen Feedback-Einstieg.

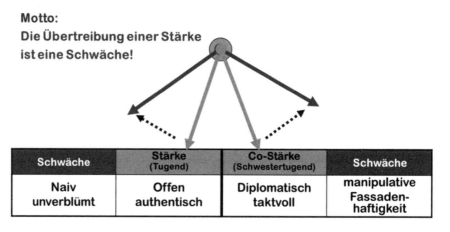

Abb. 35: Stärken-Schwächen-Pendel

Zumeist setzt man das Pendel an einer erkannten Schwäche an und rechnet dann auf die übertriebene Stärke zurück. Wenn Sie die Funktionstüchtigkeit des Modells noch nicht ganz glauben können, dann suchen Sie doch einmal für folgende Schwächen die übertriebenen Stärken:

- Traumtänzer
- „Schleimerei" gegenüber der Führungskraft
- Pingeligkeit
- Unstrukturiertes Arbeiten

Wenn man die Stärken gefunden hat, muss man eine Co-Stärke finden, mit der man einen Ausgleich schaffen kann, damit das Pendel im grünen Bereich bleibt. Dann muss man den Mitarbeiter vor einer Übertreibung der Co-Stärke bewahren, damit das Pendel nicht in die andere Richtung zu weit ausschlägt.

Die soeben erwähnten Beispiele (hier fett gedruckt) würden dann in der Bandbreite aller vier Elementen so aussehen:

Führung im „grünen Bereich": motivierte Performance 6

Schwäche	Stärke	Co-Stärke	Schwäche
Traumtänzer	Visionär	Bodenhaftung	Bewahrer der Gegenwart bzw. zukunftsscheu
„Schleimer"	Wertschätzung gegenüber der Führungskraft	Kritikfähigkeit gegenüber der Führungskraft	Geringschätzung („Dauermeckerer")
Pingeligkeit („Korinthenkacker")	Genauigkeit im Detail	Überblick behalten können	„Überflieger"
Unstrukturiertes Arbeiten	Flexibilität und Spontanität	Planungsfähigkeit	zu starr am Plan, Unbeweglichkeit

Abb. 36: Bandbreite vier Elemente

Machen Sie sich ruhig die Mühe, diesen Mechanismus einmal durchzuspielen. Die Aufgeschlossenheit Ihres Mitarbeiters für Ihr Feedback und die damit verbundene Chance auf Weiterentwicklung ist diese Mühe sicher wert. Sie sollten dranbleiben, beobachten und regelmäßig Feedback geben, wenn die Einhaltung von Stärke und Co-Stärke gelingt oder eben noch nicht.

Natürlich funktioniert das Modell nicht immer. Es gibt sicher Schwächen, bei denen man schwerlich auf eine Stärke zurückrechnen kann, da gilt es eben das Feedback mit dem Burger-Modell direkt zu geben.

Erinnern Sie sich an das Beispiel mit dem Körpergeruch. „Was ich an Ihnen schätze, ist Ihre natürliche Haltung zu Ihrem Körper…". Sie merken schon, da ist das direkte Feedback sicher klarer und einfacher. Aber so ist es mit allen Regeln, es gibt Ausnahmen, die aber die Regel nicht im Grundsätzlichen verwerfen. Es reicht ja, wenn es bei 80 % der Feedbacks funktioniert.

6.1.6 Gerechte Vergütung und Incentivierung

Wenn ein Mitarbeiter einen tollen Job macht, erwartet er dafür zu Recht auch ein gutes Gehalt. Ich gehe davon aus, dass Sie das für sich persönlich genauso in Anspruch nehmen. Denn das gehört zu den Hygienefaktoren der Motivation (siehe auch Motivationspyramide im Kapitel 1.5). Diese Erwartungshaltung haben gute Mitarbeiter stärker als nicht so gute. Letztere haben diese Erwartung aber auch, wenn man Ihnen den mittelmäßigen oder niedrigen Leistungsstand nie zurück gemeldet hat. Sie denken dann „alles ist OK, also steht mir eine Gehaltserhöhung zu".

Die Führungsphasen

Sie werden als Führungskraft erleben, dass sich ein Mitarbeiter, wenn er mit seiner Vergütung unzufrieden ist, an Sie wenden wird, an wen sollte er sich sonst auch wenden? So, wie Sie Ihre zuständige Führungskraft in die Pflicht nehmen und es nicht akzeptieren würden, wenn diese Sie an jemand anderen verweist, so verhält es sich auch bei Ihrem Mitarbeiter.

HR

Der Bereich Vergütung muss ihm Unternehmen unbedingt kollektiv für alle und systematisch gestaltet werden. Individuelle Lösungen zwischen Führungskraft und Mitarbeiter lassen einen Wildwuchs entstehen, der nicht mehr zu handeln ist und zahlreiche Potenziale für Ungerechtigkeit in sich birgt.
Die Vergütungsentwicklung des Mitarbeiters liegt in der Verantwortung der Führungskraft, aber gerade hier sind Handlungsanleitung in Form von Standardprozessen absolut wichtig und sollten daher von der Personalabteilung etabliert werden.
Bitte halten Sie sich dann an diese, sie dienen der Gehaltsgerechtigkeit im Unternehmen und schützen Sie auch vor den ungebührlichen „Ich will mehr Geld, hier und jetzt"-Aufrufen allzu selbstbewusster Mitarbeiter. Denn bei etablierten Pflichtprozessen können Sie sich auf diese berufen und den Wunsch nach mehr Gehalt nach vereinbarten Prinizipien und Methoden behandeln.

Nachfolgend möchte ich Ihnen zu diesem Thema praxisrelevante Informationen anbieten. Es geht mir nicht darum, dass Sie ein Vergütungsexperte werden, aber Sie sollen erkennen können, was zu diesem Thema in Ihren Mitarbeitern vorgeht und Sie sollten von Ihrer Personalabteilung fordern können, was gegebenenfalls heute noch an Unterstützung fehlt.

Hier einige Erfahrungen und Erkenntnisse, die ich zum „Compensation & Benefits"-Themenfeld gesammelt habe:

Die Wirkung von monetärer Motivation wird stark überschätzt

Hohe Gehälter und große Prämien sind keine Garanten für hohe Motivation, hohes Engagement und Bindung. Es gibt immer irgendein Unternehmen, das bereit ist, mehr zu zahlen als das Ihre. Und es gibt viele Mitarbeiter, die trotz sattem Salär auf der Engagement-Bremse stehen, weil es an anderen Stellen im Unternehmen oder in ihrem Arbeitsumfeld nicht passt.

6 Führung im „grünen Bereich": motivierte Performance

> **Neuro**
>
> Eine Gehaltserhöhung ist eine dopaminerge Belohnung. Eine solche Belohnung wirkt immer dann, wenn etwas als besser wie erwartet wahrgenommen wird. Demnach haben Sie zwei Möglichkeiten: ständig an der Gehaltschraube nach oben drehen, damit es immer besser als erwartet ist, oder auf Gehalt im Belohnungssystem zu verzichten. Geld motiviert, aber nur sehr kurzfristig. Versuche deuten darauf hin, dass eine Gehaltserhöhung zu dem Zeitpunkt der Verkündung motiviert, wenn das Geld auf das Konto fließt ist der Effekt schon weg. Sie brauchen clevere Strategien, um Dopamin sprudeln zu lassen.

Gleichwohl ist eine angemessene und insbesondere gerechte Vergütung eine wichtige Basis, auf der man Motivation aufbauen kann. Sorgen Sie also dafür, dass bei der Vergütung Ihrer Mitarbeiter **Gerechtigkeit** herrscht, das ist m. E. das wichtigste Kriterium. Gerechtigkeit entsteht, wenn folgende Kriterien berücksichtigt wurden:

- **Qualifikationen:** Je qualifizierter die Ausbildung oder das Studium und je spezialisierter für die anstehenden Aufgaben die Qualifikation ist, desto höher ist das Gehalt, das man erwarten kann. Das ist sicher ein altes und immer noch angewendetes Prinzip. Eine Promotion bringt nur in Fach- und Führungspositionen mehr ein, bei Positionen in der Sachbearbeitung verliert sich der finanzielle Vorteil.
- **Berufserfahrungen**: Die Progression der Gehälter aufgrund der zunehmenden Berufserfahrung hängt vom Arbeitsgebiet ab und davon, ob Berufserfahrung einen Vorteil bringt; letzteres dürfte sicher nur bei anspruchsvolleren Aufgaben der Fall sein. Je einfacher die Aufgaben sind, desto geringer hilft Berufserfahrung, um den Job besser zu erledigen. Und schon gar nicht darf man das Alter des Mitarbeiters mit der für die aktuellen Aufgaben relevanten Berufserfahrung gleich setzen. Nur weil man einen Job 20 Jahre macht, bedeutet dies noch lange nicht, dass man ihn gut und richtig erledigt.
- **Branchen, Ort bzw. Region:** Manche Branchen bezahlen mehr als andere (z. B. Banken und die IT-Branche) und in manchen Regionen sind die Gehälter vergleichsweise höher (z. B. neue versus alte Bundesländer, Ballungsräume versus ländliche Gebiete). Das kann man in regelmäßig erscheinenden und im Internet verfügbaren Tabellen des Statistischen Bundesamtes nachlesen. Ferner geben auch Flächentarifverträge Aufschluss über solche Unterschiede.
- **Hierarchieebene:** Verbunden mit dem Grad der Personal-, Umsatzverantwortung und den Entscheidungsbefugnissen steigen die Gehälter nach dem Prinzip „mehr Verantwortung = mehr Gehalt") naturgemäß an. Idealerweise bieten Unternehmen auch Fachlaufbahnen an, so dass Mitarbeiter ohne Führungsverantwortung ebenfalls in der Hierarchie und damit in den Gehaltsebenen aufsteigen können.

Die Führungsphasen

Oft motivieren kleine Benefits mehr als große Prämien

Ich möchte dazu zwei Thesen formulieren:

These A: Prämien (selbst nennenswert große) motivieren nur kurz. Oft werden sie sogar als nicht ausreichend empfunden und führen zu erstem Frust. Ich empfehle deshalb, mindestens ein halbes, besser noch ein ganzes Monatsgehalt für eine Prämie auszuzahlen; wenn dann aber die Steuer zuschlägt, ärgert man sich. Und wenn der Rest dann in den Abtrag etwaiger Schulden an Haus und Auto abfließt, ärgert sich der Mitarbeiter das nächste Mal. Es passiert also regelmäßig, dass Unternehmen Geld ausgeben und anstelle der erhofften Motivation Störgefühle verursachen.

These B: Kleine Dankeschön-Incentivierungen z. B. mit steuerfreien Gutscheinen, die man auf einer Mitarbeiter-Card aufsummieren kann, verursachen mehrfach Freude:

1. wenn man sie zugesprochen bekommt z. B. in Form eines monatlichen Zuflusses für 12 Monate bis zum Steuerfreibetrag,
2. wenn man sich etwas zum Kaufen aussucht (heute gibt es fast unbegrenzte Möglichkeiten, nicht wie früher nur Tankgutscheine etc.),
3. wenn genug auf der Card aufgeladen ist und der Kauf getätigt werden kann,
4. wenn es geliefert wird,
5. wenn man es ausprobiert und
6. wenn man Freunden zeigen kann, was man vom Arbeitgeber geschenkt bekam.

Wer am lautesten schreit, bekommt das meiste Gehalt

Manche Mitarbeiter setzen sich lautstärker für die Steigerung ihres Gehaltes ein. Das sind selbstbewusstere und gegenüber dem Arbeitgeber mutiger auftretende Menschen, die deshalb aber nicht bessere Beiträge leisten müssen. Wenn Sie sich dem Reflex ergeben, diesen in Gehaltsrunden mehr Gehaltssteigerungen zu geben, ist das nicht nur unfair den anderen gegenüber, sondern ermutigt auch dazu, immer häufiger und lauter zu fordern. Zu diesem Punkt gebe ich weitere Tipps im Kapitel 8.3 „Verhandlungen". Sie sollten also ausschließlich sachliche Kriterien heranziehen, um die Höhe von Gehaltsmaßnahmen zu bemessen.

Vertrauliche Gehaltsdaten bleiben nie vertraulich

Wenn Sie große Gehaltssprünge ermöglichen, um einen nach Gehaltssteigerung schreienden Mitarbeiter ruhig zu stellen, und dabei im Vergleich zu anderen Mitarbeitern Ungerechtigkeiten produzieren, können Sie die so belohnten Mitarbeiter

6 Führung im „grünen Bereich": motivierte Performance

noch so viel zur Vertraulichkeit verdammen, irgendwie spricht es sich am Ende doch herum und der Unfrieden ist gesät.

Dazu eine selbst erlebte Geschichte: Ich war mehrere Jahre Personaldirektor einer Internet-Unternehmensgruppe. Einer der drei Geschäftsführer des „zweitbesten Pferdes (Tochterfirma) im Stall" machte beim CEO der Unternehmensgruppe kräftigen Druck wegen einer signifikanten Gehaltserhöhung. Nach meiner Einschätzung passte das aktuelle Gehalt, wir hatten Gehaltsbänder nach objektiven Kriterien entwickelt und mit dem Markt in Einklang gebracht, es war also alles so, wie es sein sollte. Gegen meinen Rat gab der CEO dem „Krawall" nach und erfüllte dem Geschäftsführer die gewünschte Gehaltsforderung, dies jedoch mit der Verpflichtung zur absoluten Vertraulichkeit. Einen Tag später sprachen die anderen beiden Geschäftsführer vor und beklagten ihre Unterbezahlung. Drei Tage später stimmte der Geschäftsführer des „besten Pferdes im Stall" eine Revolution an, da es ja nicht sein kann, dass er die größten Umsätze verantwortet und nicht das höchste Gehalt hat. Natürlich wurde sein Geschäftsführer-Kollege auch noch vorstellig. Es entstand also ein Menge Unfrieden, obwohl das Ausgangsgehalt absolut in Ordnung war und der anstoßende Geschäftsführer auch nicht unersetzbar war. Es gab also gar keine Veranlassung, sich derartig uner Druck setzen zu lassen.

Bei Vergütung geht es nicht nur um die Höhe, sondern auch um die Zusammensetzung

Ein modernes Vergütungsmodell ist eingebettet in ein Gesamtmodell. Wenn ich beauftragt werde, ein modernes Vergütungsmodell für ein Unternehmen zu entwickeln, dann frage ich zuerst nach den strategischen Zielen, also nach der Unternehmens- und HR-Strategie, erst dann leite ich das grundsätzliche Vergütungsmodell ab. Denn ob dieses gut oder schlecht ist, hängt ganz davon ab, wozu es dienen und welche Zielgruppen bei den Mitarbeitern es besonders ansprechen soll. Man sollte also nicht einfach kopieren, was andere haben.

Die grundsätzlich möglichen Bestandteile eines Vergütungsmodells haben wiederum unterschiedliche Ziele und Wirkungen. Das gesamte an den Mitarbeiter gezahlte Salär — in Geld und geldwerten Sachbezügen — wird in Summe als Jahreszieleinkommen oder „Total Compensation" bezeichnet. Dabei ist es wichtig, dem Mitarbeiter transparent zu machen, aus welchen Bestandteilen sich seine Vergütung zusammensetzt. Meist denkt der Mitarbeiter nur an die Summe, die er monatlich aufs Konto erhält. Welche weiteren Zusatzleistungen (Benefits) er erhält und was am Ende eines Jahres in Summe an ihn geflossen ist, macht er sich selbst nicht deutlich und zieht es deshalb nicht zur Bewertung seiner persönlichen monetären Zufriedenheits-Betrachtung heran. Deshalb müssen Sie es tun.

Die Führungsphasen

Folgende Bestandteile könnte ein Vergütungspaket beinhalten:

- **Fixum:** Es soll die planbare monetäre Grundversorgung und einen angemessenen Lebensstandard – zugeschnitten auf die Komplexität und den Anspruch der Aufgaben sowie der Veranwortung des Mitarbeiters – sicherstellen. Mit Gehaltsbändern, nach denen passend zu Hierarchiestufen das Gehalt ansteigen sollte, kann Transparenz geschaffen werden. In Tarifverträgen erfolgt dies für die meisten Mitarbeiter durch Tarifstufen, aber es gibt auch immer übertarifliche Mitarbeiter, für die Gehaltsbänder festzulegen sind. Wenn man keinem Tarifvertrag angehört, muss man selbst eine interne Regelung für alle Mitarbeiter treffen.
- **Benefits bzw. freiwillige Zusatzleistungen:** Sie sollen Mitarbeiter in unterschiedlichen Lebensbereichen ansprechen und Vorteile generieren, die die Lebensumstände positiv beeinflussen und die Gesamtmotivation abrunden. So unterstützt z. B. ein Firmenwagen die Mobilität, während eine betriebliche Altersversorgung den wohlverdienten Ruhestand absichert. Gerade in diesem Bereich sollte man sich als Führungskraft Informationen von der Personalabteilung über das interne Angebot beschaffen und immer darüber nachdenken, ob man dem Mitarbeiter anstelle einer voll versteuerten Gehaltserhöhung nicht lieber ein vielleicht steuerbegünstigtes Benefit gibt. So könnte man dem Mitarbeiter in einer bestimmten Berufs- bzw. Lebensphase gegebenenfalls einen gerade sehr nützlichen Vorteil verschaffen (z. B. durch Zuschüsse zur Kita, durch Versicherungen gegen Krankheiten für ältere, die allein horrende Beiträge zahlen müssten oder an einer Gesundheitsprüfung scheitern würden).
- **Variable Vergütung (sog. Short Term Incentives):** Sie soll eine direkte Verknüpfung mit Unternehmenszielen und davon abgeleiteten weiteren Zielen, die über das Geschäftsjahr zu erreichen sind, sicherstellen („taktische", i. d. R. mittelfristige Ziele); sie soll den Personalkostenblock in Abhängigkeit zum Erfolg stellen und damit flexibilisieren; sie gibt dem Mitarbeiter, die Möglichkeit, durch eigene Leistungen direkten Einfluss auf die Höhe seines variablen Gehaltsbestandteiles und damit auf sein Jahreszieleinkommen zu nehmen.
- **Beteiligung des Mitarbeiters am Unternehmenswert (sog. Long Term Incentives):** Sie soll eine längerfristige Bindung an das Unternehmen und eine Ausrichtung an unternehmenswertsteigernden und langfristig gesteckten Zielen sicherstellen. Darüber hinaus soll sie unternehmerisches Bewusstsein wecken und neben den immateriellen Faktoren (z. B. Zufriedenheit mit Aufgabe und Umfeld) auch zusätzliche monetäre Impulse für die Bindung an das Unternehmen geben. Aufgrund der Länge der Laufzeit unterstützen sie die erfolgreiche Umsetzung einer strategischen also langfristigen Planung des Unternehmens.
- **Prämien:** Sie sollen bei außergewöhnlichen Leistungen den besonderen Dank des Unternehmens ausdrücken, der mit den sonstigen Vergütungsbestandtei-

6 Führung im „grünen Bereich": motivierte Performance

len noch nicht abgedeckt wäre. Wenn Sie eine Prämie zahlen, sollte diese wie bereits oben erklärt mindestens ein halbes bis ein ganzes Monatsgehalt ausmachen. Ansonsten wird sie als geizig empfunden und verursacht eher Frust als Lust. Sie geben also Geld aus, um Ihren Mitarbeiter zu verärgern, was sicher keine gute Investition wäre.

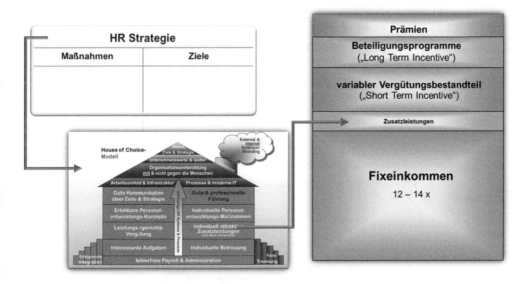

Abb. 37: Abgeleitet von strategischen HR-Zielen das richtige Vergütungsmodell für ein Unternehmen entwickeln

Ein typischer „Kardinalfehler" ist es, zwar verschiedene Vergütungselemente im Unternehmen zu haben, diese aber miteinander zu vermischen. So gleichen manche Führungskräfte z. B. eine „Nullrunde im Fixum" aus, indem Sie die Zielerreichung im Rahmen eines variablen Vergütungssystems künstlich erhöhen. Oder sie zahlen eine Prämie für durchschnittliche Leistungen, weil sie eine aus sachlichen Gründen unmögliche Förderung in eine höhere Gehaltsstufe ausgleichen wollen. Jedes Element soll eine bestimmte Wirkung haben und diese sollte man nicht beschädigen durch das obigen Verhalten. Ein Vergütungsmodell mit verschiedenen Elementen wendet man entweder richtig an, oder man zahlt einfach zwölf fixe Monatsgehälter aus.

Die Führungsphasen

HR
Gehalt sollte nicht reaktiv auf Klagen des Mitarbeiters hin verändert werden, hierzu sollte es in einem Unternehmen einen jährlichen wiederkehrenden Prozess geben, auf den man sich als Führungskraft berufen kann, wenn ein Mitarbeiter unterjährig monetären Nachschlag haben möchte. Falls ein solcher Prozess nicht existiert, fordern Sie ihn bei der Personalabteilung ein, denn er muss für alle gleichermaßen gelten und sollte von HR moderiert werden. Ansonsten gibt es zu diesem sensiblen Themenfeld, das von Gerechtigkeit und Angemessenheit lebt, große Potenziale für Streit und Ausreißer in alle Richtungen.

Nachfolgend stellt eine Grafik einen idealtypischen Prozess dar, der in der Partnerschaft zwischen HR und Führungskraft stabil und sicher funktioniert, wenn sich alle an die ihren darin zugeteilten Rollen halten.

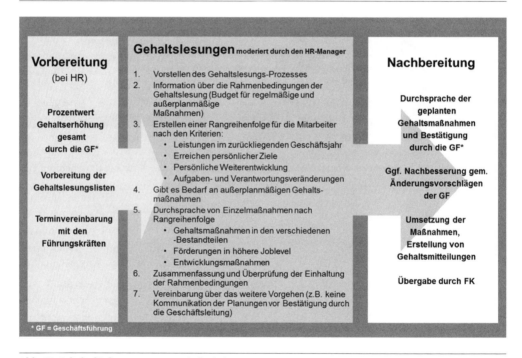

Abb. 38: Gehaltsförderungsprozess mit drei Phasen

Vorteilhaft ist bei dem dargestellten Prozess, dass Gehaltserhöhungen nicht nach dem Gießkannen-Prinzip verteilt werden. Eine Berücksichtigung von Leistung und Entwicklung des einzelnen Mitarbeiters steht im Kern des Prozesses. Deshalb sollte man alle Erkenntnisse und Aufzeichnungen bei der Hand haben, wenn man sich über alle Mitarbeiter in der sogenannten „Gehaltslesung" austauscht, um das für

6 Führung im „grünen Bereich": motivierte Performance

die Steigerung des Personalkostenblocks freigegebene Budget auf seine Mitarbeiter zu verteilen. Nur so können die typischen Fehlmechanismen vermieden werden:

- Die lauten Mitarbeiter bekommen am meisten.
- Die „Lieblinge" werden bevorzugt.
- Die stillen und bescheidenen Mitarbeiter gehen unter.

Achten Sie darauf, dass Sie das ganze zurückliegende Jahr berücksichtigen und nicht nur kürzlich passierte positive oder negative Ereignisse ins Kalkül ziehen (wie bereits beim Erinnerungsproblem im Thema Beurteilungen erklärt).

Wichtig ist es auch, Gehaltsförderungen „in die Zukunft zu denken". Das bedeutet, dass man dem Mitarbeiter nicht nur mehr Gehalt für vergangene Leistungen gibt, sondern vielmehr für steigende Wertschöpfungsbeiträge und mehr Verantwortung in der Zukunft. Denn eine Gehaltsanhebung wird ja ab dem Zeitpunkt der Umsetzung in die Zukunft fortgeführt. Würde man nur begründet durch zurückliegende Leistungen aus der Vergangenheit das Gehalt anheben, wäre der Mitarbeiter „überbezahlt", wenn seine Leistungen hinter den Erwartungen zurückbleiben würden.

Bitte verteilen Sie keine Inflationsausgleiche an „Minderleister". Niemand hat ein Anrecht auf Gehaltserhöhung, wenn es nicht ein Tarifvertragsabschluss oder eine andere rechtlich verbindliche Regelung (z. B. eine Betriebsvereinbarung oder eine individualvertragliche Vereinbarung) vorgibt. Wer keine ausreichenden Leistungen einbringt, sollte Nullrunden mitmachen, bis die Leistungen wieder in einem akzeptablen Bereich liegen. Dass die Inflation ein bestehendes Gehalt in seiner Kaufkraft mindert, sollte nur noch mehr Ansporn sein. Ein knappes Budget sollten Sie lieber auf Ihre Leistungsträger verteilen. Von daher gilt das Verteilungsprinzip „mehr Gehalt nur bei guter Leistung".

Niemals dürfen Sie Ihrem Mitarbeiter schon verkünden, was Sie geplant haben, bevor nicht die Gesamtmaßnahmenplanung durch die Geschäftsführung bestätigt wurde und das verbindliche Gehaltsschreiben für den Mitarbeiter vorliegt. Hier gilt folgendes Prinzip: „Gebe nie ein Versprechen, das Du nicht umsetzen kannst". Es gibt nichts peinlicheres, als dem erfreuten Mitarbeiter später erklären zu müssen, dass — aus welchen Gründen auch immer — eine vollmundig verkündete Planung nun doch geändert wurde. Im schlimmsten Falle wird dann die Schuld auf die Personalabteilung oder die Geschäftsführung geschoben, was am Ende alle Beteiligten einschließlich der Führungskraft beschädigen würde.

Die Führungsphasen

Der letzte Schritt innerhalb des Gehaltsförderungsprozesses ist, den einzelnen Mitarbeiter zu informieren. Dies sollte unbedingt in einem persönlichen Gespräch erfolgen. Das gilt in allen Fällen, insbesondere auch, wenn ein Mitarbeiter keine oder eine unterdurchschnittliche Gehaltserhöhung erhält. Idealerweise ist die Gehaltsmaßnahme ja ein konsequenter Prozessschritt, der alle relevanten Erkenntnisse und Ereignisse der Vergangenheit aber auch Pläne und Erwartungen für die Zukunft berücksichtigt. Deshalb ist das Gehaltsgespräch ein wichtiger Moment, den es gilt mit hoher Professionalität vorzubereiten und durchzuführen.

Das folgende Fazit „zäumt das Pferd einmal von hinten auf" und malt ein Negativszenario:

Wenn in Verbindung mit dem Thema Vergütung in Ihrem Unternehmen alles schief gelaufen ist, dann bekommen alle Mitarbeiter gleichermaßen losgelöst von ihren Leistungen eine Erhöhung entsprechend eines Inflationsausgleichs als Gießkannen-Gehaltsmaßnahme und die entsprechende Gehaltsmitteilung landet kommentarlos im Postfach. Dann haben Sie Ihre Leistungsträger richtig sauer gemacht, den leistungsschwachen Mitarbeitern kein mahnendes Zeichen gegeben und in Summe nichts gewonnen aber Geld ausgegeben. Denn das ist natürlich trotzdem weg.

Wer so agiert, hat gute Mitarbeiter nicht verdient und lernt eine ehernes Gesetz kennen:

> **Sich um seine besten Leute nicht zu kümmern, ist ein dummes Alleinstellungsmerkmal, denn alle anderen sind sicher klüger und kümmern sich gerne!**

6.2 Führung im „gelben Bereich": Krisen und Konflikte mit Mitarbeitern lösen

Wenn die Leistungen des Mitarbeiters und die Zusammenarbeit im Team nicht mehr den Erwartungen der Führungskraft entsprechen, gilt es, die Gründe dafür zu analysieren und die daraus entstehenden Krisen und Konflikte aktiv zu managen („gelber Bereich"). Auch wenn man sich lieber im grünen Bereich des Führungs-Omegas aufhält, zeigt sich wohl erst im gelben und orangen Bereich, aus welchem Holz man als Führungskraft geschnitzt ist. Gehen Sie in diesem Bereich Probleme, Konflikte und Krisen lieber proaktiv an und beweisen Sie, dass Sie nicht nur „Sonnenschein-Manager" sind, sondern auch in Zeiten von Sturm und Unwetter das Heft fest in der Hand halten.

6 Führung im „gelben Bereich": Krisen und Konflikte mit Mitarbeitern lösen

Als ersten Schritt empfehle ich, dass Sie Ihre innere Haltung richtig einjustieren. Das nimmt Krisen und Konflikten die unangenehme Seite. Das schaffen Sie am besten, wenn Sie Ihre Sichtweise optimal ausrichten. Dazu habe ich ein paar Anregungen für Sie:

- **Konflikte zeigen Schwachstellen in Organisationen auf**: Diese sind da und wirken negativ auf die Leistungsfähigkeit, ganz unabhängig davon, ob Sie sie bisher bemerkt haben. Ungelöste Konflikte sind Sand im Getriebe und bremsen die Produktivität und kosten am Ende Geld. Ein erkannter Konflikt ist also ein nützliches Ereignis und ein hilfreiches Warnsignal, das Ihnen die Chance gibt, Verbesserungen vorzunehmen. Freuen Sie sich deshalb auf die baldige Steigerung der Ergebnisse, anstatt sich über die störende Unterbrechung der „friedlichen Ruhe" zu ärgern.
- **Lieber Konflikte lösen bevor sie richtig Schaden anrichten**: Die Ursachen für einen Konflikt neigen dazu, sich zu verfestigen und ihre destruktive Wirkung zu steigern. Zwar gibt es die eher spaßige Führungstechnik „Management by Kohl — Probleme aussitzen, bis sie sich von selbst erledigt haben", aber dafür muss man wohl Politiker oder Bundeskanzler sein, damit es klappt. In Unternehmen ist Zögern und Aussitzen meistens kontraproduktiv. Ein schnelles Handeln spart am Ende Arbeit und verringert Schaden. Deshalb entscheiden Sie sich mit Elan dazu, schnell zu handeln, um möglichst wenig handeln zu müssen.
- **Normale Führung kann jeder**: Wenn alles rund läuft kann auch eine wenig befähigte Führungskraft „gut aussehen". Am besten nicht im Weg stehen und der Laden läuft von allein, möchte man behaupten. Aber Krisen und Konflikte erfolgreich managen zu können und zu wollen, diese Fähigkeit unterscheidet die gute Führungskraft von einer normalen. Zeigen Sie deshalb Mut und Entschlossenheit im gelben Bereich, dann werden Sie sich von anderen Führungskräften positiv abheben.
- **Konflikte sind der Puls einer Organisation**: Menschen haben die natürliche Eigenart, Fehler zu machen und sich über andere zu ärgern. Wie langweilig wäre es, wenn dem nicht so wäre. Je lebendiger eine Organisation ist und je selbstbewusster die Menschen miteinander umgehen, desto häufiger gibt es Reibungspunkte. Aber Sie sollten dem Grundsatz folgen „Reibung erzeugt Wärme, Wärme ist Energie, und das ist es, was ein Unternehmen braucht, um erfolgreich zu sein". Deshalb begrüßen Sie jeden Konflikt als Beweis für die Lebendigkeit und die Energie, die in Ihrer Organisation steckt. Wenn alles dauerhaft „friedlich" ist, dann würde ich an Ihrer Stelle einmal den Puls messen, vielleicht hat Ihre Mannschaft schon den ewigen Winterschlaf eingeläutet und treibt energielos vor sich hin.

> **Neuro**
>
> Aus der Psychologie ist die Änderung der inneren Einstellung zu einer Sache als Reframing bekannt. Sie geben dem Konflikt einen neuen Rahmen und gewinnen Handlungsfähigkeit zurück. Bevor Sie sich mit Konflikttheorien beschäftigen, lautet daher der Rat aus Neuro-Perspektive: Lernen Sie, ein exzellenter Reframer zu werden, für sich und die Mitarbeiter.

Wenn Sie aufgrund Ihrer inneren Einstellung nun anders auf Krisen und Konflikte blicken, haben Sie den ersten Schritt getan, um ein echter Lösungskatalysator zu werden. Nun benötigen Sie noch etwas Hintergrundwissen und grundlegendes Handwerkszeug.

> **HR**
>
> Gute Personaler haben das Ohr an den Mitarbeitern und stellen Schwingungen fest, die auf Konflikte hinweisen. Auch aufgrund der Rolle, die Personaler innehaben, sind die Mitarbeiter ihnen gegenüber oft viel offener und sprechen Themen an, die man gegenüber Führungskräften auf deren Nachfragen hin mit „alles gut" überdecken und verschweigen würde. Deshalb hören Sie gut zu, wenn Ihr HR-Partner Ihnen gegenüber Optimierungspotenziale anspricht. Sie können dann Konflikte angehen, die Sie selbst vielleicht noch nicht einmal erahnen.

6.2.1 Wie Konflikte entstehen und wie man sie vermeiden kann

Die Gründe und Ursachen für das Entstehen von Konflikten sind vielfältig. Manch einer sagt: „Egal wie die Konflikte entstanden sind, Hauptsache ich kann sie lösen". Aber das wäre zu kurz gedacht, ich würde empfehlen, einer ganz einfachen und Ernergie sparenden Losung zu folgen:

Lieber einen Konflikt verhindern, als ihn lösen müssen!

Nachfolgend beschreibe ich typische Ursachen für Konflikte in der Mitarbeiterführung und gebe Tipps zur Konfliktvermeidung. Nicht ganz zu vermeiden ist die Redundanz mit dem Kapitel Kommunikation, da in diesem Bereich viel Potenzial für Konflikte steckt.

6 Führung im „gelben Bereich": Krisen und Konflikte mit Mitarbeitern lösen

Häufige Ursachen für das Entstehen von Konflikten/Krisen	Tipps zur Konfliktvermeidung
Die Führungskraft hat nicht professionell geführt: Konflikte entstehen, weil die Führungskraft sie verursacht!	
Bekanntes Wissen über erfolgreiche Führung wurde nicht angewandt, Neuroleadership-Erkenntnisse missachtet. Das ist eine etwas „globale Ursache" und liest sich wie ein Generalvorwurf, aber machen wir uns nichts vor, die Führungskraft hat täglich und ausreichend Gelegenheit, einen Konflikt zu verursachen.	Bleiben Sie selbstkritisch und fragen Sie sich: Was ist mein Beitrag am Konflikt und was werde ich in Zukunft anders tun? Wer führt, nimmt Einfluss und diese Energie verursacht etwas beim geführten Mitarbeiter und im Team. Das muss man als Führungskraft ganz nüchtern sehen und sich damit versöhnen. Es wäre unrealistisch, zu glauben, dass man als handelnde Führungskraft alles so perfekt machen wird, dass nichts schief geht. Also gar nicht erst darüber ärgern!
Kommunikation hat nicht geklappt: Konflikte entstehen, weil man aneinander vorbei geredet hat!	
Missverständnisse entstehen täglich, weil Kommunikation wohl das schwierigste ist, was es zwischen Menschen geben kann. Platt gesagt: Kommunikation wäre sehr einfach, wenn nur die anderen nicht wären! Aber die anderen sind da und werden gebraucht, deshalb muss Kommunikation gelingen. Im Kapitel 7 wird diese Schlüsselkompetenz genauer erklärt.	Nehmen Sie sich immer mehr Zeit für Ihre Kommunikation als Sie zunächst einplanen. Jede Investition in eine gute Kommunikation mit ihren Mitarbeitern spart viel Schweiß, der in der späteren Konfliktlösung entstehen würde.
Wahrnehmungsfallen haben zugeschnappt: Konflikte entstehen, weil der Mitarbeiter nicht dasselbe wahrnimmt wie die Führungskraft!	
Ihr Mitarbeiter blickt auf die gleiche Sache und sieht doch etwas ganz anderes. Es gibt ein schönes Sprichwort: „Es gibt drei Wirklichkeiten (Wahrheiten): meine, deine und so wie sie wirklich ist!" (Quelle unbekannt) Das Dumme ist, dass niemand an die dritte Wirklichkeit heran kommt, weil jeder auf die Welt ganz subjektiv schaut und durch seine eigenen Wahrnehmungsfilter die Dinge erkennt. Solche Filter sind z. B. Vorerfahrung, Einstellung, Fokussierung auf bestimmte Dinge, Vorurteile, Wünsche, Phantasien, Assoziationen, Stimmung, Sympathien. Und diese sind bei Ihnen und ihren Mitarbeitern jeweils etwas oder sogar ganz anders justiert. Deshalb finden Sie etwas plausibel und gut, während Ihr Mitarbeiter es als irritierend und unsinnig empfindet.	Seien Sie sich der Wahrnehmungsfallen bewusst und fragen Sie den Mitarbeit nach seiner Sicht auf und seiner Meinung über gemeinsame Themen. Klären Sie unterschiedliche Sichtweisen und deren persönliche Herleitung und erläutern Sie Ihre persönliche Wahrnehmung. Gehen Sie nie davon aus, dass die Dinge klar sind und Ihre Sicht die des Mitarbeiters sein wird.

Die Führungsphasen

Häufige Ursachen für das Entstehen von Konflikten/Krisen	Tipps zur Konfliktvermeidung
Informationen sind verloren gegangen: Konflikte entstehen, weil beim Mitarbeiter nicht das ankommt, was die Führungskraft „gesendet" hat!	
Es besteht leider ein erheblicher Verlust an Informationen im Rahmen der Kommunikation. Die Führungskraft kann nicht komplett in Worte fassen, was sie eigentlich meint, und der Mitarbeiter kann nicht alles verstehen, was er hört, liest und sieht. So kommen nur verringerte Anteile der vermeintlich übermittelten Informationen an und es entstehen Missverständnisse und Fehler, die man dem Mitarbeiter als Nachlässigkeit oder Vorsatz unterstellt, dabei hatte nur der „Kommunikationsteufel" seine Finger im Spiel.	Vergewissern Sie sich immer, was der Mitarbeiter verstanden hat. Lassen Sie ihn mit eigenen Worten reflektieren, was er gerade verstanden hat. Und wenn er seine Maßnahmen und Arbeitsschritte plant, machen Sie einen Plausibilitätscheck: Passen die Aktionen zu dem Gesagten oder gibt es hier ein unerklärliches Delta? Bei der Bundeswehr nennt man das „Auftragswiederholung", ein einfaches Prinzip, das Missverständnisse herausfiltern kann, zumindest soweit es die Tücken menschlicher Kommunikation zulassen.
Druck erzeugt Gegendruck: Konflikte entstehen, weil Mitarbeiter dem Führungsdruck ganz natürlichen Gegendruck entgegen bringen!	
Eine Führungskraft wendet Kraft auf, um den Mitarbeiter für ein Verhalten in Richtung eines Zieles zu beeinflussen. Und in Situationen, in denen der Mitarbeiter in vorher abgesteckte Grenzen (z. B. Prozesse und Richtlinien) zurück gesteuert werden muss (erinnern Sie sich an Management by Exception), wird dieser Impuls der Führungskraftsogar eher als unangenehmer Druck empfunden. Eine natürliche Reaktion ist es, diesem Druck einen Gegendruck entgegen zu bringen. Probieren Sie einmal Folgendes aus: Bitten Sie jemanden, seine Hand vor den Bauch zu halten. Machen Sie es ihm vor, indem Sie die Hand betont ganz locker halten. Wenn er dies nun nachmacht, sagen Sie: „Ich drücke jetzt einmal ganz fest auf deine Hand". Sie werden erleben, dass Ihr Partner in dieser Übung ist fast allen Fällen dagegen drücken wird. Und die Partner werden solange die Hände drücken, bis einer erschöpft aufgibt. Ein solches „Verlieren" bereinigt aber nicht den gerade körperlich ausgetragenen Konflikt, er manifestiert nur Sieger und Verlierer. In meinen Trainings wird nur dann nicht dagegen gedrückt, wenn jemand diese Übung kennt und mich auflaufen lassen will. Ansonsten hat dieses kleine Experiment zu 100 % die obige Reaktion zur Folge. Diese völlig natürliche Reaktion ist offenbar ein fest verankerter menschlicher Reflex. Ein so entstehender Konflikt ist also nur der Beweis, dass noch alles so funktioniert, wie die Natur es vorsieht.	Ersetzen Sie, wann immer es möglich ist, Schieben bzw. Drücken durch Ziehen. D. h., bewegen Sie den Mitarbeiter zu etwas hin, damit er es durch Zielsetzungen und Motivation erreicht (siehe Management by Objectives). So entsteht Zug statt Druck. Dort, wo Gegendruck entsteht, bewerten Sie dies zunächst einmal als positive natürliche Reaktion. Vermeiden Sie selbst mit noch mehr Gegendruck zu reagieren, sonst eskaliert schnell diese natürliche Reaktion zu einem ausgewachsenen Konflikt, in dem unter dem Einfluss von Verärderung und Zorn Dinge gesagt werden, die man so gar nicht gemeint hat und später bereut. Am einfachsten können Sie das an der Lautstärke fest machen. Eskalieren Sie nicht, wenn Ihr Mitarbeiter einmal die Stimme etwas erhebt. Bleiben Sie bei Ihrer normalen Laustärke.

6 Führung im „gelben Bereich": Krisen und Konflikte mit Mitarbeitern lösen

Häufige Ursachen für das Entstehen von Konflikten/Krisen	Tipps zur Konfliktvermeidung
Meinungsverschiedenheiten werden als Konflikt verkannt: Konflikte entstehen, weil man anderer Meinung ist. Nach meiner Erfahrung beginnen Trennungsfälle ganz häufig mit einer reinen Meinungsverschiedenheit, an der sich die beteiligten festbeißen und daraus einen Konflikt machen, anstatt die darin liegende Chance zu erkennen. Einem lösbarer Konflikt entwickelt sich so zu einem Grund für eine Trennung. Manche Menschen betonen ihre Offenheit für andere Meinungen, solange am Ende alle mit ihrer Meinung aus dem Raum gehen. Das akzeptieren kluge und selbstbewusste Mitarbeiter bei ihren Führungskräften nicht und bäumen sich auf oder verlassen die Führungskraft bei nächstbester Gelegenheit.	Gehen Sie grundsätzlich erst einmal davon aus, dass der Mitarbeiter Wissen und Erfahrungen besitzt, die ihn zu einer tragfähigen Meinung befähigen. Deshalb sollten Sie lieber gut zuhören, nachfragen und sich dann besinnen, ob Ihre eigene Meinung durch die Impulse des Mitarbeiters nicht beeinflusst werden sollte. Zwingen Sie einen Mitarbeiter nicht zu oft, gegen seine eigene Meinung bzw. Überzeugung etwas zu tun. In ausgewählten Fällen muss eine Führungskraft sicher auch Entscheidung gegen die Meinung anderer durchsetzen. Aber leisten Sie, wenn immer es möglich ist, erst einmal Überzeugungsarbeit. Ein Mitarbeiter wird viel überzeugter und engagierter handeln, wenn seine eigene — gegebenenfalls durch die Führungskraft beeinflusste — Meinung mit dem gewünschten Handeln übereinstimmt.

Vielleicht hilft Ihnen diese Übersicht, das Entstehen von Konflikten etwas einzudämmen. Damit wäre die Masterregel gewahrt:

Die beste Technik und die wirksamste Methode für Konfliktmanagement ist, Gründe für das Entstehen von Konflikten zu vermeiden!

Alle dennoch entstandenen und erkannten Konflikte und Krisen gilt es systematisch und proaktiv anzugehen, dabei helfen die nachfolgenden Hinweise und Methoden.

HR

Wenn Sie ein offenes Verhältnis zu Ihrem HR-Partner pflegen, dann sollten Sie folgende Frage bei Konflikten an ihn richten:
„Was ist mein Anteil an diesem Konflikt, den ich selbst vielleicht gar nicht erkenne?"
Ein Partner kann Ihnen den Spiegel vorhalten, den ein Mitarbeiter aufgrund seiner eigenen Verstrickung in den Konflikt nicht zur Verfügung hat oder lieber nicht hervorholt, um es sich mit Ihnen nicht zu verscherzen.

Die Führungsphasen

6.2.2 Kritik- und Konfliktgespräche führen

Zu Bereinigung von Konflikten und Krisen gilt in jedem Fall der Grundsatz, sich nicht ungeplant und intuitiv auf das Gespräch mit dem Mitarbeiter einzulassen. Solche ad hoc-Gespräche gehen oft schief und manifestieren dann ein weiter verschärftes Problem. Man gewinnt nichts und verursacht mehr Schaden als bisher vorhanden war.

Deshalb nehmen Sie sich angemessen Zeit für die Vorbereitung und führen sie das Gespräch entlang des nachfolgend aufgezeigten Gesprächsprozess. Dieser beschreibt im Übrigen einen grundsätzlich für alle Gespräche sinnvollen Ablauf. Während man aber Gespräche im grünen Bereich der Führung durchaus auch mal ad hoc und intuitiv führen kann, erfordert die angespannte Lage bei Konflikten einfach mehr Aufmerksamkeit, Vorbereitung und Struktur.

Ein Grundsatz sollte bereits vorab geklärt werden: Manchmal ist man als Führungskraft so involviert in das Problem bzw. den Konflikt, dass man einen dritten neutralen Konflikthelfer benötigt. Dieser hat idealerweise eine Mediationskompetenz und/oder -ausbildung. Sie müssen erkennen, ob ein solcher Fall vorliegt und dann interne oder externe neutrale Hilfe engagieren.

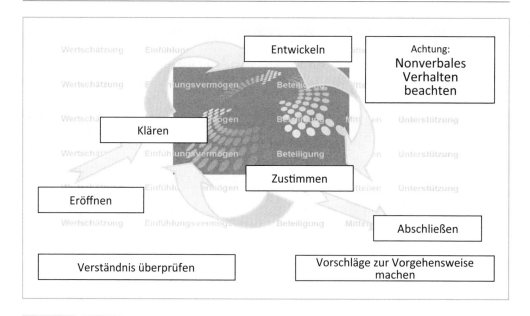

Abb. 39: Gesprächsprozess für gute Mitarbeitergespräche insbesondere bei Konflikten

6 Führung im „gelben Bereich": Krisen und Konflikte mit Mitarbeitern lösen

Der abgebildete Gesprächsprozess hat folgende Abschnitte:

1. **Verständnis überprüfen:** Klären Sie mit dem Mitarbeiter, ob er im Hinblick auf die Gründe für das nachfolgende Gespräch die gleiche Auffassung hat wie Sie. Wenn er z. B. wegen einer drastischen Gehaltserhöhung vorsprechen möchte, dies aber in dem von Ihnen geplanten Konfliktgespräch aus verständlichen Gründen keinen Raum hat und gemäß interner Prozesse ohnehin erst für einen anderen Zeitpunkt geplant ist, muss man es vorher klären. Ansonsten bereitet der Mitarbeiter während des ganzen Gesprächs nur seine Gehaltsforderung vor, ist nicht offen für eine Konfliktlösung oder ein Feedback, sondern „pokert" sich hoch, um dann endlich den Gehaltswunsch kund zu tun. Deshalb ist es besser, vorher zu klären, dass es darum heute nicht geht und zu vereinbaren, wann sein Anliegen besprochen wird.

Wenn es sich um ein klärendes Gespräch anlässlich einer für Sie noch offenen Frage oder eines aktuellen Ereignisses handelt, sollten Sie ferner klarstellen, dass es sich nicht einfach nur um einen Routine-Jour-fix, den man regelmäßig durchführt, handelt. Denn dann ist der Mitarbeiter nicht überrascht, wenn Sie von einem üblichen Verfahren abweichen und sich auf ein kritisches Thema konzentrieren.

2. **Eröffnen:** Den eigentlichen Regelkreis des Gesprächsablaufs betritt man mit der Eröffnung. Hier bietet es sich an, die Ziele des Gespräches aufzuzeigen und die Themen zu einer Agenda zusammenzustellen. Bleiben Sie dabei offen für Themen, die dem Mitarbeiter auch wichtig sind. Wenn es sich um ein für die vereinbarten Ziele passendes Thema handelt, sollte es auf der Agenda Berücksichtigung finden. Wenn wie im obigen Fall mit dem Wunsch nach Gehaltserhöhung ein denkbar unpassendes Thema aufkommt, sollte es vertagt und konkret terminiert werden. Dadurch ist es erst einmal von der Agenda und man kann den Mitarbeiter immer wieder darauf hinweisen, dass dies an einem bereits vereinbarten separaten Termin besprochen wird.

3. **Klären:** Die erste Phase innerhalb des Regelkreises ist das Klären. Hier sollten Zahlen, Daten und Fakten (ZDF) auf ihren Wahrheitsgehalt geprüft werden. Zudem müssen Meinungen ausgetauscht werden, um gemeinsame Sichtweisen zu erreichen. Verwenden Sie hier die Fragetypen aus Kapitel 8.1.1 und denken Sie daran, dass gute Fragen und das geduldige Warten auf Antworten des Mitarbeiters Ihnen helfen werden, das Gespräch besser gestalten zu können. Gerade, wenn es um kritische Themen geht, bietet es sich an, den Mitarbeiter über offene Fragen einzuladen, erst einmal seine Sicht der Dinge zu beschreiben. Bevor Sie z. B. dem Mitarbeiter ein Feedback geben für eine aus Ihrer Sicht misslungene Aufgabenerfüllung, fragen Sie ihn doch einmal „Wie beurteilen Sie die Erfüllung der Aufgabe XYZ und was würden Sie beim nächsten Mal anders

machen". Häufig beschreibt der Mitarbeiter mit seinen Worten die gleiche Einschätzung, die auch Sie zum Thema haben. Eine durch den Mitarbeiter ausgesprochene Selbstkritik ist aber viel leichter für die Herleitung von Veränderungen im Verhalten des Mitarbeiters zu nutzen, als eine durch die Führungskraft geäußerte Kritik, die erst einmal Akzeptanz beim Mitarbeiter erringen muss, um zu einer Verhaltensänderung zu führen.

Neuro

Denken Sie an dieser Stelle an eine der wichtigsten Funktionen unseres Gehirns: Wir bewerten sehr schnell — noch bevor wir den Sachverhalt verstanden haben. Zwingen Sie sich, diese Bewertung außer acht zu lassen, hören Sie zu!

4. **Entwickeln:** Es sollte das Ziel sein, dass aus einem Gespräch mehr herauskommt, als hineingesteckt wurde. War der Einsatz also X, muss am Ende mindestens X+1 stehen — so, wie bei der Personalentwicklungsformel. Dies erreicht man nur durch ein gemeinsames Entwickeln von Zielen, Verbesserungen, Änderungen, Vereinbarungen etc. Es hilft auch, in einem Gespräch eine Kreativitätstechnik anzuwenden, um neue Ideen zu erarbeiten, die einen X+1-Beitrag leisten. Dieser Wechsel in einen anderen Modus schafft zudem eine willkommene Abwechslung zu einem rein diskussionsbasierten Austausch

5. **Zustimmen:** Was immer an Lösungen und Maßnahmen entwickelt wurde, gilt es auch zu vereinbaren, damit eine gemeinsame und möglichst schriftlich bestätigte Akzeptanz eines Ergebnisses vorliegt und der Mitarbeiter später nicht behaupten kann, dass er ja gleich gesagt hat, das Besprochene würde nicht funktionieren und er ohnehin anderer Meinung war. Besonders an dieser Stelle gilt es, zu beachten, was in der vorherigen Abbildung in dem Kasten rechts oben formuliert wurde: „Achtung: Non-verbales Verhalten beachten!" Insbesondere, wenn man unter Zeitdruck gerät, weil man z. B. das Zeitfenster zu eng geplant hatte und schon der Nächste vor der Tür steht, neigt man dazu, auf das erhoffte „Ja ich stimme zu" zu drängen, sei es noch so unglaubwürdig dahergesagt. Eine Zustimmung ist aber nur hilfreich, wenn sie glaubhaft und ernst gemeint ist, ansonsten beendet man das Gespräch mit einem vermeintlichen Ergebnis, das nicht einmal für die Zeitdauer hält, die der Mitarbeiter benötigt, um wieder an seinen Arbeitsplatz zurückzukehren. In Fällen von nicht überzeugend vorgetragener Zustimmung muss man sich innerhalb des Regelkreises noch einmal mittels Feedback auf die Phase des Klärens begeben. Dazu ein Beispiel:
„Ich nehme wahr, dass Sie dieser Vereinbarung ungewöhnlich schnell zugestimmt haben, obwohl wir noch nicht alle Punkte besprochen haben und Sie bis eben noch zweifelnd waren. Das wirkt auf mich so, als wenn Sie noch kein wirkliches Commitment abgeben und das Gespräch zu diesen Themen schnell beenden

6
Führung im „gelben Bereich": Krisen und Konflikte mit Mitarbeitern lösen

wollen. Bitte helfen Sie mir, diesen Widerspruch aufzulösen. Was bedürfte es noch, damit wir zu einer durch sie voll mitgetragenen Vereinbarung kommen?"
Dann klärt man gemeinsam mit dem Mitarbeiter, ob Ihre Annahme begründet ist und entwickelt erneut eine Zustimmung, die dann hoffentlich in einer überzeugenderen Art erfolgt.

Der Schritte des Regelkreises Klären, Entwickeln und Zustimmen sollten für jeden auf der Agenda vereinbarten Sachverhalt einmal durchgearbeitet werden. Versuchen Sie dabei Themen, soweit es möglich und sinnvoll ist, getrennt zu behandeln und nicht miteinander zu verquicken — es sei denn, eine Verquickung ist sinnvoll oder unbedingt nötig. Manchmal ergibt sich aus vielen kleinen Fortschritten, die viel leichter zu besprechen sind, eine große komplexe Lösung, bei der man sich die Zähne ausgebissen hätte.

Kommt man im Gespräch aber zu einem Punkt, an dem man das Gefühl hat, dass der Mitarbeiter nicht mehr aufgeschlossen ist („das Visier ist runter") und jedes Commitment dazu dient, „es hinter sich zu haben", so sollte man lieber vertagen und das Gespräch neu ansetzen. Das ist allemal besser, als das Gespräch durchzuziehen. Das Ergebnis würde am Ende nicht wirklich mitgetragen werden und ohne ein intrinsisches Commitment war das Gespräch nur Zeitverschwendung. Schwierige Themen brauchen einfach manchmal etwas Zeit, um zu sacken, diese sollten Sie sich nehmen oder gegebenenfalls vorher schon einplanen.

6. **Abschließen:** Liegen glaubhafte Zustimmungen für die besprochenen Themen, Vereinbarungen und Konfliktlösungen seitens des Mitarbeiters vor, verlassen Sie den Regelkreis und schließen das Gespräch ab. Wenn es ein definierter Prozess (z. B. ein jährliches Mitarbeiter- oder Zielvereinbarungsgespräch) erfordert, dann drucken Sie eine etwaige Dokumentation (Gesprächsprotokoll, Aktennotiz) aus. Lassen Sie diese unterschreiben und geben Sie dem Mitarbeiter eine Kopie mit. In den Fällen, in denen das nicht vorgeschrieben ist, empfehle ich, das Gespräch und seine Ergebnisse kurz zusammenzufassen und gegebenenfalls auch zu loben, dass man sich trotz gegenteiliger Meinungen und Ansichten fair und respektvoll auf einen gemeinsamen Weg geeinigt hat. Ich finde, je schwerer das Gespräch war, desto wichtiger ist solch eine verbindende Betrachtung bzw. Bewertung am Ende, die auch hilft, die persönliche Beziehung zu dem Mitarbeiter zu festigen.

7. **Vorschläge zur Vorgehensweise machen:** Bevor man sich trennt, sollten die nächsten Schritte klar sein. Ansonsten fällt der Mitarbeiter in ein Loch und stellt sich die Frage: „Es war ein schwieriges aber trotzdem gutes Gespräch, aber was kommt eigentlich jetzt?"
Ich empfehle hier die nächsten Termine zu vereinbaren: Wer macht was bis wann, wer liefert bis wann was ab etc. Machen Sie ein paar der nächsten Leuchttürme sichtbar, dann bleibt der Mitarbeiter nach einem gelungenen Mitarbeitergespräch auf Kurs und verliert nicht den gerade durch das Gespräch frei gesetzten Schwung.

Die Führungsphasen

Es ist wichtig, sich im Gespräch immer wieder zu vergegenwärtigen, in welcher Phase man sich innerhalb des beschriebenen Prozesses gerade befindet. Ist man schon im Entwickeln oder muss noch etwas geklärt werden. Darf ich schon abschließen, oder muss ich nochmals klären. Man sollte sicher ein Krisengespräch nicht überformalisieren, aber man sollte auch akzeptieren, dass es in einem guten Gespräch Phasen gibt, in denen man genau wissen sollte, wo man sich befindet und was man erreichen will, dass es aber auch Phasen gibt, in denen man dem Gespräch freien Lauf lässt. Teilstrukturiert zu sein ist m. E. der „goldene Mittelweg".

Die Atmosphäre und der Verlauf des Gespräches sollten sich an folgenden Grundwerten orientieren:

- **Wertschätzung** des Mitarbeiters und seines möglichen Beitrages zu einem erfolgreichen Gespräch.
- **Einfühlungsvermögen** in den Mitarbeiter und seine Werte- und Gefühlswelt.
- **Beteiligung** des Mitarbeiters, damit er sich einbringen kann; dies kann durch „Fragen statt Reden" besonders gut gelingen.
- **Mitteilen**, was einen bewegt, wie man sich gerade fühlt. Aber auch abfordern, dass der Mitarbeiter sich mitteilt.
- **Unterstützung** des Mitarbeiters durch Moderation des Gespräches, Anwendung von Techniken und Geduld sowie Verständnis.

Ein in der oben beschriebenen Form geführtes Gespräch wird gegenüber einem unstrukturierten Gespräch einen deutlich höheren Führungseffekt- und Konfliktlösungserfolg herbeiführen. Und nach dem Grundsatz „Führung gelingt nur, wenn Kommunikation gelingt" wäre dies doch höchst erstrebenswert!

> **Neuro**
>
> Schreiben Sie diesen oder Ihren angepassten Ablauf auf ein Flipchart und gehen Sie alle Punkte durch. Je mehr Transparenz und Sicherheit Sie im Gespräch dem Mitarbeiter geben, desto erfolgreicher wird Ihre Kommunikation.
> Sonst wird beim Mitarbeiter immer das Gefühl da sein: Was kommt als nächstes? Besteht eine Gefahr für mich? Unser Gehirn sucht nach solchen Gefahren. Je mehr Transparenz und Ablaufsicherheit Sie aber geben, desto leichter fällt dem Mitarbeiter die Konzentration auf die wesentlichen Punkte.

Führung im „gelben Bereich": Krisen und Konflikte mit Mitarbeitern lösen

6.2.3 Denken in Bedingungen

Sollte Ihr Mitarbeiter im Laufe eines Konfliktgespräches an einen Punkt kommen, an dem er „mauert" und sich verbohrt in die Haltung „Das sehe ich überhaupt nicht so, da mache ich nicht mit", dann gibt es zwei Möglichkeiten für Sie:

1. Sie vertagen auf einen späteren Termin. „Ich merke, dass Sie im Moment nicht aufgeschlossen sind, um an einer Lösung unseres Konflikts ausreichend konstruktiv mitzuarbeiten. Ich verordne uns beiden deshalb eine Unterbrechung und möchte, dass wir am Datum um Uhrzeit daran weiter arbeiten". Dieses Vorgehen ist kein „Allheilmittel" und darf nicht zu einem stetigen Vertagen von Konfliktgesprächen führen. Aber manchmal ist eine kleine Auszeit eine einfache und wirksame Maßnahme, um zu einem späteren Zeitpunkt wieder mit mehr Offenheit für das jeweilige Thema an den Tisch zurück zu kehren. Dann gelingt plötzlich eine konstruktive Auseinandersetzung, während beim ersten Versuch nur verkrampftes Streiten stattgefunden hätte.
2. Sie versuchen die nachfolgend beschriebene Technik „Denken in Bedingungen", um den Mitarbeiter wieder für konstruktive Gedanken zu öffnen.

Diese recht einfach anzuwendende Technik funktioniert so:

1. **Spiegel der Situation:** Sie reflektieren die Situation und spiegeln diese dem Mitarbeiter z. B. mit folgenden Worten wider: „Ich spüre, dass es Ihnen im Moment schwer fällt, eine Lösung unseres Konflikts zu unterstützen und mitzugestalten. Bitte haben Sie aber Verständnis dafür, dass ich nicht so leicht aufgeben möchte, weil mir unsere zukünftige erfolgreiche Zusammenarbeit sehr wichtig ist".
2. **Bedingungen aufnehmen:** Sagen Sie: „Deshalb möchte ich Ihnen anbieten, mir Ihre Bedingungen aufzuzeigen, die sichergestellt werden müssten, damit Sie wieder konstruktiv an der Lösung mitarbeiten können". Nun nehmen Sie Stift und Papier und warten geduldig darauf, dass der Mitarbeiter Ihnen diktiert. Zwischendurch können Sie sich durch aktives Zuhören (siehe Kapitel 8.1.1) vergewissern, dass Sie die Bedingungen richtig verstanden und dokumentiert haben.
3. **Bedingungen auf Machbarkeit checken:** Dann gehen Sie die Bedingungen durch und geben ein erstes Feedback, ob diese für Sie umsetzbar bzw. akzeptabel sind. Nicht alles muss dabei positiv beschieden werden, manches kann man auch zur Prüfung mitnehmen („Da muss ich XYZ fragen, ob das machbar ist"). Wichtig ist, dass es ein paar Zugeständnisse gibt, damit der Mitarbeiter ein ernsthaftes Bemühen Ihrerseits, auf ihn zuzugehen und seine Beweggründe und Wünsche zu verstehen, erkennt.

Häufig beinhalten die Bedingungen tatsächliche Barrieren, die das veränderte Verhalten des Mitarbeiters verhindern und der Führungskraft nicht sofort eingefallen sind. So könnten z. B. eingeschränkte Handlungsvollmachten und fehlendes Know-how beim Mitarbeiter als tatsächliche Behinderungen für sein Verhalten vorliegen, die es auszuräumen gilt. Auch systemische Rahmenbedingungen wie z. B. gelebte Normen und Werte im Unternehmen und festgelegte Prozesse werden bei der Benennung der Bedingungen durch den Mitarbeiter oft erst sichtbar.

Psychologisch betrachtet versetzt man den Mitarbeiter in eine Position der Stärke, die ihn aus der Reserve lockt („Hoppla, ich kann hier Bedingungen diktieren, das ist doch mal ganz was Neues, da gehe ich doch mal mit, mal sehen wo das hinführt").

Sie können sich diese Technik auch bildlich vorstellen: Sie sprechen mit Ihrem Mitarbeiter auf einer Seite eines Flusses. Dann kommt es zum Streit, vor dem er auf das andere Flussufer flüchtet. Nun bauen Sie ihm eine Brücke, bei der jede Bedingung ein sichtbares Brückenelement darstellt, so dass er bei ausreichend erfüllten Bedingungen bzw. Brückenelementen wieder auf Ihre Seite des Flusses zurückkehren kann.

Die Technik hilft auch gut, dass der Mitarbeiter sein Gesicht wahren kann — z. B. dann, wenn ein Mitarbeiter anläßlich einer Forderung von Ihnen sehr aufgebracht äußert, dass er dann doch lieber kündigt. Natürlich will er nicht wirklich kündigen, aber „gesagt ist gesagt". In dem Gefühl der Stärke, Bedingungen diktieren zu können, kann er unter Gesichtswahrung seine Drohung zurücknehmen. Innerlich wird er dankbar sein, dass seine Führungskraft ihm so geschickt wieder die Möglichkeit eröffnet hat, von seiner Kündigung Abstand zu nehmen und im Unternehmen zu bleiben.

Diese Technik können Sie auch anwenden, wenn Sie zwischen zwei Streithähnen vermitteln wollen. Lassen Sie dann beide aufschreiben, welche Zugeständnisse bzw. Bedingungen man sich vom jeweils anderen wünscht, um wieder erfolgreich miteinander arbeiten zu können. Danach geht man die Liste durch und schaut, an welcher Stelle man Zusagen erwirken kann. Dadurch verringert sich der Abstand zwischen beiden und es entsteht dort ein überbrückbarer Graben, wo vorher noch eine Schlucht war.

6.2.4 Moderation von Konfliktlösungs-Workshops im Team

Wenn Sie nicht selbst Teil oder Ursache eines Konflikts sind, können Sie als Führungskraft durch die Übernahme einer Moderatorenrolle einen Beitrag für die Lösung leisten. Dafür gibt es zahlreiche Methoden. Ich habe im Nachfolgenden eine

6 Führung im „gelben Bereich": Krisen und Konflikte mit Mitarbeitern lösen

kleine Auswahl zusammengestellt, zu deren Umsetzung man i. d. R. nur wenig benötigt: Mut, Stift und Papier!

Der wichtigste Beitrag, den solche Methoden leisten, ist es, Transparenz in meist verworrene und auf den ersten Blick unlösbare Probleme zu bringen und gezielte Maßnahmen abzuleiten, die für alle Beteiligten aufgrund des kooperativen Vorgehens plausibel erscheinen und deshalb von ihnen mitgetragen werden.

Die Methoden können auch in den Phasen „Klären" und „Entwickeln" des oben erläuterten Gesprächsprozesses verwendet werden. Sie fallen im weitesten Sinne zwar unter Moderationstechniken und gehören damit eher in Meetings und Workshops mit Teams, aber sie gelingen auch, wenn man zu zweit oder mit wenigen Mitarbeitern am Tisch sitzt.

Für alle Methoden gilt, dass Sie den Hut des Commanders natürlich nie völlig ablegen, auch wenn nun die Moderation Ihr Hauptbeitrag its. Wenn Sie merken, dass die Mitarbeiter bei der Problemaufklärung nicht das vollständige Bild berücksichtigen, wenn sie sich die Dinge schön reden oder die Schuld auf andere schieben, müssen Sie sich auch inhaltlich einbringen und nachhelfen, damit alles sichtbar wird. Der Moderatorenhut ist wie schon vorher im Kapitel 2 aufgezeigt eben aufgrund Ihrer unteilbaren Verantwortung als Führungskraft kein völlig neutraler.

HR

Wenn Sie größere Anteile am Konflikt verursachen und deshalb nicht ausreichend neutral moderieren können, fragen Sie in der Personalabteilung um Unterstützung nach. Hier sollte sich ein kundiger Moderator finden lassen, der eine neutrale Rolle einnehmen kann. Wenn dies nicht der Fall ist, wird man Ihnen sicher einen externen Moderator vermitteln können. Dazu verfügt die HR-Abteilung i. d. R. über einen Pool oder ein Netzwerk von Trainern und Beratern.

Fischgräten-Diagramm

Bereits der Name dieser Technik verrät, wie sie dargestellt wird, nämlich wie Fischgräten (vgl. Abbildung unten). Man nennt sie auch Ishikawa-Diagramm nach ihrem Erfinder Kaoru Ishikawa. Einen Tipp bei der Ankündigung: Sagen Sie nicht „Und jetzt möchte ich gerne mit Ihnen das Ishikawa-Diagramm durchführen". Die Mitarbeiter werden denken: „Wow, nun war er wieder auf einem Manager-Seminar und hat japanische Worte gelernt". Am besten nennen Sie es beim deutschen Namen oder aber legen einfach los, erlären das Vorgehen und nehmen die Teilnehmer mit auf die Reise.

Die Führungsphasen

Sehen Sie zunächst eine Abbildung, die ein Fischgrätendiagramm darstellt:

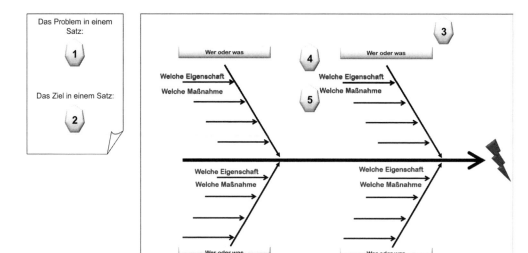

Abb. 40: Fischgräten-Diagramm

Vielleicht steigen Sie so ein: „Ich möchte mich nun gerne als Moderator einbringen und mit einer Methode dem Team helfen, zunächst einmal Problemtransparenz zu schaffen. Wo ich einen inhaltlichen Beitrag einbringen kann, werde ich das gerne tun".

Dann gehen Sie wie folgt vor:

1. **Problem** in einem Satz formulieren und auf ein separates Flipchart schreiben; (was ist — auf den Punkt gebracht — unser Problem?). Verwenden Sie rote Schrift und markieren Sie den Satz mit einem rotem Blitz, dem Zeichen für ein vorhandenes Problem.
2. **Ziel** in einem Satz formulieren und auf das gleiche Flipchart schreiben (was soll nach einer etwaigen Problemlösung erreicht worden sein?). Verwenden Sie grüne Schrift und markieren Sie das Ziel mit einem grünen Haken, dem Zeichen für Lösung. Dann zeichnen Sie am rechten Rand eines Pinnwand-Blattes (DIN-A0-Format) den Blitz, ziehen eine gerade Linie von rechts zum linken Rand (Mittelgräte) und weitere Abzweigungen im Winkel von 45° nach außen.
3. „**Wer oder Was ist an dem Problem beteiligt?**" ist die erste Frage, die Sie stellen. Machen Sie dazu mit dem Team ein Brainstorming und schreiben Sie die Nennungen an die Enden der Abzweigungen. Hier geht es zunächst nur

um Vollständigkeit. Moderieren Sie die gleich stattfindende Bewertungen erst im nächsten Schritt. Ermutigen Sie die Mitarbeiter selbstkritisch alle „Wer oder Was" zu benennen und/oder bringen Sie selbst welche mit ein.

4. **„Welche Eigenschaft des Problembestandteiles trägt zum Problem bei?"** ist die nächste Frage, die Sie stellen. Für jede der Problembestandteile wird ein Brainstorming durchgeführt und stichwortartig an den Ästen (nach rechts schreibend) protokolliert. Natürlich kann man auch etwas hin und her springen zwischen den Problembestandteilen bzw. Ästen, solange Sie nicht den roten Faden verlieren. Es ist jederzeit möglich, zusätzliche Abzweigungen anzubringen.
5. **„Welche Maßnahmen setzen wir auf, um die jeweilige Eigenschaft zu verringern oder abzuschaffen?"** folgt als nächste Frage. Nun muss man in den Lösungsmodus wechseln. Nicht für alles muss man eine Maßnahme festlegen. Es würde reichen, dort, wo man den größten Hebel für die Problemlösung sieht, Maßnahmen zu formulieren. Eine Fokussierung und Priorisierung nach dem Motto „Was hat die größte Auswirkung auf das Problem" erleichtert die Begrenzung der Aktivitäten. Ansonsten hat man nachher zu viel auf dem Zettel stehen und die Enttäuschung, wenn im Tagesgeschäft nicht alles geschafft werden kann, ist vorprogrammiert.

Durch die Clusterung, die aufgrund der Abzweigungen entsteht, ergeben sich schon inhaltliche Maßnahmenpakete, die man nun an Mitarbeiter delegieren kann.

Hier ein Beispiel zur Veranschaulichung:

1. **Problem:** Unsere Abteilung ist völlig überlastet und steht unter zu hohem Erwartungs- und Leistungsdruck!
2. **Ziel:** Die Arbeitslast soll wieder erträglich sein und die Erwartungen sollen realistisch sein!
3. **Wer oder Was ist an dem Problem beteiligt?:** Z. B. unsere Prozesse und die vereinbarten Ziele.
4. **Welche Eigenschaft des Problembestandteiles trägt zum Problem bei?:** Die Prozesse sind zwar gut und ausreichend dokumentiert, aber keiner kennt sie wirklich. Die Ziele sind zu hoch gesteckt und bei den aktuellen Rahmenbedingungen nicht zu schaffen.
5. **Welche Maßnahmen setzen wir auf, um die jeweilige Eigenschaft zu verringern oder abzuschaffen?** Training aller Prozess-Beteiligten zu den Prozessen und den damit verbundenen Aufgaben sowie Herstellung von laminierten Prozesskarten im DIN-A4-Formta für alle Teammitglieder durch XYZ bis zum Datum XY! Überprüfung der Ziele und Vereinbarung von geeigneten Maßnahmen, um die Zielerreichung zu gewährleisten.

Die Führungsphasen

Ishikawa hat nach meinem Wissen die Problemtransparenz vor Augen gehabt, d. h., der letzte Schritt, Maßnahmen zu formulieren, war nicht Bestandteil der Methode und wurde deshalb von mir ergänzt. Denn einer Führungskraft sollte es natürlich darum gehen, dem Problem bzw. dem Konflikt Einhalt zu gebieten, und das geht eben nur durch wirksame Gegenmaßnahmen.

Man kann auch nach dem vierten Schritt inne halten und eine Art „Inkubationszeit" einläuten:

„Wir lassen diesen Zwischenstand mal eine Woche bis zu unserem nächsten Abteilungsmeeting stehen. Wem noch ein Wer oder Was oder eine Eigenschaft einfällt, der kann das eine Woche lang dazu schreiben, dann schauen wir mal, was zusammen gekommen ist."

Neuro

Je komplexer ein Problem ist, desto schlechter sind unsere Verstandeslösungen: Eine „Inkubationszeit" gibt den 100 Milliarden Nervenzellen die Möglichkeit, kreative Lösungen zu finden, ohne dass der Verstand zu sehr auf das Problem fokussiert ist.
Der Verstand (oder der bewusste Teil) wird bei der Beschreibung benötigt, bei der Lösung ist es von Vorteil, abzuschalten und einfach zu warten, welche Ideen hervorkommen. So sind viele Entdeckungen und Erfindungen entstanden, nicht durch Fokus, sondern unter der Dusche oder im Bett. Auch in Versuchen wird immer deutlicher, dass beim kreativen Problemlösen bewußtes Nachdenken eher die Bremse als der Treiber ist.

Das Brainstorming kann sich also auch über mehrere Sitzungen hinziehen, wenn man das Gefühl hat, die ganze Komplexität ist noch nicht erfasst worden. Die beschriebene Technik ermöglicht es sinnbildlich, am Kopf des Fisches bzw. des Problems anzusetzen, und den Fisch dann solange zu kochen, bis das Fleisch abfällt und entlang der Gräten die ganze Natur des Problems sichtbar wird. Man neigt erfahrungsgemäß dazu, immer sofort alles fertig bekommen zu wollen. Aber manchmal ist eben doch etwas Geduld hilfreich. Vielleicht ist das ein japanisch geprägtes Vorgehen von Ishikawa, für das auch wir uns die Zeit nehmen sollten. Denn bei Problemen, die über einen langen Zeitraum entstanden sind, dauert es auch etwas länger, bis sie klar erkennbar sind und letztlich erfolgreich bearbeitet wurden.

6 Führung im „gelben Bereich": Krisen und Konflikte mit Mitarbeitern lösen

Hier noch ein zwei Hinweise zur Anwendung des Modells:

- Bis zum vierten Schritt befindet man sich hauptsächlich im „Problem-Modus", das gibt den Beteiligten Gelegenheit, sich einmal den Frust von der Seele zu reden. Deshalb geben Sie diesen Schritten genügend Raum und Zeit. Ich bezeichne das gerne als ein „Abladen des Problems". Wenn Sie das Gefühl haben, dass sich die Mitarbeiter alles von der Seele geredet haben, können Sie in den „Lösungs-Modus" wechseln.
- Durch die Delegation der Maßnahmen an Mitarbeiter werden diese zu konstruktivem Handeln gezwungen und müssen aufhören sich mit „Herummeckern" zu beschäftigen. Das hilft den Beteiligten, auch in Zukunft anders mit Konflikten umzugehen, denn die Mitarbeiter lernen durch Ihre Moderationsmethode, dass nach einer Phase des Klagens auch eine Phase des Analysierens und eine Phase des konstruktiven Handelns kommen wird.

Warum-Warum und Wie-Wie-Diagramm

Ganz ähnlich wie das Fischgräten-Diagramm funktionieren die beiden Diagramme, die ich nun beschreibe. Der Unterschied zwischen beiden ist:

- das Warum-Warum-Diagramm ist **Problem**-orientiert,
- das Wie-Wie-Diagramm ist **Lösungs**-orientiert.

Welche der beiden Methoden Sie wählen, sollten Sie an der Stimmung im Team festmachen. Wenn alle noch auf „Sturm gebürstet" sind, bietet es sich an, Ihnen mit der Frage nach dem „Warum haben wir das Problem" Zeit zu geben, über das Problem zu sprechen. Sind alle schon recht konstruktiv und ist das Problem vielleicht auch nicht so „eingebrannt" in die Gemüter, dann können Sie gleich mit der Frage „Wie lösen wir das Problem" in Richtung Ziel denken.

Und so gehen Sie vor beim **Warum-Warum-Diagramm** (die ersten zwei Schritte sind dieselben wie beim Fischgräten-Diagramm):

1. **Problem** in einem Satz formulieren und auf ein separates Flipchart mit roter Schrift schreiben (was ist — auf den Punkt gebracht — unser Problem?). Markieren Sie den Satz mit einem rotem Blitz, dem Zeichen für Problem.
2. **Ziel** in einem Satz formulieren und auf das gleiche Flipchart schreiben (was soll nach einer etwaigen Problemlösung erreicht worden sein?). Verwenden Sie grüne Schrift und markieren Sie das Ziel mit einem grünen Haken, dem Zeichen für Lösung. Dann zeichnen Sie am linken Rand eines Pinnwand-Blattes (DIN-A0) den Blitz.

3. **„Warum haben wir das Problem (Warum 1)?"** ist die erste Frage. Führen Sie dazu mit dem Team ein Brainstorming durch und schreiben Sie die Nennungen auf dem Blatt auf. Dokumentieren Sie dabei von außen nach innen (siehe Abbildung), so haushalten Sie besser mit Ihrem Platz und haben nachher noch Raum für die Verästelungen. Sollten bei dieser Frage bereits inhaltliche Antwortketten, also weitere vertiefende Begründungen benannt werden (z. B., wir haben A, weil B vorliegt, was wiederum C verursacht), dann können Sie diese bereits in eine nachfolgende Verästelung aufführen, die eigentlich erst beim nächsten Schritt entstehen würden.
4. **„Warum haben wir diese Unterprobleme (Warum 2)?"** ist die nächste Frage. Für jede der vorher genannten Antworten bohren Sie nach und protokollieren Sie stichwortartig die jeweiligen Ursachen bzw. Antworten.
5. **„Warum haben wir diese Unterprobleme (Warum 3)?"** ist die gleiche Frage wie vorher und bezieht sich dann auf die Antworten der Warum-2-Frage. Man kann die Warum-Frage solange stellen, bis man auf diese Weise Unterprobleme gefunden hat, die für sich klar erkennbar sind und für die man eine Lösungsmaßnahme benennen kann. Es liegt in Ihrem Gefühl, ob dieser Punkt erreicht ist oder noch nachgebohrt werden müsste.
6. **„Welche Maßnahmen setzen wir auf, um die jeweiligen Unterprobleme zu lösen?"** folgt als letzter Schritt. Nun muss man in den Lösungsmodus wechseln. Definieren Sie mit den Beteiligten Lösungsmaßnahme und fokussieren Sie sich dabei auf die hoch wirksamen. Vermeiden Sie also, erst viele Kleinigkeiten festzulegen und sich dadurch zu verzetteln. Komzentrieren Sie sich vielmehr darauf, zunächst einmal die großen Probleme zu lösen.

Das **Wie-Wie-Diagramm** folgt dem gleichen Ablauf. Da man aber bei der Beantwortung der Frage nach dem Wie sofort Lösungen formuliert, benötigt man den letzten Schritt 6 nicht, sondern kann bei den Antworten unmittelbar das wirksamste Maßnahmenbündel auswählen und markieren.

6 Führung im „gelben Bereich": Krisen und Konflikte mit Mitarbeitern lösen

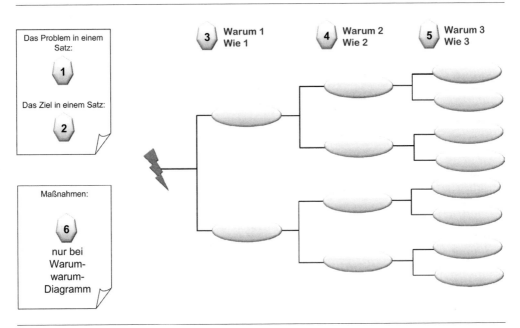

Abb. 41: Warum-Warum- und Wie-Wie-Diagramm

Der Baum der Erkenntnis

Diese Technik habe ich selbst entwickelt, um meine Toolbox mit neuen Methoden zu versehen, die noch niemand kennt. Wenn Sie diese bereits irgendwo gelesen und von irgendwem gehört haben, hat sie der Autor bei mir gelernt oder er hatte ungewöhnlicher Weise dieselbe Idee.

Die Methodik ist eine Mischung aus Mindmapping und dem Ishikawa-Diagramm, versucht aber Ursache und erlebte Wirkung klarer zu differenzieren.

Das Vorgehen ist wie folgt (siehe nachfolgende Abbildung):

1. Malen Sie auf einem MetaPoster den Baum mit ca. 6 bis 8 Strängen auf, und zwar von innen nach außen (der Stamm kann ruhig schmal bleiben).
2. Ziehen Sie zwei Querlinien und die beschriften Sie die Abschnitte (Geäst: Symptome, Baumstamm: Hauptproblem, Wurzeln: Ursachen).

Die Führungsphasen

3. Arbeiten Sie wie nachfolgend aufgezeigt drei Schritte ab und achten Sie dabei auf Folgendes:
   - Definieren Sie das **Hauptproblem** und dokumentieren Sie es am Stamm. Achten Sie darauf, dass es nicht zu ausführlich beschrieben wird („Prozessqualität ist schlecht wegen mangelnder Schnittstellen-Disziplin zwischen Team A & B").
   - **Symptome**, an denen man das Problem erkennt, werden nun gesammelt und mit großen gelben Karten/Haftklebezetteln im Geäst platziert; dabei sollte man ähnliche Symptome auf einem Ast clustern.
   - Nun suchen Sie die **Ursachen** für die Symptome und schreiben diese entlang der Wurzeln stichwortartig auf. Für jede neue abgrenzbare Ursache bekommt der Baum eine weitere Linie von ganz unten bis ins Geäst. Wenn eine Ursache mehrere Symptome aufweist, dann klebt man die Zettel auf den Ast, der zu der passenden Ursache führt; bei Platzbedarf fächert man den Ast oben auf wie beim Mindmapping. Es können jederzeit weitere Linien dazu kommen.
4. Für Ursachen und für Symptome können dann **Maßnahmen** zur Milderung des jeweiligen Problems gesucht werden; dies kann mit grünen (Blätter im Geäst, also Maßnahmen gegen Symptome) und blauen (Heilwasser auf die Wurzeln bzw. Ursachen) Haftzetteln/Karten visualisiert werden. Bekämpfung der Ursachen hat Priorität, da dadurch gegebenenfalls mehrere Symptome auf einmal verschwinden. Aber machmal ist die Arbeit an Ursachen ein langwieriges Geschäft, so dass man mit schnellen Lösungen für Symptome die Belastungen für die Mitarbeiter verringern kann. Dazu ein Beispiel: Wenn die obige Überlastung eines Teams auf die Ursache Ressourcenmangel zurückzuführen ist, bekämpft man diese mit Recruiting. Da dieser Prozess aber erst nach einigen Monaten zur Entlastung führen wird, könnte man das Symptom von geleisteten Überstunden bei einigen Mitarbeitern dadurch verringern, dass man ausgewählte Projekt vorübergehend auf Eis legt und/oder die zeitliche Planung ändert und die Ablieferungstermine der Projekte auf spätere Termine legt. Das nimmt kurzfristig schon einmal etwas „Druck vom Kessel" ohne die eigentliche Ursache zu bekämpfen.
5. Das Bild mit dem Baum kann im Abteilungs-/Projektbüro etc. an der Wand bleiben und die gelben Blätter werden sukzessive abgenommen, wenn die Symptome verschwunden sind. Wenn Sie das Baumbild weiter ausbauen wollen, könnten Sie mit roten Haftzettel/Karten (Früchte) aufzeigen, welche positiven Ergebnisse sich eingestellt haben, (der Baum „erblüht" bzw. trägt Früchte). Bei der Verwendung von Haftzetteln muss die Haltbarkeit mit einem Klebestift etwas unterstützt werden, damit der Baum nicht vorzeitig seine Blätter abwirft.

6 Führung im „gelben Bereich": Krisen und Konflikte mit Mitarbeitern lösen

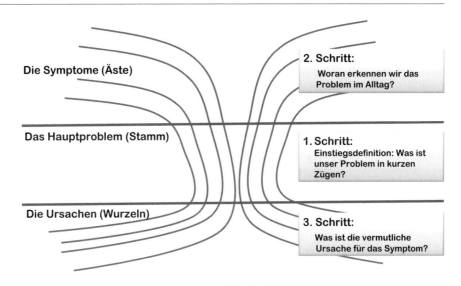

Abb. 42: Der Baum der Erkenntnis

Diese Technik ist ganz anschaulich und hilft zudem dabei, zwischen Problem, Ursachen und deren erkennbaren Symptomen zu unterscheiden. Und so wie es in der Natur etwas länger dauert, bis ein Baum Früchte trägt, lernen die Mitarbeiter, dass auch im Berufsleben nicht alles sofort zu erreichen ist.

Die 3-Fragen-Methode

Ganz einfach zu moderieren und in starkem Maße Ergebnis fördernd ist die 3-Fragen-Methode. Ich kann leider deren Ursprung nicht benennen, aber der Erfinder muss ein kluger Kopf gewesen sein, denn die drei bei dieser Methode verwendeten Fragen sind echte Türöffner und helfen auch bei komplexen Konflikt- und Krisensituationen, schnell und umfangreich Probleme und Lösungen herauszuarbeiten.

Der Ablauf der 3-Fragen-Methode ist wie folgt:

1. Man benennt den Anlass, das Problem bzw. die Situation kurz.
2. Dann erklärt man, dass man als Moderator die „gemeinsame Problemlösung mittels der 3-Fragen-methode-Technik" unterstützen möchte.

Die Führungsphasen

3. Dann weist man entweder auf drei Flipcharts, die man nebeneinander aufhängt, oder auf eine Pinnwand, die man in drei Spalten unterteilt hat (siehe Abbildung unten) hin. Die Flipcharts bzw. Spalten werden mit den drei folgenden Fragen überschrieben:
   - Womit wollen wir weitermachen?
   - Womit wollen wir beginnen?
   - Womit wollen wir aufhören?

Die erste der drei Frage bewahrt die Stärken, das Gute und Positive in der Situation bzw. im Verhalten des Teams. Die zweite Frage eröffnet neue Chancen bzw. zeigt verändertes neues Verhalten auf. Die dritte Frage zeigt Schwachstellen, Schwächen bzw. falsches Verhalten auf, was es gilt abzustellen. Die ersten beiden Fragen beschreiben, was in Zukunft getan wird, so haben Sie ein Bild in die Zukunft kompakt vor Augen.

Nun führt man ein Brainstorming oder Brainwriting durch und sammelt die Gedanken der Beteiligten ein. Aus dem Fragenaufbau ergibt sich für die eingebrachten Gedanken, womit man zur Behebung einer Krisen- oder Konfliktsituation weitermachen, beginnen und aufhören will.

Wenn Sie nun denken, dass das ja wohl nicht alles sein kann und es zu einfach klingt, werden Sie überrascht sein, wie es bei der Anwendung dieser Methode bei den Mitarbeitern sprudelt und wie schnell klar wird, was zu tun und zu lassen ist, um eine Krise zu überwinden.

Hier ein kleines Beispiel: Ich habe einmal eine Führungskräftetagung einer großen Klinikgruppe moderiert. Als ich der Vorstandschaft obige Technik als „Abholer" zu Beginn der Tagung vorschlug, lächelten mich die Herren an und äußerten schmunzelnd, dass ich mein Geld wohl auf die ganz bequeme Art abholen wollte, weil ich mit einer so „banalen" Moderationstechnik die Top Manager der Unternehmensgruppe beschäftigen will. Und der Vorstand bezweifelte, dass auf diese Weise allzu viel rauskommen würde. Im Vertrauen auf meine Moderationserfahrung, gaben Sie meine Planung aber frei. Als dann nach Anwendung der Methode die drei aufgestellten Pinnwände mit zahllosen beschriebenen Karten zugepflastert waren, bedurfte es einer strengen Priorisierung, um sich nicht in der Masse der Rückmeldungen zu verlieren. Aufgrund dieses schnellen Erfolgs, war diese einfache aber wirksame Technik im Repertoire der mitmachenden Manager fest verankert.

Sie können bei der Technik sowohl mit Brainstorming (zurufen und aufschreiben durch den Moderator in die jeweilige Spalte), als auch mit Brainwriting (alle schreiben auf Moderationskarten/Haftzetteln auf und kleben/pinnen direkt in die

Führung im „gelben Bereich": Krisen und Konflikte mit Mitarbeitern lösen

Spalten) arbeiten. Ich bevorzuge letzteres, weil dann alle aktiv sind und sich nicht zurücklehnen und schlimmer noch, zurückhalten können. Durch die Karten/Haftzettel haben Sie auch flexibles Material und können bei den weiteren Schritten deren Zuordnung noch ändern, wenn es sich durch eine entsprechende Diskussion ergibt. Denn was ein einzelner als gut (weitermachen) empfindet, möchte der Rest der Gruppe vielleicht gerne abstellen (aufhören).

Was die farbliche Gestaltung der Überschriften und der verwendeten Karten etc. betrifft: Man kann drei Farben verwenden, um den jeweiligen Aussagen visuell mehr Kraft zu verleihen:

- Grün = weitermachen
- Blau oder weiß (letzteres bei Karten) = beginnen
- Rot oder gelb (letzteres bei Karten) = aufhören

Nach dem Brainwriting müssen Sie noch vier Arbeitsschritte leisten:

1. **Hinterfragen und Verständnis klären:** „Was meinen Sie mit diesem Punkt, erklären Sie das bitte für alle." Es muss nun soweit moderiert werden, dass alle die gesammelten Punkte verstanden haben und auch als valide und richtig zugeordnet bestätigen, dann kann der nächste Schritt folgen.
2. **Clustern**: Dies ist hilfreich, wenn es die Fülle der Punkte erfordert. Clustern muss aber nicht sein, wenn die gesammelten Themen für sich allein stehen. Hier ein kleiner Tipp: Man neigt nach jedem Brainwriting/-storming dazu, zu clustern. Das ist aber keine Pflichtübung, also das Clustern nicht aus einem Reflex durchführen ohne methodischen Grund.
3. **Maßnahmen**: Hier sollte man Aktionen festlegen, durch die der Transfer der Gedanken sichergestellt werden kann.
4. **Verantwortliche** für die Maßnahmen benennen und den Auftrag zur Umsetzung erteilen.

Die Führungsphasen

Grundlagen für das zukünftige Handeln		No go´s
Was sollen wir weitermachen	Womit sollen wir beginnen?	Womit sollen wir aufhören?

Abb. 43: 3-Fragen-Methode

Durch die offenen Fragen sind die Mitarbeiter aufgerufen, ganz frei zu antworten und durch die drei verschiedenen Fragestellungen kommen ganz viele und unterschiedliche Aspekte eines Problems zum Vorschein.

Probieren Sie diese Methode ruhig einmal aus, Sie werden überrascht sein, wie viel Kraft in diesen „Wunderfragen" steckt.

6.3 Führung im „orangen Bereich": disziplinare Führung

Wenn durch die bisher beschriebenen Führungsimpulse die „geschuldete" Leistung eines Mitarbeiters nicht wieder herzustellen ist, muss die Führungskraft auch willens und befähigt sein, durch disziplinare Mittel die „Ernsthaftigkeit des Führungsanspruches" deutlich zu machen (**„oranger Bereich"**).

Der Unterschied zwischen dem gelben und orangen Bereich lässt sich wie folgt beschreiben:

6 Führung im „orangen Bereich": disziplinare Führung

- Im gelben Bereich kann eine Mischung aus schlechten Rahmenbedingungen und mangelndem Dürfen, Wollen, Wissen und Können bei einem oder mehreren Mitarbeiter zu Problemen führen, aufgrund derer ein Erreichen der individuellen gemeinsamen Ziele erschwert oder behindert wird.
- Im orangen Bereich geht man davon aus, dass alle Probleme im gelben Bereich soweit möglich gelöst wurden und die Gründe für mangelnde Leistungen und Zielerreichungen bei dem einzelnen Mitarbeiter zu finden sind. Man geht also davon aus, dass der Mitarbeiter könnte, wenn er wollte und will ihm durch eskalierende Führungsimpulse klare Signale setzen, was man von ihm erwartet. In diesem Bereich geht es auch immer um den einzelnen, denn disziplinare Maßnahmen werden nicht kollektiv auf ein Team verwendet.

Ich möchte diesen Bereich mit einer festen Überzeugung beginnen:

> **Das stärkste Signal, das ein Unternehmen seinen Mitarbeitern zur Kultur im Unternehmen geben kann, ist, wie man bei Pflichtverstößen und Trennungen miteinander umgeht!**

Lippenbekenntnisse über die Wichtigkeit des „People Business" verlieren ihr falsches Gesicht spätestens im Bereich disziplinarer Führung und Trennung. Wer nicht müde wird, darauf hinzuweisen, dass in seinem Verantwortungsbereich der Mitarbeiter das wichtigste Gut und der wichtigste Erfolgsfaktor für das Unternehmen ist, der muss insbesondere im organgen Bereich der Führung beweisen, dass es ihm ernst damit ist. Die Führung im orangen Bereich ist für eine Führungskraft anstrengend, aber die eingebrachte Energie wird investiert, um Mitarbeitern die Rückkehr in die grüne Phase ernsthaft und nachdrücklich nahe zu legen. Man muss als Führungskraft akzeptieren, dass Menschen nicht immer „funktionieren wie eine gut geölte Maschine", sondern dass es „Aufs und Abs" im Leistungsbild und -willen eines Mitarbeiters gibt und dass es Differenzen gibt, die eine nachdrücklichere Führungsarbeit erfordern.

Aber weil diese Führungsarbeit im orangen Bereich anstrengender ist, darf man sich nicht um diesen Teil der Führung drücken, denn es geht darum, einen Mitarbeiter zurückzuholen und eine etwaige Trennung zu verhindern, solange der Mitarbeiter die Bereitschaft hat, daran mit zu wirken.

Betritt man diesen Bereich, so muss man professionell und fair sowie im Sinne all der in Unternehmens- und Führungsleitbildern für die Kultur so häufig beschriebenen Elementen wie Vertrauen, Fairness, Ehrlichkeit, Partnerschaftlichkeit etc. handeln. In diesem Handeln zeigt sich dann, wie ernst es einem ist, mit dem People Business.

Die Führungsphasen

6.3.1 Grundannahme und Philosophie

Schon einige Male habe ich im Gespräch mit Führungskräften die These gehört, dass Führen mit disziplinaren Mitteln eine veraltete Methode sei. Eine Führung, die nicht mehr in die moderne Zeit und in die Kultur moderner Unternehmen passe. Ich persönlich halte eine solche These für Quatsch!

Ich kann zahlreiche Beispiele anführen, in denen die gelbe und orange Phase des Führungs-Omegas übersprungen wurde und ein Mitarbeiter, der eben noch als gute oder zumindest normal eingestuft war, am nächsten Tag als Problemfall bezeichnet wurde, den man unbedingt und so schnell wie möglich loswerden muss. Gehe nicht über gelb und orange, springe gleich auf rot, könnte man dazu sagen.

Solche Fälle und auch die in der eingangs beschriebenen These mitschwingende Ablehnung disziplinarer Führung zeigen mir nur, dass manche Führungskräfte lieber wegschauen, wenn es Probleme gibt, und ihnen dann urplötzlich die Hutschnur reißt und die HR-Abteilung unerwartet und unangekündigt Trennungsfälle auf den Tisch bekommt. Solche Fälle habe ich in meinen Jahren als Personaldirektor einige erlebt. Dann habe ich natürlich die Führungskräfte gefragt, was sie bisher getan haben, um den Mitarbeiter in den Bereich guter Leistungen zurück zu führen. Die Antworten spiegelten das obige Prinzip wieder, von grün auf rot zu springen. Als Personaldirektor empfand ich es dann als meine Pflicht, dafür zu sorgen, dass die Mitarbeiter ihre Chance bekamen, wieder zu den anerkannten Leistungsträgern zu werden, die sie einmal waren. Die zuständigen Führungskräfte erhielten ein Coaching durch mich, wie man im gelben und orangen Bereich handeln kann.

Meine Erfahrungen in diesem Grenzbereich der Führung münden in folgenden drei Grundannahmen:

1. Bei jedem Mitarbeiter gibt es wie bereits erwähnt Aufs und Abs hinsichtlich seiner Leistung. Wenn man damit offen umgeht und gegensteuert, kann man Mitarbeiter lange Zeit als engagierte Säulen im Unternehmen halten und gemeinsam Krisen überstehen.
2. Mitarbeiter bekommen lieber einen sichtbaren und fühlbaren „Schuss vor den Bug", der sie wachrüttelt und den Kurs zurück in den grünen Bereich antreten lässt, als dass sie in einem überraschenden Vorgang ihren Job verlieren.
Dazu eine kleine Anekdote. Ich erwähnte weiter oben einen IT-Leiter, den ich coachte. Der COO (Chief Organizational Officer) des Unternehmens war unzufrieden mit ihm und hoffte, dass sich durch das Coaching alle kritisierten Eigenschaften ins Positive drehen. Eine Hoffnung, die viele Auftraggeber für ein Coaching hegen, dabei aber vergessen, dass sie selbst einen großen Beitrag zur

Entwicklung des Coachee in ihrer täglichen Führungsarbeit leisten müssten. Selbst hat der COO seine Kritik nicht klar genug angesprochen. In einer Sitzung erwähnte der Coachee stolz, das ihm im Mitarbeitergespräch eine Rolle als CIO (Chief Information Officer) und Geschäftsleitungsmitglied für seine langfristige Entwicklung in Aussicht gestellt wurde. Zwei Coaching-Sessions später saß er völlig aufgelöst vor mir und teilte mir mit, dass ihm gerade gekündigt worden war. Das war eine recht durchsichtige „betriebsbedingte" Kündigung wegen geplantem Outsourcing der Stelle. Ein arbeitsrechtlich kundiger Beobachter erkennt sofort, dass dies ein Missbrauch des Kündigungsschutzes ist, denn für die tatsächlich vorliegende verhaltensbedingte Trennung wegen Unzufriedenheit mit der Leistung wären Abmahnungen erforderlich gewesen (siehe zum Bereich Trennung das Kapitel 6.4). Diese gab es aber nicht, stattdessen wurde im Mitarbeitergespräch die CIO-Beförderung in Aussicht gestellt.

Der Coachee war nicht dumm und erkannte schnell, was los war. Er ärgerte sich maßlos über die unklare Feedbacklage und die fehlende kritische Einschätzung seiner Leistung durch den COO in den zurückliegenden Monaten. Er äußerte auch, dass er eine Abmahnung wegen Leistungsmängeln bevorzugt hätte, das wäre wenigstens ein klares Statement gewesen und er hätte eine Chance gehabt, an seinem Leistungsbild zu arbeiten. Er hätte gewusst, dass die Ampel gerade auf orange stand und sein persönliches Engagement gefordert ist, um auf grün zurück zu kommen. Stattdessen wurde er mit falschen Signalen in trügerischer Sicherheit gewogen und dadurch nahm man ihm die Chance auf einen eigenständigen Kurswechsel.

3. Vermeidung von disziplinarer Führung ist keine Frage von modern oder nicht, sondern das Zeichen einer Kultur von mangelnder Klarheit und fehlender Fairness. Disziplinare Führungsimpulse sind meines Erachtens Zeichen von Ernsthaftigkeit, die dem Thema Führung und den Menschen im Unternehmen zuträglich sind. Deshalb vermeiden Sie Argumente über „das passt nicht zu unser Kultur", sondern geben Sie ihren Mitarbeitern klare Signale Ihrer Unzufriedenheit und damit die Chance, zurück in den grünen Bereich zu kommen.

6.3.2 Arbeitsvertragliche Pflichten

Wie bereits erwähnt, wird die rechtliche Abhandlung in diesem Buch nur kurz sein. Sie soll lediglich helfen, sich zu orientieren und ersetzt nicht den Austausch mit HR-Partnern und insbesondere dem Hausjuristen, wenn man disziplinare Fälle bearbeiten möchte.

Dies voraus geschickt: Eine ganz einfache Definition für arbeitsvertragliche Pflichten gibt es nicht, dafür sind die Quellen, in denen sie definiert werden, zu vielfältig.

Die Führungsphasen

Mit der „Rechtspyramide" kann man sich das Konzept etwas transparent machen. Sie beschreibt, dass die Quellen der arbeitsvertraglichen Pflichten auf den folgenden vier Ebenen zu finden sind:

1. **Gesetze:** Leider gibt es nicht ein Gesetz für alle arbeitsrechtlichen Bedingungen, man muss zahlreiche Gesetze betrachten. Und dann kommt noch die stetig zunehmende Rechtsprechung dazu, die die Gesetze in ihrer Auslegung konkretisieren. Diesen „Wald" sollte man nur mit einem Rechtsanwalt betreten, sonst verläuft man sich. Und dabei ist es oft nicht mit einem Rechtsbeistand getan. Manchmal ist hilfreich, eine zweite. Meinungeinzuholen.
2. **Kollektivrechtlicher Rahmen:** Er umfasst Tarifverträge, Richtlinien, Betriebsvereinbarungen, Prozesse und sonstige Vorgaben, die für alle im Unternehmen gelten.
3. **Individual-Vertrag:** Diese Ebene betrifft den Arbeitsvertrag, den man unterschrieben hat, plus alle seine Anlagen und Ergänzungen (wie z. B. die jährliche Zielvereinbarung).
4. **Arbeitsanweisungen**: Gemeint sind die täglichen Arbeitsanweisungen des Arbeitgebers, d. h. der jeweiligen Führungskraft.

Dass die Pyramide in der nachfolgenden Abbildung auf dem Kopf steht, erklärt sich aus dem Umfang der Quellen. Natürlich gibt es viel mehr Gesetze, als kollektive Quellen und der Arbeitsvertrag sollte möglichst viel auf die kollektiv Bedingungen verweisen, um „schlank" zu bleiben. Wenn man sehr lange umfängliche Individualverträge formulieren und abschließen würde, müsste man jede geplante Veränderungen an den Vereinbarungen immer mit allen Mitarbeitern einzeln verhandeln und sie einvernehmlich vereinbaren. Ein solches Unternehmen wäre nach meiner Meinung unführbar. Konzepte, wie z. B. solche zur Regelung der Arbeitszeiten, gestaltet man in einem Tarifvertrag oder einer Betriebsvereinbarung (wenn man einen Betriebsrat hat) oder in einer Richtlinie (wenn man keinen Betriebsrat hat). Dann kann man diese Werke ändern und sie gelten als unmittelbares Recht sofort für alle. Im Individualvertrag benennt man z. B. nur die individuelle Arbeitszeit pro Woche, der Rest ist dann in der kollektiven Regelung nachzulesen, auf die verwiesen wird.

Das in der Abbildung genannte **Top-Down-Prinzip** bedeutet, dass die höherwertige Rechtsquelle die niederwertige schlägt. Man kann z. B. nicht in einer Betriebsvereinbarung etwas für den Mitarbeiter strenger regeln, was ein Gesetz bereits anders geregelt hat.

Dieses Prinzip wird nur durchbrochen von dem **Günstigkeits-Prinzip**. Es besagt, dass man in einer niederwertigen Rechtsquelle etwas verbindlich und wirksam ver-

Führung im „orangen Bereich": disziplinare Führung **6**

einbaren kann, das für den Mitarbeiter vorteilhafter ist. Wenn also die Reisekosten-Richtlinie besagt, dass man 2. Klasse reisen muss, aber im Arbeitsvertrag vereinbart wurde, dass man 1. Klasse bei „Champus und Häppchen" reisen darf, dann gilt diese Luxus-Regelung und hebelt das Top-Down-Prinzip damit aus.

Abb. 44: Rechtspyramide („auf dem Kopf")

Bevor man sich dazu entscheidet, dem Mitarbeiter angesichts eines vermeintlichen Pflichtverstoßes auf seine arbeitsvertraglichen Pflichten hinzuweisen, sollte man sich darüber klar werden, gegen welche Pflicht eigentlich verstoßen wurde. Ganz häufig stellt sich heraus, dass gar kein Pflichtverstoß vorliegt, sondern der Führungskraft nur nicht gefällt, wie sich der Mitarbeiter verhält. Dann befinden wir uns aber im gelben Bereich des Führungs-Omegas und man muss anders mit der Situation damit umgehen.

HR

Sicher ist es einer Führungskraft nicht zuzumuten, alle Regelungen im Unternehmen vor Augen zu haben. Sie müssen im Zweifelsfall einfach in der Personalabteilung nachfragen und sich beraten lassen, bevor sie ein Verhalten als Pflichtverstoß einstufen.
Die HR-Abteilung sollte Zugriff auf alle Rechtsquellen haben und mit dem direkten Draht zum Hausjuristen eigene Lücken schnell schließen können.
Ist die Ampel also auf orange geschaltet, sollte Ihr HR-Partner „Ihr bester Freund sein" und lieber einmal öfter als einmal zu wenig kontaktiert werden.

Die Führungsphasen

Wenn einer Führungskraft „der Bauch grummelt" und sie das Gefühl hat, dass man sich im orangen Bereich der Führung befindet, gilt es also folgendes zu tun:

- Erst einmal cool bleiben!
- Die Quellen für arbeitsrechtliche Pflichten auf den vier Ebenen am besten von unten nach oben durchgehen und nach verletzten Pflichten suchen.
- Wird man fündig, dann beginnt die disziplinare Führung gemäß der nachfolgenden Beschreibungen in Kapitel 6.3.5.

Um ein grundlegendes Gefühl für Rechte und Pflichten des Mitarbeiters und Arbeitgebers zu entwickeln, habe ich die wichtigsten Pflichten in einer kleinen Tabelle zusammen gefasst. Wie bereits erwähnt, ersetzt diese Zusammenstellung nicht eine ausführlichere Beschäftigung oder Beratung durch HR und den Hausjuristen in konkreten Fällen:

Pflichten des Arbeitgebers	Pflichten des Arbeitnehmers
- Einhaltung der Gesetze - Zahlung des Gehaltes - Abführung der Abzüge (Steuern, Sozialversicherung) - Einhaltung der Leistungen gem. Tarif- und Arbeitsvertrag - Fürsorgepflicht - Beschäftigungspflicht	**Arbeitspflicht** - Gem. Vertrag: Leistung gegen Gehalt - Treuepflicht **Mitteilungspflichten** - Verschwiegenheit - Verantwortungsvolle Nutzung von Firmeneigentum - Sorgfalts- und Ordnungspflichten (z. B. Rauchverbot) - Keine Konkurrenztätigkeit - Einhaltung aller Gesetze, Richtlinien, Regelungen, Betriebsvereinbarungen und sonstiger Vorgaben

6.3.3 Ernsthaftigkeit des „Führungs-Willens"

Eine der wichtigsten Empfehlungen für eine erfolgreiche Führung lautet:

> **Gib nie eine Anweisung, die Du nicht bereit bist, durchzusetzen!**

Die Wirksamkeit dieser Empfehlung für die Führung ergibt aich aus der Kraft eines konsequenten Handelns. Erlässt die Geschäftsführung z. B. eine Richtlinie, vereinbart sie eine Betriebsvereinbarung, verkündet sie eine Strategie oder gibt sie eine Anweisung und fordert die Umsetzung dann nicht konsequent ein, wird das Unternehmen kontinuierlich aber stetig unführbar. Die Mitarbeiter setzen nicht

6 Führung im „orangen Bereich": disziplinare Führung

um, was der Führungskraft wichtig ist. Sie haben gelernt, dass „die Dinge nicht so heiß gegessen werden" und folgen ihren eigenen Maßstäben und Zielen. Das hier Beschriebene ist kein Vorwurf an die Mitarbeiter, sondern an Führungskräfte, die die „Ernsthaftigkeit ihres Führungs-Willens" nicht konsequent aufgezeigt haben.

Wer mir nun ein Plädoyer für autoritäres Verhalten unterstellt, sollte sich daran erinnern, wie das Führungsstil-Kontinuum funktioniert. Die Herbeiführung einer Entscheidung kann sehr kooperativ oder demokratisch geschehen. Wenn dann aber die Führungskraft die Entscheidung getroffen hat, sollte sie diese durchsetzen, auch gegen Wiederstände. Diese werden bei entsprechender Einbindung der Mitarbeiter in das Entstehen der Entscheidung niedriger sein, da sie selbst ja beteiligt waren. Dennoch kann es Widerstände geben. Manche Entscheidungen müssen auch einfach umgesetzt werden, weil sie nötig sind oder durch übergeordnete Führungskräfte getroffen wurden. Wie auch immer der Fall geartet ist, Entscheidungen müssen konsequent durchgesetzt werden, wenn man seine Autorität nicht verlieren möchte!

Diese von mir empfohlene Ernsthaftigkeit hinsichtlich der konsequenten Durchsetzung des Führungs-Willens erfährt ihre „Nagelprobe" im orangen Bereich der Führung.

Wenn einzelne Mitarbeiter gegen ihre arbeitsvertraglichen Pflichten verstoßen haben, indem sie ihrem legitimen Führungsanspruch nicht Folge leisten, muss man ihnen die Ernsthaftigkeit der Führungsabsichten deutlich machen, damit sie verstehen, dass es ab einem bestimmten Zeitpunkt keine Diskussionen mehr gibt. Dafür hat der Gesetzgeber ein Weisungsrecht (manchmal auch als Direktionsrecht bezeichnet) eingerichtet.

Das Weisungsrecht bezeichnet das Recht des Arbeitgebers gegenüber dem Arbeitnehmer, Weisungen zu erteilen, dies natürlich nur auf Grundlage des Arbeitsvertrages. Die Weisungen des Arbeitgebers sind sogenannte „einseitige und empfangsbedürftige Willenserklärungen". Weisungsbefugt ist derjenige, der das Direktions- und Weisungsrecht über andere Beschäftigte ausüben darf, in der Regel ist dies der Fall, wenn man durch Organigramm im Unternehmen als zuständige Führungskraft definiert wurde. Empfangsbedürftig bedeutet, dass der Mitarbeiter eine Weisung empfangen muss, bevor sie bindend wird. Einfach gesprochen: Ein Mitarbeiter kann nicht umsetzen, was er nicht gehört oder gelesen hat.

Natürlich darf das Weisungsrecht nicht auf unzulässige Weise ausgeübt werden. Das wäre der Fall, wenn die Weisungen über den Inhalt des Arbeitsvertrages hinausgehen oder gegen ein gesetzliches Verbot verstoßen würden oder sittenwidrig wären. Hier kann der Mitarbeiter die Umsetzung der Weisung ohne weitere Folgen ablehnen.

Die Führungsphasen

Eine Ausnahme dazu definiert das erweiterte Weisungsrecht. Dieses verpflichtet den Arbeitnehmer aufgrund seiner Pflicht zur Schadensabwehr, im Notfall auch Weisungen Folge zu leisten, die über die im Arbeitsvertrag definierten Pflichten hinausgehen.

Die eingangs genannte Empfehlung könnte man aufgrund der obigen rechtlichen Ausführungen auch so formulieren:

Setze Dein Weisungssrecht nicht aufs Spiel, indem Du Anweisungen gibst, die Du nicht bereit bist, durchzusetzen!

6.3.4 Dramaturgie durch Instrumente

Sicher kennen Sie das Sprichwort „nicht mit Kanonen auf Spatzen schießen". In der disziplinaren Führung kann man dieses Sprichwort umsetzen, indem man angemessene Maßnahmen ergreift und nicht mit dem disziplinaren Hammer auf kleine Pflichtverletzungen eindrischt.

Es gibt drei Instrumente, die man eskalierend einsetzen kann:

1. Ermahnung
2. Verwarnung
3. Abmahnung

Arbeitsrechtlich ist nur die Abmahnung relevant, die beiden Vorstufen würde ein Arbeitsrichter nicht in Betracht ziehen. Er würde Ihnen aber, wenn Sie sie eingesetzt haben, zugestehen, dass Sie professionelle Führung betrieben haben, bevor es letztendlich zu einer Kündigung kam. Von daher mag mancher vielleicht nur die Abmahnung als Instrument der disziplinaren Führung bezeichnen. Da die drei oben genannten Instrumente als Eskalationsstufen aber sehr wirksam für die „Herstellung der Disziplin" sind, würde ich auch Ermahnung und Verwarnung als Mittel disziplinarer Führung bezeichnen.

Die eskalierende Dramaturgie dieser drei Instrumente hilft dem Mitarbeiter, sich durch angemessene Reaktionsstufen an die Einhaltung seiner Pflichten zu erinnern. Konkret gesprochen: Man muss nicht gleich eine Abmahnung erteilen, wenn ein Mitarbeiter zum ersten Mal eine „einfache" Pflicht verletzt hat. Er würde auch mit einem milderen Mittel verstehen, was Ihr Aufruf bedeutet.

6 Führung im „orangen Bereich": disziplinare Führung

Hier die Instrumente noch einmal im Überblick einschließlich des letzten konsequenten Schritts, nämlich der Kündigung (das Farbspektrum in der linken Spalte erstreckt sich dabei von hellorange bis rot):

Maßnahme	Erklärung
Ermahnung	Mündliche **Ermahnung** des Mitarbeiters anlässlich einer Verletzung der arbeitsvertraglichen Pflichten: „Ich ermahne Sie hiermit ausdrücklich, dass ich weitere Verstöße gegen unsere Datenschutzvorschriften nicht mehr dulden werde. Ich erwarte insbesondere von Ihnen, dass Sie jederzeit vertrauliche Dateien verschlüsseln!"
Verwarnung	Schriftliche **Verwarnung** anlässlich einer Verletzung der arbeitsvertraglichen Pflichten; sie geht nicht in die Personalakte ein. Aufbau wie eine Abmahnung mit Ankündigung einer Abmahnung bei Wiederholung (psychologisch eine Eskalationsstufe, da in schriftlicher Form).
Abmahnung	Schriftliche **Abmahnung** anlässlich einer wiederholten Verletzung der arbeitsvertraglichen Pflichten; sie geht in die Personalakte ein. Ankündigung (und Vorbereitung) einer Kündigung des Arbeitsverhältnisses bei Wiederholung. Nur durch die Personalabteilung zu erstellen.
Kündigung	Arbeitgeberseitige **Beendigung** des Arbeitsverhältnisses aufgrund mehrfach abgemahnter oder schwerer Verletzung der arbeitsvertraglichen Pflichten. Nur durch die Personalabteilung zu erstellen.

Abb. 45: Disziplinare Führungsinstrumente und Kündigung

Lassen Sie sich zur Verdeutlichung des eskalierenden Charakters der obigen Instrumente in eine ganz andere Zeit entführen: Vielleicht kennen Sie den Film „Kapitän Hornblower" mit Gregory Peck. Er ist nicht nur einer der besten maritimen Kostümschinken, die je gedreht wurden, sondern auch ein Film, der gespickt ist mit Führungs-Ratschlägen. Nach wenigen Minuten lässt Hornblower einen Matrosen an Deck holen und ihn auspeitschen vor der Mannschaft. Dabei zitiert er seinen 1. Offizier zu sich und fragt diesen, warum er als Kapitän wohl den Seemann auspeitschen lässt. Auf die Antwort „Weil er andere Matrosen geschlagen hat" entgegnet Hornblower: Nein, deshalb lasse er ihn nicht auspeitschen. Er täte es, weil sein 1. Offizier vor der Mannschaft gesagt hat, dass er ihn auspeitschen lässt. Die Lydia ist ein Kriegsschiff und er muss die Autorität seiner Offiziere wahren. Dann fordert er den 1. Offizier auf, sich anzusehen, wie die „Peitsche in sein Fleisch schneidet".

Neben diesem hilfreichen Hinweis darauf, dass Autorität top down nicht untergraben werden darf, ergibt sich die eigentliche Erkenntnis für disziplinare Führung im weiteren Verlauf der Szene: Kapitän Hornblower fragt den 1. Offizier, ob der Matrose ein schlechter Seemann sei. Nein ist die Antwort des 1. Offiziers, er sein nur etwas jähzornig, was durch Hunger und Durst gesteigert sei. Das abschließende

Die Führungsphasen

Fazit von Hornblower liefert nun die nützliche Erkenntnis: „Die Peitsche macht aus einem guten Matrosen einen schlechten und aus einem schlechten einen noch schlechteren".

Sicher nehmen Sie mir ab, dass es mir bei diesem Ausflug in die Filmgeschichte nicht um die Rückkehr zum Auspeitschen von Mitarbeitern geht und ich nicht die historischen Regeln militärischer Ordnung für Unternehmen propagieren will. Es geht mir viel mehr darum, darauf hinzuweisen, dass man in der Wahl seiner Mittel vorsichtig sein sollte und nicht mit zu schweren Mitteln auf leichte Vergehen reagieren darf, weil man damit anstatt einen positiven Einfluss auf das Verhalten eines Mitarbeiters zu nehmen, die Situation verschlimmert. Und zwar nicht nur bei dem betroffenen Mitarbeiter, der sich zu schwer und unangemessen bestraft fühlt, sondern auch bei den anderen zuschauenden Kollegen, die an der Fairness der Führungskraft berechtigte Zweifel entwickeln.

Nicht aussagen will ich mit der Beschreibung des Filmausschnitts, dass eine Abmahnung mit der im Film verwendeten Peitsche gleich zu setzen ist und niemals verwendet werden sollte. Wie weiter oben aufgezeigt, glaube ich fest daran, dass eine Abmahnung auch eine heilsame Wirkung haben kann. Und wenn diese sich bei dem betroffenen Mitarbeiter wider Erwarten nicht einstellt, hat die Abmahnung arbeitsrechtlich wenigstens eine vorbereitende Wirkung für die Kündigung. Dazu später mehr im Kapitel 6.4.

Ermahnung

Dieses erste Instrument der Ermahnung kann auch im Rahmen des Feedbacks als erste Stufe disziplinarer Führung verwendet werden. Nutzen Sie ruhig das Wort „Ermahnung" und betonen Sie es explizit. Damit speichert der Mitarbeiter ab, dass dieses Wort in bestimmten Situationen und mit Bedacht von Ihnen verwendet wird.

Hier ein Beispiel für einen Mitarbeiter, der es mit den in einem Unternehmen definierten Kernzeiten nicht so ernst nimmt und mehrfach zu spät zur Arbeit erschienen ist. Nachdem die Führungskraft ihm zwei Mal Feedback (siehe Feedback-Burger im Kapitel 6.1.5) gegeben hat, sagt sie dem Mitarbeiter bei dritten Mal:

„Ich ermahne Sie hiermit ausdrücklich, sich an die definierten Kernzeiten zu halten. Ich werde ein weiteres Zu-spät-Kommen nicht mehr dulden und fordere Sie auf, meine Ermahnung ernst zu nehmen!"

Unterstützen Sie diese Maßnahme mit einer körperlichen Präsenz, der Mitarbeiter muss nicht nur im Wort „ermahnen", sondern auch mit ihrer non-verbalen Kommu-

Führung im „orangen Bereich": disziplinare Führung   6

nikation (Augenkontakt, zugewandt sein, straffe Körperhaltung) die „Ernsthaftigkeit" Ihres Führungsimpulses erkennen. Während bei Verwarnung und Abmahnung ein Nachdruck durch die Schriftlichkeit entsteht, muss bei einer Ermahnung der Nachdruck aus der Tonalität und der begleitenden Gestik und Mimik der erteilenden Führungskraft erreicht werden.

Wenn Sie, wie bereits empfohlen, etwas mitplotten bei ihren Mitarbeitern, sollten Sie die erteilten Ermahnungen mit Datum und Inhalt dokumentieren. Bei erneuter Ermahnung können Sie den Betroffenen darauf hinweisen, wann und weswegen sie ihn bereits ermahnt haben. Dann kann er auch besser verstehen, wenn Sie mit der nächsten Stufe einen Eskalationsschritt nach vorne gehen.

Neuro

Körperspannung wirkt auf den „Stressmodus" nach allen Untersuchungen noch stärker als das Gesagte. Über „Spiegelneuronen" nimmt der Mitarbeiter klar wahr, was Sie aussagen möchten. Daher ist es sinnvoll, Ihre Aussage nicht in einen Feedbackburger zu packen oder zur Verabschiedung den Mitarbeiter mit einem Witz oder mit freundlichen Wort aufzumuntern. Das verwirrt nur. Hier gilt: Je mehr Sinneskanäle von der Ernsthaftigkeit erreicht werden, desto eher wird eine Verhaltensänderung einsetzen. Seien Sie in solchen Fällen kongruent, nicht nett.

Verwarnung

Es gibt für die Verwarnung keine Formvorschriften, denn sie ist ja wie bereits erwähnt arbeitsrechtlich nicht relevant. Aufgrund der Schriftlichkeit stellt sie aber eine echte Steigerung dar. Die psychologische Wirkung ist nicht zu unterschätzen. Ich empfehle, den Aufbau vergleichbar mit dem der Abmahnung zu gestalten und das Gespräch, in dem die Verwarnung überreicht wird, mit ähnlichem Ablauf zu gestalten. Dann hat sie zwar keine Wirkung vor dem Arbeitsgericht, sicher aber beim Mitarbeiter. Dazu eine kleine Anekdote:

Ein Geschäftsführer einer Tochterfirma meines damaligen Arbeitgebers, bei dem ich als HR-Business-Partner tätig war, hatte sich von seinen Freiheiten und seiner „Macht" etwas verführen lassen. Er hatte sich mit einem Mietwagen am Dienstsitz der Firma praktisch eine Gehaltserhöhung selbst genehmigt (seine Frau fuhr seinen Firmenwagen am Heimatort) und er hatte Werkstudenten selbst eingestellt und per Scheck bezahlt. Letzteres war nicht nur ein Verstoß gegen Konzern-Richtlinien, nach denen alle Einstellungen über den Tisch der HR-Abteilung der Muttergesellschaft gehen mussten, der Sachverhalt stellte auch einen Sozialversicherungsbetrug dar. Insgesamt gab es also genug Futter für eine Abmahnung, die der zustän-

Die Führungsphasen

dige Top Manager der Muttergesellschaft, an den der betroffene Geschäfsführer berichtete, auch aussprechen wollte. Nun war der betroffene Geschäftsführer aber das „beste Pferd im Stall", seit Jahren erfolgreich und ansonsten auch ein unbescholtener langjähriger Mitarbeiter des Konzerns.

Mit der Geschichte von Kapitän Hornblower im Gepäck erklärte ich dem Top Manager, dass sich eine Abmahnung wie eine Peitsche auf dem Rücken (und in der Personalakte) des Geschäftsführers anfühlen würde. Trotz der Schwere der Tat, war das Ziel der Rückführung in den grünen Bereich mit einer Verwarnung und damit einem milderen Mittel meines Erachtens auch zu erreichen. Eines „aktenkundlichen Peitschenstriemens" bedurfte es nach meiner Einschätzung für die Zurechtweisung nicht. Dieser hätte wohl eher dazu geführt, dass der Geschäftsführer sich aus Verbitterung angesichts einer Abmahnung in seiner bis dahin blütenweißen Personalakte und dem damit verbundenen sichtbaren Makel für seine bisherige Erfolgskarriere im Konzern den regelmäßigen Anfragen der Headhunter zugewandt hätte.

Nachdem der Geschäftsführer mit seinem Chef und mir ein Gespräch unter sechs Augen und Ohren geführt hatte, in dem die Verwarnung ausgesprochen und vorgelesen wurde, war der Betroffene schweißgebadet. Nach meiner Wahrnehmung war er geläutert und ließ sich auch in den weiteren Jahren seiner erfolgreichen Mitarbeit keine ähnlichen Vergehen mehr zu Schulden kommen. Trotz der Zurechtweisung und der für ihn äußerst unangenehmen Situation, hatte ich das Gefühl, dass der Geschäftsführer es zu schätzen wusste, dass wir mit dem gewählten Mittel der Verwarnung ein nur für die drei eingebundenen Personen sichtbares Signal gesendet hatten und das stärkere aber für die Schwere der Tat durchaus berechtigte Instrument Abmahnung keine Anwendung fand.

HR

Lassen Sie Verwarnungen und Abmahnungen von der HR-Abteilung schreiben. Sie liefern die Fakten und HR formt daraus ein verwendbares und im Falle der Abmahnung rechtlich einwandfreies Schreiben. So haben Sie eine gute Arbeitsteilung und Ihr HR-Partner kann Sie sowohl bei der Wahl des Instruments, der Klarheit der Inhalte als auch der Sicherstellung der arbeitsrechtlichen Erfordernisse beraten und unterstützen.

Die nachfolgenden Erklärungen sollen helfen, den Aufbau einer Abmahnung und deren Wirkung als Führungsinstrument zu verstehen. Aber schreiben Sie bitte nie selbst eine Abmahnung, überlassen Sie die arbeitsrechtlich einwandfreie Formulierung der HR-Abteilung und dem Hausjuristen.

Um die Fakten für die Erstellung von Abmahnungen liefern zu können, sollte die HR-Abteilung einen Vordruck anbieten, in dem Sie protokollieren, was sie zum Sachverhalt wissen. Die darin abgefragten Elemente bilden in Summe das notwendige Futter zur Erstellung einer rechtlich haltbaren Abmahnung.

Führung im „orangen Bereich": disziplinare Führung   6

Abmahnung

Dieses Instrument ist das stärkste Warnsignal, das eine Führungskraft im Rahmen der disziplinaren Führung senden kann. Es wird zum einen wegen dieser starken Signalwirkung eingesetzt, zum anderen aber auch als Vorbereitung für die Kündigung bzw. als erster Schritt auf dem Weg dahin betrachtet, da es bei einem etwaigen Kündigungsfall auch als aktenkundige Warnung verwendet werden kann.

Die Abmahnung hat vier Funktionen:

- **Dokumentation:** Aufzeigen einer konkreten Pflichtverletzung
- **Hinweis:** Rechtliche Wertung des beschriebenen Verhaltens als Pflichtverletzung
- **Erinnerung:** Aufforderung zur Änderung des Verhaltens und Einhaltung der vertraglichen Pflichten
- **Warnung:** Androhung der Kündigung bzw. arbeitsrechtlicher Konsequenzen im Wiederholungsfall

Als Führungsinstrument, ist es das stärkste Signal, das man senden kann. Man wiederholt die Abmahnung ein- bis zweimal, aber dann muss der Mitarbeiter wissen, dass das Ende Ihrer Geduld erreicht ist und mit einer ordnungsgemäßen Kündigung rechnen.

Die Abmahnung ist Ihre nachdrückliche Aufforderung an den betroffenen Mitarbeiter, sich zurück in den grünen Bereich zu bewegen. Erkennt er die Ernsthaftigkeit Ihrer „Warnschüsse" nicht, dann muss er die Konsequenzen tragen. Deshalb ist spätestens ab dieser Phase eine detaillierte Dokumentation des Verhaltens des Mitarbeiters wie auch der ergriffenen Maßnahmen sinnvoll.

Vier Bestandteile gehören zu einer wirksamen Abmahnung. Im Folgenden schildere ich diese, damit Sie den Aufbau der von der HR-Abteilung erstellten Abmahnung besser nachvollziehen können:

1. **Detaillierte Schilderung des beanstandeten Verhaltens:** Der Sachverhalt muss bestimmt werden und aus sich heraus verständlich sein. Es muss ein tatsächlicher Vorgang unter Angabe von Ort, Datum, Uhrzeit und beteiligten Personen wiedergegeben werden. Die Darstellung muss in objektiver Weise erfolgen, dadurch weiß der Mitarbeiter, was sein beanstandetes Fehlverhalten war. Schlagwortartige Formulierungen wie „wegen der Ihnen bekannten Vorfälle" oder „aus gegebenen Anlass" genügen nicht und sind zu unterlassen.

2. **Rechtliche Bewertung des Fehlverhaltens als Pflichtverletzung:** Die Missbilligung des beschriebenen Verhaltens darf nicht als Werturteil gegen die Person des Mitarbeiters erscheinen, sondern muss den arbeitsrechtlichen Pflichtverstoß benennen. Erst dieser Baustein verankert das vorher geschilderte Fehlverhalten des Mitarbeiters im orangen bzw. disziplinaren Bereich.
3. **Aufforderung zu einer Änderung oder Aufgabe des Fehlverhaltens und Beachtung der vertraglichen Pflichten in der Zukunft:** Sie wollen den Mitarbeiter ja in den grünen Bereich zurückholen und dieser Baustein in der Abmahnung ist die Aufforderung dazu.
4. **Androhung arbeitsrechtlicher Konsequenzen im Falle einer Wiederholung:** Dies kann eine ordentliche oder außerordentliche Kündigung sein oder unter Beachtung der Verhältnismäßigkeit ein zunächst milderes Mittel, wie beispielsweise eine Kürzung oder Streichung einer freiwilligen Zulage; die Androhung wir folgendermaßen formuliert: „Sollten Sie Ihr Verhalten nicht ändern und es zu einer erneuten Verletzung Ihrer arbeitsvertraglichen Pflichten kommen, müssen Sie mit einer Kündigung des Arbeitsverhältnisses rechnen".

Dies liest sich wie die vorher genannte Vorbereitung der Kündigung und manch einer entgegnet an dieser Stelle, es sei unrealistisch, dass ein Mitarbeiter, der auf diese Weise „angezählt" wurde, noch in das Verhalten eines motivierten und „rechtschaffenden Mitarbeiters" zurückkehrt. Meine Erfahrung zeigt, dass er es i. d. R. doch tut. Probieren Sie es aus.

Sie sollten auch verbal Stellung beziehen und dem Mitarbeiter sagen, dass es Ihnen darum geht, dass er wieder in den grünen Bereich zurückkehrt und dass Sie „bedingungslos konstruktiv" aber auch konsequent mit ihm zusammen daran arbeiten werden. Dies wird er als Chance begreifen, und wenn ihre ganze Kommunikation (verbal und nonverbal) aufzeigt, dass Sie ihren Führungsanspruch, aber auch die konstruktive Haltung ernst meinen, besteht eine gute Chance, dass der Mitarbeiter folgen wird. Und wenn er dies nicht tut, haben Sie einen Weg begonnen, der Ihnen auch später eine einseitige Trennung durch Kündigung ermöglicht.

Hier noch einige Tipps, die Ihnen und der Personalabteilung bei der Erstellung der Abmahnung helfen werden, unnötige Fehler zu vermeiden:

- Nur ein Sachverhalt pro Abmahnung. Sollten Sie eine „Generalabrechnung" wegen zahlreicher Pflichtverstöße in ein einziges Dokument packen, dann fällt das ganze Instrument in sich zusammen, wenn sich einer der beanstandeten Pflichtverstöße als unbegründet herausstellt. Im Zweifel erhält der Mitarbeiter in einem Gespräch mehrere Abmahnungen. Das wirkt vielleicht etwas ungewöhnlich, ist aber arbeitsrechtlich sinnvoll.

Führung im „orangen Bereich": disziplinare Führung **6**

- Schieben Sie eine Abmahnung nicht länger hinaus, als sie es bei einer Kündigung tun würden (innerhalb von 4 Wochen nach Kenntnisnahme erteilen). Ansonsten könnte der Mitarbeiter davon ausgehen, dass Sie mit dem Fehlverhalten einverstanden waren und es wissentlich geduldet haben.
- Lesen Sie die vorbereitete Abmahnung vor! Versuchen Sie nicht mit anderen als den niedergeschriebenen Worten und schon gar nicht in freier Rede zu formulieren. Dies tun manche Führungskräfte, weil es Ihnen schlicht zu platt ist, den Text abzulesen. Das geht dann aber i. d. R. schief, glauben Sie es mir. Wenn Sie vorher mit viel Aufwand eine rechtlich haltbare und klare Abmahnung haben erstellen lassen, dann ist es ganz genau das, was der Mitarbeiter zu hören bekommen sollte.
- Vermeiden Sie Weichmacher vor der Abmahnungserteilung oder danach. Dies würde dem Mitarbeiter ein unklares Signal setzen nach dem Motto: „Eigentlich sind Sie ja ein ganz toller Mitarbeiter und ich schäme mich, zu solchen Mitteln greifen zu müssen". Verwenden Sie nur den oben vorgeschlagenen Hinweis auf Ihre konstruktive Haltung und Absicht und weisen Sie darauf hin, dass es nun am Mitarbeiter liegt, die geforderte Verhaltensänderung nachhaltig an den Tag zu legen. Nach diesem Vorgang darf der Mitarbeiter gerne einmal ein paar Tage darüber nachdenken und sich etwas schlecht fühlen. Zeigen Sie in den nachfolgenden Führungssituationen Ihre versprochene konstruktive Haltung ihm gegenüber, indem sie sich nicht angespannt verhalten und im schlimmsten Falle nachtragend sind. Denken Sie mmer daran: „Wer nachtragend ist, hat bald viel zu schleppen" (Quelle unbekannt).
- Den Empfang der Abmahnung lässt man sich quittieren, dazu hat man im unteren Bereich eine Unterschriftszeile. Der Mitarbeiter muss aber nicht quittieren, dass er mit der Abmahnung und deren Begründung einverstanden ist, er muss nur gegenzeichnen, dass er sie in Empfang genommen hat. Falls ein Mitarbeiter die Bestätigung verweigert, erklären Sie ihm den Unterschied. Ist er trotzdem dazu nicht bereit, lassen Sie einen Zeugen kommen (am besten jemand aus er HR-Abteilung, wenn dieser nicht ohnehin dabei ist) und lassen den Zeugen quittieren, dass der Mitarbeiter die Abmahnung erhalten hat. Im Prinzip läuft es genauso wie bei einer Kündigung. Sollte man die Abmahnung arbeitsrechtlich verwenden wollen, dann kann der Mitarbeiter nicht behaupten, dass er diese nie erhalten hat.

6.3.5 Vorgehensschema

Sobald Sie den orangen Bereich der Führung betreten, sollten Sie sich vorher von Ad-hoc-Maßnahmen und intuitiven „Schauen wir mal"-Verhalten verabschieden. Dazu ist dieser Bereich zu sensibel und Sie schulden es dem Mitarbeiter und Ihrer

Die Führungsphasen

Professionalität, dass Sie systematisch und mit der gebotenen Sachlichkeit an die Sache heran gehen. Dafür habe ich ein Ablaufschema entwickelt, das Sie als Prozess verwenden sollten:

1. **Faktensuche**: Was ist genau passiert? Wer war Zeuge? Lassen sich die Annahmen beweisen? Führen Sie ein Gespräch mit dem betroffenen Mitarbeiter, um seine Beschreibung der Ereignisse zu hören.
2. **Prüfung**: Liegt eine Pflichtverletzung vor oder finden Sie das Verhalten nur nicht gut? Wenn ja, gegen welche Pflichten wurde verstoßen (siehe Rechts-Pyramide)?
3. **Bewertung**: Wie schwer ist das Vorkommnis bzw. die Pflichtverletzung? Hat der Betriebsablauf Schaden genommen, hat es materiellen oder finanziellen Schaden gegeben, wenn ja in welcher Höhe? Wer hat falsch gehandelt, konnte man von dem Mitarbeiter erwarten, dass er anders bzw. fehlerfrei handelt? Ist die Pflichtverletzung so gravierend, das eine Trennung nötig ist oder geht es um eine nachhaltige Verhaltensänderung des betroffenen Mitarbeiters?
4. **Entscheidung**: Welche disziplinare Maßnahme wollen Sie vornehmen? Ermahnung, Verwarnung oder Abmahnung?
5. **Vorbereitung**: Erstellen der disziplinaren Maßnahmen. Ab der Verwarnung sollte die Personalabteilung eingebunden werden. Ab der Abmahnung muss der Hausjurist (über HR) eingebunden werden; folgende Fragen sollten Sie bei der Gesprächsvorbereitung für sich beantworten:
   - Wer führt das Gespräch und wer ist noch dabei?
   - Wann wird es geführt und wie lange nehmen Sie sich dafür Zeit?
   - Wo soll das Gespräch stattfinden?
   - Vorbereitung der Gesprächsinhalte und des -ablaufs?
   - Mit welchem Ergebnis wollen wir das Gespräch beenden, mit welchem nicht?
   - Sicherstellen einer angemessenen Atmosphäre (Getränke, Ruhe, Störungsfreiheit, Diskretion).
6. **Umsetzung**: Gespräch mit dem betroffenen Mitarbeiter, Aussprechen und Übergeben der Maßnahme (bei Verwarnung und Abmahnung, bei letzterer den Empfang quittieren lassen).
7. **Nachkontrolle**: Nachbetrachtung und -besprechung mit dem betroffenen Mitarbeiter; dabei Prüfung, ob sich eine Einsicht eingestellt hat und das gerügte Verhalten gebessert hat bzw. ob das Fehlverhalten ausbleibt.

6.4 Führung im „roten Bereich": professionelle faire Trennung von Mitarbeitern

Wenn das Leistungsbild des Mitarbeiters nachhaltig nicht den Erwartungen entspricht oder sonstige Gründe wie wiederholte oder schwerwiegende Pflichtverletzungen dies erfordern, muss eine Führungskraft auch Trennungsprozesse (**„roter Bereich"**) als originäre Aufgabe professioneller Führung verstehen und umsetzen können.

Dieses Kapitel wird wie auch das vorherige keine juristische Abhandlung. Es befasst sich mit dem Prozess und der Psychologie des Handelns im Zusammenhang mit einer Trennung und beinhaltet nur grundlegendes Wissen zum Arbeitsrecht. Ferner werden auch nicht die komplexen Vorgänge eines Personalabbaus beleuchtet. Diese bedürfen nach meiner Erfahrung ohnehin eines umfangreichen Projektmanagements, das alle wichtigen Facetten einer solch sensiblen Unternehmensveränderung systematisch managed.

In diesem Kapitel wird die Trennung von einem einzelnen Mitarbeiter beschrieben. Viele der psychologischen Elemente darin sind aber natürlich auch auf die Situationen einer größeren zumeist betriebsbedingten Personalreduzierung übertragbar.

> **HR**
>
> Bei Trennungen sind Sie der Treiber und Ihr HR-Partner ist der Garant für arbeitsrechtlich sauberes Handeln. Es gilt die eiserne Regel: Keine Trennung ohne HR und Hausjurist!

Es ist legitim, dass Sie den roten Bereich nicht gerne und nicht vorschnell betreten. Natürlich stellt diese Phase der Führung besondere Ansprüche an Ihr Verhalten und Ihr Feingefühl. Denn Sie bewegen sich im „Grenzbereich", bei dem der Mitarbeiter schnell realisiert, dass signifikante Einschnitte in seinem Berufsleben bevorstehen. Das geht nicht spurlos an ihm vorbei, denn er verdient mit seinem Job seinen Unterhalt und gegebenenfalls den seiner Familie.

> **Neuro**
>
> Bei jeder Trennung erleben Sie im Kleinen, was der Mitarbeiter fühlt. Jede Trennung ist für Ihr Gehirn auch ein Einschnitt. Spiegelneuronen sorgen dafür, dass wir die Situation des anderen nachfühlen können. Somit müssen wir aus neuro-biologischer Sicht die Ängste, den Stress, den Schmerz des Gekündigten zu unserem machen. Unsere Stress- und Schmerzsysteme sind ebenfalls voll angeschaltet. So funktioniert unser Gehirn. Nach einer Trennung brauchen Sie als Führungskraft ebenfalls eine Ruhepause, es ist auch Ihr Stress.

6.4.1 Trennungsmöglichkeiten im Überblick

Es gibt verschiedene Möglichkeiten, sich zu trennen. Wir gehen im Folgenden davon aus, dass Sie sich aktiv vom Mitarbeiter trennen möchten. Hier gilt grundsätzlich: Die Führungskraft sitzt im Driver Seat und hat das Heft des Handelns in der Hand.

Nun mögen Sie sagen, warum soll ich das alles lesen, da hole ich mir doch den Personaler, der wird es wissen und richten. Ich empfehle Ihnen aber nachdrücklich: Sie sollten den Prozess und die Möglichkeiten, wie die Trennung von einem Mitarbeiter grundsätzlich abläuft, kennen. Im Detail und im rechtlichen Bereich berät und unterstützt Sie Ihre HR-Abteilung und der jeweilige Hausjurist.

Völlig falsch aber häufig praktiziert ist nach meiner Meinung der Versuch, den Mitarbeiter nach einem Gespräch inklusive geäußerter Trennungsabsicht aufzufordern, sich doch bitte neu zu orientieren. Das wird häufig zu einer Hängepartie, in der ein „nicht mehr gewollter Mitarbeiter" monatelang durchs Unternehmen schleicht und die Stimmung verdirbt. Gepaart wird diese lockere Vereinbarung dann meist mit einer Verringerung des Drucks auf den Mitarbeiter, seine arbeitsvertraglichen Pflichten zu erfüllen. Damit verliert man dann auch die Möglichkeit, den Mitarbeiter wegen Leistungsmängeln oder Pflichtverstößen abzumahnen. Eine einseitige Trennung verliert dadurch ihre Grundlage, man hängt also am „Fliegenfänger der persönlichen Bemühungen des Mitarbeiters". Und da es in solchen Situationen ja i. d. R. nicht um Leistungsträger und High Potentials geht, ist eine Neuorientierung nun mal kein leichtes und schnelles Unterfangen.

Bleiben Sie im Driver Seat, geben Sie nie das Heft des Handelns aus der Hand! Aber prüfen Sie weichere Wege der Trennung, bevor Sie kündigen, das würde auch ein Arbeitsrichter verlangen. Egal welchen der nachgenannten Wege Sie beschreiten, ich empfehle Ihnen, den Mitarbeiter während der Trennungssituation von einer Outplacement-Beratung begleiten zu lassen (dazu mehr im Abschnitt „Psychologie der Trennung"). Wenn vorhanden, muss der Betriebsrat eingebunden werden, aber das ist Aufgabe der Personalabteilung.

Führung im „roten Bereich": professionelle faire Trennung von Mitarbeitern 6

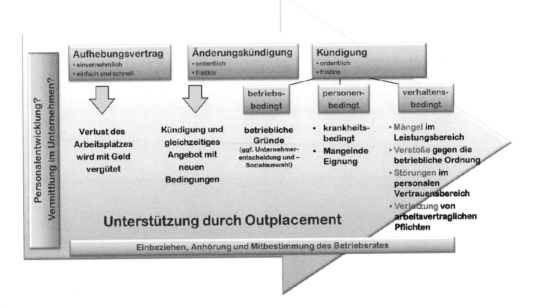

Abb. 46: Optionen der Trennung

Hier finden Sie, angelehnt an die obige Abbildung, einige Erklärungen zu den Optionen, die es bei Trennung gibt:

Personalentwicklung:

Die erste Option sollte immer sein, den Mitarbeiter auf eine andere Stelle im Unternehmen zu versetzen, die seinem Profil besser entspricht. Auch das ist eine Form der Trennung, da ich ihn von seinem bisherigen Aufgabenbereich trenne und auf einen besser passenden im Unternehmen versetze. Ich erkläre diesen Gedanken gerne mit folgender Analogie:

Nehmen Sie Ihren Schlüsselbund in die Hand. Jeder Schlüssel hat sein eigenes individuelles Bart-Profil, das zu einem ganz bestimmten Schloss passt und dort die Tür öffnet. In einem anderen Schloss hakelt es und es rührt sich nichts. Wenn dies passiert, ist der Schlüssel weder gut noch schlecht, er steckt einfach im falschen Schloss.

Übertragen auf einen Mitarbeiter bedeutet das: Er hat ein bestimmtes Kompetenz- und Leistungsprofil und seine Stelle entspricht dem Schloss. Wie auch immer es passiert sein mag, manchmal steckt der Mitarbeiter im falschen Job und die Tür öffnet sich nicht, sprich er kann die geforderte Leistung nicht einbringen. Nun ist der Mitarbeiter weder gut noch schlecht, er sitzt einfach nur auf dem falschen Job.

Mit Personalentwicklung kann man nun an dem Profil etwas feilen, man kann versuchen, durch geeignete Maßnahmen das Profil passender für den Job und dessen Herausforderungen zu gestalten. Aber Personalentwicklung hat Grenzen, irgendwann bricht der „Schlüssel im Schloss", sprich, man „verbiegt" den Mitarbeiter durch Personalentwicklungsmaßnahmen, bis er das Gefühl gewinnt, das dies alles nicht zu ihm passt. Mit diesem „Verbiegen" wird der Mitarbeiter auf Dauer nicht glücklich und er wird voraussichtlich auch nie wirklich gut in diesem Job werden.

Manchmal gibt es im Unternehmen aber vakante Stellen, deren gefordertes Profil dem betroffenen Mitarbeiter deutlich besser entsprechen würden, und in denen sich dauerhaft seine Stärken und Wünsche entfalten können. Ihn auf diese Stellen zu versetzen, wäre ein weiser Schritt und zeigt auch der Mannschaft auf, dass man mehr kann als „rauszuschmeißen".

Dieses Plädoyer für Personalentwicklung als ersten Schritt der Trennung soll aber bitte nicht als „Freifahrtschein" verstanden werden, um sich vor Kündigungen zu drücken und die Minderleister im Unternehmen anderen Chefs „unterzujubeln". Das so etwas vorkommt, zeigt die folgende kleine Geschichte :

Ich hatte einmal den Auftrag, Geschäftsführer von Bezirksverbänden einer Gewerkschaft in professionellen Trennungsprozessen zu trainieren. Die Gewerkschaft musste die Schere zwischen sinkenden Mitgliederzahlen, dem daraus enstehenden Absinken der Beiträge bei gleich bleibenden Mitarbeiterzahlen managen. Und das Management wollte endlich einmal durchgreifen bei Minderleistern, die es sich nach ihrer Auffassung „gemütlich gemacht" hatten und kein Engagement mehr zeigten. Um dies zu erreichen, war sogar ein Personalleiter aus der Wirtschaft angestellt worden, der Erfahrung für den Umgang mit Minderleistern mitbrachte. Dass dieser Vorgang für eine Gewerkschaft kein leichtes Unterfangen ist, muss ich wohl nicht betonen.

Bei den Trainings vermittelte ich u. a. auch ein Schema für die Erstellung von formal wirksamen Abmahnungen. Ich ließ mir dazu konkrete Abmahnungen aus der Personalabteilung zusenden, natürlich geschwärzt bzw. anonymisiert. Diese wollte ich als best und worst Practices zur Anwendung des Schemas nutzen. Nach Durchsicht der Beispiele bestätigte ich dem Ansprechpartner aus der Personalabteilung, dass ich ja jetzt genug worst Practices hätte und er mir die vorbildlichen Abmahnungen senden kann. Seine Antwort war, „dass dies bereits die guten wären…".

6
Führung im „roten Bereich": professionelle faire Trennung von Mitarbeitern

Daran können Sie ablesen, dass die Erstellung einer wirksamen Abmahnung eine anspruchsvolle Aufgabe ist.

Im Training gingen wir nun die einzelnen Fälle durch und einer der Teilnehmer erkannte bei einer Abmahnung an der Situationsbeschreibung trotz des Versuchs zu anonymisieren einen in seinen Bezirksverband versetzten Mitarbeiter, da er die geschilderte Situation seinerzeit selbst mit erlebt hatte. Nur hatte der betroffene Mitarbeiter in seiner Personalakte zum Zeitpunkt der Einsichtnahme gar keine Abmahnung, die Akte war offensichtlich bereinigt worden, um dem künftigen Vorgesetzten den ungewollten und abgestraften Mitarbeiter „schmackhaft" zu machen. Nach dem Motto:„Der braucht einfach mal ein neues Umfeld, ansonsten wäre er ja gar nicht mal so schlecht", hatte man ihm den neuen Kollegen mit „weißer Weste ins Nest gelegt".

Wenn man auf diese Art Personalentwicklung in Form von Versetzung „mißbraucht", weil man an Ort und Stelle den Aufwand für eine berechtigte Trennung nicht betreiben will, dann beschädigt man nicht nur das Mittel der Personalentwicklung als wichtige Form der Trennung, man untergräbt auch jede Ernsthaftigkeit der Führung. Mitarbeiter lernen dann, das es auch bei schlechter Leistung keine Konsequenzen geben wird.

Den oben geschilderten Vorgang bezeichne ich gerne als „GOMER-Effekt" nach dem Roman „House of Gods" von Samuel Shem (ein Arzt-Roman über das erste Jahr von Assistenzärzten in einem Elite-Hospital in den USA, dem sogenannten House of Gods). In diesem sehr unterhaltsamen Buch lernt man etwas über das eben beschriebenen Verhalten. GOMER steht für „get out of my emergency room" und bezeichnet Patienten, die viel Arbeit für das Krankenhauspersonal verursachen, aber trotz aller Bemühungen einfach nicht wieder auf die Beine kommen. Diese GOMER's versucht man, um sich selbst zu entlasten, innerhalb des Hauses in andere Abteilungen zu verlegen. Da kann in einer Abteilung schon einmal das Bett-Gitter vergessen werden, sodass ein GOMER aus dem Bett fällt und sich den Oberschenkel bricht Und schon kann man ihn in die Orthopädie verlegen. Den im Roman beschriebenen jungen Ärzten muss man an dieser Stelle zu ihrer Ehrenrettung zugestehen, dass sie psychisch und physisch „verheizt" werden und sich in ihrer Dauerüberlastung aus verständlichen Gründen irgendwie zu schützen versuchen. Also seien Sie mit dem Urteil gegenüber diesem Verhalten nicht zu kritisch, bevor Sie das Buch selbst gelesen haben.

Ich möchte Sie dazu auffordern, in Ihrem Unternehmen den GOMER-Effekt zu vermeiden. Versetzen Sie nur Mitarbeiter, bei denen eine ehrliche und glaubhafte Aussicht auf eine erfolgreiche Mitarbeit nach einer Versetzung besteht. Ansonsten lösen Sie das Problem direkt, fair aber nachhaltig.

Die Führungsphasen

Aufhebungsvertrag:

Diese Form der Trennung ist eine recht „geräuscharme", denn Sie „kaufen" dem Mitarbeiter seinen bestehenden Arbeitsvertrag mit einer Abfindung ab. Für die Berechnung der Abfindung gibt es leider keine verbindliche Formel (0,5 Monatsgehälter pro Beschäftigungsjahr oder so etwas). Der Mitarbeiter könnte auch eine Million Euro aufrufen. Nachdem Sie sich von Ihrem Schock erholt haben und wieder auf Ihrem Sessel sitzen, von dem Sie vor Schreck gefallen sind, könnten Sie ihn gerne fragen, ob er noch „alle Nadeln an der Tanne" hat. Aber er wird Ihnen dann antworten, dass er einen befreundeten Juristen gefragt hat. Und der hat ihn darauf hingewiesen, dass ein Aufhebungsvertrag eine einvernehmliche Vereinbarung zwischen zwei Parteien ist, in der jeder gerne abfordern darf, was er für angemessen hält.

Ich empfehle deshalb, niemals mit „leeren Händen" in eine Verhandlung zur Aufhebung des Arbeitsvertrages zu gehen. Gehen Sie immer zwei parallele Wege. Bleiben Sie weiter aktiv bei der Forderung nach Einhaltung der arbeitsvertraglichen Pflichten und der geschuldeten Arbeitsleistung. Zeigen Sie dem Mitarbeiter auf, dass Sie das konsequent verfolgen werden, auch wenn Sie dem Mitarbeiter die Möglichkeit für eine einvernehmliche Trennung ermöglichen wollen. So sind Sie nicht erpressbar hinsichtlich der Höhe der Abfindung, und wenn sich eine Aufhebung nicht zu vertretbaren Konditionen vereinbaren lässt, dann gehen Sie den einseitigen Weg weiter und mahnen etwaige Verstöße sachlich und gemäß dem beschriebenen Vorgehen ab, bis eine Kündigung als nächster Schritt der angemessene und durchsetzbare Weg ist.

Änderungskündigung:

Bevor man eine Kündigung ausspricht, muss man prüfen, ob eine Weiterbeschäftigung auf einer anderen Stelle oder zu anderen Konditionen nicht eine machbare Lösung wäre. Man spricht also eine Kündigung für den bestehenden Vertrag aus und bietet im gleichen Atemzug einen neuen Vertrag an. Nimmt der Mitarbeiter diesen nicht an, so gilt die Kündigung. Dies ist psychologisch sozusagen die „Kündigung light", erfordert aber genau die gleichen Begründungen wie die „normale" Kündigung. Ein Arbeitsrichter würde aber immer prüfen, ob man mit diesem Instrument nicht auch hätte handeln können.

Im Gegensatz zur Versetzung, die ich im Rahmen des ersten Schrittes der Personalentwicklung erklärt habe, ist die Änderungskündigung ein einseitiger Schritt, den man als Arbeitgeber durchsetzt. Mit der Versetzung wird der Mitarbeiter innerhalb des Direktionsrechts auf einen neuen Arbeitsplatz versetzt; eine Änderungskün-

6 Führung im „roten Bereich": professionelle faire Trennung von Mitarbeitern

digung wird erforderlich, sobald der neue Arbeitsplatz außerhalb des Direktionsrechts steht. Sollte der Mitarbeiter die Personalentwicklung nicht akzeptieren, weil er störrisch darauf beharrt, dass er unschuldig beklagt und eigentlich für seine Aufgabe voll leistungsfähig und -willig ist, dann kann man ihn mit der Änderungskündigung einseitig zu seinem „Glück zwingen". Manchmal stellt sich die Einsicht beim Mitarbeiter später ein und er kommt zur Führungskraft und bedankt sich für die konsequente Vorgehensweise, da er merkt, wie viel Spaß Arbeit innerhalb der geänderten und für ihn besser passenden Rahmenbedingungen machen kann.

Kündigung:

Nun spricht man angesichts **betriebs-**, **personen-** oder **verhaltensbedingter** Gründe eine Kündigung aus. Zwei wichtige Begriffe sollten Sie in diesem Zusammenhang noch kennen:

- **Fristlos** bedeutet ohne Einhaltung der Kündigungsfrist, was eine Unzumutbarkeit der weiteren Beschäftigung erfordert. Der Mitarbeiter muss schon Prügel verteilt haben oder ähnliche Kracher, um die Unzumutbarkeit zu begründen.
- **Ordentlich** dagegen bedeutet, dass man die vereinbarte Kündigungsfrist einhält.

Zu den drei Kündigungsbegründungen hier noch einige Erklärungen:

- **Betriebsbedingt**: Aufgrund einer unternehmerischen Entscheidung erfolgt ein Wegfall einer Stelle oder die Teil-/Schließung einer Abteilung. Dies geschieht i. d. R. aufgrund von betriebswirtschaftlicher Notlage, Rationalisierung oder eben einfach aufgrund einer unternehmerischen Entscheidung, die jederzeit legitim ist. Dieser Fall der Trennung hat nichts mit dem Mitarbeiter persönlich zu tun und die Auswahl der betroffenen Mitarbeiter erfolgt auf Basis von Kriterien, nach denen man die soziale Schutzbedürftigkeit ermittelt. Das Verfahren dazu sollten Sie der HR-Abteilung und Ihrem Hausjuristen überlassen. Hüten Sie sich bei einem betriebsbedingten Trenungsvorgang Namen von Mitarbeitern auf eine Liste zu setzen, von denen Sie sich gerne trennen wollen. Wer das Unternehmen verlassen muss, ergibt die Sozialauswahl. Es geht um Funktionen und erst im zweiten Schritt um Personen. Der Gesetzgeber lässt es aber zu, Schlüsselpersonen aus der Sozialauswahl herauszunehmen, wenn ihr Verbleib den Bestand des Unternehmens und damit die Sicherung der restlichen Arbeitsplätze garantiert. Bei dieser Kündigungsform kann man einem Mitarbeiter eine Abfindung in Aussicht stellen, wenn er eine Klage unterlässt (Kündigungsschutzgesetz §1a, 0,5 Monatsgehälter mal Anzahl Jahre der Betriebszugehörigkeit; oder die Berechnung erfolgt gem. eines Sozialplanes, der zwischen Arbeitgeber und Betriebsrat abgeschlossen wurde und für diesen Fall Geltung hat).

- **Personenbedingt**: Für bestimmte Funktionen sind ausgewählte persönliche Eigenschaften erforderlich, ohne die ein Mitarbeiter seinen Job nicht mehr ausüben kann. So können Krankheiten (z. B. wiederkehrende Schwindelanfälle bei einem Führer schwerer Fahrzeuge) oder sonstige Gründe für „mangelnde Eignung" (Verurteilung wegen Steuerhinterziehung und Betrugs bei einem Kaufmännischen Leiter) eine Kündigung begründen. In solchen Fälle ist ein Argumentieren schwieriger und Abmahnungen sind kein geeignetes Mittel der Vorbereitung, weil der Mitarbeiter dadurch keinen realisierbaren Änderungsanstoß erhält. Man wird ja nicht wegen einer Abmahnung wieder gesund oder frei von Vorstrafen. Auf eine vereinfachte Formel gebracht, kann man die beiden bisher genannten Kündigungsformen folgendermaßen unterscheiden: Verhaltensbedingt heißt, er will nicht, personenbedingt heißt, er kann nicht. Eigentlich braucht man zur Vorbereitung einer personenbedingten Kündigung keine Abmahnungen, aber oft weiß man bis zum Gerichtsverfahren (z. B. aufgrund der ärztlichen Schweigepflicht) nicht, ob es am Wollen oder am Können liegt. Deshalb kann auch in solchen Fällen eine Abmahnung sinnvoll sein.
- **Verhaltensbedingt**: Dies ist der Bereich, in dem Abmahnungen eine vorbereitende Wirkung haben. D. h., der Mitarbeiter bekam nach Abmahnungen die Gelegenheit, sein Verhalten zu ändern und etwaige Leistungsmängel abzustellen, Pflichtverstöße und Verstöße gegen die betriebliche Ordnung zu vermeiden. Aber auch Störungen im personalen Vertrauensbereich gehören in dieses Feld der Kündigung (schwerer zu argumentieren, deshalb immer mit dem Hausjuristen durchgehen). Je nach „Schwere der Tat" kann nach ein bis drei Abmahnungen zum gleichen Tatbestand eine Kündigung erfolgen.

6.4.2 Auswirkungen auf das Arbeitgeberimage

Sich in der Phase der Trennung so professionell wie möglich zu verhalten, zeichnet eine wirkliche gute Führungskraft aus und es ist ein wertvolles Element einer fairen Unternehmenskultur. So manches Unternehmen hat sich jahrelang am Markt mit viel Aufwand einen guten Ruf aufgebaut und diesen dann blitzschnell durch unprofessionelles Verhalten im Rahmen von Trennungen wieder verspielt. Die bekanntesten Fälle für diesen „Ruf-Selbstmord" waren Personalabbau-Projekte, die in puncto Fairness und respektvollen Umgang dilettantisch gemanaged worden sind. Es muss aber nicht immer Personalabbau in großem Stil sein. Das Verhalten bei einzelnen Trennungsprozessen kann im schlimmsten Falle in Zeiten von Social Media und dadurch offener und schneller Kommunikation via Internet ungeahnte Wellen schlagen. Auch einzelne Meinungen von enttäuschten ehemaligen Mitarbeitern können — www sei Dank — die Meinung anderer Mitarbeiter des Unternehmens und potenzieller Bewerber in ihrer eigenen Meinung beeinflussen.

6 Führung im „roten Bereich": professionelle faire Trennung von Mitarbeitern

Ein Unternehmen kann es sich aussuchen und selbst durch das Verhalten der Führung im roten Bereich beeinflussen, auf welcher Seite der Tabelle es wahrgenommen und mit Adjektiven beschrieben werden will:

sozial	unsozial
fair	unfair
liquide und stark	pleite und verzweifelt
verantwortungsbewusst	verantwortungslos
guter Arbeitgeber	schlechter Arbeitgeber
Profis	Anfänger
Hire & Help	Hire & Fire
durchstarten	Niedergang

Den Zusammenhang zwischen unprofessionellem Trennungsmanagement und dem Niedergang des Arbeitgeberimages und auch — das ist vielleicht am dramatischsten — dem Verlust an Produktivität und Vertrauen der bestehenden Mannschaft beschreibt die nachfolgende Abbildung.

Abb. 47: Folgen schlechten Trennungsmanagements

Der Ruf des Unternehmens wird an verschiedenen Stellen beschädigt. Ein schlecht behandelter Mitarbeiter, der die Trennung als ganz „übles Schurkenstück der Führungskraft" erlebt hat, wird seine eigene Story emotional aufladen und ausschmücken. Dann wird er sie allen erzählen, die es hören wollen und auch denen, die es nicht hören wollen. Dummerweise sitzen Sie nicht daneben und können sofort eine Gegendarstellung vornehmen, wenn dies geschieht. Unterschätzen Sie auch niemals, wie klein der Markt ist. Die verprellten Ex-Mitarbeiter sind Teil einer Community, in der sie bestehenden Mitarbeitern, potenziellen Bewerbern, Partnern, Gesellschaftern und Kunden etc. ihre Meinung über Sie und das Unternehmen kundtun. In Social Medias sogar weit über das frühere persönliche Kontaktnetzwerk hinaus. Einschlägige Plattformen (z. B. www.kununu.com), in denen man sein altes Unternehmen subjektiv bewerten kann, ermöglichen den schnellen Informationsfluss, den Sie nicht mehr beeinflussen und stoppen können. Man muss einfach zur Kenntnis nehmen, dass das Web keine Mauern hat, an denen die gegebenenfalls unfaire Beurteilung Ihres Unternehmens aufgehalten werden würde. Und darüber hinaus wird im Web nicht zwischen Meinungen und bewiesenen Fakten unterschieden.

Angesichts der geschilderten möglichen Folgen dürfen Trennungen nicht nur juristisch bearbeitet, sondern müssen moralisch, psychologisch und prozessual auf höchstem Niveau gemeistert werden.

6.4.3 Rollen, Beteiligte und Prozess

Bei einer Trennung gibt es mehrere Beteiligte und Betroffene, die eine aktive Rolle spielen oder auf deren Befindlichkeiten Rücksicht genommen werden muss:

- Die **Führungskraft**: Sie hat die Verantwortung für eine professionelle Trennung. Nach der Philosophie des Führungs-Omegas gilt, dass man als Führungskraft die Verantwortung nicht delegieren kann. Man kann sie nicht abwälzen, weil sie unangenehm ist. Man muss sich dieser Aufgabe genauso engagiert und gut vorbereitet stellen wie z. B. der Personalgewinnung.
  Im roten Bereich der Führung muss und kann eine Führungskraft beweisen, dass sie Amtsautorität besitzt und bereit ist, zum Wohnle des Unternehmens diese konsequent einzusetzen. Und der Umgang mit den zwischenmenschlichen Themen im Trennungsprozess wird beweisen, ob eine Führungskraft auch wirklich eine persönliche Autorität hat. Schon mehrfach musste ich mit ansehen, wie ein persönlich akzeptierter Manager nach einem „unglücklichen" Trennungsfall, in dem alle Lippenbekenntnisse aus dem Führungsleitbild aus Unvermögen, Fahrlässigkeit oder tatsächlichem Vorsatz mit Füßen getreten wurden, anschließend in seiner persönlichen Autorität schwer beschädigt war. Und wie zum Thema Autorität im Kapitel 1.3 beschrieben, ist der Baustein der persönlichen Autorität derjenige mit der größten Wirkung.

Führung im „roten Bereich": professionelle faire Trennung von Mitarbeitern 6

- Der **betroffene Mitarbeiter**: Seine emotionale Reaktion wird später im Kapitel 6.4.4 beschrieben. Natürlich wird es keinen Mitarbeiter geben, der mit einem „Hurra" angesichts eines professionellen Trennungsverhaltens das Haus verlässt. Aber ob es ein „Zeter und Mordio" oder ein leises Zähneknirschen wird, das entscheidet er angesichts der Behandlung, die er erfahren hat.
- **HR-Vertreter**: Aus der Personalabteilung sollte die Führungskraft Unterstützung durch Beratung zum Prozess und erste Hilfe zum Arbeitsrecht erhalten. Auch eine psychologische Partnerschaft für diese anstrengende Phase sollte eingegangen werden, damit man nicht unterwegs im Prozess seinen Entschluss aufweicht, wenn es schwierig wird. Ein Partner, der einem versichert, dass der Trennungsentschluss gut begründet wurde und der Prozess sauber und fair läuft, hilft einem, seinen begonnenen Weg konsequent weiterzugehen.
- Der **Hausjurist**: Ich empfehle dringend — auch den HR-Vertretern — sich im Rahmen von Kündigungen immer den Rat des Hausjuristen einzuholen. Dieser muss so eingebunden werden, dass er für seine Beratung gerade stehen muss, auch vor dem Arbeitsgericht. Eine „halbgare" Einbindung (z. B. ein nur kurzer telefonischer Austausch ohne vollständige Information zu allen Fakten) mit dem Wunsch nach „schneller Absolution" bringt nichts. Der Rechtsanwalt muss mit klarem Mandat beraten und wissen, dass er seine Meinung im Falle einer Kündigungsschutzklage des Mitarbeiters vor Gericht vertreten und durchfechten müsste. Und dass es dazu oder zu einer vorgeschalteten Güteverhandlung kommen wird, ist angesichts heute üblicher Rechtsschutzversicherungen bei Mitarbeitern eher der Normal- als der Ausnahmefall.
- Wenn Sie es vorsehen, ist ein **Out-/Newplacement-Berater** beteiligt. Dieser erhält das Mandat, dem Mitarbeiter bei der Neuorientierung zu helfen. Neben ganz handwerklichen Hilfen wie z. B. bei der Erstellung aussagefähiger und ansprechender Bewerbungsunterlagen ist die psychologische Begleitung und die Hilfe zur Selbstreflektion und Ausrichtung nach Stärken eine wertvolle Leistung, die dem betroffenen Mitarbeiter in dieser schweren Phase stützen kann.
- Der **Betriebsrat**: Er muss im Rahmen des Mitbestimmungsrechts angehört werden. Erfahrungsgemäß steht der Betriebsrat auf der Seite des Mitarbeiters, auch wenn dieser sich nachweislich Pflichtverletzungen oder nachhaltige Minderleistungen hat zu Schulden kommen lassen. Dies ist legitim, denn wer sonst hält in dieser Phase zum Mitarbeiter; aber eine partnerschaftliche Einbindung und das Aufzeigen von umsichtigen Verhalten wird dafür sorgen, dass ein faires Meinungsbild entsteht.
- Die **verbleibenden Mitarbeiter**: Sie werden sich Ihr Verhalten genau anschauen. Auch wenn Sie die gebotene Diskretion wahren, so spricht sich erfahrungsgemäß doch recht schnell herum, was passiert ist. Informieren Sie proaktiv, diskret aber steuernd, damit die Bleibenden nicht dem sogenannten „Survivor-Syndrom" unterliegen. Dieses beschreibt die Reaktion der bleibenden

Mitarbeiter, die aufgrund der Geschehnisse verunsichert sind und deren Produktivität und Vertrauen dadurch beeinträchtigt werden.

Die Erfahrung zeigt aber auch, dass bei offensichtlichem Fehlverhalten oder mangelnden Leistungen eines Teammitgliedes eine erfolgte Kündigung des Teamkollegen von den anderen Teammitgliedern mit einer zustimmenden Reaktion aufgenommen wird („es wurde aber auch Zeit, dass die Führungskraft hier durchgegriffen hat") und Ihnen dafür Respekt gezollt wird. Aber wie so oft, geht es nicht nur um das Ob, sondern auch um das Wie. Trotz aller offensichtlichen Notwendigkeit, darf im Prozess nicht geschlampt werden.

Für die soeben genannten Beteiligten gibt es das sogenannte „Täter-, Helfer- und Opfer-Prinzip". Dies beschreibt, dass die Führungskraft und die Personaler als aktiv kündigende Personen vom betroffenen Mitarbeiter, der sich selbst als „Opfer" empfindet, als „Täter" erlebt werden. Es ist also Unfug, dass Sie oder die HR-Partner anbieten, den Mitarbeiter noch bei der Neuorientierung zu unterstützen, da dies eine „Helfer"-Rolle wäre. Man kann nicht „Helfer" und „Täter" in einer Person sein. Das muss man sauber trennen, damit es funktioniert.

Der Prozess der Vorbereitung und Umsetzung der Kündigung kann mit dem im Abschnitt über die Abmahnungen geschilderten Vorgehen verglichen werden (siehe Kapitel 6.3.5). Mit dem Unterschied, dass die Maßnahme nicht eine Abmahnung, sondern die Kündigung ist.

Im Nachgang einer Kündigung müssen auch die Folgen gemanaged werden. Dazu bietet es sich unbedingt an, mit dem Mitarbeiter einen Abwicklungsvertrag zu vereinbaren. Im Unterschied zum Aufhebungsvertrag, in dem die Beendigung selbst festgelegt wird, regelt der Abwicklungsvertrag die noch offenen Punkte, nachdem die Beendigung durch eine Kündigung vollzogen wurde.

In einem solchen Abwicklungsvertrag können folgende Themen vereinbart werden (ohne Anspruch auf Vollständigkeit):

- Übergabe der Aufgaben (an wen und wann)
- Resturlaubsnahme und Umgang mit Zeitguthaben
- Abgabe von Firmeneigentum
- Zeugniserarbeitung (z. B. vereinbart man die Erstellung eines Entwurfs durch den Mitarbeiter)
- Freistellung (dies ist ein nicht leichtfertig zu verschenkender Wert: Geld für keine Arbeit ist ein Vorteil, den man in der Verhandlung nur gegen Zugeständnisse des Mitarbeiters einlösen sollte; auch wenn, wie in Kapitel 7 beschrieben, ohnehin nicht mehr mit sinnvollen Beiträgen zu rechnen ist)

6 Führung im „roten Bereich": professionelle faire Trennung von Mitarbeitern

- Festsetzung eines Auszahlungsbetrages für die variable Vergütung (wenn nicht bereits in einer Richtlinie oder Betriebsvereinbarung für den Fall des Ausscheidens eines Mitarbeiters eine Regelung definiert wurde)
- Etwaige Abfindungen im Gegenzug zur Unterlassung einer Kündigungsschutzklage (kein Muss, wenn nicht ein Sozialplan es vorsieht)
- Out-/Newplacement-Unterstützungen
- Verschwiegenheitspflichten, die über das Ausscheiden des Mitarbeiters hinaus gelten
- Wohlgefällige gegenseitige Äußerungen
- Vereinbarungen zur Kommunikation über die Trennung
- Austrittsformalitäten in der Administration

Der psychologische Vorteil einer solchen Vereinbarung ist, dass man mit dem Mitarbeiter über ohnehin trennungsrelevante Themen im Gespräch bleibt und dabei Einigungswillen und konstruktiven Umgang miteinander beweisen kann. Zwar begibt man sich in eine Verhandlungssituation, die angesichts einer juristisch begründbaren einseitigen Kündigung nicht obligatorisch ist, aber wie später noch beschrieben wird, liegt der Tatbestand einer Verhandlung vor, wenn der eine etwas hat, was der andere will und umgekehrt. Und Sie wollen noch etwas vom Mitarbeiter: Unterlassen einer Kündigungsschutzklage, „geräuschloses Ausscheiden", saubere Übergabe, keine abfälligen Äußerungen über das Unternehmen und Personen etc. Deshalb kommt man nicht umhin, dafür auch etwas anzubieten.

HR

Manchmal ist es geschickt, dass Ihr HR-Partner den Abwicklungsvertrag verhandelt. Eine solche Stellvertreter-Verhandlung eröffnet die Möglichkeit, etwas mit den Rollen zu spielen. Nach dem Motto „Ich würde Ihnen das gerne zugestehen, aber da muss ich mit Ihrer Führungskraft verhandeln, da sie es entscheiden muss. Können Sie mir dazu vielleicht noch etwas Entgegenkommen beweisen, dann müsste ich das durchbekommen ...".

Grundsätzlich ist aber die Führungskraft der Verhandlungsführer. Die „Spielart" mit den Rollen wäre nur aus verhandlungstaktischen Gründen sinnvoll, oder wenn die Beziehungsebene zwischen Führungskraft und Mitarbeiter zu angespannt ist und eine angedrohte Kündigungsschutzklage nur durch den Einsatz von einer etwas neutraleren Position, wie sie der HR-Partner einnimmt, verhindert werden könnte.

Die Führungsphasen

6.4.4 Psychologie der Trennung

Auch wenn ein Mitarbeiter im Vorfelde einer Kündigung vielleicht auf Ihre Warnsignale und Führungsimpulse im gelben und orangen Bereich nicht reagiert hat und man „unter Erwachsenen" sagen mag „selbst schuld, hat Dich keiner gezwungen, nicht wieder in den grünen Bereich zurück zu kehren", so ist das Eintreten eines Trennungsszenarios dennoch mit großer psychologischer Auswirkung verbunden. Gerade in unserer deutschen Kultur ist die eigene Identität stark mit dem Beruf verbunden. Verliert man den Beruf, so gerät man deshalb schnell in eine Identitätskrise. Kommen dann noch finanzielle Sorgen dazu, dann kann es zu bedrohlichen Schockzuständen und Depressionen kommen. Der gesamte Verlauf der psychologischen Reaktionen ist in dem „emotionalen W" beschrieben:

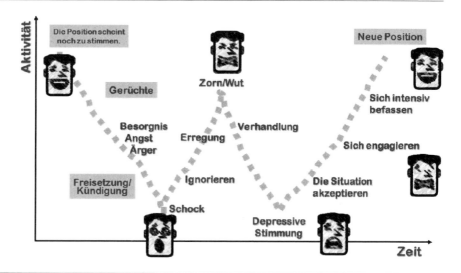

Abb. 48: Das „emotionale W" der Trennung (nach Andrzejewski)

Der Verlauf bildet den Buchstaben W nach. Die Produktivität (Aktivitäts-Achse) des Mitarbeiters geht in den Keller, wenn sich eine Kündigung konkretisiert. Der Mitarbeiter verfällt in einen Schockzustand, in dem er nicht mehr klar denken kann. Dies ist durchaus wörtlich gemeint.

Hierzu eine kleine Anekdote: In einem Unternehmen, in dem ich als HR-Direktor tätig war, hatte der CFO (Chief Financial Officer) einen High Potential gegen meinen Rat allzu schnell in eine Top Position bei einer Tochterfirma befördert. Als kaufmännischer Geschäftsführer dieser Tochterfirma sollte er eine außerordentlich schwierige Situation meistern und scheiterte dabei. Er hatte dabei so viele

6 Führung im „roten Bereich": professionelle faire Trennung von Mitarbeitern

Fehler verursacht und seinen Namen in der Unternehmensgruppe so nachhaltig verbrannt, dass der CFO ihn nicht mehr halten konnte und wollte. Im Vorfeld des Trennungsgesprächs ließ ich ein Taxi für die Fahrt zurück zum Flughafen bestellen. Der CFO belächelte das mit dem Hinweis, dass der Betroffene das ja wohl selbst hinbekommt. Als die Wogen sich geglättet hatten, bedankte sich der betroffene Mitarbeiter bei mir und erzählte, dass er im Taxi tatsächlich nicht mehr wusste, wo er eigentlich hin will und auch am Flughafen noch recht desorientiert war. Wenn nicht auf seinem Flugticket gestanden hätte, wann er wo abfliegt, hätte er es nicht gewusst. Der betroffene Mitarbeiter war wirklich hoch intelligent und selbstbewusst, aber in der Situation der Kündigung konnte man förmlich spüren, wie ihm 1.000 Fragen durch den Kopf gingen. Allen voran sicher die Frage, wie er seiner Familie mit fünf Kindern zuhause erklären sollte, dass der karriereverwöhnte Papa nun erstmal einige Wochen unerwartet Zeit für sie haben wird.

Nach dem Schock-Zustand bäumt sich ein von der Kündigung betroffener Mitarbeiter dann wieder auf und richtet seinen Zorn gegen die kündigende Firma und die handelnden Personen. Dieser Zorn bedeutet zwar auch Aktivität, aber leider nicht in Form von sinnvoller Produktivität, sondern von Gegenwehr. Der Gang zum Rechtsanwalt ist dann obligatorisch. Und eine Kündigung, sei sie juristisch noch so abgesichert, muss sich bei einer Kündigungsschutzklage des Mitarbeiters vor einem Arbeitsgericht erst noch bewähren. Schlimmer aber als eine Klage wäre aber, wenn sich der gekündigte Mitarbeiter dazu hinreißen ließe, dem Unternehmen noch Schaden zuzufügen. Nicht umsonst ist der Entzug einer Zugangsberechtigung zu sensiblen Daten und Prozessen eine gut begründete Maßnahme, wenn auch nicht ein Automatismus.

Wenn der Mitarbeiter dann richtig realisiert, dass er sich nun neu orientieren muss und die regelmäßigen Gehaltszahlungen vom alten Arbeitgeber bald enden werden, beginnt oft eine Phase der Depression. Selbst in Zeiten von Fach- und Führungskräftemangel liegen die Jobs nicht auf der Straße und solange nichts Neues in Sicht ist, gilt es, eine Phase der Unsicherheit zu überwinden. Wenn der Mitarbeiter sich seiner mangelnden Leistung bewusst wird, die gegebenenfalls Grund für die Kündigung war, wird ihm auch schnell klar, dass er sich auf dem Bewerbermarkt unter Umständen gegen deutlich bessere Konkurrenten durchsetzen muss. Daraus entsteht verständlicherweise Angst vor der Zukunft.

Mit etwas zeitlichen Abstand und einer weiteren Beschäftigung mit der Neuorientierung geht die Aktivität des Mitarbeiters wieder hoch. Das ist gut für den Mitarbeiter, bringt aber wiederum nichts im Sinne von Produktivität für das Unternehmen.

Die Führungsphasen

Meine Erfahrungen mit vielen Trennungsprozessen haben mir gezeigt, dass ein Mitarbeiter nach einer Kündigung nicht mehr sinnvoll einzusetzen ist. Wer also glaubt, man kündige einem Mitarbeiter und kann ihm — da man ihn ja auch solange bezahlt — noch bis zum letzten Tag engagierte Arbeit abfordern, dem sei gesagt: Quatsch!

Lange Kündigungsfristen helfen nach meiner Erfahrung kaum gegen Lücken, die sich aus einer Kündigung durch das Unternehmen und ebenso wenig aus einer Kündigung durch den Mitarbeiter ergeben. Auch im zweiten Fall wird ein Mitarbeiter, den man einen schnellen Wechsel in seinen neuen Job mit Hinweis auf seine Kündigungsfrist verwehrt, voraussichtlich keine „Heldentaten" mehr vollbringen, sondern die Zeit angesichts eines verwehrten schnellen Wechsels zu einem anderen Unternehmen unauffällig aber wenig engagiert absitzen. Ich habe deshalb als Führungskraft immer gesetzliche Kündigungsfristen vereinbart und als Berater meine Kunden dahin gehend beraten.

Neuro

Für den Mitarbeiter ist die Kündigung immer ein Angriff auf seine Zugehörigkeit zu seiner sozialen Gruppe. Unsere evolutionäre Reaktion muss eine Stressantwort sein, da der einzelne ohne Gruppe nicht überlebensfähig war. Sollten Sie oder andere Mitarbeiter noch Einfluss auf den ehemaligen Mitarbeiter haben, dann tun sie alles, um andere soziale Gruppen in den Vordergrund zu stellen, nicht aus Ablenkung, sondern um wieder eine Zugehörigkeit zu schaffen, die verletzt wurde. Gruppenzugehörigkeit ist ein wichtiges Bedürfnis. Egal wie logisch, berechtigt oder vorhersehbar die Kündigung war, sie verletzt das Zugehörigkeitsbedürfnis.

Angesichts des emotionalen W's und seiner Ausschläge nach oben und unten ist es angeraten, dem Mitarbeiter einen Partner zur Seite zu stellen, der ihm neutral und unvorbelastet über diese schwierige Zeit hinweg hilft. Das Angebot von Outplacement-Beratern am Markt ist vielfältig. Die Investition rentiert sich auch für das beauftragende und bezahlende Unternehmen. Es mildert die Schock-, Zorn- und Depressions-Phasen und dämpft das emotionale W zu einer „sanften emotionalen Welle" ab. Auch nach innen für die verbleibenden Mitarbeiter wird es als Zeichen respektvollen Umgangs mit einer schwiergen Phase positiv zur Kenntnis genommen. Der Outplacement-Berater kann neben einer Beratung zu ganz handwerklichen Themen wie Bewerbungsunterlagenerstellung insbesondere bei der Analyse der Situation, den daraus oft auch entstehenden neuen Chancen und dem Erkennen der eigenen Stärken, die es für die Neuorientierung zu nutzen gilt, wertvolle Unterstützung leisten.

Führung im „roten Bereich": professionelle faire Trennung von Mitarbeitern

Neben dem beschriebenen W-Verlauf der Emotionen gibt es (nach Andrzejewski) bei den von der Kündigung betroffenen Mitarbeitern weitere Reaktionskategorien. Diese stellen das W nicht infrage, sondern ergänzen es.

Die folgende Tabelle beschreibt die Reaktionskategorien bei gekündigten Mitarbeitern (nach Andrzejewski: Trennungskultur, ergänzt um den Depressiven).

Beherrschte	<ul><li>Stellen Sie sicher, dass der Betroffene die Nachricht wirklich aufnimmt.</li><li>Wiederholen Sie die Nachricht, wenn nötig, oder formulieren Sie sie neu.</li><li>Achten Sie sorgfältig auf die Reaktionen.</li><li>Versuchen Sie keinesfalls, Emotionen „gewaltsam" in Gang zu setzen.</li><li>Geben Sie der Situation Struktur.</li></ul>
Aggressive	<ul><li>Lassen Sie ihm Zeit, seinem Ärger und seiner Wut Ausdruck zu geben.</li><li>Widerstehen Sie der Versuchung, sich zu verteidigen.</li><li>Sachliche Argumente beruhigen den Aggressiven in der Regel nicht.</li><li>Machen Sie deutlich, dass Sie Aussagen zur Kenntnis nehmen — ruhig bleiben.</li><li>Bleiben Sie bei Ihrer geplanten Gesprächsstrategie.</li></ul>
Depressive	<ul><li>Anders als beim Aggressiven richtet sich hier die Energie gegen den Mitarbeiter selbst.</li><li>Verstärken Sie nicht das Gefühl der Schuld beim Betroffenen.</li><li>Sachliche Argumente ermuntern den Depressiven in der Regel nicht.</li><li>Seien Sie sensibel für Signale der Selbstdestruktion (Suizidgefährdung).</li><li>Bleiben Sie bei Ihrer geplanten Gesprächsstrategie.</li></ul>
Schockierte	<ul><li>Geben Sie dem Betroffenen Zeit, die Mitteilung sacken zu lassen.</li><li>Scheuen Sie nicht davor zurück, Schweigen als Mittel einzusetzen.</li><li>Geben Sie die Möglichkeit, die Schockreaktion in einem Gefühlsausbruch zu entladen (z. B. weinen).</li><li>Geben Sie Hilfestellung durch die Systematik der nächsten Schritte.</li></ul>
Konstruktive	<ul><li>Hören Sie sorgfältig zu.</li><li>Halten Sie so viele Informationen bereit wie möglich.</li><li>Beantworten Sie die Fragen des Mitarbeiters offen und klar.</li><li>Seien Sie präzise im Bezug auf die weiteren Schritte.</li></ul>

Mit dem Wissen um die typischen Reaktionen können Sie sich mental etwas auf die Situation vorbereiten, indem Sie eine Einschätzung vornehmen, wie der Mitarbeiter mit seiner Kündigung umgehen wird. Da eine Kündigungssituation auch für die Führungskraft anstrengend sein wird, ist ein bisschen Vordenken sicher eine gute mentale Vorbereitung. Die Tipps in der obigen Abbildung helfen, mit der Situation dann besser umzugehen.

Die Führungsphasen

Auch wenn es auf den ersten Blick nicht so ersichtlich ist, aber der Konstruktive verursacht manchmal mehr Schaden als man ahnen würde. Bei diesem Kollegen müssen Sie eine klare Vereinbarung treffen, dass im Unternehmen absolutes Stillschweigen zu wahren ist und die Kommunikation zu Themen wie Übergaben der Aufgaben etc. ausschließlich durch Sie erfolgt. Ansonsten kann es Ihnen passieren, dass „die Katze schon aus dem Sack" ist, während Sie noch auf dem Weg zum Driver Seat sind. Der Kollege hat dann schon seine Übergabe mit dem Bürokollegen geplant, den Kunden über sein Ausscheiden informiert und sonstige konstruktiv gemeinte Vorbereitungen getroffen. Die daraus entstehenden Irritationen können erheblichen Schaden verursachen, und dabei hat es der Konstruktive doch nur gut gemeint.

„Spannend" für die Gestaltung der Kündigungssituation ist natürlich auch der Aggressive, dazu eine kleine Anekdote: In dem beschriebenen Beispiel aus den Trennungs-Trainings bei der Gewerkschaft, hatte sich eine Teilnehmerin offensichtlich über mich vorinformiert und dabei wohl mein Buch „Selbstverteidigung im Einsatz" (ein Leitfaden für die militärische Selbstverteidigung) gegoogelt. Sie berichtete von einem anstehenden Trennungsgespräch mit einem recht aggressiven Mitarbeiter, der obendrein ein „Kerl wie ein Baum" ist, während sie eine recht zierliche Dame war. Mit Hinweis auf mein Nahkampfbuch fragte sie mich, wie sie mit dieser Situation umgehen soll. Ihrer Hoffnung auf ein paar einfache aber wirksame „Dirty Tricks" zur Abwehr dieses Aggressiven habe ich enttäuschen müssen, um dem Training nicht eine neue Richtung zu geben. Ich gab ihr aber den Rat, sich eine wirksame Allianz zu schaffen. Mit beisitzenden Kollegen wie dem Betriebsratsvorsitzenden und dem Personalleiter sollte dem betroffenen Mitarbeiter klar werden, dass er sich mit seiner Aggression nicht gegen die Geschäftsführerin allein wenden kann, sondern eine vereinte Allianz der wichtigsten Funktionsträger vor sich hatte. Für die Zeit danach bis zum Verlassen des Unternehmens und darüber hinaus empfahl ich einen Outplacement-Berater, der den Mitarbeiter in seinem gemäß dem emotionalen W zu erwartenden Zorn immer wieder auf den Boden zurückholen sollte.

Als Führungskraft werden auch Sie emotional reagieren, die Situation wird unweigerlich etwas bei Ihnen auslösen. Auch dafür gibt es typische Reaktionsarten, auf die Sie sich einstellen und vorbereiten könnten. Die drei häufig vorkommenden Reaktionstypen sind: Verdränger, Konfrontierer und Konsens-Sucher.

Die folgende Tabelle beschreibt die Reaktionstypen der Führungskraft in Trennungssituationen (nach Andrzejewski: Trennungskultur, S. 151 ff.):

Führung im „roten Bereich": professionelle faire Trennung von Mitarbeitern

Verdränger

- **Bekannte Verdrängungsstrategien:**
  - Innere Abspaltung: „Ich muss das nicht vertreten, da ich nur ausführendes Organ bin."
  - Funktionärhaftes Arbeiten: „Das ist ein Job wie jeder andere."
  - Ausstiegsphantasien: „In 3 Jahren mache ich sowieso alternativen Landbau."
  - Rationalisieren: „Irgendeiner muss den Job ja machen."
  - Hoffnung auf bessere Tage: „So kann es ja nicht immer weitergehen."
  - Ausstieg: „Ich wechsle den Job."
- **Verhaltenstipps:**
  - Machen Sie sich die Komplexität und Emotionalität der Trennungssituation bewusst.
  - Sprechen Sie über Ihre Situation und über Ihre Gefühle mit erfahrenen Kollegen, Personalprofis oder einem Coach.
  - Bleiben Sie innerlich am Ball, erlauben Sie sich keine Ausflüchte (muss ja auf Dienstreise ...).
  - Bereiten Sie sich diszipliniert vor.

Konfrontierer

- **Verhalten:**
  - Image des Problemlösers, aber auch des Zerstörers und Vernichters (harter Manager).
  - Je unsicherer er sich in der Rolle des Kündigenden fühlt, desto aggressiver und härter glaubt er, vorgehen zu müssen.
  - Technische Problemlösung unter Einschaltung der „Instanzen" Rechtsanwalt und HR.
  - Delegation des Problems an die nächsthöhere Ebene.
- **Verhaltenstipps:**
  - Machen Sie sich bewusst, dass es auch anders geht.
  - Überdenken Sie ihre Grundeinstellung zur Trennung.
  - Versuchen Sie Ihre Gefühle bewusst wahrzunehmen.
  - Überdenken Sie Ihr Menschen- und Mitarbeiterbild.
  - Verschaffen Sie sich innere Sicherheit. Wer selbst sicher ist, hat keinen Grund, andere „klein" zu machen.
  - Ermutigen Sie sich selbst, Ihre Gefühle zuzulassen.

Konsens-Sucher

- **Verhalten:**
  - Sucht nach fairer und professioneller Lösung, empfindet sich als empathisch und einfühlsam.
  - Wird oft als zu nett und soft wahrgenommen.
  - Dem Mitarbeiter zu ermöglichen, sein Gesicht zu wahren, wird als Schwäche ausgelegt.
  - Eigene Verstrickung mit der Gefühlswelt des Gekündigten kann zu faulen, falschen Kompromissen führen.
- **Verhaltenstipps:**
  - Prüfen Sie sich hinsichtlich Ihrer Grenzen, bleiben Sie innerhalb der für Sie tolerablen Grenzen — emotional und sachlich.
  - Achten Sie auf die Gefahr, zu viele Zugeständnisse zu machen („Ich muss es nicht allen recht machen").
  - Sagen Sie sich: „Die Gefühle des anderen gehören zu ihm, nicht zu mir!"
  - Denken Sie an Ihren Auftrag, den Sie gewissenhaft und professionell durchführen wollen.
  - Lassen Sie sich nicht irritieren durch die Aufforderung nach mehr Härte.
  - Bleiben Sie menschlich und fair.

Die Führungsphasen

Nach meiner Wahrnehmung kommen Konfrontierer eher selten vor. Diese neigen dazu, Recht haben zu wollen und dem Streit vor Gericht freudig ins Auge zu schauen. Durch eine solche Einstellung und das daraus entstehende Kräftemessen vor Gericht werden häufig so viele Geräusche gemacht, dass es zu einem Spektakel mit Öffentlichkeitswirksamkeit kommt, was, wie bereits erklärt, schnell negative Auswirkungen auf das Arbeitgeberimage haben kann.

Dazu wieder einmal eine kleine Anekdote: In einem Unternehmen hatte sich der Marketingmanager reichlich Schuld aufgeladen. Er hatte bei dem ehemaligen aber mittlerweile ausgeschiedenen Gründer des Unternehmens, der inzwischen ein anderes Unternehmen führte, Dienstleistungen eingekauft und sich u. a. aufgrund „jugendlicher Unerfahrenheit" dafür persönliche Vorteile verschafft. Die Faktenlage war eindeutig genug für eine ordentliche Kündigung wegen arbeitsrechtlicher Pflichtverletzungen und persönlicher Vorteilsnahme. Da der Marketingmanager aber auch jahrelange wertvolle Aufbauarbeit geleistet hatte und sich von dem ehemaligen Gründer offensichtlich verführen hatte lassen, empfahl ich die Verhandlung eines Aufhebungsvertrages, um eine Trennung unter Gesichtswahrung für den Betroffenen zu ermöglichen und der Mannschaft zu zeigen, dass man bemüht ist, die zurück liegenden Leistungen des Mitarbeiter auch angesichts offensichtlicher Verfehlungen wertzuschätzen. Das von mir vorgeschlagene Vorgehen wäre für beide Seiten geräuscharm verlaufen.

Eine Abfindung und sonstige Vergünstigungen hätte es dabei natürlich nicht gegeben. Der Aufhebungsvertrag war schnell fertig verhandelt und lag zur Unterschrift vor, da der betroffene Mitarbeiter seine Chance erkannt hatte, mit „einem blauen Auge" aber ansonsten unbeschädigt davon zu kommen, um sich am Markt bald wieder neu orientieren zu können. Da sprach der CEO unabgesprochen eine fristlose Kündigung aus, um dem Betroffenen einmal zu zeigen „wo Meier den Most holt". Dies war ein klarer Fall von Konfrontierer-Verhalten, der allerdings mit Pauken und Trompeten vor dem Arbeitsgericht scheiterte. Denn vor dem Arbeitsgericht gilt häufig „im Zweifel für den Schutzbedüftigeren". Die fristlose Kündigung wurde aufgehoben und in einem Vergleich musste der CEO noch eine Abfindung zahlen; er hatte sich kräftig blamiert und in der Branche war der Fall **das** Tagesgespräch. Dummerweise war das Unternehmen in einer Branche tätig, in dem der Kunde Vertrauen als Basis für das Geschäft betrachtete, und das wird durch derlei Schmutzschlachten nicht unterstützt. Das ganze Spektakel hatte also neben dem beschädigten Arbeitgeberruf auch eine schädliche Wirkung auf das Geschäft. Und dies alles nur, weil der CEO sein Verhalten als Konfrontierer nicht im Griff hatte.

6.4.5 Nach der Trennung

Auch wenn der Vorgang einer Trennung anstrengend ist, darf man sich nachher nicht ausruhen und einfach weitermachen. Selbst wenn man einen Mitarbeiter entlassen hat, der wenig Beitrag geleistet oder sogar Schaden im Team angerichtet hat, so heißt es doch, Nachsorge zu betreiben und „Wunden zu lecken". Vergleichen Sie die Trennung mit einer Operation. Selbst wenn man den Eingriff mikroinvasiv gestaltet, also bei der Trennung so professionell wie möglich vorgegangen ist, bleibt es doch ein Eingriff, und der muss eine Wundbehandlung nach sich ziehen.

Es wird durch eine Trennung in jedem Fall eine Lücke in der Organisation gerissen. Diese kann größer oder kleiner sein, aber durch einen Eingriff werden immer gewachsene Strukturen verändert, zerstört oder geheilt. In jedem Fall wird sich etwas verändern, deshalb heißt das Gebot der Stunde: „Begleiten Sie Trennungen mit Team- bzw. Organisationsentwicklungs-Aktivitäten, in die Sie das Umfeld mit einbeziehen." Dazu sollten Sie folgende Maßnahmen in Betracht ziehen:

- Teambuilding hilft, zusammenzuschweißen, was Risse bekommen hat. Dazu sollte man sich entweder inhouse oder besser noch „offsite" auf neutralem Terrain genügend Zeit nehmen und mit interner/externer Moderation den Blick nach vorne richten.
- Die Trennung von Personen kann/muss auch immer Anlass sein, über die Trennung von Funktionen bzw. Aufgaben nachzudenken (braucht man die Funktion und die dazugehörigen Aufgaben wirklich alle oder nur teilweise?).
- Muss nachbesetzt werden oder kann man mittels Prozess- und Strukturveränderungen mit weniger Ressourcen die gleichen Aufgaben erledigen? In keinem Falle sollten Sie einfach so tun, als wenn sich nichts verändert hat und die Aufgaben auf andere verteilen. Die verbleibenden Mitarbeiter müssen mindestens das Gefühl und die Zuversicht entwickeln können, dass Maßnahmen aufgesetzt werden, um das Arbeitsvolumen in Zukunft bewältigen zu können.
- Potenzial zum Ausgleich einer verringerten Ressource steckt meist in der Optimierung der Ablauf- und Aufbauorganisation (Prozesse und Organigramm). Neue Jobprofile entstehen oder es müssen bestehende aktualisiert werden.
- Bei umfänglicheren dauerhaften Änderungen von Jobprofilen müssen gegebenenfalls Versetzungen von Mitarbeitern ausgesprochen werden.
- Personalentwicklungsmaßnahmen können oder müssen als Veränderungsbegleitung heran gezogen werden, wenn durch eine Umverteilung neue Aufgaben auf Mitarbeiter zukommen.
- Neue Prioritäten sollten festlegt werden, insbesondere, wenn nicht nachbesetzt wird. Vielleicht müssen alle Aufgaben erhalten bleiben, aber nicht jede muss oder kann mit der gleichen Aufmerksamkeit und Intensität erfüllt werden.

Die Führungsphasen

6.4.6 Austritts-Interviews als Quelle der Erkenntnis

Wenn ein Mitarbeiter von sich aus das Unternehmen verlässt (Fluktuation), sollte man in jedem Falle nachfragen, warum man ihn nicht binden konnte. Austritts- bzw. Exit-Interviews sind hier eine tolle Möglichkeit, um Schwachstellen in allen wichtigen Elementen der Bindung aufzudecken. Als Führungskraft sollten Sie es aushalten, dass i. d. R. Ihre Führungsleistung nicht ganz ungeschoren davon kommt. Dass Führung und Bindung einen engen Zusammenhang hat, wird im Kapitel 8.6.1 im Detail erläutert. Und dass die Meinung eines ausscheidenden Mitarbeiters nicht mehr ganz frei von kritischen Aspekten ist, sollte wohl klar sein. Aber es liegt an Ihnen, mutig und selbstkritisch die „Perlen" heraus zu filtern, die Ihnen ermöglichen, wertvolle und hilfreiche Optimierungspotenziale für die Zukunft freizusetzen.

Aber auch wenn Sie sich aktiv von einem Mitarbeiter trennen und Sie Ihre Beweggründe dafür genau vor Augen haben, sollte ein Exit-Interview stattfinden. Denn warum ein Mitarbeiter seine Potenziale nicht heben konnte, was ihn gebremst und gestört hat, ist oft vielfältig. Manchmal stößt man — freigesetzt durch die mit der Trennung oft verbundene rücksichtslose Offenheit des ausscheidenden Mitarbeiters — auf ganz neue Erkenntnisse, die bisher nicht ausgesprochen wurden. Ein Mitarbeiter, dessen Austritt vereinbarte Sache ist, gibt viel mehr preis als ein Mitarbeiter, dem man in Kritik- oder disziplinarischen Gesprächen gerade unter Führungsdruck setzt. Denn dieser befürchtet, dass man offene Äußerungen zu seinem Nachteil auslegt und verwendet.

HR

Das Exit-Gespräch sollte ein neutraler Partner führen. Das kann gegebenenfalls in nicht allzu angespannten Situationen ein HR-Mitarbeiter sein, besser aber noch wäre es, jemanden aus einem anderen Bereich oder einen Externen einzubinden. Wichtig ist, dass die Wahl auf jemanden fällt, der keine Ambitionen hegt, bestimmte Themen in den Vordergrund zu stellen.
Manchmal werden Betriebsratsmitglieder als Interviewer vorgeschlagen. Aber es wäre nur nachvollziehbar, wenn dieser die Fragen so stellt und die Antworten so interpretiert, dass Themen an Wichtigkeit gewinnen, deren Änderung der Betriebsrat schon lange der Geschäftsführung abverlangt. Eine neutrale Besetzung wäre dies also nicht.

Auch wenn die Führungskraft selbst die falsche Person ist, um ein Exit-Interview bei einem von ihr gekündigten Mitarbeiter durchzuführen (ich erinnere an die Täter-Helfer-Rollen), sollten Sie wissen, welche Fragen der Interviewer stellen müsste und nach welchen Erkenntnissen Sie ihn nachher fragen sollten. Hier einige gute Fragen:

Führung im „roten Bereich": professionelle faire Trennung von Mitarbeitern

- Was empfanden Sie in unserem Unternehmen als motivierend?
- Was empfanden Sie als demotivierend?
- Was hätte passieren müssen, damit Sie Ihre volle Leistungsfähigkeit und Ihr volles Engagement hätten entfalten können? Welche Rahmenbedingungen hätten anders gestaltet sein müssen?
- Was waren die größten Bremser Ihrer Leistungsfähigkeit?
- Was müsste man bei Prozessen und Organisation verbessern?
- Was hätte man im Rahmen des Trennungsprozesses besser machen können?
- Was gab es Positives und Negatives im Team?

7 Führung ist eine Beziehung – den Mitarbeiter als aktiven Part einbinden

Mitarbeiter legen manchmal eine Schicksalsergebenheit an den Tag, mit der Sie sich in ihre Rolle als „abhängig Beschäftigte" ergeben. Sie ordnen sich willig ihrer Führungskraft unter, was sich für die Führungskraft zunächst als einfach anfühlt, da sie dann in der Zweierbeziehung den unbestritten stärkeren Part übernehmen kann. Auf Dauer ergibt sich aus einer solchen Beziehung aber eher Mehrarbeit für die Führungskraft als Erleichterung für die Führungsarbeit. Denn diese Mitarbeiter geben sich nicht nur in die Hände ihrer Führungskraft sondern schieben der Führungskraft auch die Gesamtverantwortung dafür zu, dass es ihnen gut geht. Dies ist ein „ungesunder Deal" für beide Seiten, denn der Mitarbeiter hält den größeren Hebel für sein berufliches Glück in den Händen und diesen sollte er nicht aus den Händen geben; ebenso wenig sollte die Führungskraft diesen Hebel annehmen.

Eidenschink hat dies einmal so beschrieben: „Gute Führung beruht auf der Beziehung aller Beteiligten" (Eidenschick, Klaus, wirtschaft + weiterbildung 03/2013, Mythos Führungsstärke, S. 21).

Mir geht es in diesem Kapitel in erster Linie um die Partnerschaft zwischen Führungskraft und Mitarbeiter, diese beiden Beteiligten müssen akzeptieren, dass keiner von beiden die alleinige Verantwortung für das Gelingen des Zusammenspiels hat. Schon als es um den Begriff Autorität ging hatte ich aufgezeigt, dass diese nur durch andere insbesondere den Mitarbeitern verliehen werden kann. Deshalb muss gemeinsam konsequent an einer funktionstüchtigen, fruchtbaren Beziehung gearbeitet werden.

Der Führungskraft ist ihre Verantwortung als aktiver Part meist klarer, sie ist ja sozusagen rollenimmanent. Dem Mitarbeiter aber muss man die Gestaltung einer solchen Partnerschaft zwischen Fürungskraft und Mitarbeiter meiner Erfahrung nach erst erklären. Man muss ihm den daraus entstehenden Nutzen verdeutlichen und den von ihm zu leistenden Part kontinuierlich einfordern. Dies ist gegebenenfalls nach vielen Jahren einer passiven und vielleicht sogar recht bequemen Haltung kein einfaches Unterfangen.

Für Sie als Führungskraft hier noch ein Rat: **Erinnern Sie sich täglich daran, dass Sie nicht für das berufliche Glück des Mitarbeiters verantwortlich sind.** Der Mitarbeiter ist erwachsen und damit selbst verantwortlich!

Führung ist eine Beziehung – den Mitarbeiter als aktiven Part einbinden

Er muss sich zwar im Rahmen seiner arbeitsrechtlichen Pflichten und angesichts Ihrer Weisungsbefugnis in das betriebliche Gesamtgeschehen einordnen, aber innerhalb dieser Grenzen gibt es ausreichend Freiräume, die er verpflichtet ist, mitzugestalten. Wenn Sie also bei einem Mitarbeiter eine Mentalität „Du bist meine Führungskraft, kümmere Dich um mein Wohlbefinden" feststellen, dann bitten Sie ihn zu einem Gespräch, in dem Sie ihm diesen Zahn ziehen und ihn in die Pflicht nehmen, an einer erfolgreichen Beziehung aktiv teilzuhaben.

Vereinbaren Sie z. B. in einem dokumentierten Mitarbeitergespräch, dass folgende Grundeinstellungen und Verhaltensweisen in Zukunft zu beachten sind:

- **Führungskraft**: Ich versuche, alles umzusetzen, was man von einer professionellen Führungskraft erwarten darf. Ich kann keine Gedanken lesen, kann deshalb nur verbessern und zukünftig einhalten und verhindern, was mein Mitarbeiter mir mitteilt.
- **Mitarbeiter**: Ich bin keine Marionette, ich muss und kann ansprechen, wenn meine Führungskraft bewusst und unbewusst ungünstigen Einfluss auf mich persönlich, meine Arbeit und die Rahmenbedingungen nimmt. Ich bin verantwortlich und zuständig für meinen Erfolg und meine Work-Life-Balance, nicht meine Führungskraft!
- **Folgendes vereinbaren wir zusätzlich** für eine gelungene für beide Seiten fruchtbare Zusammenarbeit (tragen Sie ein, was immer ihre konkrete Beziehung noch benötigt, z. B. ein offenes und ehrliches sowie regelmäßiges Feedback): ...

Mit einem solchen „psychologischen Vertrag" fällt es Ihnen und dem Mitarbeiter deutlich leichter, sich zukünftig gegenseitig daran zu erinnern, was Sie sich gemeinsam vorgenommen haben. Gerade weil es bei dem beschriebenen Prinzip einer Partnerschaft sehr viel um die Einstellung zur eigenen Verantwortung geht, ist Geduld bei der Veränderung der Garant des Erfolges. Was sich in Jahren in dem Zusammenspiel zwischen Führungskraft und Mitarbeiter falsch eingespielt hat, benötigt mindestens Monate, um es auf einen anderen Weg zu bringen.

Neuro

Beide, Mitarbeiter und Führungskraft, wollen zu einer sozialen Gruppe gehören, unterstreichen Sie diesen Willen auch in solchen Vereinbarungen. Was Sie sprachlich ausdrücken, hat bessere Chancen auf Umsetzung in der Praxis. Durch Sprache werden neuronale Netzwerke gebildet und die Wiederholung sprachlicher Inhalte setzt Lernprozesse in Gang. So entsteht Veränderung.

8 Schlüsselqualifikationen guter Führung und erfolgreicher Unternehmen

Die tägliche Führungsarbeit entlang des Führungs-Omegas benötigt eine Reihe von Qualifikationen, mit denen sich eine gute Führungskraft von einer schlechten unterscheidet. Sie benötigen zum Führungserfolg: persönliche Kompetenzen in den Bereichen Kommunizieren, Entscheiden, Verhandeln, Moderieren und zum Change Management. Ferner benötigen Sie Wissen über ganzheitliche Konzepte wie z. B. Mitarbeiterbindung und High Performance Management, die es im Unternehmen zu etablieren gilt, um erfolgskritische Effekte zu erreichen.

Da diese Kompetenzen und Konzepte nicht nur in einem bestimmten Bereich des Führungs-Omega vorkommen, sondern übergreifend über alle Bereiche wirksam sein müssen, gebe ich Ihnen in den folgenden Abschnitten dazu einen kompakten Überblick. Eine vertiefende Betrachtung kann sicher für jede einzelne Kompetenz und jedes Konzept schnell ein ganzes Buch füllen, aber ich gehe davon aus, dass die nachfolgenden Ausführungen Ihnen bereits wertvolle und sicher für eine erste Auseinandersetzung ausreichend Anregungen geben werden.

8.1 Kommunikation: Basis-Kompetenz für Führung und Zusammenarbeit

Stellen Sie sich einmal vor, man würde Ihnen die Kommunikation verbieten. Sie wären ein ganz einsames Wesen auf dieser Welt, praktisch der „Robinson Crusoe der Führung". Dass man als Führungskraft nur erfolgreich sein kann, wenn man erfolgreich mit seinen Mitarbeitern kommuniziert, ist so profan, dass man es kaum aussprechen möchte. Und doch werden Führungskräfte nach meiner Beobachtung nicht grundsätzlich geschult in Kommunikation. Zu Trainings werden sie oft erst dann entsandt, wenn sich Mitarbeiter über mangelnde und schlechte Kommunikation beschweren und ihre Führungskraft offen als „Kommunikations-Banausen" kritisieren.

Ich wage zu behaupten, dass ein guter Kommunikator, ausgestattet mit ausreichend „GMV" (Gesunder Menschenverstand) schon eine sehr gute Basis hätte, wodurch etwaige Lücken im Bereich Führungswissen und Führungsinstrumente deutlich weniger auffallen würden.

Meine bereits beschriebene Philosophie ist ja, dass Führung ein Handwerk ist, das man erlernen kann. Dies gilt aus meiner Sicht ebenso für Kommunikation, auch wenn manche hierfür etwas mehr oder etwas weniger Talent haben.

In diesem Abschnitt möchte ich mich auf einige ausgewählte Aspekte der Kommunikation konzentrieren, die eine gute Führungskraft verstehen und umsetzen können muss, wenn sie nicht von ihren Mitarbeitern mit „eigentlich tolle Führungskraft, aber totaler Kommunikations-Grobmotoriker, kurz gesagt: alles paletti, solange er schweigt" beschrieben werden möchte.

Ein Mitarbeiter hat mir gegenüber seine Führungskraft einmal als „Elefant im Kommunikations-Porzellan-Laden" bezeichnet. Er äußerte die Einschätzung, dass die Kollegen in seiner Abteilung aus eigener Kraft wahrscheinlich gut zum Unternehmenserfolg beitragen würden, wäre da nicht die Führungskraft und ihre störende Kommunikation.

Eingangs möchte ich Sie mit einer einfachen aber brachialen Erkenntnis darauf sensibilisieren, wie verlustträchtig die Kommunikation im Rahmen der Führung sein kann, wie wenig von den von der Führungskraft gemeinten Inhalten wirklich durch die Mitarbeiter umgesetzt wird. Es beginnt damit, dass die Führungskraft selbst gar nicht in Worte fassen kann, was eigentlich ihre Meinung zu bestimmten Themen ist, und mündet schließlich auf einer stetig abwärts führenden Treppe der Kommunikation in einer viel zu geringen Menge an Informationen, mit denen ein Mitarbeiter am Ende der Kommunikation seine Arbeit verrichtet:

8 Kommunikation: Basis-Kompetenz für Führung und Zusammenarbeit

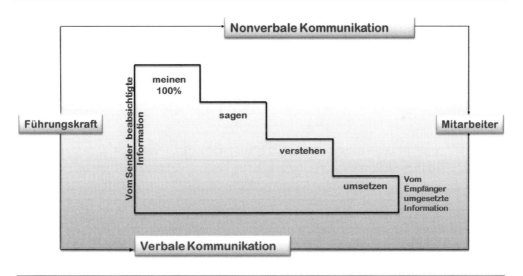

Abb. 49: Treppe der Kommunikationsverluste

Mit einigen Zitaten möchte ich das „Spielfeld der Kommunikation" etwas umreißen und jeweils passende Anregungen dazu geben, wie man mit diesen Erkenntnissen in der Praxis umgehen kann:

„Man kann nicht nicht kommunizieren"

Erstes von fünf Axiomen zur Kommunikation von Paul Watzlawick

Selbst ein Schweigen in einer Situation, in der der Mitarbeiter von seiner Führungskraft eine Reaktion erwartet, sendet ein Signal, das vom Empfänger als Botschaft interpretiert wird. Hierzu zwei Beispiele:

- Halten Sie sich aus einer Kommunikation zwischen Teammitgliedern heraus, so verbinden diese gegebenenfalls damit die Nachricht, Sie interessieren sich für das Thema nicht.
- Widersprechen Sie einem Mitarbeiter bei einer Aussage in einem Meeting nicht, so verstehen das die Anwesenden als Zustimmung.

In der Kommunikation gilt darüber hinaus, dass Menschen zu 80 % nonverbal und nur zu 20 % verbal kommunizieren. Sprechen Sie dem Mitarbeiter ein Lob mit herzlichen Worten aber unterkühlter Mimik und Tonalität aus, dann wird das Lob wertlos. Loben Sie den Mitarbeiter aber mit den gleichen Worten, verbunden mit leuchtenden Augen, einem zugewandten Blick und einem herzlichen Händedruck, so wird er dies als echte Wertschätzung interpretieren.

Schlüsselqualifikationen guter Führung und erfolgreicher Unternehmen

Was immer Sie tun, gehen Sie also davon aus, dass Sie gerade kommunizieren und versuchen Sie nachzuvollziehen, ob die vermutete Wirkung bei den Mitarbeitern ihren Wünschen entspricht.

Kommunikation entsteht beim Empfänger!

nach Friedemann Schulz von Thun

Was immer Sie glauben gesagt bzw. kommuniziert zu haben, ist unter dem Aspekt der Kommunikation völlig irrelevant. Nur der Sinn der Botschaft, die beim Empfänger daraus entstanden ist, zählt wirklich. Deshalb lassen Sie sich von Ihren Mitarbeitern rückmelden, was sie verstanden haben und nun planen zu tun. Das könnten Sie z. B. mit den Worten tun: „Bitte fassen Sie zusammen, was Sie verstanden haben und beschreiben Sie mir, was Sie nun zu tun gedenken!" Diese Nachfrage wäre in zweierlei Hinsicht ein gutes Vorgehen:

1. Sie können feststellen ob die empfangene Botschaft mit der gesendeten übereinstimmt und gegebenenfalls gegensteuern.
2. Sie können erkennen, ob die empfangene Botschaft auch richtig interpretiert und effektiv in Handlungen umgesetzt wird. Was nützt es, wenn zwar das Richtige verstanden wurde, aber der Mitarbeiter die falschen Schlüsse daraus zieht und seine Handlungen nicht zu den gewünschten Zielen führen.

Um das Prinzip „Kommunikation entsteht beim Empfänger" auch wirklich zu respektieren, vermeiden Sie die Formulierung „Da haben Sie mich missverstanden". Diese Äußerung verschiebt das Kommunikationsversagen zum Mitarbeiter. Sagen Sie lieber „Da habe ich mich an einer Stelle wohl unglücklich ausgedrückt" und erklären Sie das Thema erneut, bis die Reflexion des Mitarbeiters zu Ihrer beabsichtigten Botschaft passt.

„Kommunikation erfordert mehr Vorstellungskraft, als sich viele Leute vorstellen oder in Wirklichkeit haben."

Cyril Northcote Parkinson, 1909–93, britischer Historiker und Publizist

Diesem Zitat muss ich beipflichten, wenn ich auf meine Erfahrungen zurückschaue. Als Berater und insbesondere als Coach erlebt man allzu häufig Situationen, in denen Probleme bei Führungskräften nur deshalb entstanden sind, weil die Kommunikation nicht erfolgreich geklappt hat. Manche Führungskraft meint z. B., dass ein ganzes Unternehmen vollumfänglich informiert ist, weil sie eine Mail geschrieben hat. Bei einer solchen Annahme gilt es aber, eine komplexe Kette zu beachten, die

8 Kommunikation: Basis-Kompetenz für Führung und Zusammenarbeit

durch die oben abgebildete Treppe des Kommunikationsverlustes schon in Kurzform beschrieben wurde:

Gesagt ist noch nicht **gehört** ist noch nicht **verstanden** ist noch nicht **einverstanden** ist noch nicht **gemacht** ist noch lange nicht **richtig gemacht** und **einmal richtig gemacht** ist noch lange nicht **immer richtig gemacht**! (frei nach Konrad Lorenz, 1903–89, österr. Verhaltensforscher, 1973 Nobelpreis).

Führungskräfte sollten der Lorenz Kette aus meiner Sicht mehr Beachtung schenken und deutlich mehr Energie darauf verwenden, dass eine von ihnen getroffene Entscheidung nachhaltig und erfolgreich kommuniziert wird und in der beschriebenen Kette nicht verloren geht. Nur so kann man seine Mitarbeiter wirksam führen.

Ich habe 12 Jahre als Vorstand eines Beratungsunternehmens auch einen Geschäftsbereich „Mitarbeiterbefragungen" geleitet. I. d. R. waren die Items, die sich mit Kommunikation und Information befassten, „im Keller". Die Auftraggeber der Befragungen sprachen sich von diesem Mitarbeiter-Feedback frei mit dem Hinweis: „Wenn Mitarbeiter nichts mehr zu meckern haben, dann kritisieren sie das Essen in der Kantine, Kommunikation und Information". Ich glaube nicht, dass hier von den befragten Mitarbeitern „Pseudokritik" geübt oder „Meckern auf hohem Niveau" betrieben wurde, vielmehr kam hier meines Erachtens das gewählte Motto zum Tragen, dass einem die Vorstellungskraft dafür fehlt, was bei der Kommunikation alles nicht klappen könnte.

> „Aus vielen Worten entspringt eben so viel Gelegenheit zum Missverständnis."
>
> *William James, 1842–1910, amerikanischer Philosoph*

> „Auch in der Kommunikation gilt das Gesetz des abnehmenden Grenznutzens: Immer mehr Aufwand bringt – ab einem gewissen Punkt – immer weniger Erfolg."
>
> *Michael Tost*

Besonders anschaulich erlebe ich den in den beiden Zitaten beschrieben Sachverhalt, wenn Führungskräfte Kritikgespräche führen und dabei Feedbacks geben. Aus einer getätigten klaren Aussage wird eine Wolke des Unverständnisses, weil der Sprecher seinen kurzen aber im Inhalt ausreichend klaren Sätzen noch weitere Sätze hinzufügt. Vielleicht geschieht dies aus dem Gefühl heraus, dass der Mitarbeiter enttäuscht sein könnte, wenn ein Feedback seiner Führungskraft nach drei kurzen Sätzen bereits endet. So versucht der Feedbackgeber mit anderen Worten eigentlich noch einmal das Gleiche zu sagen. Manche Führungskraft erwirbt dadurch bei seinen Mitarbeitern den Ruf eines „Dampfplauderes" (viele Worte und doch nur heiße Luft). Man kann regelrecht zuschauen, wie sich aus einem zustimmenden Nicken beim Mitarbeiter die Mimik zu einem großen Fragezeichen verzieht. Haben Sie deshalb den Mut, mit klaren aber kurzen Sätzen zu kommunizieren, wenn Sie sicher gehen wollen, dass Ihre Botschaft verstanden werden soll.

Hier die häufigsten **Ursachen für zu lange Gespräche:**

- Kein klares Ziel vor Augen: also vorher das Ziel definieren
- Fehlende Gesprächsführung: also das Gespräch aktiv moderieren
- Unsystematische Vorgehensweise: also dem Gespräch Struktur geben
- Unnötige Wiederholungen: deshalb die Argumente auf einer Liste abhaken
- Missverständnisse: deshalb Klärungen herbeiführen, wenn man den Verdacht für ein Missverständnis hat
- Ergebnisse werden nicht zusammengefasst: deshalb zwischendrin und am Ende des Gesprächs ein Fazit ziehen und per E-Mail anschließend als Gesprächsprotokoll versenden
- Füllworte: Sätze werden klarer, wenn man Worte ohne echten Inhaltsbeitrag und Weichmacher unterlässt!

„Es hört doch jeder nur, was er versteht."

Johann Wolfgang von Goethe, deutscher Dichter der Klassik und Universalgenie, 1749–1832

Bedenken Sie, dass beim Mitarbeiter während der Kommunikation u. a. aufgrund seiner Erfahrungen, seines Wissensstandes und seiner persönlichen Wertvorstellungen seine individuell verstandene Botschaft entsteht. Wenn Sie einem ausgeprägt rationalen Menschen Ihre tief emotionalen Befindlichkeiten beschreiben und erklären wollen oder einem in Routinearbeit versinkenden Sachbearbeiter Ihre strategischen Visionen schildern möchten, sehen die Sie gegebenenfalls an wie „ein Bus". Man versteht Sie einfach deshalb nicht, weil dafür gar kein Denkraster, in dem die betreffenden Mitarbeiter das Gehörte einordnen können, abrufbar ist. Genauso eingeschränkt versteht beispielsweise ein Buchhalter einen Marketier oder ein gerade auf Kostenreduktion getrimmter Kaufmann den nach Personalentwicklungsbudget rufenden Personalmanager, der seine Vision eines „Employer of Choice" verwirklichen will.

8 Kommunikation: Basis-Kompetenz für Führung und Zusammenarbeit

Ich solchen Fällen von zu erwartenden Kommunikationsproblemen muss man ein „Terrain" vorbereiten, das alle Beteiligten verstehen können. Dies kann z. B. durch den Austausch von Hintergrundwissen, durch die Wahl von beiderseits verständlichen Worten, die Vermeidung von „schicken Anglizismen" oder mit gemeinsam formulierten Definitionen für missverständliche Sachverhalte („was verstehen wir beide unter...?") gelingen.

Ganz verzwickt wird es natürlich, wenn man sich in einer Nicht-Muttersprache verständigt. Einer Führungskraft, die z. B. auf Englisch mit dem chinesischen Mitarbeiter kommuniziert, stehen mehrere Hindernisse für eine fehlerfreie Verständigung im Weg. Die gegebenenfalls auf beiden Seiten vorliegende begrenzte Sprachkompetenz in einer Fremdsprache erfährt durch die interkulturellen Unterschiede eine brachiale Verstärkung. Man kann hier nur jede Führungskraft ermutigen, sich für die Kulturen, aus denen die eigenen Mitarbeiter entstammen, mit interkulturellen Trainings zu wappnen.

Eine meiner Kooperationspartnerinnen, die sich auf interkulturelle Beratung und Trainings spezialisiert hat, beendet ihre Mails immer mit dem Motto „Nothing means the same, thats cross-cultural communication" (frei übersetzt: nichts hat die gleiche Bedeutung, das macht kulturübergreifende Kommunikation aus, Isabelle Demangeat). Obwohl sie als Französin lange Jahre in Deutschland lebt und nach meiner Wahrnehmung fast akzentfrei Deutsch spricht, bin ich immer wieder verwundert, wie oft in der Kommunikation zwischen uns beiden Missverständnisse — wenn auch kleine — entstehen. Und daran tragen wir sicher beide erheblichen Anteil, auch wenn ich mich in meiner Muttersprache bewege und wir beide viel über Kommunikation gelernt haben.

> **„In einer Fünftelsekunde kannst du eine Botschaft rund um die Welt senden. Aber es kann Jahre dauern, bis sie von der Außenseite eines Menschenschädels nach innen dringt."**
>
> *Charles F. Kettering 1876–1958, amerikanischer Industrieller, zuständig für Forschung und Entwicklung bei General Motors*

„Ich habe es meinem Mitarbeiter schon hundert Mal erklärt ...". Unabhängig davon, dass es bei solcherlei Aussagen sicher nicht um mehr als drei Erklärungen geht, spielgelt diese frustrierte Äußerung einer Führungskraft das Zitat anschaulich wider. Kommunikation benötigt nun einmal Geduld, weil nachhaltige Verhaltensänderungen bei einem Menschen erfahrungsgemäß nicht durch einmalige Anstöße gelingen.

Schlüsselqualifikationen guter Führung und erfolgreicher Unternehmen

In meinen Zeitmanagement-Trainings und -Coachings gehe ich viel auf innere Einstellungen und Gewohnheiten ein, weil diese es sind, die dafür sorgen, dass klare und unmissverständliche Botschaften, die sogar richtig empfangen und verstanden wurden, trotzdem nach dem Verstehen beim Empfänger mit den bestehenden Handlungsrastern konkurrieren. Leider „verlieren" die neuen Botschaften aber häufig gegen das alte Denken und Handeln und können sich dann — wenn überhaupt — erst nach mehrmaligen Wiederholungen durchsetzen.

Bleiben Sie deshalb geduldig, bemühen Sie sich weiterhin um eine positive Beeinflussung Ihrer Mitarbeiter durch gelungene Kommunikation und verwechseln Sie nicht die Geschwindigkeit des technischen Kommunikationsmittels mit der Geschwindigkeit der Mechanismen, die sich im Mitarbeiter selbst abspielen.

Führungskräfte werden zu viel im Reden ausgebildet! Eine gute Führungskraft kennt die richtigen Fragen und hat die Geduld, auf die Antworten seiner Mitarbeiter zu warten und diesen wirklich zuzuhören!

Arne Prieß

Der Klassiker im Rahmen der Feedbackrunde nach Rollenspielen in Trainings ist: „Gut fand ich, dass die Führungskraft die meiste Redezeit hatte, sie dominierte das Gespräch und saß damit im Driver-Seat".

Dieses Feedback spiegelt die aus meiner Sicht irrige Annahme wider, dass man viel reden muss, um gut zu führen. Häufig wird auch unterstellt, ein extravertierter Mensch hat bessere Voraussetzungen als ein introvertierter, weil er ja von sich aus mehr auf die Mitarbeiter zugeht und mit ihnen spricht.

In meinen Berufsjahren habe ich bereits zahlreiche introvertierte und recht stille Führungskräfte kennengelernt, die als Führungskraft voll akzeptiert waren und deren Mitarbeiter nicht nur sehr zufrieden mit der Führungsleistung waren, sondern aufgrund dieser Führungsleistung auch tolle Beiträge zum Unternehmenserfolg geleistet haben.

Meine Annahme ist deshalb, dass erfolgreiche Kommunikation und damit erfolgreiche Führung weniger mit viel Reden, sondern ganz viel mit den richtigen Fragen und der Geduld, auf eine Antwort des gefragten Mitarbeiters (still) zu warten, zu tun hat. Im **Fazit**: Gehen wir einmal davon aus, dass wir die richtigen Mitarbeiter auf die richtigen Positionen gesetzt haben und diese aufgrund ihrer Expertise und Erfahrung absolut kompetent sind für die aufkommenden Fragen, dann ist es nicht nur eine hohe Form der Wertschätzung, sondern auch ein qualitätsförderndes

8 Kommunikation: Basis-Kompetenz für Führung und Zusammenarbeit

Verhalten, wenn die Führungskraft die Stille eines auf eine Frage nachdenkenden Mitarbeiters nicht durch eigene unter Umständen weniger kompetente Äußerungen durchbricht. Da ich selbst recht extrovertiert bin, muss ich mich selbst häufig zu einem solchen Verhalten zwingen. Aber ich rufe mir dann immer eine Äußerung eines Mitarbeiters ins Gedächtnis: „Denken ist still!" Recht hatte er, und deshalb lohnt es sich zu warten, bis der Mitarbeiter seinen Denkprozess beendet hat und mit einer Antwort oder einem Vorschlag reagiert.

Wer dieses Thema vertiefen möchte, dem seien die Bücher von Prof. Dr. Friedemann Schulz von Thun ans Herz gelegt, der hier sicher mit seinen Modellen (4 Schnäbel — 4 Ohren, Situationsmodell, Riemann/Thomann, Inneres Team, Teufelskreis und Wertequadrat) einen grundlegenden Beitrag zum Thema „Verstehen" geleistet hat (Buchtipps: „Miteinander reden 1–3", „Miteinander reden: Fragen und Antworten" von Prof. Dr. Schulz von Thun).

8.1.1 Fragen und aktiv zuhören anstatt reden

Die beidem am häufigsten verwendeten Fragetypen sind sicher die geschlossene und die offene Frage; bei ersterer kann der Mitarbeiter mit Ja oder Nein antworten, bei zweiterer kann und soll er seine Antwort frei formulieren. Die geschlossene Frage ist sicher regelmäßig notwendig und richtig, um Klarheit zu schaffen, ob ein Mitarbeiter dafür oder dagegen ist, etwas zu tun oder zu lassen. In der offenen Frage dagegen steckt die Kraft, den Mitarbeiter zu „öffnen" und viel über seine Sicht der Dinge zu erfahren. Damit stehen schon also bereits zwei Fragetypen zur Verfügung, die es gilt bewusst und in den richtigen Momenten einzusetzen.

Wenn mein in der Überschrift formuliertes Motto, dass richtige Fragen besser sind als viele Worte, akzeptiert wird, sollte man sich aber über die beiden genannten Fragetypen hinaus ein breiteres Repertoire aneignen. Deshalb nachfolgend eine Übersicht über einige weitere Fragetypen und deren Wirkung im Hinblick auf Kommunikation bzw. Führung.

Vorab gebe ich Ihnen aber Hinweise dazu, wie Fragen den Gesprächsverlauf bestimmen: Sie …

- begrenzen oder erweitern die Thematik,
- konkretisieren oder verallgemeinern eine Thematik,
- legen Schwerpunkte,
- strukturieren das Gespräch,
- lenken das Gespräch in eine bestimmte Richtung,

Schlüsselqualifikationen guter Führung und erfolgreicher Unternehmen

- aktivieren den Mitarbeiter zum Mitdenken sowie zum Artikulieren seiner Meinung und seiner Entscheidungen,
- beweisen Interesse und Anteilnahme
- räumen Missverständnisse aus.

Es steckt also viel Kraft in Fragen, mit denen Sie Ihre Führungsarbeit unterstützen können, wenn Sie die Fragetypen richtig einzusetzen lernen. Ich empfehle Ihnen, sich vor einem Gespräch mit dem Mitarbeiter die Zeit zu nehmen, Ihre Fragen gut zu überlegen, und gebe Ihnen dazu folgende Anregungen:

- Was will ich wissen?
- Wofür benötige ich Antworten bzw. die Sichtweise und Meinung von meinem Mitarbeiter?
- Mit welchem Fragetyp gelingt dies am besten?
- Wie würde die passende Frage lauten, die ich meinem Mitarbeiter stellen möchte (am besten aufschreiben)?

Im Coaching stelle ich häufig folgende Fragen an den Coachee:

- Was wissen Sie über Ihren Mitarbeiter, das Ihnen in dieser Führungssituation helfen würde?
- Wie denkt der Mitarbeiter über dieses Thema?

Nicht allzu selten ist ein fragender Blick des Coachee die Antwort auf meine Frage. Man kann über seinen Mitarbeiter eben nur mehr erfahren und entsprechend mitarbeiterorientierter führen, wenn man ihn vorher gefragt hat und seinen Antworten aufmerksam zugehört hat. Denken Sie immer an folgenden Grundsatz der Kommunikation:

Wer erst viel fragt, kann nachher besser mitreden!

Das Gegenteil zu diesem Grundsatz wäre: Wer erst viel redet, braucht nachher nicht mehr zu fragen! Der Mitarbeiter wird es Ihnen danken, wenn Sie dem erstgenannten Grundsatz folgen, denn dann fühlt er sich ernstgenommen und eingebunden.

Kommunikation: Basis-Kompetenz für Führung und Zusammenarbeit

Folgende Fragetypen können und sollten Sie gezielt und bewusst einsetzen:

Fragetypus	Beispiel	Wirkung
Offene Fragen (W-Fragen)	- Was halten Sie von …? - Warum …?	helfen, ins Gespräch zu kommen; lassen viele unterschiedliche/ausführliche Antworten zu
Geschlossene Fragen	- Machen Sie mit …? - Haben Sie Interessen an …? - Werden Sie …?	helfen, Entscheidungen zu forcieren; werden mit Ja oder Nein beantwortet
Sanfte Anweisungen	- Könnten Sie das Fenster schließen?	helfen Anweisungen, Bitten oder Befehle nett zu verpacken; werden mit Ja oder Nein beantwortet
Alternativfragen	- Finden Sie A oder B interessanter?	helfen Entscheidungen zu forcieren; lassen nur eine Auswahl zwischen Alternativen zu
Bestätigungsfragen	- Habe ich Sie richtig verstanden? - Sind wir in diesem Punkt einer Meinung?	helfen, den Partner richtig zu verstehen; festigen bereits Erarbeitetes und bestätigen Standpunkte
Rhetorische Fragen	- Sollen wir denn zuschauen, wie …? - Glauben Sie denn wirklich …?	helfen, den Gesprächspartner zu beeinflussen; regen zum Mitdenken an
Kontrollfragen	- Stimmen Sie meinem Vorschlag zu? Ist das etwas für Sie?	überprüfen den Standpunkt und die Stimmung des Gesprächspartners; helfen eine Bestätigung zu erhalten
Gegenfrage	- Was meinen Sie genau mit „zu schwierig"?	fordern den Gesprächspartner auf, seine Aussage zu präzisieren; helfen, um Zeit zu gewinnen
Motivierende Frage	- Was würde Sie interessieren, zum Ziel beizutragen? - Welche Aufgabe würde Ihnen am meisten Spaß machen bei diesem Projekt?	regen den Gesprächspartner an und motivieren ihn
Suggestivfragen	- Haben Sie nicht auch schon überlegt …? - Ich kann mir gar nicht vorstellen, dass sie …?	helfen, den Gesprächspartner zu beeinflussen, unterstellen eine Zustimmung des Partners

Schlüsselqualifikationen guter Führung und erfolgreicher Unternehmen

Vieles ist über die Methode des **„Aktiven Zuhörens"** geschrieben worden und sicher unterstützt diese Methode auch den Führungserfolg, denn Sie belebt den Kommunikationsprozess und hilft dabei, ihn erfolgreicher zu gestalten. Aber was bedeutet es, aktiv zuzuhören? Die Antwort lautet: Sich ...

- in den Gesprächspartner **einzufühlen**
- im Gespräch ständig **mitzudenken**
- dem Gesprächspartner **Wertschätzung entgegenzubringen**, und zwar im Sinne von gezeigter Aufmerksamkeit (verbal und nonverbal) und sichtbarem bzw. gezeigtem Interesse.

Kopfnicken und Blickkontakt z. B. unterstreichen das aktives Zuhören erheblich, denn genauso wie Denken ist Zuhören eine eher stille Angelegenheit. Und durch diese nonverbalen Signale erkennt der Mitarbeiter erst, dass man trotz der Stille noch „bei ihm" ist. Und wenn dann noch die nachfolgende drei Dinge dazu kommen, entsteht eine aktive Kommunikation trotz des überwiegenden Zuhörens der Führungskraft:

- der Einsatz der **richtigen Fragen** (-typen)
- **„Spiegeln" (Reflektieren) von Aussagen** („Habe ich Sie richtig verstanden, dass ....?") und
- **Zusammenfassen von Aussagen** („Ich versuche einmal zusammenzufassen..., habe ich Ihre Aussagen so richtig verstanden?")

Neuro

Seien Sie wirklich mit Ihren Gedanken beim anderen. Egal welche Technik Sie lernen, wenn es eine Technik bleibt und kein aufrichtiges Interesse besteht, wird Ihr Mitarbeiter das wahrnehmen. Er wird es vielleicht nicht so ausdrücken, aber für ihn passt irgendetwas im Gespräch dann nicht. Daher ist der Schlüssel Ihr echtes Interesse an der Antwort.

8.1.2 Eisberg-Modell – Klassiker der Kommunikationstheorie

Die Physikalische Besonderheit eines Eisbergs ist, dass sich viel mehr davon unsichtbar unter Wasser befindet als sichtbar über Wasser – ein Phänomen, das unglücklicherweise das Ende der Titanic besiegelt hat.

Das Bild lässt sich gut auf die Kommunikation übertragen. Man geht davon aus, dass viel weniger auf der Sachebene (über Wasser) als auf der Beziehungsebene (unter Wasser) kommuniziert wird. Kurz gesagt, wir glauben, dass wir über ein

8 Kommunikation: Basis-Kompetenz für Führung und Zusammenarbeit

Thema, eine Sache bzw. ein Problem ganz sachlich reden, aber in allem, was wir mitteilen, schwingen unsere Beziehungen zum Gesprächspartner und zu anderen Beteiligten mit. Dies geschieht ganz oft auf der nonverbalen Ebene durch Gestik und Mimik (ein Stirnrunzeln, ein Augen verdrehen, eine abfällige Handbewegung etc.). Hinzu kommt noch, was „zwischen den Zeilen" (was wir nicht sagen aber indirekt andeuten) und in der Tonalität mitschwingt.

Menschen, die in mehr sachgetriebenen Unternehmen arbeiten (z. B. in Unternehmen, die überwiegend von Ingenieurleistungen geprägt sind bzw. in technikgetriebenen Unternehmen), behaupten häufig, dass die vorherrschende Kommunikation auf der sachlichen Ebene abläuft und sie eine gelebte Sachkultur pflegen. Nach meiner Beobachtung ist dies eine fromme Hoffnung. Meist sind die Kommunizierenden nur nicht genügend sensibilisiert, um mit den auf der Beziehungsebene stattfindenden und den ausgesprochenen sowie unbewussten Botschaften adäquat umzugehen. Ich gehe davon aus, dass überall, wo Menschen miteinander umgehen, das unten abgebildete Eisberg-Modell gleichermaßen wirksam ist. Dieses Modell hat nach meiner Recherche verschiedene Quellen. Freud, Ruch/Zimbardo und Watzlawik haben mit unterschiedlichen Aspekten das oben beschriebene Eisberg-Phänomen verwendet. Meine Darstellung lehnt sich am stärksten an Watzlawik an und ergänzt Sach- und Beziehungsebene um zwei weitere Ebenen, die es erleichtern, das Modell in die Praxis zu transferieren.

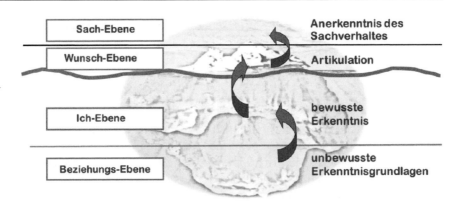

Abb. 50: Eisberg-Modell der Kommunikation

Grundsätzlich darf man annehmen, dass im Zusammenhang mit Führung das Verhalten eines Mitarbeiters nur dann verändert und beeinflusst werden kann, wenn man sich zusammen bis auf die Sachebene „hochgearbeitet" hat.

Schlüsselqualifikationen guter Führung und erfolgreicher Unternehmen

Wie man sich von ganz unten nach ganz oben auf die „Spitze des Eisbergs" hocharbeiten kann, erkläre ich in den folgenden Abschnitten:

1. **Beziehungs-Ebene**: Hier geht es um unbewusste Erkenntnisgrundlagen; um diese zu verfügbaren und nutzbaren Erkenntnissen zu machen, muss man zunächst reflektieren, was sich in einem selbst abspielt. Machen Sie sich deshalb einmal bewusst, wie Sie zu Ihrem Mitarbeiter stehen, welche Elemente Ihre Beziehung zu ihm prägen. Sind Sie befreundet, kennen Sie sich schon länger oder sind Sie sich noch weitestgehend unbekannt? Haben Sie schon gemeinsame positive oder negative Erlebnisse gehabt, hat der Mitarbeiter Eigenschaften, die Ihnen gegen den Strich gehen (siehe Anti-Typen-Übung unter 6.1.5) und die Sie jedes Mal zur Weißglut bringen, wenn sie an den Tag gelegt werden? Solange Sie sich dessen nicht bewusst sind, werden Sie unbewusst mehr oder minder erkennbare Signale senden, die vermitteln, dass Sie den Mitarbeiter nicht schätzen. Und diese Signale werden beim Mitarbeiter unbewusst oder bewusst auch wieder zu einer Gegenreaktion führen. Friedemann Schulz von Thun hat dies „Teufelskreise zwischenmenschlicher Kommunikation" genannt. Die Führungskraft sendet Signale, auf die der Mitarbeiter wiederum reagiert und seinerseits Signale sendet, häufig solche, die die Führungskraft in seiner Annahme bestätigen usw. Dadurch fühlen sich beide Seiten darin bestärkt, dass sie auch allen Grund dazu haben, den anderen nicht schätzen.

2. **Ich-Ebene**: Den oben beschriebenen Teufelskreis muss man durchbrechen und versuchen — soweit es die menschliche Natur zulässt — die reflektierten und damit nun bewussten Erkenntnisse über die Beziehung zum Mitarbeiter zu neutralisieren, wenn sie keinen Zusammenhang mit der Arbeit des Mitarbeiters haben und schädliche Auswirkungen auf die professionelle Führung haben könnten. Eine politische Gesinnung z. B., die der Ihren nicht entspricht, aber mit den dienstlichen Belangen nichts zu tun hat, müssen Sie ausblenden und sich vornehmen, den Mitarbeiter so zu behandeln, als wenn sie nichts davon wüssten. Ich empfehle, sich ein Mantra zu überlegen und sich dann als Warnung selbst zuzurufen (z. B. „Achtung Anti-Typ, locker bleiben!"). Durchbrechen Sie dafür nicht die Wasseroberfläche des Modells zur nächsten Ebene, schlucken Sie es hinunter und bleiben Sie Ihrem Mantra treu.

3. **Wunsch-Ebene**: Gibt es dienstlich relevante Belange, die es zu besprechen gilt, um sie zu ändern, dann müssen Sie die Wasseroberfläche durchbrechen und dem Mitarbeiter auf der Wunsch-Ebene mitteilen, was Sie sich von ihm wünschen. Am besten artikulieren Sie ein entsprechendes Feedback gemäß dem Modell des Feedback-Burgers. Dabei sollten Sie sich darum bemühen, dass Sie das, was Sie auf der Ich-Ebene erkannt haben, nicht zu stark in Ton und Gestik negativ beeinflusst. Denn dann würde wie bereits im Kapitel 6.1.5 zum Feedback erklärt, beim Mitarbeiter das „Visier heruntergehen", und dies vielleicht gar nicht wegen des angesprochenen Sachthemas, sondern wegen der Art, wie es angesprochen wird.

4. **Sach-Ebene**: Der häufigste Fehler auf dieser Ebene ist es, zu glauben, dass dann, wenn der Mitarbeiter dem Veränderungswunsch zustimmt, die Sach-Ebene erreicht wäre. Harmonie und vermeintlicher Konsens sind kein Beweis für das Erreichen der Sach-Ebene. Im Gegenteil, beides überdeckt häufig nur, dass man sich um die eigentlichen Themen herumlaviert und sie aus Konfliktscheu nicht angehen will. Beobachten Sie deshalb sehr genau die nonverbale Kommunikation des Mitarbeiters und die Glaubhaftigkeit seiner Zustimmung, um zu bewerten, ob es tatsächlich eine Vereinbarung auf der Sach-Ebene gibt.

Auf der Sach-Ebene muss es aber nicht sofort eine Einigung geben. Es bedarf nur der Akzeptanz von Seiten des Mitarbeiters, dass es eine Sache gibt, über die Sie sich mit ihm austauschen wollen. Er kann also durchaus äußern, „dass er eine Kritik gar nicht einsieht und unschuldig ist", solange er mit den Worten endet, „aber ich verstehe, dass Ihnen das Thema wichtig ist und Sie deshalb darüber mit mir sprechen wollen und dafür stehe ich zur Verfügung". Eine solche anfängliche „Reibung" ist besser und wird auf der Sach-Ebene mehr helfen als eine schnelle und wenig glaubhafte „ja, ja, mea culpa, alles klar"-Reaktion, die vom Mitarbeiter nur geäußert wird, um die Situation schnellstmöglich hinter sich zu haben. Denken Sie daran, Reibung erzeugt Energie und Energie ist das, was wir brauchen, um gemeinsam etwas zu bewegen.

Man muss wohl grundsätzlich davon ausgehen, dass einem Mitarbeiter das Eisberg-Modell nicht vollumfänglich und schon gar nicht mit den vier Stufen bekannt sein dürfte, wenn er nicht das Privileg eines Kommunikations-Trainings genossen hat. Deshalb müssen Sie als Führungskraft ihm dabei helfen, sich die vier Stufen nach oben zu arbeiten und dabei die Beziehungen zu Ihnen und den Kollegen selbst zu reflektieren. Für die Wunsch-Ebene empfehle ich das Erklären und gemeinsame Verwenden des Feedback-Burgers. Legen Sie einfach dieses Buch auf den Tisch, erklären Sie das Modell anhand der Grafik und verwenden Sie es ganz offen als Hilfestellung.

8.1.3 Mitarbeitergespräche – Motor für Entwicklung und Zusammenarbeit

In Abwandlung des Zitats „Das Gespräch ist der Königsweg zum Mitmenschen" (Crisand, E., u. a. Psychologie der Gesprächsführung, Heidelberg, 1997, 6. Auflage, S. 11) möchte ich behaupten:

Das Mitarbeitergespräch ist der Königsweg zum Mitarbeiter.

Schlüsselqualifikationen guter Führung und erfolgreicher Unternehmen

An einem konkreten Beispiel möchte ich aufzeigen, wie ein Optimieren der Mitarbeitergespräche zu einer deutlichen Verbesserung der Mitarbeiterzufriedenheit führte:

Nach einem systematischen Führungsfeedback in Form einer Online-Abfrage zur Zufriedenheit mit der Führungsleistung (basierend auf der situativen Führungsstil-Theorie), deren Adressaten sowohl direkte als auch indirekte Mitarbeiter waren, hatte ich die Aufgabe, das Ergebnis auszuwerten und dann die Mitglieder der Geschäftsleitung bei ihrer Selbstanalyse und dem anschließenden Ableiten von Verbesserungsmaßnahmen zu unterstützen. Einer der beiden Geschäftsführer hatte praktisch bei allen Items, die sich um die „weichen Themen" drehten (z. B. Kommunikation, Information, Personalentwicklung, Wertschätzung der Person, Feedback geben und nehmen, sich Zeit nehmen für die Bedürfnisse des Mitarbeiters etc.), unterdurchschnittliche Werte. Dieses Feedback passte zu seiner persönlichen Art, denn er verhielt sich sachorientiert, kommunizierte „gerade heraus" und war ein schnell denkender und analytischer Kopf.

Er nahm sich vor, insbesondere mit sehr intensiver Vorbereitung und einer deutlich besseren Gestaltung der Mitarbeitergespräche, einen konzentrierten Versuch zu machen, die unterdurchschnittlichen Werte bis zur nächsten Befragung zu verbessern. Dies erschien mir als ein gutes Vorgehen, denn in der Tat kann bei entsprechender Gestaltung von regelmäßigen Mitarbeitergesprächen eine Vielzahl von positiven Erlebnissen beim Mitarbeiter geschaffen werden. Bei der nächsten Befragung waren alle betroffenen Werte signifikant verbessert. Im Freitext hatten die Mitarbeiter sogar bekundet, dass der Geschäftsführer „wie ausgewechselt" ist. Dabei war es immer noch die gleiche Person, die ihren persönlichen Eigenschaften entsprechend mit einer klaren Fokussierung auf wenige Verbesserungsmaßnahmen, kumuliert im Mitarbeitergespräch, einfache und schnell erlebbare Impulse bei den Mitarbeitern gesetzt hatte.

Für den Geschäftsführer selbst war es eine tolle Erfahrung, wie einfach hohe Mitarbeiterzufriedenheit entstehen kann, ohne dass er sich dafür verbiegen musste, sondern stattdessen einfach nur ausgewählte Elemente umsetzen musste, die er vorher im Führungskräfteentwicklungsprogramm gelernt hatte.

> *„Sage mir, wie Du mit Deinen Mitarbeitern sprichst, und ich sage Dir, was Du von Deinen Mitarbeitern zu erwarten hast!"*
>
> *Sabel, H., Quelle: Sprechen Sie mit Ihren Mitarbeitern, Würzburg, 1999, 2. Auflage, S. 24*

Kommunikation: Basis-Kompetenz für Führung und Zusammenarbeit 8

Wie bereits mehrfach erwähnt, geht es nicht um das Ob, sondern um das Wie. Und dies gilt natürlich auch für die Durchführung von Mitarbeitergesprächen.

Hier ein paar Tipps für ein gelungenes Mitarbeitergespräch:

- **Vorbereitung**: Bereiten Sie sich intensiv vor. Bei zu erwartenden schwierigen Gesprächen sollten Sie mindesten die Hälfte der Zeit, die für das Gespräch selbst angesetzt ist, für die Vorbereitung aufwenden. Sie sollten niemals aus „der Hüfte schießen" und unvorbereitet in ein schwieriges Gespräch einsteigen. Dann vertagen Sie es lieber, falls Ihnen die eingeplante Vorbereitungszeit unvorhergesehener Weise nicht zur Verfügung stand. Denn ein misslungenes Gespräch verursacht meist mehr Schaden als ein ausgefallenes bzw. vertagtes.
- **Terminierung nach Energiekurve**: Wenn Sie in einem Gespräch einen Mitarbeiter für große Herausforderungen oder hoch gesteckte Ziele begeistern und mitreißen wollen, denken Sie an den Grundsatz „Du kannst in anderen nur entzünden, was in Dir selber brennt" (Augustinus). Wenn Sie aber total ermattet daher kommen, wenn Sie am Ende eines anstrengenden Tages kraftlos noch ein wichtiges Mitarbeitergespräch führen wollen, dann dürfen Sie sich nicht wundern, dass beim Mitarbeiter kein Funke überspringt; denn dieser denkt sich vermutlich: Warum soll ich das eigentlich alles leisten, wenn meine Führungskraft schon fast einschläft, während Sie gerade eine anstrengende Herausforderung an mich delegieren will.

Aus dem Themenbereich Zeitmanagement wissen wir, dass Menschen in der Regel einen Energiezyklus über den Tagesverlauf haben, bei dem am Vormittag der Zenit der Energie erreicht wird, dann fällt sie bis nach dem Lunch auf einen Tiefpunkt ab und bäumt sich nachmittags noch einmal etwas auf, erreicht aber zumeist lange nicht ein so hohes Niveau wie vormittags (siehe folgende Abbildung).

Denken Sie bitte über Ihre Energiekurve nach (Zeitachse: wann fängt der Tag an, wann endet er; Energieachse: 0 — 100 %) und planen Sie ihre wichtigen Gespräche danach im Kalender ein. Bei Ihrem Mitarbeiter wird die Kurve ähnlich verlaufen, auch er hat einen persönlichen Energiezyklus. Wenn Sie als Frühaufsteher das Gespräch um 08.00 Uhr terminieren und fit sind, ist er vielleicht noch nicht einmal fähig, einen klaren Gedanken zu fassen, geschweige denn, sich für irgendetwas zu begeistern. Da muss man zusammenfinden und darf nicht ausschließlich auf Basis von Kalenderlücken terminieren. Mit Sicherheit ist es aber nicht förderlich, Mitarbeitergespräche in das bei vielen Menschen eintretende „nachmittägliche Verdauungskoma" zu legen.

> **Neuro**
>
> Es gibt aus der Medizin inzwischen verschiedene Verfahren, die der Personalentwicklung zur Verfügung stehen, um zu messen, wann Sie schwierige Aufgaben bewältigen sollten.
> Eines davon ist die Herzfrequenzvariabilitätsmessung. Mit dieser einfachen Drei-Tages-Messung wissen Sie genau, was Sie wie stark belastet und Sie können den Tag danach abstimmen. Lassen Sie Ihren Rhythmus messen und stimmen Sie Ihren Tag darauf ab.

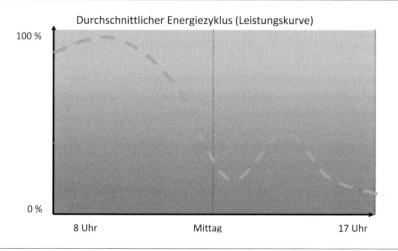

Abb. 51: Durchschnittlicher Energiezyklus über den Tagesverlauf

- **Unterlagen**: Sie sollten alles an Unterlagen dabei haben, was gebraucht wird: z. B. Dokumentationsleitfaden, Informationsquellen wie Personalstammdaten und Lebenslauf, Informationen zu Ergebnissen bei vereinbarten Zielen, Ihre Aufzeichnungen, in denen Sie alle positiven, negativen und sonstigen Beobachtungen und Erkenntnisse mitgeschrieben haben. Wenn man gerade gut im Gesprächsfluss ist, wäre es eine unwillkommene und schädliche Gesprächsunterbrechung, wenn man erst die relevanten Unterlagen suchen müsste. Sollte es doch vorkommen, empfiehlt es sich, lieber einen To-Do-Merker machen für eine spätere Klärung zu machen und das Gespräch fortführen.
- **Organisation und Rahmenbedingungen**: Achten Sie darauf, nicht gestört zu werden. Schließen Sie die Tür Ihres Büros und hängen Sie ein „Nicht stören"-Schild an die Tür. Wenn Sie Großraumbüros haben, buchen Sie einen Besprechungsraum. Vereinbaren Sie mit Ihrer Assistentin, dass niemand in den Raum kommt, solange Sie nicht herauskommen. Organisieren Sie Getränke und schaffen Sie eine vertrauensvolle und partnerschaftliche Atmosphäre (z. B. über Eck sitzen anstatt den Schreibtisch als Barriere dazwischen zu haben, Getränk anbieten).

Kommunikation: Basis-Kompetenz für Führung und Zusammenarbeit

- **Dokumentation**: Schreiben Sie unmittelbar mit (wenn sie nicht sowieso einen haben, leihen Sie sich einen Laptop dazu aus). Manche Führungskräfte beklagen, Sie könnten Sich nicht auf das Gespräch konzentrieren, wenn sie immer mitschreiben müssen. Aber die Alternativen sind ein Gedankenprotokoll im Nachgang, das auf einer subjektiven Wahrnehmung und Erinnerung basiert und gegebenenfalls keine echte Zustimmung des Mitarbeiters erfährt oder handgeschriebene Zettel, die entweder unleserlich sind, oder noch Tipparbeit im Nachgang erfordern. Es ist viel effizienter nach einem Gesprächsblock einen Dokumentationsblock einzulegen, das Geschriebene dann vorzulesen und den Mitarbeiter um seine Zustimmung zu bitten. Wenn man sich dann missverstanden hat, kann man sofort nachformulieren bis für beide Seiten alles passt. Am Ende können Sie die Dikumentation gleich ausdrucken und unterschreiben und damit steht das Ergebnis des Gespräches sofort für die weitere Arbeit zur Verfügung.

Neuro

Fragen Sie nicht nur nach Zielen, sondern auch nach den Visionen des Mitarbeiters. Wie sieht sein Traumjob aus? Wenn er es sich aussuchen dürfte und genügend Geld hätte, was würde er im Unternehmen machen? Welcher Teil seiner Tätigkeit macht so viel Spaß, dass er keine Zeit mehr kennt? Der Mitarbeiter wird Ihnen zeigen, bei welchen Tätigkeiten sein Dopaminsystem ihn für begeistertes Arbeiten belohnt. Diese Tätigkeiten gilt es dann zu fördern.

Nach diesen Mitarbeitergesprächs-Tipps möchte ich an den im Kapitel 6.2.2. beschriebenen idealtypischen Gesprächsprozess erinnern. Dieser ist natürlich nicht nur für ein Konfliktlösungsgespräch hilfreich, sondern letztlich für jedes Gespräch mit dem Mitarbeiter.

HR

Für das regelmäßige Mitarbeitergespräch gibt es i. d. R. ein etabliertes Verfahren inklusive einer verpflichtenden Dokumentationsform. Lassen Sie sich dieses von Ihrem HR-Partner erklären und wenden Sie es an.
Es gibt nichts Schlimmeres, als einen Mitarbeitergesprächsprozess im Unternehmen, der von den Führungskräften durch Abweichungen unterminiert wird. Denn dann wird dem Mitarbeiter ein Prozess versprochen, den er aber so nie erlebt. Das schafft mehr Frust als Ihnen lieb ist. Wenn Ihnen an dem Verfahren etwas missfällt, dann schlagen Sie der HR-Abteilung eine Änderung vor.

8.2 Entscheidungen: Größtes Recht und höchste Pflicht der Führungskraft

Mitarbeiter wollen mitgestalten, sie wollen Freiräume und Freiheiten in ihren Verantwortungsbereichen. Das motiviert sie und gibt ihnen Kraft und Selbstbewusstsein. Aber sie akzeptieren auch, dass sie eingebunden sind in Hierarchien und dass es eine Verantwortungsteilung gibt. Deshalb akzeptieren Sie nicht nur, sondern sie wollen auch, dass ihre Führungskräfte Entscheidungen treffen, die ihnen Richtung und Handlungssicherheit geben.

Wie oft ich in Unternehmen von Mitarbeitern gehört habe „wenn die da oben bloß mal eine Entscheidung treffen würden…", habe ich nicht mitgezählt, aber ich würde vermuten, dass dieses Entscheidungs-Vakuum-Syndrom häufiger vorkommt, als für Unternehmen gut ist. Ich würde nicht so weit gehen, zu sagen, dass „schlechter als eine schlechte Entscheidung nur keine Entscheidung ist", aber Richtungslosigkeit mangels Entscheidungen ist eine frustrierende und lähmende Situation für jeden Mitarbeiter.

Im Kapitel 1.2 habe ich mit dem Führungsstil-Kontinuum aufgezeigt, wie sich das Verhältnis des Anteils, den der Mitarbeiter bzw. die Führungskraft am Herbeiführen einer Entscheidung haben, verändert, wenn der Stil sich von autoritär über kooperativ zu demokratisch verändert. Das Mitwirken-lassen an dem Entscheidungsverfahren ist akzeptanzfördernd und wird von den Mitarbeitern als Zeichen eines kooperativen (partizipativen) Umgangs erlebt.

Im Großteil des Kontinuums trifft die Führungskraft am Ende aber die Entscheidung. Deshalb empfehle ich den Satz „Und jetzt entscheide ich!" regelmäßig zu verwenden. Dies stärkt auch die Amtsautorität.

Nicht hilfreich für eine Führungskraft wäre es, sich hinter einem kooperativen Führungsstil zu „verstecken", weil man sich vor den Folgen einer Entscheidung fürchtet, und deshalb den Mitarbeitern die Entscheidungsbefugnis in die Hand zu geben. Dies führt weder zu einer besseren Entscheidung, noch ist man die Verantwortung wirklich los.

8 Entscheidungen: Größtes Recht und höchste Pflicht der Führungskraft

> **HR**
>
> Wenn Sie unsicher sind, ob Ihre angepeilte Entscheidung passend ist, ist es in vielen Situationen sinnvoll, ausgewählte Mitarbeiter einzubinden im Sinne eines kooperativen Führungsstils.
>
> Aber es gibt Situationen, in denen es im Sinne eines Commanders angemessener wäre, allein zu entscheiden und nicht vorher zu diskutieren. Dazu nehmen Sie dann am besten Ihren HR-Partner vertraulich mit ins Boot. Dieser kann Ihre geplante Entscheidung aus anderen Augen betrachten, was die Wirksamkeit der Entscheidung gegebenenfalls erhöht. Das Verkünden der Entscheidung übernehmen Sie dann ohne Hinweis auf den vorher durchgeführten Abstimmungsprozes mit dem HR-Partner, was ein wichtiges und erkennbares Zeichen der Amtsautorität ist.

Stellen Sie sich vor, Sie gingen angesichts einer völlig verfahrenen Situation in Ihrem Verantwortungsbereich zu Ihrer nächsthöheren Führungskraft und erklärten, dass die Entscheidung, die zu dem Dilemma geführt hat, aus Gründen eines kooperativen Führungsstils vom Team erarbeitet und getroffen wurde und dass Sie von voneherein gesagt hatten, das könne nicht gut gehen. Wenn Ihre Führungskraft daraufhin nicht reagiert mit „haben Sie noch alle Nudeln in der Soße!" und Sie an Ihre ungeteilte Verantwortung nachdrücklich erinnert, muss sie wohl gerade erhebliche andere Sorgen haben, als diese offensichtlich mangelnde Verantwortungsübernahme in der Rolle der Führungskraft.

Es geht also wie so häufig nicht um das Ob, sondern um das Wie. Entscheidungen zu treffen, ist eben nicht nur das größte Recht sondern auch die höchste Pflicht der Führungskraft. Dabei gilt es zu beachten:

> **Nicht eine schnelle Entscheidung ist eine gute Entscheidung, sondern eine wirksame Entscheidung ist eine gute!**

Wie kommt man aber nun zu einer guten Entscheidung? Lassen Sie mich dazu ein kompaktes Verfahren vorstellen. Dieses sichert bei Einbindung der Mitarbeiter die erwähnte Akzeptanzförderung, aber führt eben auch zu einer analytisch gut begründeten Entscheidung, die im Hinblick auf das gesetzte Ziel bzw. auf eine Problemlösung wirksam ist. Nehmen Sie sich ausreichend Zeit für die Entscheidungsfindung. Denn was nützt das beste Team, wenn es richtige Entscheidungen nicht mitträgt oder an der Umsetzung von falschen Entscheidungen seine kostbaren Ressourcen vergeudet. Deshalb nutzen Sie das folgende Verfahren:

Schlüsselqualifikationen guter Führung und erfolgreicher Unternehmen

„5 goldene Regeln" der Entscheidungsfindung

1. Definieren Sie den **Sachverhalt** bzw. das Problem, zu dem eine Entscheidung ansteht
   - auf Sach- und
   - Beziehungsebene (siehe Kapitel 8.1.2 Eisberg-Modell)!
2. Definieren Sie die **Ziele**, die nach der Umsetzung einer Entscheidung erreicht sein sollen!
3. Finden Sie Entscheidungs-/Lösungs-/Handlungs-**Optionen**
   - und deren Vor- und Nachteile und wäge Sie diese ab,
   - streichen Sie dann die Optionen, die aufgrund der Vor-/Nachteilsabwägung wegfallen!
4. Prüfen Sie die übrigbleibenden Optionen dahin gehend, ob sie durchführbar sind (noch einmal Sach- und Beziehungsebene beachten!), hören Sie abschließend auf Ihr „Bauchgefühl" und **entscheiden** Sie sich für die optimale Option!
5. **Kontrollieren** Sie die Umsetzung und Zielerreichung!

Das beschriebenen Verfahren hilft Ihnen in mehrerlei Hinsicht:

1. … zunächst einmal, um zu verstehen, was die Thematik ist, für die eine Entscheidung nötig erscheint. Ich habe die Erfahrung gemacht, dass diese einfache Notwendigkeit viel zu oft vernachlässigt wird. Der tägliche Arbeitsdruck fordert so viele Entscheidungen, dass man sich für die einzelne kaum noch Zeit nimmt und dann „feuert" man Entscheidungen in die Mannschaft zu Problemen, die man gar nicht richtig verstanden hat. Auch wird häufig vernachlässigt, dass Probleme immer eine Sach- und eine Beziehungsseite haben. Und wenn man z. B. eher der sachorientierte Typ ist, entscheidet man an den eigentlichen Themen vorbei. Also zwingen Sie sich, beide Ebenen zu durchleuchten im Hinblick daruf, welche Anteile sie am Thema, das zur Entscheidung ansteht, haben.
2. … um sich zukunftsorientiert mit der Entscheidung auseinander zu setzen. Ob eine Entscheidung eine gute ist oder nicht, muss man daran festmachen, ob man an deren Effektivität (Wirksamkeit für Ziele) glaubt; es geht also darum, ob die Entscheidung mit hoher Wahrscheinlichkeit zur Zielerreichung führen wird. Hier bewegen wir uns aber im Bereich „mutiger Annahmen" und ma muss sich dazu zwingen, nicht zu lange zu zaudern und zu zweifeln, ob die Annahmen nun stimmen oder nicht (wie schon im Kapitel 6.1.2 zu Management by Objectives beschrieben).
3. … um offen zu bleiben für Handlungsoptionen. Es gibt immer mehrere Wege, „die nach Rom führen". Und nicht immer ist derjenige, den man als erstes bedenkt, der Optimale. Durch das Abwägen von Vor- und Nachteilen ergibt sich ein analytischeres Bild und man kann gegebenenfalls durch diesen kleinen Um-

8 Entscheidungen: Größtes Recht und höchste Pflicht der Führungskraft

weg dafür sorgen, dass man sich für den einfachsten und schnellsten Weg entscheidet. Wenn man hier kooperativ vorgeht, gelingt es häufig auch, etwaige Entscheidungsoptionen, die eingebundene Mitarbeiter propagieren, durch ein gemeinsames Abwägen der Nachteile „weg zu moderieren". Optionen, die sich durch viele Nach- und wenige Vorteile als die schlechteren herausstellen, fallen dann für alle Beteiligten nachvollziehbarer Weise heraus und können zu den Akten gelegt werden — ohne dass diejenigen, die für deren Umsetzung plädiert haben, ihr Gesicht verlieren.

Achten Sie als Moderator des Entscheidungsfindung darauf, dass für die Favoriten unter den Optionen nicht Vorteile erfunden und Nachteile verschwiegen werden. Es liegt dann an Ihrer Moderation, wie vollständig das Bild wird.

4. ... um sich erst im Schritt 4 für die nach der Abwägung optimal erscheinende Option zu entscheiden.

   Bevor Sie entscheiden, machen Sie aber noch einmal den Quercheck zu Schritt 1. Stellen Sie dazu folgender Frage: „Werden mit der nun präferierten Entscheidung wirklich alle Themen auf Sach- und Beziehungsebene gelöst?" Manchmal führt einen das analytische Vorgehen dazu, die Beziehungsebene zu vernachlässigen, aber dann würde gegebenenfalls durch eine Entscheidung das Problem nicht vollständig gelöst werden.

   Für diejenigen, denen das bis hierhin alles zu mechanisch ist, sei hier darauf hingewiesen, dass der „Bauch" natürlich auch noch gefragt werden sollte. Bauen Sie gerne im vierten Schritt die Leitfrage ein: „Nachdem uns unsere Analytik Option XYZ vorschlägt, fragen wir vor der Entscheidung noch einmal unseren Bauch, was sagt uns der?"

   Nun erinnern Sie sich an den von mir weiter oben empfohlenen Satz, den Sie bei einer kooperativen Vorgehensweise noch etwas erweitern können, und formulieren Sie ihn: „Vielen Dank für die gemeinsame Erarbeitung unserer Entscheidungsmöglichkeiten, ich glaube, wir haben alles Wichtige bedacht und haben nun ein klareres Bild. **Und jetzt entscheide ich!**"

   Sollte jemand nun noch etwas hadern, da Entscheidungen ja zum Zeitpunkt, an dem sie getroffen werden, auf mutigen Annahmen basieren müssen, dem sei gesagt: So ist Führung eben und deshalb bekommen Sie (hoffentlich) auch mehr Gehalt: Sie müssen den Mut haben, heute Dinge zu entscheiden, von denen Sie erst in Zukunft beweisen können, dass sie richtig sind. Und wenn dieser Hinweis noch nicht reicht, dann halten Sie es am besten mit Karl Valentin und bleiben gelassen, denn „Prognosen sind schwierig, besonders wenn sie die Zukunft betreffen".

5. ... um dran zu bleiben, denn nach einer Entscheidung beginnt ja erst die Arbeit. Das Verfahren „Entscheidungen abfeuern und vergessen!" (fire and forget) wird durch den fünften Schritt vermieden: Vergewissern Sie sich regelmäßig, ob die Entscheidung auch richtig umgesetzt wird. Legen Sie am besten direkt

im Anschluss an die Entscheidung bereits die nächsten Schritte fest und benennen Sie den ersten Kontrollpunkt. So werden Entscheidungen erst zu erfolgreichem Handeln transferiert. In meinen Coachings stoße ich häufig auf die Problematik, dass eine Führungskraft eigentlich gute Entscheidungen trifft, aber dann die Lust verliert, diese auch nachhaltig während der Umsetzung zu begleiten und zu kontrollieren. Das Handwerk erfolgreichen Führens findet aber genau in dieser letzten Phase erst seine Nachhaltigkeit. Vergleichen Sie es mit einem Hausbau, der endet auch nicht mit dem Bauplan, sondern erst mit dem Einzug.

Auch sollte man den Mut haben, auf dem Weg immer wieder zu checken, ob die getroffene Entscheidung noch zu den Rahmenbedingungen passt oder Adjustierungen nötig sind. Zwar plädiere ich gerne dafür, dass man einer Entscheidung nicht die Kraft und den Schwung nehmen sollte, indem man sie allzu schnell und/oder leichtfertig aufweicht. Aber die heutigen Zeiten sind viel zu dynamisch, als dass man die Augen vor Veränderungen verschließen darf. Auch hierfür bedarf es einer Portion Muts, eine getroffene Entscheidung gegebenenfalls aufgrund neuer Erkenntnisse als falsch zu erkennen, dies offen zu benennen und dann die Entscheidung zu ändern und damit wieder ein wirksames Handeln seiner Mitarbeitern zu ermöglichen.

Bedenken Sie in solchen Fällen, wenn eine Entscheidung auf dem kooperativen Weg entstanden ist, dass Sie die Mitarbeiter auch wieder einbinden sollten, wenn Sie die Entscheidung neuen veränderten Rahmenbedingungen anpassen wollen. Sonst fühlt es sich für die Mitarbeiter so an, als wenn ihr Beitrag an der Entscheidungsfindung im Nachhinein ausgehebelt wird. Das würde einen faden Beigeschmack haben und zukünftige kooperative Entscheidungsverfahren in ihrer akzeptanzfördernden Kraft schwächen.

Wenn Sie nun das Gefühl entwickelt haben, dass das beschriebene Verfahren angesichts Ihrer unzähligen Entscheidungen viel zu aufwendig ist und Sie lieber weiter Ad-hoc-Entscheidungen treffen wollen, dann verbleiben Sie in einer tückischen Falle. Schnelle und deshalb oft unüberlegte und einsam getroffene Entscheidungen führen zu viel Schaden im Unternehmen und zu Widerstand bei den Mitarbeitern, was wiederum zusätzliche Arbeit bedeutet und den Arbeitsdruck weiter erhöht. Sie werden nur zu noch mehr Entscheidungen gezwungen, die sie in noch kürzerer Zeit treffen müssen. Erinnern Sie sich an das schon einmal zitierte Murphys Law II: „Man hat nie genug Zeit etwas richtig zu machen, aber immer, um es nochmal zu machen!" Deshalb empfehle ich Ihnen dringend, bei wichtigen Themen, bei denen falsche Entscheidungen Geld kosten und großen Schaden anrichten könnten und bei denen Sie ihre Mitarbeiter unbedingt mit „an Bord" haben müssen, nutzen Sie das erläuterte Verfahren gemeinsam mit Ihren Mitarbeitern (zumindest mit ausgewählten Schlüsselpersonen)!

8
Entscheidungen: Größtes Recht und höchste Pflicht der Führungskraft

Ich habe aber noch ein paar **Beschleunigungsmechanismen** für Sie:

- Wenn es um kleinere und nicht erfolgskritische Themen geht, dann nutzen Sie eine gekürzte Fassung des beschriebenen Verfahrens, die Ihnen hilft, die Grundprinzipien guter Entscheidungsfindung einzuhalten. Für diese verkürzte Form gelten die folgenden „3 goldenen Regeln":
  1. Definiere das **Ziel**! (Was ist mein Ziel?)
  2. Finde **Handlungs-Optionen**! (Was könnte ich tun?)
  3. **Entscheide**! (Was tue ich?)
- Delegieren sie die Entscheidungsvorbereitung an die zuständigen Mitarbeiter. Verlangen Sie dabei, das nachfolgend abgebildete Template zu bearbeiten und damit auch eine Empfehlung für Ihre Entscheidung abzugeben. Das verhindert, dass Ihnen Mitarbeiter ihre Probleme „vor die Füße werfen" bzw. die dazu notwendige Kopfarbeit nach oben delegieren, nur weil am Ende eine Entscheidung getroffen werden muss, die sie selbst aufgrund der Befugnisse nicht treffen dürften.

Dieses Template — ausgedruckt im DIN-A0-Format — ist im Übrigen auch eine tolle Workshop-Hilfe, mit deren Hilfe man mit einer kleinen Gruppe das Verfahren gemeinsam und sehr transparent durchführen kann.

Problem-beschreibung	Sach- und Beziehungsebene beachten!		
Ziele	Was soll nach der Umsetzung der Entscheidung anders/besser sein?		
Optionen des Handelns		**Vorteile**	**Nachteile**
1.			
2.			
3.			
4.			
5.			
Es wird eine Entscheidung für Option empfohlen:			
	Weil:		
Entscheidung der FK am:	Umsetzung der Option: Bis: Unter folgenden Rahmenbedingungen: Zusatzbudget:		

Abb. 52: Entscheidungsverfahren mit einem Vordruck

Schlüsselqualifikationen guter Führung und erfolgreicher Unternehmen

Mit diesem Kapitel plädiere ich für das Erfolgsprinzip, gute und akzeptierte Entscheidungen zu treffen. Ich wage zu behaupten, dass sich der Unterschied zwischen einer guten und einer schlechten Führungskraft an der Anzahl der guten und schlechten Entscheidungen ablesen lässt, kann dies aber leider empirisch nicht nachweisen.

> **Neuro**
>
> Viele Manager behaupten, sie seien rational bei Entscheidungen. Das stimmt nicht, wir können keine Entscheidung ohne unsere Emotionen treffen. Diese Verknüpfung ist bei uns im Gehirn angelegt und lässt sich nicht ausschalten.
> Da Sie ohnehin immer emotional und rational entscheiden, räumen Sie am besten beiden Seiten entsprechenden Stellenwert ein. In dem Wissen, dass es ohne Emotionen keine Entscheidung gibt, benennen Sie diese im Prozess (und wenn Sie das nur für sich selbst tun): Allein durch die Benennung einer Emotion (es gibt nach Paul Ekman nur Freude, Trauer, Wut , Ekel, Angst und Überraschung) entlasten Sie sich und geben einem wichtigen Entscheidungsparameter einen Namen. Dieser Tipp ist sehr simpel, aber nachgewiesenermaßen erfolgreich: Benennen Sie Ihre Emotionen!

8.3 Verhandlungen: Wenn einer will, was der andere hat und umgekehrt

Führen bedeutet ganz häufig, mit seinem Mitarbeiter zu verhandeln. Denn eine Verhandlung ist eingeläutet, wenn „der eine etwas hat, was der andere will, und umgekehrt". Und das ist praktisch ständig der Fall.

Sie wollen, dass Mitarbeiter sportliche Ziele erreichen und für ihre Aufgaben Engagement und ihre ganze Kraft und Motivation einbringen. Die Mitarbeiter wollen gelobt, geschätzt, gefördert und gerecht entlohnt werden. Schon haben Sie eine Verhandlungssituation. Es ist gut, ein paar Tipps und Erfahrungen zu berücksichtigen, um in solchen Verhandlungssituationen erfolgreich zu sein. Es gibt Verhandlungssituationen, die man sofort als solche erkennt (wenn z. B. der Mitarbeiter wegen einer Gehaltserhöhung vorspricht oder ein Bewerber seinen Marktpreis aufruft und Sie um das Gehalt verhandeln, für den er den Arbeitsvertrag unterschreiben würde). Wenn man die oben genannte Definition aber zu Rate zieht, steckt man viel häufiger in Verhandlungen, als man denkt.

8 Verhandlungen: Wenn einer will, was der andere hat und umgekehrt

Nachfolgend erhalten Sie eine Liste von Tipps, manche angelehnt an bzw. inspiriert durch Vorträge von Matthias Schranner (siehe auch sein Buch „Verhandlungen im Grenzbereich") und das Harvard Konzept. Natürlich sind diese Tipps in jeder Form von Verhandlungssituationen hilfreich (mit Kunden, Partnern, Betriebsrat etc.), aber ich empfehle sie insbesondere im Rahmen der Führung anzuwenden, weil eine Führungskraft praktisch ständig etwas vom Mitarbeiter will, und der Mitarbeiter im Gegenzug seine Erwartungen äußert. Hier nun eine Liste der wichtigsten Tipps:

- **Verhandlungsziel und -strategie:** Legen Sie Ihr Ziel für die Gesprächs- bzw. Verhandlungssituation vorher schriftlich fest Definieren Sie dann Ihren Korridor, innerhalb dessen Sie verhandeln wollen, und überlegen Sie sich etwaige Kompromisse, die Sie bereit wären einzugehen. Auf einem Zettel ist das schnell skizziert und dieser dient dann im Gespräch als Spickzettel, mit dem Sie sich immer wieder auf Kurs bringen können. Der Mitarbeiter merkt erfahrungsgemäß schnell, wo die Grenzen Ihres Korridors liegen, innerhalb derer Sie zu Kompromissen bereit sind, und wird sich intuitiv darin bewegen, da ja auch er nicht scheitern will bei der Verhandlung.

  Definieren Sie auch, was nicht passieren soll! Das sind wichtige Merker, die sie wieder in ihren Korridor zurückholen, wenn entsprechende Situationen eintreten (der Mitarbeiter soll mir z. B. keine Zusage machen, die mich nicht überzeugt, nur damit er die Situation hinter sich hat).

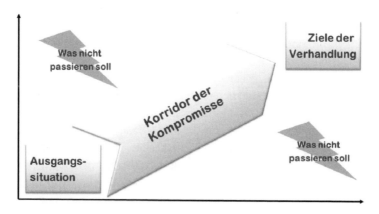

Abb. 53: Verhandlungsstrategie

- **Ausbreiten der Verhandlungsmasse:** Legen Sie erst einmal alle Verhandlungselemente auf den Tisch, damit die Masse transparent ist und ein Geben und Nehmen erkennbar wird. Wenn ein Mitarbeiter nach mehr Vergütung fragt, finden Sie heraus, um was es ihm insgesamt geht. Vielleicht stehen auch der Umgang mit Überstunden, Work-Life-Balance, Personalentwicklung und mehr

Netto vom Brutto zur Debatte. Dann haben Sie mehr Schrauben, an denen Sie justieren können, um ein Gesamtpaket hinzubekommen, das für beide Seiten passt. Stimmen Sie Elementen unter Vorbehalt einer tragfähigen Gesamtlösung zu, das zwingt den Mitarbeiter bis zum Schluss, in seinen Forderungen kompromissbereit zu bleiben, da er die vorbehaltlichen Zustimmungen ja noch nicht fest verbuchen kann.

- **Motive und nicht nur Forderungen verhandeln**: Eine Win-win-Situation ergibt sich nur, wenn beide Seiten fordern und kooperieren. Wenn nur einer fordert und der andere nachgibt bzw. kooperiert, fühlt sich der Nachgebende als Verlierer. Kommt ein Mitarbeiter also mit Forderungen auf Sie zu, stellen Sie Ihrerseits Ihre Forderungen. Bleiben wir bei der Frage nach einer kräftigen Gehaltserhöhung: Hier muss man danach fragen, welche Mehrverantwortung und welche größeren Beiträge der Mitarbeiter zur Wertschöpfung im Unternehmen im Gegenzug einbringen möchte, um die Gehaltserhöhung zu rechtfertigen. Angenommen, Ihr Mitarbeiter hat darauf keine Antwort und das Gehalt ist einigermaßen marktgerecht, so darf man ihn durchaus nochmals zurückschicken, damit er darüber nachdenken kann. Nur so „lernt" ein Mitarbeiter, dass sich beide Seiten des Leistungsgefüges verändern müssen: mehr geld vom Arbeitgeber für mehr Wertschöpfungsbeiträge durch den Mitarbeiter.

    Motive sind i. d. R. vielfältiger als die sicht-/hörbaren Forderungen, die sich aus ihnen ergeben und geäußert werden. Motive decken deshalb den Tisch im Sinne der oben genannten Verhandlungsmasse reichhaltiger. So kann das Motiv für eine geforderte Beförderung beispielsweise der Wunsch nach einer Gehaltssteigerung sein; es kann aber auch Streben nach Führung, Anerkennung, Einfluss, Gestaltungsfreiheit, Titel, größerem Büro, Firmenfahrzeug oder Mitgliedschaft in einem Gremium zugrunde liegen. Viele Gründe stecken manchmal in einer Forderung. Manchmal aber auch nur einer, den Sie noch nicht erkennen und den Sie erst noch entdecken müssen.

    Wichtig ist, dass Motive in Verhandlungen versachlicht werden sollten. Eine Gehaltserhöhung darf nicht missverstanden werden als „Du bist mir persönlich besonders wichtig", denn bei einer ausbleibenden Maßnahme wird der Mitarbeiter dies als Zeichen der mangelnden persönlichen Wertschätzung interpretieren. Sie muss demnach sachlich begründet werden: „Sie haben Verantwortung und damit eine Funktion übernommen, die in unserem Unternehmen in einem höheren Gehaltsband angesiedelt ist. Das berechtigt mich, Ihnen eine Gehaltserhöhung in Höhe von X % zu geben".

- **Verhandlung ist Kampf**: Geben Sie immer nur unter Druck nach, ein Gefühl für ein gutes Verhandlungsergebnis ergibt sich nur, wenn es „erkämpft" wurde. Fordert der Mitarbeiter in einer Verhandlung über den Anteil der Zuzahlung des Arbeitgebers für eine teure Weiterbildung eine Beteiligung in Höhe von 50 % und sagt die Führungskraft sofort zu, hat der Mitarbeiter zwar sein Ergebnis erreicht, aber er denkt vermutlich sofort: „Hätte ich bloß mal mehr gefordert". Damit ist das eigentlich ja angestrebte Verhandlungsergebnis „entwertet". Reagiert man aber in einer solchen Situation mit dem Hinweis, dass dies mehr ist als üblicherweise zugezahlt wird und erst mit der Personalabteilung und der Geschäftsführung Rücksprache gehalten werden muss, dann kann man nach einigen Tagen erklären, dass man „nach hartem Ringen" mit der Geschäftsführung, erreichen konnte, dass man 40 % zuzahlt. So hat man 10 % gespart und der Mitarbeiter ist dankbar für das Entgegenkommen angesichts Ihres engagierten Einsatzes für ihn.

- **3. Verhandlungspartner:** Denken Sie immer an die dritte Partei im Hintergrund, deren Meinung über das Verhandlungsergebnis wichtig ist. Dies ist zumeist der Partner zuhause, manchmal aber auch der Betriebsrat. Hier gilt auch das Prinzip der Gesichtswahrung. Geben Sie deshalb dem Mitarbeiter Argumente für diese Partei mit. Wenn Sie ihn z. B. zu einem anstrengenden Auslandseinsatz entsenden wollen, sollten sie ihm neben den für die Personalentwicklung förderlichen Aspekten auch aufzeigen, wie er die Trennung von der Familie erklären kann (z. B. mit Ansparen von Überstunden und Abfeiern am Stück mit der Familie während der sehr langen Schulferien, für die i. d. R. die Urlaubstage nicht reichen). Wie in dem vorher genannten Beispiel mit der Zuzahlung zur Weiterbildung aufgezeigt, können Sie aber auch mit Ihrem dritten Verhandlungspartner (z. B. der übergeordneten Führungskraft oder der Geschäftsführung) aufzeigen, dass Sie nicht völlig frei verhandeln können, sondern Kompromisse mit dem Mitarbeiter auch gegenüber anderen Parteien durchsetzen müssen.
- **Verhandeln ist ein Spiel:** Nehmen Sie Verhandlungen deshalb nicht zu ernst. Auch wenn sich dies wie ein Widerspruch zu dem genannten „Kampf-Tipp" anhört, so ist es doch eine Grundregel, die zutrifft. Es ist praktisch ein Balanceakt mit den zwei Seiten der gleichen Medaille. Denken Sie an Kulturen, in denen das „Schachern um den Preis" Ausdruck des menschlichen Spieltriebs ist. Einen Basarhändler würden Sie beleidigen, wenn sie auf sein erstes Angebot für einen Teppich eingehen und nicht mit einem Lächeln auf den Lippen einen Gegenvorschlag machen würden. Genauso ist es auch bei Ihnen und Ihrem Mitarbeiter: Ein bisschen reiben und kämpfen macht Spaß, verderben Sie ihn also nicht. Man muss zur Berücksichtigung dieses Tipps nur aufpassen, dass Spaß auf der einen Seite nicht Verbissenheit auf der anderen Seite gegenüber steht, dann kommt die Verhandlung in eine Schieflage und scheitert.
- **Gesichtswahrung:** Helfen Sie Ihrem Mitarbeiter dabei, sein Gesicht zu wahren, wenn er sich verrannt hat oder eine viel zu hohe Forderung gestellt hat. „15 % mehr Gehalt, sonst gehe ich", zwingt ihn zur Kündigung, wenn er seine leichtfertig aufgerufene überzogene Forderung nicht durchsetzen kann. Geben Sie ihm Argumente mit, die man in Summe als ein gutes Paket bewerten kann. So könnte z. B. auch eine Gehaltserhöhung von 5 % mit der Perspektive auf eine

zusätzliche variable Vergütung und einen Steuervorteil für ein steuerbegünstigtes Benefit für den Mitarbeiter als gleichwertiger Erfolg verbucht werden, wenn man die Verhandlungsergbnisse als Paket betrachtet.

- **Schweigen ist eine starke Waffe**: Verhandlungen sind Gespräche, also Kommunikation, und dabei ist es für die meisten Menschen schwierig, Stille auszuhalten. Wenn Sie sich aber dessen bewusst sind, können Sie Stille als Mittel einsetzen. Manch einem erscheint dies manipulativ, ich finde es ganz natürlich. Wenn Sie einem Mitarbeiter einen Kompromissvorschlag machen und dieser nicht gleich reagiert und schweigt (vielleicht nur weil er nachdenkt, was bekanntlich eine stille Angelegenheit ist), was machen Sie dann? Genau, sie formulieren ein weiteres Entgegenkommen, weil Sie die Stille als unangenehm empfinden und durch Schallwellen ausgleichen wollen. „Selbst Schuld", mag man sagen. Genauso geht es anders herum. Wenn der Mitarbeiter einen Vorschlag macht, dann denken Sie einmal still nach, und zwar länger, als Sie das in einem Dialog üblicherweise tun. Erst dann entsteht die Wirkung. Als Brillenträger kann man dann noch theatralisch die Brille abnehmen und sich die Augen reiben. Ich habe in Verhandlungen schon viel Geld eingespart, weil ich Brillenträger bin und das Schweigen geübt habe.

  In Zukunft sollten Sie also bitte darauf achten: Wenn Sie einen Vorschlag gemacht haben und der Mitarbeiter am Zug ist, dann beißen Sie sich auch einmal auf die Zunge — im bildlichen Sinne. Warten Sie darauf, dass der Mitarbeiter reagiert. Umgekehrt reagieren Sie mit längerem Schweigen auf einen Vorschlag des Mitarbeiters, der noch nicht in Ihrem Verhandlungs- bzw. Kompromiss-Korridor liegt, sie werden durch ein weiteres Entgegenkommen belohnt. Versprochen!

- **Nicht auf reine Positionsverhandlungen einlassen**: Wenn der Mitarbeiter Interessen, Motive und Beweggründe ausblendet und sich auf seine Forderung positioniert, zwingen Sie ihn zur Offenlegung der ausgeblendeten Themen im Hintergrund. Das eröffnet Ihnen viel mehr Spielraum, um zusammenzufinden. Folgendes Beispiel verdeutlichen die Vergrößerung der Verhandlungsmasse im Bereich der Motive:

Forderung bzw. Position	Mögliche Motive
Entweder werde ich jetzt befördert oder ich kündige!	Wunsch nach: Höherem Status in der Organisation, mehr Handlungsfreiheiten, höherer Einfluss und Gestaltunsgspielraum im Job, mehr Vergütung, den mit einer Beförderung verknüpften Zusatzleistungen wie z. B. Altersversorgung u. v. a. m.

8 Verhandlungen: Wenn einer will, was der andere hat und umgekehrt

Wenn nur die Positionen verhandelt werden, dann:
- benötigen Sie oft viel Energie für einen faulen „Basar-Kompromiss", mit dem keiner zufrieden ist
- gewinnt einer, und der andere verliert, nur selten gewinnen beide
- scheitert die Verhandlung

- **Entwickeln Sie standardisierte Abläufe** (Prozesse, Leitlinien): Dies ist in Organisationen üblich und wird von Mitarbeitern akzeptiert. An diese muss man sich halten, weil sie i. d. R. Vorteile für den Einzelnen aber auch für die Organisaion bieten. Durch Standards kanalisieren Sie Verhandlungsverläufe und können einzelne Forderungen sachlich begründet „weg moderieren". So können Sie z. B. durch Standards erreichen, dass:
  - unterjährige Gehaltswünsche durch einen jährlichen Gehaltsförderungsprozess vertagt werden,
  - Forderungen nach einer Beförderung auf anspruchsvollere Stellen in einen systematischen Personalentwicklungsprozess überführt werden
  - Klasse-Status-Wünsche durch Reisekostenrichtlinien für alle kollektiv geregelt sind
  - der Wunsch nach individuell begründetem Sonderurlaub durch eine für alle gültige Urlaubs-Policy ausgeschlossen oder geregelt wird

---

HR

Sollten Sie öfter in bestimmte Verhandlungsthemen geraten, bei denen Sie individuelle Kompromisse eingehen, die zu Wildwuchs und Ungerechtigkeiten beitragen, dann wäre es an der Zeit von der HR-Abteilung eine Richtlinie zu fordern. So kommen Sie aus diesen Verhandlungssituationen heraus und es ergeben sich faire Regeln für alle, anstatt attraktive „Sonderlocken" für die verhandlungsgeschickteren Mitarbeiter.

In Start Ups bzw. jungen Unternehmen ist das die Phase des Normings (siehe Kapitel 8.7.3), in der zunehmend Richtlinien entstehen, die der früheren Freiheit Grenzen setzen. Das fühlt sich anfangs nicht so gut an für die Mitarbeiter, weil man die individuellen Wünsche nicht mehr durchsetzen kann, aber ein unübersichtlicher Wald von Individuallösungen ist noch viel schädlicher für Unternehmen und auf lange Sicht auch für den einzelnen Mitarbeiter immer mit dem Potenzial für Ungerechtigkeit verbunden.

- **Versprechen werden gehalten:** Pflegen Sie diesen Grundsatz, denn er zwingt Sie zur Zurückhaltung und zu bewussten Äußerungen. Das wiederum schützt Sie vor vorschnellen Versprechungen, die vielleicht nicht gehalten werden können, aber beim Mitarbeiter nicht wieder wegzudiskutieren sind. Denken Sie immer daran, dass ein vorschnelles Versprechen vielleicht in einer aktuellen Situation vorübergehend für Ruhe sorgt, aber spätestens dann, wenn sie es nicht einlösen können, zu einem viel tieferen Riss führen könnte.

Schlüsselqualifikationen guter Führung und erfolgreicher Unternehmen

Mit diesen Tipps fällt Führung überall dort leichter, wo Sie etwas von Ihrem Mitarbeiter wollen und umgekehrt, und das ist praktisch täglich der Fall.

8.4 Moderation: Effizienz in Meetings und Workshops

Im Kapitel 4 habe ich die Rollenvielfalt einer Führungskraft beschrieben und dabei den „Hut des Moderators" als eine der wichtigen Rollen der täglichen Führungsarbeit benannt. Erinnern Sie sich noch an die kürzeste Definition von „Meetings"? Sie lautete: **Viele gehen rein, nichts kommt raus!**

Diese provokante Definition soll den Einstieg in diesen Abschnitt liefern. Der Begriff Meeting steht nachfolgend der Einfachheit halber auch für Workshops. Ab drei Teilnehmern eines Meetings beginnt eine Gruppe, die moderiert werden muss. Ansonsten würde eine Produktivitätsvernichtung drohen, die richtig viel Geld kostet und Mitarbeiter obendrein frustriert, was dann im Nachgang wiederum Geld kostet — ohne dafür Produktivität zu erhalten. Multiplizieren Sie die Teilnehmeranzahl eines Meetings mit einem durchschnittlichen Kostensatz von beispielsweise 100 € und der Anzahl von Stunden, die das Meeting dauert. Rechnen Sie das dann auf alle Ihre Meetings, die im Zeitraum eines Jahres stattfinden, hoch. Das ergibt locker einen Ferrari, gerne auch einen Maserati, wenn Ihnen diese Marke besser gefällt (ich würde mir eine Uhr von Patek Philippe kaufen, da spart man die Garage).

„Meeting" gilt heutzutage ja schon fast als Schimpfwort. Wie oft hört man von Kollegen „ich muss heute an drei Meetings teilnehmen und weiß gar nicht, wann ich meine Arbeit machen soll?" Was damit ausgesagt wird ist, dass Meetings nicht als Arbeit empfunden werden, sondern als Zeitverschwendung. Dabei ist es so einfach, ein Meeting zu einem Doing zu machen, also zu einem Treffen, bei dem man das Gefühl hat, dass es ein wichtiges Ereignis des Tages war, das man brauchte, um seine Arbeit noch besser machen zu können.

Früher haben gelangweilte Teilnehmer von „Gähn-Meetings" das sogenannten Bullschit-Bingo gespielt. Das war ein echt tolles Spiel, bei dem man die gerade im Unternehmen kursierenden „Lieblings-Worte" (z. B. Synergien, Hut auf haben, Driver Seat, Corporate Responsibility), die alle ständig daher brabbelten, in einer Tabelle sammelte und bei Nennung abstrich. Bei vertikalen, diagonalen und horizontalen Reihen, die man abgekreuzt hatte, rief man „Bullshit" in die Runde, wenn

Moderation: Effizienz in Meetings und Workshops 8

die ganze Tabelle abgekreuzt war, konnte man „Bingo" rufen und war der Sieger des Meetings (googeln Sie einmal Bullshit Bingo).

Heute werden dank der Verbreitung von Smart Phones E-Mails unter der Tischkante bearbeitet. Immerhin erspart einem das die ständigen Bullshit-Rufe. Das verbessert aber den Umstand nicht, dass die Teilnehmer die Zeit im Meeting nicht als wertvoll und gut genutzt erleben und aus den Meetings mangels Aufmerksamkeit der Teilnehmer dann auch nichts Sinnvolles herauskommt.

Zum Thema Meetings gibt es wunderbare Zitate. Im folgenden sehen Sie eine Auswahl der gehässigsten (komischerweise sind alle in Englisch, was unter Umständen daran liegen könnte, dass in den USA das geschilderte Meeting-Syndrom vielleicht noch ausgeprägter gelebt wird als hierzulande — was ich aber mangels eigener Erfahrung nicht unterstellen möchte):

- „To get something done, a committee should consist of no more than three people, two of whom are absent" (Robert Copeland)
- „Meetings are indispensable when you don't want to do anything." (John Kenneth Galbraith)
- „If you had to identify, in one word, the reason why the human race has not achieved, and will never achieve, its full potential, that word would be 'meetings'". (Dave Barry)

Angesichts der vielen Meetings, die heutzutage stattfinden, könnten wir der langen Liste von Definitionen des Begriffes Führung, die es in der Literatur zu finden gibt, noch eine hinzufügen:

Führen bedeutet erfolgreiches Moderieren von Meetings!

In dem Jahren, in dem ich im Bereich der Beratung tätig war, habe ich natürlich auch zahlreiche Meetings, Konferenzen und Workshops moderieren dürfen. Und dabei war ich immer wieder verwundert, wie viel Nutzen und Mehrwert und auch Zufriedenheit bei den Teilnehmern ein Moderator mit ganz wenig Aufwand stiften kann. Es sind ganz wenige und obendrein einfache Dinge, mit denen man im Rahmen einer Moderation ein Meeting zu einem guten Meeting machen kann. Und doch sprechen viele Teilnehmer meiner Zeitmanagement-Trainings und viele Kunden in Beratungsprojekten davon, dass die vielen ineffizienten Meetings ihre größten Zeitfresser sind. Eigentlich ist das verwunderlich, weil man zur Verbesserung der Meetingsituation keine umfängliche Moderatorenausbildung benötigt, sondern nur eine übersichtliche Liste von einfachen Tipps.

Schlüsselqualifikationen guter Führung und erfolgreicher Unternehmen

Die wichtigsten Ratschläge und Methoden möchte ich in diesem Kapitel aufzeigen, damit Ihre Mitarbeiter, sobald sie zusammen sitzen und etwas besprechen oder erarbeiten wollen, Sie als Führungskraft auch in Ihrer Methodenkompetenz erleben.

Bevor Sie aber den Hut des Moderators aufsetzen, sollten Sie sich fragen, ob Sie die richtige Wahl für diesen Job sind. Moderiert man nämlich im Rahmen seiner Führungsaufgaben, gibt es Unterschiede zur Moderation, die von speziell für diese Aufgabe intern oder extern dazu geholten Moderatoren gehalten wird. Der Grund: Sie können die normalerweise mit dieser Rolle verbundene Neutralität nie durchgängig einhalten. Ein neutraler Moderator ist ein Lotse auf dem Weg zum Ziel, Sie werden aber immer Lotse und Kapitän in einer Person sein müssen. Und wenn Sie merken, dass das Meeting in die falsche Richtung abdriftet, können und sollten Sie die Neutralität des Moderators aufgeben und als Commander einen klaren Führungsimpuls geben. Diesen im Rahmen der Führung regelmäßig erforderlichen Hütewechsel hatte ich schon einmal bei dem Hüte-Modell erklärt.

In Situationen, in denen Sie von vorneherein keine Neutralität einhalten können oder wollen, sollten Sie den Moderatoren-Hut weiterreichen. Dies ist auch eine gute Förderungsmaßnahme für Mitarbeiter, die sie entwickeln wollen. Schwimmen lernt man im Wasser und Moderieren im Meeting. So erlernen angehenden Teamleiter eine wichtige Facette der Führungsaufgabe und Sie können aus der Brille eines moderierten Teilnehmers dem Mitarbeiter anschließend wertvolles Feedback geben.

HR
Holen Sie sich über die HR-Abteilung einen Moderator, wenn weder Sie noch einer Ihrer Mitarbeiter die oben genannte Doppelrolle leisten können. Das könnte z. B. der Fall sein, wenn es um Themen geht, in die Sie so involviert sind, dass Neutralität ausgeschlossen ist oder wenn Sie alle Mitarbeiter als Teilnehmer an einer Diskussion benötigen. Dann können sich alle inhaltlich einbringen und Sie überlassen die Lotsenaufgabe dem HR-Partner.

Folgende fünf Themen sind wichtig, wenn Sie als Führungskraft gleichzeitig Moderator sind. Die „5 Hebel zum Erfolg bei Moderationen" sind:

1. Gute Vorbereitung
2. Agenda
3. Moderations-Methoden
4. Humor und das Gefühl etwas zu schaffen
5. Protokoll und Nachhalten

Moderation: Effizienz in Meetings und Workshops **8**

8.4.1 Gute Vorbereitung macht den guten Moderator aus

Eine grundsätzliche Erkenntnis ist: Die Arbeit eines guten Moderators liegt zum großen Teil in der Vorbereitung. Das sage ich den Teilnehmern der von mir moderierten Workshops auch häufig, damit sie nicht das Gefühl entwickeln, dass ich im Workshop allzu wenig leiste und auch noch gut dafür bezahlt werde.

Eine gute Vorbereitung sorgt dafür, dass die Gruppe im Meeting höchst produktiv ist, viel Spaß an der gemeinsamen Arbeit hat und alles wie geplant klappt. Man kann sich dann als Moderator auf den Weg konzentrieren und die Ergebnisse schaffen die Teilnehmer. Deshalb wirkt es so, als wenn der Moderator nur einen geringen Beitrag leistet. Aber genau das ist die Kunst eines Moderators: wenig aber gezielt einzugreifen und dafür zu sorgen, dass am Ende eines Meetings die Ziele erreicht sind.

Folgende Fragen müssen bei der Vorbereitung beantwortet werden:

- Was ist der Grund und das Hauptziel des Meetings/Workshops?
- Wie lautet die Tagesordnung bzw. Agenda inklusive der Unterziele (siehe auch Themenpunkt Agenda)?
- Wer sollen/müssen die Teilnehmer sein (lieber weniger als mehr; nur Teilnehmer einladen, die etwas einbringen und etwas herausholen können, alle anderen werden sich grundsätzlich langweilen)? Halten Sie sich an den Rat von Tom DeMarco: „Halten Sie Besprechungen klein, indem Sie den nicht benötigten Leuten die Sicherheit vermitteln, nichts zu versäumen. Eine schriftlich vorliegende Tagesordnung, die streng eingehalten wird, ist die einfachste Möglichkeit, Ihnen diese Gewissheit zu geben." (DeMarco: Der Termin, S. 236)

> **Neuro**
>
> Unser Bedürfnis nach Zugehörigkeit zu unserer sozialen Gruppe ist es, das uns und andere in die vielen Meetings treibt. Das ist ein nicht bewusster Prozess. Suchen Sie clevere Wege, wie die Mitarbeiter trotzdem Gruppenzugehörigkeit erfahren, aber nicht an allen Sitzungen teilnehmen müssen. Neben einer eingehaltenen Agenda und öffentlichen Protokollen könnte dieser Weg auch ein regelmäßiges Abteilungstreffen offizieller Art sein. Beachten Sie, dass eine Ausladung zu einem Meeting, egal wie begründet Sie ist, einen Ausschluss aus der Gruppe bedeutet. Sie brauchen gute Prozesse, um diesen Ausschluss für den Mitarbeiter zu kompensieren.

- Wie ist das Zeitfenster, ist es ausreichend und günstig gewählt (nicht zu knapp terminieren und die Energiekurve bei nicht Ganztags-Meetings berücksichtigen, also z. B. ein zweistündiges Meeting nicht direkt während des „nachmittäglichen Essenskomas" abhalten)?
- Welchen Raum kann ich reservieren (je größer desto besser, dann haben Sie auch Spielfläche für Gruppenarbeiten)?
- Kommen Teilnehmer virtuell dazu und steht dafür die Technik stabil zur Verfügung (Telefon- und Video-Konferenz)?
- Welches Moderationsmaterial und welche Medien werden gebraucht (Nutzen Sie alle sinnvollen Kommunikationskanäle, dazu gehören sehen, hören, sprechen, tun bzw. Haptik. Tun Sie das nicht nur, um die Möglichkeit, Informationen aufzunehmen, zu verbessern, sondern einfach auch für ein abwechslungsreiches Arbeiten)?
- Wer schreibt das Ergebnisprotokoll (am besten direkt während der Besprechung schreiben und live mit Beamer „an die Wand werfen", möglichst nicht mit Erinnerungsprotokollen arbeiten, die sind subjektiv und entsprechen nachher nicht der Erinnerung der anderen Teilnehmer)?

8.4.2 Agenda: der systematische Weg zum Ziel

Die Qualität der Agenda für Meetings ist entscheidend! Sie gibt dem Moderator einen roten Leitfaden und die Richtung für sein effektives Handeln.

Viel zu häufig wird die Agenda als Arbeitsschritt ausgelassen oder sie ist so wenig aussagekräftig, dass sie dem Moderator keinen hilfreichen Leitfaden vorgibt. Deshalb zeige ich Ihnen hier ein ideales Vorgehen für die Erarbeitung der Agenda (im Vorfelde allein erarbeiten oder als Brainstorming am Anfang eines spontanen Meetings):

1. Welche **Themen** wollen wir heute bearbeiten
2. Wer ist für die Themen der jeweilige **Owner**?
3. Welche **Ziele** verfolgen wir mit diesen Themen (Info, Diskussion, Bearbeitung, Workshop, Ideensammlung, Entscheidungsfindung etc.)?
4. Wie viel **Zeit** nehmen wir uns für die einzelnen Punkte?
5. Wann ist das Meeting zu **Ende** und ist jeder bis zum Ende auch verfügbar (man erlebt hier manche Überraschung, weil Flüge von Teilnehmern so gebucht werden, dass man noch rechtzeitig nach Hause kommt, dann aber leider vor dem geplanten Ende aufbrechen muss)?

Moderation: Effizienz in Meetings und Workshops 8

Bei geplanten Meetings sollte man natürlich die Agenda vorher entwerfen und dann alles dafür Notwendige zusammenstellen. Eine Vorabversendung der Agenda hilft sicher, damit sich die Teilnehmer insbesondere dann, wenn sie einen aktiven Part übernehmen, vorbereiten können.

Im Sinne eines kooperativen Führungsstils und um tagesaktuell zu sein, kann man die Agenda auch ganz am Anfang eines Meetings zusammen mit den Teilnehmern entwerfen. Für einen Moderator ist es aber auch für diesen Fall sinnvoll, die Inhalte eines Meetings selbst etwas vorzudenken, um dann die von den Teilnehmern noch nicht genannte Themen ergänzen zu können. Das Vordenken hilft zudem, die entsprechenden Medien und Workshop-Materialien parat zu haben.

Es ist ein typischer Fehler im Umgang mit Agendas, die Ziele der Themen nicht festzulegen. Damit nimmt sich der Moderator die Chance, effektiv zu moderieren. Es ist eben ein Unterschied, ob man über einen Punkt lediglich nett „plaudern" möchte oder ob man eine Entscheidung treffen wollte. Wenn dann aber nach einem Meeting alle auseinander gehen und es fehlt die gemeinsam mitgetragene Entscheidung, dann war die Zeit der Teilnehmer schlecht genutzt.

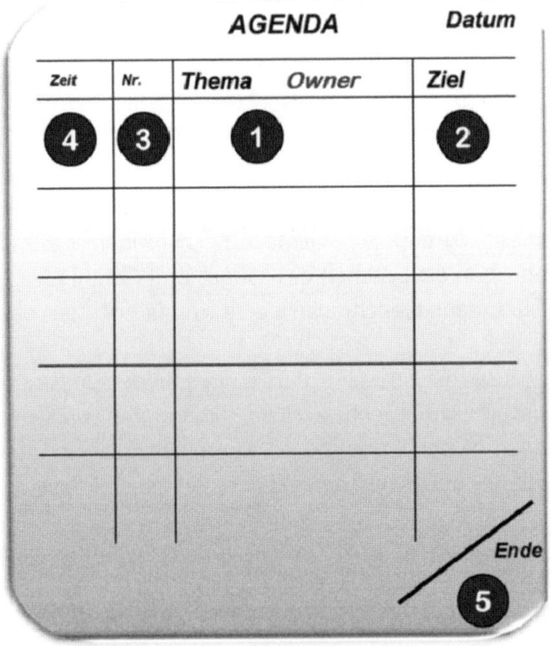

Abb. 54: Agenda auf Flipcharts für Meetings und Workshops mit der Reihenfolge für die Erstellung

Schlüsselqualifikationen guter Führung und erfolgreicher Unternehmen

In jedem Falle sollte eine Agenda immer einen letzten Punkt haben, den man mit „weiteres Vorgehen, To Do's und Termine" benennen könnte. Wenn nach einem Meeting alle nicht so recht wissen, was eigentlich als nächstes zu tun ist, fallen sie in ein Vakuum. Und das ist gerade nach einem guten Meeting schade. Ich nenne das gerne „die nächsten Leuchttürme aufzeigen": Wer macht was bis wann, wann sieht sich der Teilnehmerkreis wieder, wann ist etwas abzuliefern etc.

Wenn das Meeting Bestandteil einer Reihe von mehreren Meetings war, empfehle ich, direkt nach dem Meeting das Protokoll und den Termin für das nächste Meeting zu versenden. Damit ist die alte Fußballer-Regel eingehalten: Nach dem Meeting (Spiel) ist vor dem Meeting (Spiel)!

8.4.3 Moderations-Methoden

Bereits im Kapitel 6.2.4 habe ich Ihnen einige Moderations-Methoden angeboten. Diese waren zwar unter dem Stichwort Krisen- und Konfliktmanagement benannt, aber sie sind natürlich trotzdem den Moderationsmethoden zuzuordnen.

Unter Moderationsmethoden versteht man i. d. R. alle Techniken, die einem dabei helfen, mit mehreren Teilnehmern systematisch und teilweise kreativitätsfördernd zu einem Arbeitsergebnis zu kommen. Ein sinnvoller Umgang mit Flipcharts, Pinnwänden und Karten hilft dabei natürlich mit.

Auch wenn ich im Laufe meines Berufslebens einmal Methodik-Lehrer war, so nutze ich heute zwar meinem Fundus an Methoden mit dem üblichen Methodik-Material, zumeist ich gehe aber einfach nach meinem gesunden Menschenverstand vor. Wenn man ein bisschen das „Auge" und Gefühl für Farben, Formen und Ordnung besitzt, dann braucht man eigentlich nur noch das passende Material.

Hier zunächst ein paar einfache Tipps für den Umgang mit Flipcharts. Denn hier gilt: Flipcharts sind effektiv, weil Visualisierungen wirksamer sind für die Informationsaufnahme der Teilnehmer als ein reines Erzählen. Aber erst die richtige Verwendung macht das Arbeiten mit Flipcharts auch effizient!

- Benutzen Sie die Rückseite des Papiers, die Karos stören die Wahrnehmung und lenken, insbesondere wenn dünne Stifte verwendet werden, von den Inhalten ab! Setzen Sie sich einmal in die „letzte Reihe" und betrachten Sie ein kariertes Flipchart, das mit dünnen Stiften beschrieben wurde, dann werden Sie schnell nachvollziehen können, was ich damit meine.

Moderation: Effizienz in Meetings und Workshops 8

- Verwenden Sie Überschriften, Nummern und Datum, so können Sie Flipcharts als Protokoll und zur Dokumentation nutzen!
- Nutzen Sie die vier Moderations-„Grundfarben" und setze Sie diese gezielt ein, um bestimmte Effekte zu erzielen und Botschaften zu übermitteln:
  - **schwarz**: Schrift
  - **blau**: Schrift, Graphik, offene Punkte
  - **rot**: negativ, Nachteile, Streichung, Dynamik, Wichtigkeit, Betonung
  - **grün**: positiv, Vorteile, Konsens, Ordnung, Grafik
- Bedenken Sie: „Weniger ist mehr", also schreiben Sie Stichworte anstatt epischer Texte!
- Nutzen Sie grafische Darstellungen, Modelle und Bilder, denn es heißt nicht umsonst „ein Bild sagt mehr als viele Worte"!
- Hängen Sie beschriebene Flipcharts im Raum mit Kreppband (das schont die Wandfarbe) auf, blättern Sie niemals am Flipchart-Ständer um. So können Sie immer wieder auf bereits Besprochenes eingehen und kommen inhaltlich voran!

Achten Sie darauf, abgeschrägte Stifte in verschiedenen Stärken (mittel und dick) zu verwenden. Dünne Stifte in schwarz lohnen sich für Brainwriting auf Karten/Heftzetteln aber nicht für Flipcharts. Die Kosten für Stifte in Farben wie lila, braun, gelb, rosa und sonstigen Modefarben würde ich direkt der für den Einkauf zuständigen Führungskraft vom Gehalt abziehen lassen, weil sie zu nichts zu gebrauchen sind und meistens solange unbenutzt herumliegen, bis sie ausgetrocknet sind.

Folgende Moderationsmethoden kennen Sie aus dem Kapitel 7 bereits:

- Denken in Bedingungen
- Fischgräten-Diagramm
- Warum-warum-Diagramm
- Wie-wie-Diagramm
- Der Baum der Erkenntnis
- Die 3-Fragen-Methode

Diese gehören schon zum Fortgeschrittenen-Toolset. Die allseits bekannten Basistechniken sind Brainstorming und Brainwriting. Die Erfahrungen, die ich beim Beobachten der praktischen Anwendungen dieser beiden Methoden gemacht habe, möchte ich gerne mit der provokanten These zusammenfassen:

Jeder macht's, keiner kann's!

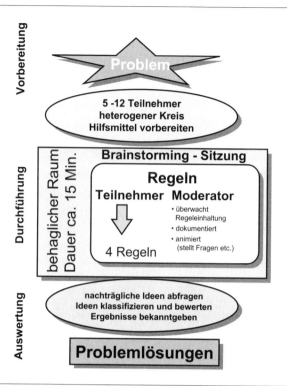

Abb. 55: Brainstorming

Ich gebe Ihnen hier paar Tipps für die richtige Anwendung dieses Klassikers der Moderation bzw. dieser „Mutter aller Kreativitätstechniken". Es gibt **3 Phasen** im Brainstorming:

1. **Vorbereitungs-Phase**: Hier sollten die folgenden Fragen geklärt werden.
   - Was ist das Thema, das Problem, der Grund für das Brainstorming?
   - Sitzen die richtigen Personen beieinander. Wichtig ist insbesondere, ob diese ihre Ideen frei von Kreativitätsbarrieren zusammentragen können. Sitzt z. B. der höchste Chef mit im Raum, den alle als „überzeugten Innovationshasser" kennen, werden die Teilnehmer auf der „kreativen Bremse" stehen. Auch eine allzu große Homogenität der Teilnehmer verhindert häufig das „Denken außerhalb der eigenen Grenzen".
   - Habe ich das passende Material (Flipchart, White Board, Pinnwand, Stifte)?
2. **Durchführungs-Phase:** In dieser Phase erfolgt der eigentliche „Gedankensturm". Dieser muss unter Berücksichtigung von vier Regeln moderiert werden. Dass diese Regeln zumeist schon bei den ersten „gebrainstormten" Gedanken vernachlässigt bzw. gebrochen werden, lässt mich zu meiner Eingangsthese kommen (Alle machen's, keiner kann's).

Moderation: Effizienz in Meetings und Workshops

Die vier Regeln lauten:
1. Keine Kritik oder Beurteilung von Gedanken!
2. Quantität vor Qualität! Masse vor Klasse!
3. Spinnen erlaubt, Spontanität unbegrenzt!
4. Fortführen und Weiterentwickeln bereits vorgebrachter Ideen (es geht um gegenseitige Inspiration, nicht um den Schutz des Copyrights der Ideengeber)!

Im Übrigen ist abfälliges Lachen und Augenverdrehen nach dem Motto „Was ist das denn wieder für ein Unsinn" eine Form von Kritik, die man abmoderieren sollte.

3. **Auswertungs-Phase:** Sprechen Sie den Übergang zu dieser Phase explizit an und geben Sie bekannt, dass nun die vier obigen Regeln nicht mehr gelten, weil man jetzt aus der Masse die Klasse entwickeln möchte. Manchmal ist es auch einfacher, die Teilnehmer des Brainstormings mit einem Dankeschön zurück an ihre Arbeitsplätze zu schicken, um im kleinen Kreis oder allein ohne Rücksicht auf die Ideenlieferanten aus der Masse der Ideen die brauchbarsten herausfiltern zu können.

Für die weitere Erarbeitung der Lösungen bzw. Maßnahmen können Sie zwischen zwei Optionen der Auswertung entscheiden:

   a) **Diskussions-basierte Auswertung:** Diskutieren Sie anhand vorher definierter Kriterien in der Gruppe drüber, welche Ideen den Kriterien am besten entsprechen. Als Kriterien könnten Sie beispielsweise nehmen:
   - Mit den Gegebenheiten und Bedürfnissen vereinbar?
   - Realisierbar oder nicht?
   - Sofort, bald oder erst längerfristig realisierbar?
   - Ohne vorherige Untersuchung realisierbar?
   - Schon in ähnlicher Form vorhanden?

   b) **Matrix-basierte Auswertung:** Nummerieren Sie die Ideen auf dem Flipchart durch und tragen Sie die Zahlen nach gemeinsamer Abstimmung auf eine Matrix mit den Achsen „Auswirkung auf das Problem" und „Aufwand/Schwierigkeit bei der Umsetzung" ein. Dadurch ergeben sich schnell und transparent die besten Lösungen, denn man wählt sinnvollerweise lieber solche Lösungen, die hohe Auswirkung bei wenig Aufwand haben.

   Wenn Sie mit einem Stift in der Hand erst die eine Achse entlang gehen, bis alle „halt" sagen, und dann die andere bis wieder alle „halt" rufen, dann muss man nur diskutieren, wenn es unterschiedliche Meinungen gibt. Das geht schnell und zeigt sofort ein eindeutiges Bild auf.

   Es wird zudem auch leichter, ein Commitment zu erhalten, da das Ergebnis transparent ist. In der folgenden Abbildung würde man kaum noch für Idee/Option 1 oder 8 plädieren, wenn doch die Ideen 4 und 9 genauso wirksam, aber viel leichter umzusetzen sind.

Schlüsselqualifikationen guter Führung und erfolgreicher Unternehmen

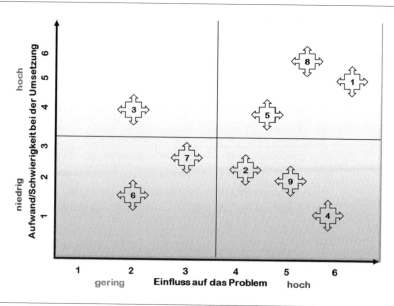

Abb. 56: Matrix für die Ideenbewertung nach einem Brainstorming

Brainwriting erfolgt letztlich auf vergleichbare Weise. Der Unterschied zum Brainstorming ist lediglich, dass jeder einzelne in der Durchführungsphase erst einmal für sich allein schreibt und dann erst gesammelt wird. Das hilft im Übrigen den Introvertierten, sich einzubringen. Sie scheuen sich manchmal, ihre guten Gedanken in die Runde zu rufen, insbesondere wenn der Teilnehmerkreis groß oder ungeübt in der Einhaltung der oben genannte vier Regeln ist.

Anstelle von Moderationskarten würde ich alternativ Haftzettel empfehlen. Diese kleben nicht nur (z. B. auf Türen, Fenstern, glatten Wänden, Tischen etc.) und sind damit ohne Pinnwand und Pins einsetzbar, sie sind auch zusammen mit dem Büromittelbedarf zu bestellen. Moderationskarten werden unter Moderations-Material verkauft und müssen offensichtlich mit Goldfäden durchsetzt sein. Anders ist der Preisunterschied wohl nicht erklärbar.

8.4.4 Humor und das Gefühl etwas zu schaffen als Meeting-Treiber

Ein Meeting, in dem neben den Themen und guten Ergebnissen auch einmal herzhaft gelacht wird, bleibt einem sicher in besserer Erinnerung als ein staubtrockenes.

Moderation: Effizienz in Meetings und Workshops

> **Neuro**
>
> Jedes Lachen ist eine Belohnung im Sinne einer Dopaminausschüttung, die im vorderen Teil des Gehirns wieder für körpereigene Opiate sorgt: So entsteht aus guter Laune weitere gute Laune und ein gutes Veränderungsklima! Eine Prise Entertainment ist im Veränderungsprozess sicher hilfreich.

Falls Sie nicht den Spaß im Berufsleben verlernt haben und zum Lachen in den Kohlenkeller verschwinden und sich dabei auch noch einen Lappen in den Mund stopfen, dann wir Ihnen Ihr gesunder Menschenverstand ausreichend Ideen dazu liefern, wie man Humor in Meetings einbringt. Falls Sie daran zweifeln und einfach nicht der geborene Comedian sind, hier ein paar einfache Anregungen:

- Suchen Sie im Internet nach lustigen **Cartoons** zum Thema. Googeln Sie einfach Bilder zum Themen-Stichwort und wählen Sie dann im Suchergebnis Cartoons oder Karikaturen aus. Wenn Sie diese Auflockerungen dann als Startfolie per Beamer an die Wand werfen, kann schon etwas auflockern. Auch sonstige auflockernde Bilder (es muss ja nicht immer ein ganzer Cartoon sein) helfen den Teilnehmern, im Meeting nicht zu verbissen zu sein.
- Verwenden Sie die **Umkehr-Technik** (ein witziges Derivat des Brainstormings): Wenn Sie etwas Konstruktives erarbeiten wollen, dann stellen Sie einmal eine Frage mit dem destruktiven Gegenteil. Die Ergebnisse müssen Sie dann nur noch umkehren, dann haben Sie tolle Lösungen. Das macht sehr viel Spaß! Allein schon die destruktiven Fragen zu hören, bringt die Aufmerksamkeit wieder nach oben. Z. B. beim Eintritt in eine letzte Phase eines Projekts: „Was müssten wir in den nächsten Wochen tun, damit wir unser schönes Projekt noch so richtig mit Volldampf an die Wand brettern?" Sie werden sich wundern, wie viele Antworten da zusammen kommen, die in umgekehrter Form wertvolle Anregungen geben, das Richtige zu tun.
- Lockern Sie Workshops durch kleine **Teambuilding-Maßnahmen** auf. Das ist insbesondere nach Mittagspausen ohnehin eine gute Idee, weil dann die „nachmittägliche Demenz" durch Blutarmut im Gehirn (bereits auch als „Futterkoma" erwähnt) vermieden wird. Dazu kann man bei Internetversand-Händlern Spielmaterial einkaufen (z. B. Metalog) oder Sie engagieren einmal einen befreundeten Trainer für eine solche kleine Session. Damit haben Sie gleich Material und Moderator in einem. Das ist angesichts des positiven Impulses für die Produktivität aber auch für das Teambuilding eine nur kleine Investition, die sich immer lohnt.
Machen Sie von solchen Übungen nette Fotos, die lockern dann das nächste Meeting auf, wenn Sie diese, verbunden mit ein paar lustigen Anekdoten, zeigen.

Schlüsselqualifikationen guter Führung und erfolgreicher Unternehmen

- Lassen Sie zwischendrin und am Ende eines Meetings auf kreative Art und Weise ein Fazit ziehen. Fordern Sie z. B. die Teilnehmer nach dem Mittagessen auf, ihr persönliches Highlight zu einem Thema (z. B. „Was hat mir in unserem Workshop bisher am besten gefallen") als kreative Bilder auf Flipcharts darzustellen. Die Teilnehmer bewegen sich und mangels Zeichenkünsten entstehen die tollsten Bilder; nebenbei wird der bisherige Teil des Workshops aus den Augen der Teilnehmer reflektiert.
- Machen Sie die Feedbackrunde am Ende einmal anders:
  - Auflockernd ist der **„Flashlight-Ball"**, den man durch den Raum wirft mit der Aufforderung, folgende Frage zu beantworten: „Wie habe ich das Meeting empfunden und was würde ich mir beim nächsten Mal anders wünschen? Ungeschickte Werfer veranstalten dabei schon einmal einen körperlichen Angriff oder werfen meilenweit am Zielkollegen vorbei.
  - Noch besser ist ein sogenanntes „gestütztes Feedback". Dazu werfen Sie Bilder bzw. Symbole und dazu passende Fragen, die Sie auf einer Folie festgehalten haben, zur Inspiration (daher „gestützt") per Beamer an die Wand. Dann fordern Sie die Teilnehmer auf, eines der Symbole auszusuchen und auf einen Block zu malen. Auch hier entstehen kleine Kunstwerke zum Belächeln, aber damit verbunden ist dann auch wertvolles Feedback. Die Feedbackrunde können Sie drei bis vier Mal wiederholen, sie werden sehen, bei jeder Runde werden die Feedbacks tiefgründiger und wertvoller. Für dieses Vorgehen kann man auch entsprechende Gegenstände auf den Tisch stellen und nachzeichnen lassen.

Abb. 57: Gestütztes Feedback mit Symbolen

Einen Tipp möchte ich Ihnen noch geben. In den von mir begleiteten Workshops oder Projekten wird es mir schon als kleine (hoffentlich liebenswerte) Marotte nachgesagt, aber ich weiß um ihre Wirkung: Gehen Sie bei jedem geschafften Agenda-Punkt an Ihr Agenda-Flipchart, nehmen einen dicken grünen Stift und machen hinter den abgearbeiteten Agenda-Punkt einen fetten Haken. Das ist das Zeichen für erledigt. So haben alle auch zwischendrin immer wieder das Gefühl, dass man vorankommt.

Offene Punkte werden mit einem blauen Kreis versehen und die Vertagung im Protokoll festgehalten. Strittige Punkte und offener Dissenz erhalten einen roten Blitz.

Wenn Sie mit einer elektronischer Agenda arbeiten, die Sie per Beamer an die Wand werfen, gehen Sie zurück auf die Agenda-Folie und markieren entsprechend mit den drei genannten Farben.

8.4.5 Protokolle und Nachhalten

Protokolle sind lästig, das weiß jeder, der sie erstellen soll! Dazu gibt es, um den oben genannte Punkt Humor per Cartoons aufzugreifen, schöne Cartoons von Dilbert im Internet (jeder fragt, was man besprochen und entschieden hat und jeder hat eine gute Ausrede, warum er nicht das Protokoll geschrieben hat, also wird eben alles nochmal besprochen). Die Cartoons können Sie bei der Frage, wer schreibt heute Protokoll, gerne einmal an die Wand werfen.

Was ist der Vorteil von Protokollen? Sie verwenden das „Erfolgsprinzip der Schriftlichkeit" und nutzen diese Kraft, um Nachhaltigkeit der Teamarbeit zu stärken. Sie dokumentieren Inhalte, Entscheidungen und Verantwortlichkeiten und vermeiden so, dass man sich im Kreis dreht und Murphys Law II täglich anwendet (zur Erinnerung: Man hat nie genug Zeit etwas richtig zu machen, aber immer um es nochmal zu machen).

Alter Hut werden Sie sagen, und das zu Recht! Und dennoch werden nach meiner Beobachtung Protokolle vermieden, wo immer es möglich ist, denn ihre oben genannten Vorteile sind geradezu lästig. Es ist viel schöner, drauf los zu diskutieren und die Ergebnisse im Verantwortungs-Nirvana verblassen zu lassen. Und beim nächsten Mal kann man sich noch einmal über die Themen unterhalten und hat dann so ein schönes Dejavu. Ich weiß, das ist biestig beschrieben, aber anders kann ich mir die Aversion gegen Protokolle nicht erklären.

Schlüsselqualifikationen guter Führung und erfolgreicher Unternehmen

Ich möchte das Plädoyer für Protokolle nicht überstrapazieren, hier nur noch drei Tipps:

- Lassen Sie bei Meetings immer mit Laptop parallel das Protokoll führen (nicht erst nachher schreiben). Fragen Sie am Ende eines Punktes nach, was dokumentiert wurde und lassen es per Beamer an die Wand projizieren oder vorlesen. Bei Entscheidungen lassen Sie die Teilnehmer bestätigen, dass das Formulierte dem Besprochenen und der getroffenen Entscheidung entspricht. Dann kann es später keine Klagen geben, dass man das damals ja alles nicht so gemeint hatte.
- Setzen Sie zu Beginn eines Meetings auf dem Protokoll des letzten Meetings auf und kontrollieren Sie den Fortschritt der vereinbarten To Do's und Maßnahmen. Wenn das der übliche Rhythmus ist, weiß jeder, dass er sich erklären muss, wenn er beim nächsten Mal ein To Do vernachlässigt hat. So kommt „Zug in den Kamin".
- Verteilen Sie das Protokoll immer über einen fest definierten Verteiler, so dass der Kreis der Adressaten bekannt ist und gleich bleibt. So rutscht Ihnen keiner durch.

Normalerweise hat jedes Unternehmen einen Vordruck für die Protokolle. Den sollten Sie verwenden, um im Stil des Hauses zu arbeiten. Sollte es solche Vordrucke nicht geben, nutzen Sie den nachfolgenden Vorschlag, der auch für ein fortlaufendes Protokoll (in Excel) geeignet ist:

Protokoll

Meeting		Am:		
Teilnehmer		Von - bis	-	

Nr.	Aktion/Vorgang/Thema/Bereich	Verant-wortl.	Erledigt bis	Stand* in %
1.				
2.				
3.				
4.				
5.				
6.				
7.				
8.				
9.				
10.				
11.				
12.				
13.				
14.				
15.				
16.				
17.				
18.				
19.				
20.				

Protokoll
geführt durch:
verteilt am:
Verteiler:

Abb. 58: Protokollvordruck (* Stand der Erledigung: in % ausdrücken, 100 % = erledigt)

8.5 Change Management: Veränderungen erfolgreich managen

In meinen Berufsjahren hat sich ein Mysterium immer wieder gezeigt: Alle wissen, dass Veränderungen in Unternehmen nicht vom Himmel fallen und durch aktives Handeln, sprich Change Management, unterstützt werden müssen. Aber wenn es dann soweit ist und man Worten Taten und teilweise auch Budget folgen lassen muss, versickern die guten Vorsätze im Morast der Prioritäten und werden als „unnötige Psychospielchen" abgetan, zu denen man dann bei genauerer Betrachtung gerade weder Zeit noch Ressourcen hat. Sie ahnen sicher, was in solchen Fällen geschah, genau: nichts! Projekte, die verändern sollten, verendeten in der Umsetzung, Organisationen standen am Ende dort, wo sie gestartet waren.

Neuro
Veränderungsbereitschaft ist Dopamin. Wenn Sie Mitarbeiter haben, die dort einen Mangel haben (z. B. durch Rauchen oder falsche Ernährung), ist jeder Change schon am Anfang viel schwieriger als mit vitalen, dopaminergen Mitarbeitern. Hier schlägt die Bio-Chemie voll durch. Deshalb lassen sich junge Mitarbeiter im Wandel eher „mitnehmen". In Wahrheit hat dies nichts mit dem biologischen Alter zu tun, sondern mit der dopaminergen Kapazität des Gehirns. Bevor Sie einen Change Prozess beginnen, beziehen Sie Ihren HR-Partner und das Gesundheitsmanagement ein — mit der Frage: Was können wir tun, damit die Mannschaft dopaminerger wird.

Die Entscheider für eine nachhaltige und ernstgemeinte Veränderung sind die Führungskräfte, und damit sind sie auch die Treiber oder Bremser. Im Kapitel 4 stellte ich bereits die Rollenvielfalt der Führungskraft anhand der verschiedenen Hüte dar. Change Manager war einer dieser Hüte, für den ich Ihnen nachfolgend einige Handlungshilfen und Tipps geben möchte, ohne den Anspruch zu erheben, sie zu Experten in Sachen Change machen zu wollen.

HR
Organisationsentwicklung und die damit verbundene Kompetenz im Change Management sollte in der Personalabteilung vorhanden sein, wenn sie ausreichend Ressourcen und Rollen zur Verfügung hat. Sie sollten sich dort also Unterstützung für Veränderungsprojekte holen, aber vermeiden Sie den klassischen Fehler, die Verantwortung für Veränderung in der Personalabteilung zu verankern. Es ist und bleibt Ihre eigene Managementaufgabe, Veränderung herbeizuführen und bei den Mitarbeiter einzufordern. Delegieren Sie die Planung und Umsetzung von Maßnahmen an die HR-Abteilung, bleiben Sie im „Driver seat" der Veränderung und unterbinden Sie Äußerungen von Management-Kollegen wie z. B. „da kommt HR wieder mit Psychospielchen, dabei haben wir hier ganz harte Sachthemen zu verändern". In kleineren Personalabteilungen reicht die Ressourcenvielfalt oft nicht zu einer Spezialisierung, deshalb muss man hier gegebenenfalls Expertise von außen zukaufen.

Mit der von mir entwickelten Change-Methodik will ich fernab von „psychologischen Meisterleistungen" ganz pragmatisch an die Sache bzw. Veränderung herangehen. Ich gehe davon aus, dass dadurch manche Berührungsängste abgebaut werden und Führungskräfte immer öfter entscheiden, dass Veränderungen nicht dem Zufall überlassen werden dürfen, sondern einer systematischen Unterstützung bedürfen.

8 Change Management: Veränderungen erfolgreich managen

Das Konzept basiert auf meinem grundsätzlichen Change-Motto:

Wenn der Wind des Wandels weht, setzen die einen Segel und die anderen werfen Anker!

(Das abgewandelte chinesische Sprichwort „Wenn der Wind des Wandels weht, bauen die einen Windmühlen und die anderen Mauern").

Als gebürtiger Ostholsteiner und leidenschaftlicher Segler nehme ich Sie in diesem Kapitel mit auf eine Seereise, kommen Sie an Bord!

Abb. 59: Change Management mit dem BzBm-Ship (Betroffene zu Beteiligten machen)

Change Management ist Segelhandwerk: Wenn Sie mit einer Crew in neue Gefilde aufbrechen wollen, müssen Sie die BzBm-Methode eines klugen Kapitäns erfolgreich anwenden: „Betroffene zu Beteiligten machen". Dieser Grundsatz ist bekannt und wird auch als Garant für Akzeptanz verwendet. Wann immer Sie wollen, dass Ihre Mitarbeiter Entscheidungen, Ziele, Regeln und eben auch Veränderungen akzeptieren und nicht abwehren, ist BzBm das Gebot der Stunde.

Als Führungskraft müssen Sie dafür sorgen, dass bei geplanter Veränderung Segel gesetzt werden, und zwar zusammen mit Ihrer Crew, denn „Leinen los" funktioniert auf einem Schiff nun einmal nur mit vielen anpackenden Händen. Dieser Grundsatz ist mit dem „BzBm"-Prinzip, „Betroffene zu Beteiligten machen", meines Erachtens gut beschrieben. Man könnte auch — um im Bild zu bleiben — „passive

Schlüsselqualifikationen guter Führung und erfolgreicher Unternehmen

Passagiere zu aktiven Seglern machen", aber man muss es ja nicht übertreiben mit dem maritimen Motto.

Um mit der BzBm-Ship-Methodik die Seereise in eine veränderte Zukunft anzutreten, müssen Sie zu allererst folgendes tun:

1. Formulieren Sie verständliche und klare **Ziele** (als ein weithin sichtbarer Leuchtturm) für eine Zukunft, die besser ist als die Gegenwart; und dies möglichst gemeinsam mit den Betroffenen. Vereinbaren Sie diese schriftlich und holen Sie dafür ein glaubhaftes Commitment von den Mitarbeitern ein, um eine nachhaltige Ausrichtung in die geplante Zukunft zu erhalten. Dieser Vorgang ist auch Neurobiologisch up to date, denn die Gehirnforschung hat bewiesen, dass Ziele dem Gehirn den Impuls für die Freisetzung von Motivation und effektivem Handeln geben. Sie benötigen keine „Tschaka-Motivatoren", wenn die Ziele stimmen, setzt das Gehirn der Mitarbeiter die Motivation von selbst frei.
Dummerweise werden bei Veränderungen die gleichen Fehler gemacht wie bei Zielvereinbarungen, es werden keine Ziele definiert, sondern Aufgaben. Ziele sind „Ergebniszustände in der Zukunft" wie bereits bei der Führungstechnik Management by Objectives beschrieben wurde.
Im Folgenden ziehe ich konkrete Beispiele aus meinen Projekten heran, die zumeist im HR-Umfeld stattfinden; dadurch werden das Modell und seine zu setzenden Segel konkreter: In einem Transformationsprojekt innerhalb der HR-Organisation eines internationalen Mittelständlers der Immobilienbranche mit 3.000 Mitarbeitern war das Ziel so beschrieben: „Einführung des 3 Box-Modells von Dave Ulrich...!" Die Mitarbeiter hatten weder verstanden, was das eigentliche Ziel ist, noch wozu sie dies tun sollten. Eine erste und leicht durchzuführende Verbesserung war also eine Umformulierung und Konkretisierung des Ziels (hier verkürzt dargestellt):
„Bis zum 01.02.13 wurde eine neue Organisationsform in der Personalabteilung erfolgreich eingenommen, um die internen und externen Kunden von HR besser und mit mehr Wertschöpfungsbeiträgen unterstützen zu können. Bis zum 31.12.12 sind alle administrativen und skalierbaren HR-Prozesse in einem Shared Service Center zusammengeführt und werden mit modernsten IT-Mitteln in zwei Service-Leveln (HR-Hotline und HR-Specialists) erheblich effizienter als heute geleistet. Zusätzliche, von der Unternehmensstrategie abgeleitete Expertenaufgaben und -prozesse wurden in drei neu gegründeten Competence Centern bis zum 01.01.13 etabliert. Beginnend mit der deutschen Organisation wurde in drei Wellen bei allen Business Units die Rolle eines HR-Business-Partners implementiert, mit dem zukünftig alle Führungskräfte konzeptionell, taktisch und strategisch bei ihren Herausforderungen beraten werden können."

Change Management: Veränderungen erfolgreich managen   8

Nach der Formulierung einer smarti Zielformulierung verstanden die Mitarbeiter deutlich besser, wie der Hafen aussehen soll, den man ansteuert.

Wenn das Ziel klar ist, setzen Sie folgende Segel, um Fahrt aufzunehmen:

2. Machen Sie **nachvollziehbare ROI's** (Return on Invest) für jeden Einzelnen und für das Team sichtbar. Verwenden Sie dazu folgende Formel: Ergebnis = erheblich > als Aufwand = positiver ROI
   Dazu ein Beispiel, bei dem es um ein internationales Implementierungs-Projekt für Projektmanagement-Standards ging: Es handelte sich um eine international agierende Feinkäserei-Unternehmensgruppe mit ca. 4.000 Mitarbeitern. In den Trainings für die Projektleiter wurde die Pflicht, Informations in der zentralen Projektmanagement-Software einzutragen, als nerviger Zusatzaufwand bemängelt. Andererseits kritisierte man auch, dass es zu viele Projekte gibt und insbesondere die „üblichen Verdächtigen" — die guten Projektleiter, an die man immer zuerst denkt, wenn man ein neues Projekt zu vergeben hat — dadurch zu viel Last auf ihren Schultern tragen müssten. Mit den oben genannte Einträgen in die Software konnte man aber ein zentrales übergeordnetes Projekt-Portfoliomanagement etablieren, um in Zukunft Projektanzahl und Prioritäten mit den Machbarkeiten der Organisation in Einklang bringen und vorausschauender die Projektressourcen und deren Auslastung vorplanen zu können. Für diesen Nutzen war der Aufwand gering und wurde deshalb als Pflichtübung akzeptiert.
3. Arbeiten Sie mit **Herausforderungen und vermeiden Sie Angst**. Vielleicht kennen Sie das Modell des Angst-Index. Dies beschreibt, dass Menschen bei Herausforderungen Energien frei setzen und Engagement erhöhen, um sie zu erfüllen. Wenn die Herausforderungen aber so groß werden, dass man das Bewältigen als unrealistisch einschätzt, gelangen Menschen in den Bereich der Überforderung. Nun wird aus Engagement zunehmend Angst und aus Energie wird Lähmung, sodass die Produktivität in den Keller sinkt.
   Ein Negativ-Beispiel aus dem in Punkt eins beschriebenen HR-Transformationsprojekt: In einer Informationsveranstaltung für die ganze Personalabteilung gab es eine „der heiße Stuhl"-Session, in der alle Mitarbeiter drei wichtigen Mitgliedern des Projekt-Teams Fragen stellen durften. Eine Sachbearbeiterin fragte, welche Aufgaben die zukünftigen HR-Specialists im zweiten Service Level denn haben werden. Der zukünftige Leiter des Shared Service Centers (SSC) meinte es gut und wollte das BzBm-Prinzip anwenden, deshalb sagte er, dass dies noch nicht fest stünde und nun gemeinsam mit den Mitarbeitern erarbeitet wird. Er verfolgte damit ein gutes Prinzip, aber zum völlig falschen Zeitpunkt. Wir hatten in dieser Projektphase bereits alle zukünftigen Stellen mit groben Jobprofilen hinterlegt und er hätte lieber mit einem Hinweis darauf

Schlüsselqualifikationen guter Führung und erfolgreicher Unternehmen

Sicherheit vermitteln sollen. Durch seine offene Beantwortung ging aber ein Raunen durch den Saal und die nach Informationen über die sich verändernde Zukunft suchenden Sacharbeiter überschritten den Punkt, an dem aus Herausforderung eben Angst wird und die Produktivität auf den Nullpunkt rutscht. Durch Nachgespräche und ergänzende Informationen zu dem aktuellen Stand des Aufgabenspektrums konnten die Kollegen wieder in den „grünen Bereich" der anspornenden Herausforderung zurückgeholt werden.

4. Nutzen Sie die **vier Schrauben der Personalentwicklung für die Veränderung** (dürfen, wollen, wissen, können), um den Mitarbeitern aufzuzeigen, dass sie für die anstehenden Herausforderungen mit Personalentwicklung unterstützt werden.

   Dazu ein Beispiel: Es ging dabei um die Organisationsentwicklung der HR-Abteilung in der deutschen Gesellschaft eines Unternehmens der Nahrungsmittel-Branche, das 10.000 Mitarbeiter in zahlreichen Werken und Tochterfirmen beschäftigt: Das Ziel lautete, das drei Box-Modell von Dave Ulrich einzuführen. Die „Gretchenfrage" war, wie aus den heutigen Personalreferenten zukünftige HR-Business-Partner werden. Das „Dürfen" im Hinblick auf diese künftig stärker strategisch und taktisch beratend ausgelegte Rolle wurde mit der Geschäftsführung und dem Sprecherausschuss des Unternehmens vereinbart und auch von der Zentrale des Konzern abgesegnet (Schraube: dürfen). Die Personalreferenten konnten nach der Definition des Rollenprofils für sich selbst entscheiden, ob sie diese neue Aufgabe angehen oder sich lieber für ein anderes HR-Profil entscheiden wollten (Schraube: wollen). Alle, die sich dieser Herausforderung für die eigene Personalentwicklung stellen wollten, durchliefen ein gezielt dafür entwickeltes Trainingsprogramm, in dem z. B. Module für HR-Projektmanagement, Change Management, Strategie-Beratung, Betriebswirtschaftliche Unternehmensprozesse etc. angeboten wurden (Schraube: wissen). Durch begleitendes Coaching wurden die Kandidaten dann beim Praxistransfer des neu gewonnenen Wissens unterstützt (Schraube: können).

5. Haben Sie **Geduld**: Veränderungen gelingen nur, wenn man auch dicke Bretter stetig durchbohrt. Bei einer Ozeanüberquerung haben Sie für eine lange Zeit das Ziel nicht sichtbar vor Augen. Davon darf man sich aber nicht entmutigen lassen. Columbus gingen schon die Vorräte aus, bevor er endlich neues Land in Sicht bekam, aber er entdeckte doch (vermeintlich) Amerika, weil er nicht aufgab.

   Ein Beispiel aus einer Internet-Marktplatzgruppe mit ca. 500 Mitarbeitern und zahlreichen Tochterfirmen, die sich aus Start ups entwickelt haben, soll diese Forderung nach Geduld verdeutlichen: Bekanntlich gibt es „Revolutionsstufen", bei denen sich ein wachsendes Unternehmen nicht evolutionär entwickelt, sondern plötzlich einen riesigen Schritt vollzieht, bei dem sich alles an-

Change Management: Veränderungen erfolgreich managen

ders anfühlt, obwohl sich das Unternehmen zahlenmäßig eigentlich gar nicht so verändert hat.

Bei Start Ups ist das z. B. der Schritt von der 15 Köpfe-„Family & Friends-Company" zu einem 30 Mitarbeiter-Mittelständler, bei dem der Spirit und die Pionierstimmung einfach nicht mehr ausreichen, sondern ganz standadisierte Prozesse und einheitliche Instrumente benötigt werden. Für diese neue Phase werden häufig neue Manager an Bord geholt, die sich mit bereits etablierten Unternehmen und deren Strukturen auskennen und die bei Organisationswachstum notwendige Veränderung nicht abblocken. Als Personaldirektor dieser Gruppe war es meine wichtigste Aufgabe, diese hinzu geholten Top Manager zu bremsen, wenn ihnen die Transformation nicht schnell genug ging und sie mit manchem für den Unternehmenserfolg wichtigen Key Player die Geduld verloren. Diese häufig jungen vielversprechenden Talente kannten nach der Uni nur diese familiäre Start-up-Kultur und mussten sich — trotz ihrer Jugend — erst langsam mit den neuen Erfordernissen arrangieren.

6. **Gewinnen Sie Herzen und Köpfe**, indem Sie folgendes tun:
   - Treffen Sie **gute Entscheidungen**, und zwar auf kooperativem Weg und erklären sie diese angemessen, bevor sie umgesetzt werden, damit alle sie verstehen!
   - Betreiben Sie **erfolgreiche Kommunikation**: geplant, gut und regelmäßig!
   - Veranstalten Sie, wenn Sie sich auf dem „Change-Weg" befinden, **tolle Events** als mitreißende Highlights und Meilensteine, an die man sich gerne und positiv erinnert!
   - Betreiben Sie eine **angemessene Vermarktung** in internen Medien wie Unternehmenszeitschrift, Intranet, Facebook, schwarzes Brett und auch in externen Medien. Letzteres gibt Ihrem Vorhaben oft einen objektiven Qualitätsstempel. Ich habe, wo immer es möglich war, meine Veränderungs-Projekte in einschlägigen Fachzeitschriften zusammen mit den Verantwortlichen aus den Unternehmen in einem Artikel beschrieben. Wenn die Mitarbeiter solche Artikel lesen, entwickeln sie einen gewissen Stolz auf das, wa sie geschafft haben: Es ist offensichtlich gut genug verlaufen, dass sogar andere in Fachzeitschriften darüber lesen sollen.
   - Entwickeln und verschenken Sie **pfiffige Kleinigkeiten** als Give aways. In einem Projekt ließen wir beispielsweise einen Kaffee-/Teebecher mit dem „Zielfoto der Veränderung" (eine erklärende Grafik) bedrucken. Bei jedem Schluck hatten die betroffenen Mitarbeiter während der gesamten Laufzeit des Projektes das „Reiseziel" vor Augen. Damit prägte es sich täglich und nachhaltig ein.
   - Entwerfen Sie **einprägsame Symbole** mit einfachen aber mitreißenden Botschaften und Mottos. Das kann ein tolles Teamfoto sein von einem gelungenen Event, das Sie an die Wand hängen oder ein Mantra, das Sie sich

gemeinsam geben und gegenseitig immer wieder in Erinnerung bringen. „Change" oder „Yes we can!" war nicht umsonst die kurze und einprägsam formulierte Botschaft des US-Präsidenten Obama, die seinen ganzen Wahlkampf auf eine kurz formulierte Mission fokussierte.
- Benennen Sie **Propheten** („Change Agents") als Botschafter, auf die die Mitarbeiter hören. Dazu sind besonders die Mitarbeiter geeignet, die man als „Primus inter pares" bezeichnet, also „Erste unter Gleichen" oder einfach gesagt die „Rädelsführer" im Team, auf die man hört und denen man folgt. Wenn diese der Veränderung voran schreiten, werden ihnen die anderen folgen. Das ist viel leichter, als wenn nur die Führungskraft an der Spitze einer Veränderung steht.

Neuro

Wo immer Sie können, zeigen Sie den Betroffenen auch individuelle Vorteile auf. Damit ist nicht nur die Arbeitsplatzsicherheit gemeint, sondern z. B. auch persönliche Weiterentwicklung, ein neues Prämiensystem mit besseren Chancen für den Mitarbeiter, größere Teams und damit verbundene andere Möglichkeiten wie z. B. eine einfachere Urlaubsvertretung etc. Wir brauchen zwar ein großes Bild, um dopaminerg zu werden, doch die Aussicht auf einzelne Vorteile bringt den Handlungsschub.

7. Betreiben Sie unbedingt auch **Culture Change**: Nur wenn sich auch die Unternehmenskultur ändert, ändert sich der einzelne nachhaltig, denn er lebt in einer Kultur, die sein Verhalten fördert und unterstützt oder im schlimmsten Falle unterminiert. Kultur wird sichtbar und beschreibbar, indem die zugrunde liegenden Normen und Werte gelebt werden. Meistens sind diese unausgesprochen, manchmal gibt es definierte Leitbilder, die aber häufig nicht das wahre Leben im Unternehmen beschreiben, sondern unerreichte Ideale formulieren. Auch Culture Change ist meines Erachtens Handwerk und kein „psychologisches Zauberwerk"!
Dazu ein Beispiel: Bei einem Weltmarktführer in der Folienherstellung (6.000 Mitarbeiter) musste hart restrukturiert werden. Das betraf nicht nur betriebswirtschaftliche und organisatorische Punkte in der Zentrale und in den einzelnen Werken, sondern auch alle weichen Themen, die die vorhandene Unternehmenskultur ausmachten. Das Projektteam musste sich überlegen, wie man die Kultur nachhaltig ändert, damit die neuen Strukturen und Prozesse eine Überlebenschance bekommen. Wir gingen gemeinsam mit den sehr pragmatisch denkenden Betroffenen nach den folgenden vier Schritten vor:

Change Management: Veränderungen erfolgreich managen

Schritt	Beispiel
1. Definition der Soll-Eigenschaften, Normen und Werte der Zukunft	Als Mitarbeiter für seine eigene Personalentwicklung Verantwortung übernehmen.
2. Analyse des Ist-Standes	Mitarbeiter verlangen, dass Personalentwicklung komplett vom Unternehmen übernommen wird und fühlen keine eigene Verantwortung dafür.
3. Erarbeitung von Maßnahmen, die glaubhafterweise dazu geeignet sind, das erkannte Delta zwischen Soll- und Ist-Eigenschaften zu schließen	Teilung der Aufwände bei Personalentwicklungsmaßnahmen: Kosten übernimmt der Arbeitgeber, die Zeit bringt der Mitarbeiter von seinem Arbeitszeitkonto ein oder Trainings finden teilweise am Wochenende statt.
4. Etablieren von Stützprozessen, mit denen man zukünftiges Verhalten festigen kann	Betriebsvereinbarungen mit u. a. folgenden Elementen: Zwei-Tages-Trainings werden grundsätzlich für Freitag und Samstag geplant, pro Freitag werden 8 Stunden vom Arbeitszeitkonto gestrichen.

Das hört sich angesichts einer so weichen Angelegenheit wie der Unternehmenskultur recht mechanisch an und das ist es auch. Aber es funktioniert! Schon Einstein hat gesagt, dass wir unsere Probleme nicht mit den Mitteln lösen können, mit denen wir sie geschaffen haben. Warum sollte man nicht eine systematische Methode verwenden, um eine unbeabsichtigt entstandene Unternehmenskultur in die richtigen Bahnen zu lenken?

Diese sieben genannten Segel bzw. Change-Maßnahmen sollten Sie setzen, so weit es Ihnen die Ressourcen und das Budget erlauben. Dann nimmt Ihr Schiff Fahrt auf in die neue veränderte Zukunft. Manchmal sind Budget und Ressourcen knapp, dann kann es passieren, dass die Takelage nicht vollständig gesetzt ist. Wie beim Segeln nimmt dann (bei gleichbleibendem Wind) die Geschwindigkeit etwas ab. Solange das fünfte Segel „Geduld" gesetzt ist, passt es wieder.

Bei einem Teil der BzBm-Ship-Methode dürfen Sie aber auf keinen Fall nachlässig sein: Das ist Punkt eins der oben genannte Methode: Verständliche und klare Ziele!

Ich halte es hier mit Antoine de Saint-Exupéry, der es treffend formuliert hat: „Wenn du ein Schiff bauen willst, dann trommle nicht Männer zusammen, um Holz zu beschaffen, Aufgaben zu vergeben und die Arbeit einzuteilen, sondern lehre sie die Sehnsucht nach dem weiten, endlosen Meer".

Leinen los!

8.6 Mitarbeiterbindung und High Performance Management

Unternehmen stehen heute und noch viel mehr in Zukunft im Wettbewerb um knappe Ressourcen. Der demografische Wandel verringert das Angebot von gut ausgebildeten Fach- und Führungskräften und führt so zu einem erfolgskritischen Engpass. Umso mehr müssen Unternehmen mit neuen Angeboten und Konzepten dafür sorgen, dass die Mitarbeiter nicht nur an das Unternehmen gebunden werden, sondern obendrein engagiert, leistungswillig und auch leistungsfähig ihre Beiträge zum Unternehmenserfolg leisten. Es geht also nicht nur darum, die richtigen Mitarbeiter zu finden und zu binden, sondern Unternehmen müssen auch so viel Produktivität einfordern wie möglich, ohne die Mitarbeiter dabei zu verlieren oder deren Grenzen bis hin zur Überforderung zu überschreiten.

Vielleicht ist dies das erfolgskritischste Themenfeld, dem sich Führungskräfte in Zukunft stellen müssen. Deshalb habe ich in diesem Buch zwei aufeinanderfolgende Unterkapitel zu diesen zentralen Aufgaben geschrieben. Damit gewinnen Sie einen kompakten Überblick über das Themenfeld, ohne im Buch hin und her springen zu müssen — insofern ist die eine oder andere Wiederholung von Sachverhalten, die in anderen Kapiteln bereits erläutert wurden, durchaus beabsichtigt.

HR

Führungskräfte müssen die Entwicklung solcher Konzepte bei ihrem HR-Partner anstoßen, einfordern und/oder in Teilen proaktiv in ihrem Verantwortungsbereichen umsetzen.

Tragen Sie Ihren Teil zu diesen Herausforderungen aktiv bei, aber werben Sie für ein Gesamtkonzept im Unternehmen, damit alle an einem Strang ziehen können!

Sie werden — wie eben erwähnt — viele bereits dargestellte Themen wiederfinden. Die beiden im Folgenden beschriebenen Modelle sind eine Art Fazit, eine Zusammenfassungen bzw. Zielfotos, die sich aus dem Grundverständnis dieses Buches ergeben: Führung ist eine gelingende Zusammenarbeit und Partnerschaft zwischen den Führungskräften und dem Team der Personalabteilung.

Nachfolgend stelle ich Ihnen vor:

1. Das „House-of-Choice"-Modell (HoC) zur Verbesserung der **Mitarbeiterbindung**
2. Das „High-Performance-Management"-Modell (HPM) zur Steigerung der **Leistungsfähigkeit**

8 Mitarbeiterbindung und High Performance Management

Wenn Sie Überschneidungen zwischen dem House-of-Choice- und dem High-Performance-Management-Modell erkennen, ist dies nicht ungewöhnlich. Mitarbeiterbindung entsteht zum großen Teil aus den gleichen Gründen, aus denen gute Leistungen entstehen: Engagement, Spaß und Stolz, in seinem Unternehmen arbeiten zu dürfen, eine persönliche Bilanz, die besagt, dass man für seine Leistungen einen angemessenen Gegenwert erhält usw.

Die Blickwinkel der beiden Modelle sind aber andere. Während das House of Choice für die Augen des Mitarbeiters, Betriebsrats und Bewerbers die attraktiven Angebote des Unternehmens anschaulich darstellt, nimmt das High-Performance-Management-Modell die Perspektive des Managements und Geselschafters ein und beschreibt, wie man die Leistungen der Einzelnen und der Organisation auf gesunde Weise steigern und auf hohem Niveau halten kann, damit das Unternehmen langfristig erfolgreich und profitable am Markt agieren kann.

Da beide Themen bzw. Ziele sich so überscheiden, empfehle ich Ihnen, den Mitarbeitern und Bewerbern gegenüber mit dem nachgenannten House-of-Choice-Modell zu zeigen, was Sie Gutes für die Mitarbeiter tun. Dass sich in diesem „Haus" auch die Garanten für hohe Leistung wiederfinden, ist dabei ein willkommener Nebeneffekt. Die Vermarktung nach innen (auch in Richtung Betriebsräte) und außen gelingt aber verständlicherweise mit dem HoC-Modell wesentlich leichter als mit dem HPM-Modell.

Damit Sie beide Unterkapitel am Stück und für sich schlüssig lesen können, lasse ich die Überschneidungen unberührt. So können Sie entscheiden, aus welchem Blickwinkel und aus welcher Motivation heraus Sie sich mit welchem Modell auseinandersetzen wollen.

Auf der Grundlage der Modelle können Sie ein für Ihr Unternehmen und Ihre Möglichkeiten — basierend z. B. auf HR-Ressourcen, Budget, Zeit — ideal zugeschnittenes Konzept entwerfen und es mit der Entwicklung und Einführung der entsprechenden Prozesse und Instrumente schrittweise umsetzen. Setzen Sie sich dafür ein, denn die Bindung Ihrer Leistungsträger und die Steigerung der Leistung von innen ist nicht nur effektiver und budgetschonender als im „War for Talents" um jeden Mitarbeiter zu kämpfen. Durch die Verwirklichung der mit den Modellen verbundenen Visionen entsteht vielmehr auch ein Unternehmen, in dem alle Mitarbeiter inklusive Ihnen ganz sicher deutlicher lieber arbeiten wollen als vorher.

Das Vorgehen bei einer Implementierung der Modelle sollte wie folgt aussehen:

1. **Startanalyse** mittels eines von Ihnen selbst initiierten Audits nach dem Motto: „Auditieren Sie sich selbst, bevor es andere für Sie tun". Gegebenenfalls Sie einen externen Auditor/Berater einbinden, wenn ein benchmarkbefähigter und moderierender Support sinnvoll ist (s. Quick-Check unter Anlagen und Downloads).
2. **Entwicklung des konzeptionellen „Zielfotos"** für Ihr Konzept unter Berücksichtigung Ihrer strategischen Ziele, Ressourcen und Budgets.
3. **Planung einer Roadmap** mit Zielen, Zeitachse und Ressourcenbedarf.
4. **Umsetzung** der geplanten Maßnahmen, Entwicklungs- und Implementierungsarbeit.
5. **Entwicklung eines Controlling-Cockpits** mit passenden Kennzahlen und Messverfahren.
6. **Regelmäßige Messungen der Kennzahlen** mit Erhebungen und Stichprobeninterviews und kontinuierliche Verbesserung des Konzepts.

8.6.1 Mitarbeiterbindung: Engagierte Mitarbeiter binden anstatt „War for Talents"

Jeder verlorene Mitarbeiter kostet zwischen ein bis zwei Jahresgehältern. Diese gewaltige Summe ergibt sich aus vielen Bestandteilen und ist vergleichbar mit den im Kapitel Personalgewinnung aufgezeigten Kosten bei einer missglückten Einstellung, bei der zu den direkten Kosten der Nachbesetzung zahlreiche teure Kollateralschäden hinzukommen:

- Verringerte Produktivität im Vorfeld des Abgangs
- Kollateralschäden im Team (z. B. Überbelastung, gerissene persönliche und Arbeitsbeziehungen) und bei Kunden (z. B. Vertrauensverlust zum Unternehmen, Verlust von vertrauten Ansprechpartnern)
- Recruitment-Kosten für die Nachbesetzung
- Erhöhter Führungsaufwand
- Erhöhter Aufwand in der Personalabteilung
- Gestiegene Gehälter am Markt
- Neue Einarbeitung
- Geringere Produktivität bis zum Zeitpunkt der erfolgreichen Integration

Es gilt also insbesondere die für den Erfolg des Unternehmens wichtigen leistungsfähigen Mitarbeiter zu binden. Dies ist zunehmend die leichtere Aufgabe und das intelligentere Vorgehen — verglichen mit einer Nachbesetzung aus dem umkämpften Markt um die umworbenen Talente.

Mitarbeiterbindung und High Performance Management 8

Bevor ein Modell erklären kann, **wie** man etwas macht, sollte eine Definition erklären, **was** man macht. Dazu eine kompakte Beschreibung:

Mitarbeiterbindung ist aus

- **Mitarbeiter-Sicht ...:**
  - die gefühlte Anziehungskraft eines Unternehmens, die einen bewusst zum Bleiben bewegt, obwohl man die Möglichkeit zum Gehen hätte („Able to go, but happy to stay").
  - liegt vor, wenn die Gravitation eines Heimatplaneten, sprich Unternehmens, stärker ist als die Fliehkraft seiner Satelliten, sprich Mitarbeiter.
- **Unternehmens-Sicht ...:**
  - die Summe aller Maßnahmen, Elemente und Prozesse, die ein Unternehmen bewusst oder unbewusst betreibt mit der Absicht, insbesondere die richtigen also erfolgskritischen Mitarbeiter im Unternehmen zu halten.

Wichtig für den Erfolg eines Unternehmens ist es natürlich nicht nur, Fach- und Führungskräfte zu gewinnen und zu binden. In einer meiner vielen Vortragsveranstaltungen zu diesem Thema berichtete ein Personalleiter davon, wie sein Getränkehandelsunternehmen in der Hochsaison mehrere Millionen Umsatz nicht realisieren konnte, weil es nicht genügend Gabelstaplerfahrer finden konnte, um die LKW zu beladen. An welcher Stelle in Ihren Business-Prozessen also das höchste Risiko steckt, sollten Sie analysieren. Manchmal ist es tatsächlicher einfacher, einen Teamleiter nachzubesetzen, als den besten Fachmann im Team.

Das hier vorgeschlagene Modell „House of Choice" beschreibt anschaulich und einprägsam einen ganzheitlichen Ansatz, mit dem Mitarbeiterbindung durch vielfältige Maßnahmen unterstützt werden kann und sollte. Meine Erfahrungen zeigen, dass man sich nicht auf eine Maßnahme fokussieren darf, wenn man seine vielfältige Belegschaft binden möchte. So wie jeder Mitarbeiter ganz individuelle Motivatoren besitzt und persönliche Beweggründe zum Bleiben oder Gehen hat, so muss wie auch das Spektrum der Bindungsmaßnahmen vielfältig sein. Deshalb hat das Haus viele Räume.

Gleichwohl kann man nicht alles tun und der Versuch würde — insbesondere bei begrenzten Ressourcen — im schlimmsten Falle halbherzig ausfallen und damit wenig Effekt zeigen. Aber man sollte ein „Zielfoto" vor Augen haben, dass es sukzessive mit Leben zu erfüllen gilt und das die Mitarbeiter und Bewerber als ein ernsthaftes und glaubhaftes Bemühen des Arbeitgebers um hohe Mitarbeiterorientierung erkennen. In jedem Fall sollte aber großer Wert auf gute und professionelle Mitarbeiterführung gelegt werden, denn es gilt das schon weiter oben zitierte „Naturgesetz": „Mitarbeiter verlassen nicht Unternehmen, Mitarbeiter verlassen Führungskräfte!".

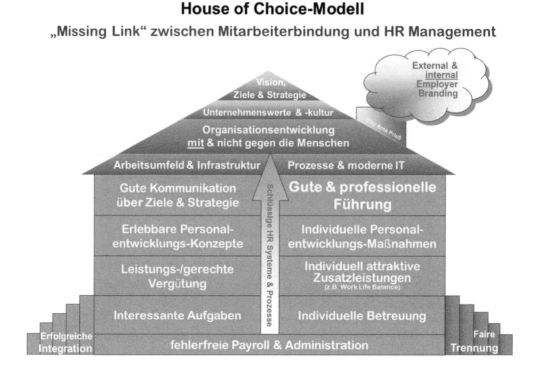

Abb. 60: Mitarbeiterbindung nach dem House-of-Choice-Modell

Auf Basis meines Modells können Sie ein individuelles auf Ihr Unternehmen zugeschnittenes House of Choice entwerfen und mit der Entwicklung der entsprechenden HR-Konzepte und Maßnahmen schrittweise umsetzen. Setzen Sie sich als Führungskraft dafür ein, denn es ist weitaus einfacher und intelligenter, gute Mitarbeiter zu binden und die besten Bewerber für Ihr Unternehmen zu interessieren, als einen „Durchlauferhitzer" für enttäuschte Mitarbeiter zu spielen, die kommen, ihre Erwartungen nicht erfüllt sehen und nach kurzer Zeit wieder gehen.

Das Modell setzt sich aus folgenden Einzelteilen zusammen: Es gibt insgesamt 15 Elemente in der vollen Ausbaustufe, die es im Idealfall zu entwickeln, erfolgreich zu implementieren und nachhaltig zu betreiben gilt. Im Folgenden erkläre ich Ihnen die einzelnen Element und welche Rolle die Führungskräfte darin spielen:

1. **Erfolgreiche Integration:** Mitarbeiter müssen im neuen Unternehmen fachlich und sozial „anwachsen" bzw. Wurzeln fassen, dann werden sie bleiben und leistungsfähig sein. Halten Sie Ihre Versprechen aus dem Recruitment ein, denn die ersten Enttäuschungen, die ein neuer Mitarbeiter erlebt, sind diejenigen, die am meisten schmerzen!

Mitarbeiterbindung und High Performance Management 8

2. **Fehlerfreie Payroll & Administration:** Was klappen muss, muss klappen! Vermeiden Sie Fehler, die sogenannte Hygienefaktoren betreffen. Achten Sie darauf, dass die Personaladministration alle Informationen hat, die sie für eine ordnungsgemäße Aufgabenerfüllung benötigt. Wenn Sie z. B. die Information zur Änderung der Steuerklasse eines Mitarbeiters auf Ihrem Schreibtisch liegen lassen, hat dies vielschichtige negative Auswirkungen. Zum einen verursacht es mehr Arbeit für die Administration, wenn der durch Ihr Versäumnis entstandene Fehler ausgebügelt werden muss. Zudem entstehen für den Mitarbeiter nicht nur persönliche Nachteile, er wird den Fehler auch als Zeichen mangelnden Respekts gegenüber ihm und seinen persönlichen Belangen empfinden.
3. **Interessante Aufgaben:** Setzen Sie die richtigen Leute auf die passenden Jobs. Ob etwas interessant für einen Mitarbeiter ist, ergibt sich aus seinen eigenen Erwartungen, Hoffnungen, beruflichen Kompetenzen und aus seinen persönlichen Eigenschaften. Mancher erfolglose Vertriebsaußendienst-Mitarbeiter kann z. B. im Sales-Back-Office die beste Kraft sein!
4. **Individuelle Betreuung:** Zeigen Sie durch eine persönliche Ansprache Ihr echtes Interesse an den Themen des Mitarbeiters. Bringen Sie Ihre Wertschätzung im Hinblick auf erzielte Erfolge zum Ausdruck und respektieren Sie persönliche Themen der Mitarbeiter. Sie sind menschliche Individuen und keine genormten Maschinen!
5. **Leistungs-/gerechte Vergütung:** Compensation muss der Leistung und der Wertschöpfung des Mitarbeiters gerecht werden. Nutzen Sie bestehende Systeme oder fordern Sie bessere ein, wenn Sie und die Mitarbeiter das Gefühl haben, dass die Vergütung unfair geregelt ist. Von Tarifsystemen einmal abgesehen, haben Unternehmen ausreichend Spielräume, um sich um Leistungsgerechtigkeit und Marktfähigkeit der Gehälter zu bemühen (siehe auch Kapitel 6.1.6).
6. **Individuelle attraktive Zusatzleistungen:** Benefits dürfen nicht nach dem Gießkannen-Prinzip verteilt werden, sondern sollten auf die Berufs-/Lebensphasen zugeschnitten sein, so dass insbesondere die Work-Life-Balance der Mitarbeiter klappt. Jemand der gestern noch die Benefits für einen Single als attraktiv empfand (Fitness-Programme, kreative Firmenwagen-Regelung mit Cabrios, lange Urlaube am Stück mit Fernreisen etc.), will morgen nach einer Heirat und anlässlich des ersten Kindes ganz andere Zusatzleistungen (Risikoversicherung, Familien-Van, Elternzeit, Krippenzuschuss etc.).
7. **Erlebbare Personalentwicklungskonzepte:** Transparente Entwicklungsperspektiven und Personalentwicklungsprozesse, die nachweislich helfen, die Entwicklung des Mitarbeiters zu unterstützen, sind starke Ankerketten der Bindung. Wer Perspektiven vor Augen hat und den Weg dorthin erlebt, muss sich nicht nach neuen Ankerplätzen umschauen. Es nützen aber auch keine High-Potential-Programme, wenn sie nur die wenigsten Kollegen betreffen. Personalentwicklung muss von allen Mitarbeitern erlebbar sein, in kleinen und in größeren Schritten.

8. **Individuelle Personalentwicklungsmaßnahmen:** Der einzelne Mitarbeiter muss lernen und sich weiterentwickeln können und alle entsprechenden Maßnahmen so verstehen, dass sie seiner Entwicklung dienen. Das 4-Schrauben-Modell ist dafür die Grundlage.
9. **Gute Kommunikation über Ziele & Strategie:** Sie müssen klar sagen, wohin die Reise gehen soll und wie Sie das Ziel gemeinsam mit dem Mitarbeiter erreichen wollen. Nichts hat mehr Kraft als ein mitgetragenes attraktives und nachvollziehbares Ziel. Dies erlebt jeder Segler, wenn nach langem Törn das Land in Sicht kommt. Plötzlich ist man frisch und konzentriert, die Energie für die verbleibende Strecke bis zum Ziel kommt wie von selbst und die Vorbereitungen für das Anlanden gehen motiviert von der Hand.
10. **Gute & professionelle Führung:** Die drei wichtigsten Worte der Mitarbeiterbindung sind Führung, Führung, Führung!
11. **Arbeitsumfeld & Infrastruktur:** Mitarbeiter müssen sich im und um das Unternehmen herum wohlfühlen. Schaffen Sie eine Infrastruktur und Umgebungen, in der Arbeiten, Leisten, Lernen und Entwickeln erfolgreich gelingen kann! Bleiben Sie flexibel in puncto Arbeitszeiten, Arbeitsorte (warum nicht einmal Konzeptarbeit zu Hause machen, solange Arbeitssicherheit gegeben ist) und Arbeitseinsatz Ihrer Mitarbeiter. Investieren Sie in moderne Arbeitsmittel und eine angenehme Atmosphäre. Achten Sie darauf, dass Ihre Büros nicht nur nach dem Mietpreis ausgesucht werden. Wenn der Mitarbeiter morgens auf dem Weg zur Arbeit das Gefühlt gewinnt, in einer „entvölkerten Umgebung" zu arbeiten, aus der alle außer ihm gerade vor einer hochansteckenden Virusinfektion geflüchtet sind, dann lockert dass jeden Tag ein wenig die Bindung. Dazu noch ein Beispiel: Einer meiner Kunden hat seine Büros in einem eigentlich recht ansehnlichen Gebäude mit Innenhof samt Sonnensegeln. Seit mehreren Jahren ist das Unternehmen aber der einzige Mieter. Auf der langen Klingelreihe ist eine einzige Klingel mit einem Namen belegt. Insbesondere in den dunklen Winterzeiten ist es morgens und abends regelrecht gruselig. Als letzter mag da keiner aus dem Büro gehen und Bewerber fragen sich insgeheim sicher, ob das Gebäude asbestverseucht ist und die Miete deshalb vielleicht so günstig war, dass man nicht nein sagen konnte.
12. **Prozesse & moderne IT:** Wer seine Ziele kennt, will effektiv und effizient arbeiten, dabei helfen gute und bekannte Prozesse und eine arbeitserleichternde IT. Hören Sie auf die Klagen Ihrer Mitarbeiter und gehen Sie mit gezielten und schnellen Verbesserungen die beklagten Themen an, damit unnötiger Sand aus dem Getriebe kommt.
13. **Organisationsentwicklung mit und nicht gegen die Menschen:** Bei Veränderungen müssen Sie wie bereits ausführlich beschrieben die „Betroffenen zu Beteiligten machen" und nicht umgekehrt („Beteiligte zu Betroffenen machen"); Change Management ist eine unerlässliche Kompetenz der HR-Kollegen und

aller Führungskräfte. Deshalb habe ich diesem Themaein ganzes Kapitel gewidmet. Manches Unternehmen hat jahrelang eine hohe Bindung zu seinen Mitarbeitern aufgebaut, um sie dann wegen einer einzigen Organisationsänderung „auf Null" herunterzufahren. Achten Sie darauf, dass insbesondere bei Mergern, Akquisitionen oder Integrationen nicht die sich oft einstellende Gleichung eintritt: 1+1 = 0,5. Wenn nach einer solch einschneidenden Organisationsveränderung die Leistungsfähigkeit gleich bleiben oder besser werden soll als die mathematische Summe der zusammenfindenden Teile, gelingt dass nur mit optimalem Change Management unter Einbindung der betroffenen Mitarbeiter.

14. **Unternehmenswerte & -kultur:** Unterstützen Sie die Entwicklung und den Bestand positiver gelebter Werte in einer positiv erlebten Kultur, anstatt sich nur mit Lippenbekenntnissen über die angeblich tollen Werte des Unternehmens zu äußern! Dazu gehört u. a. auch ein faires Trennungsmanagement, bei dem sich zu allererst und für die betroffenen Mitarbeiter beweist, ob man werteorientiert handelt.
15. **Vision, Ziele & Strategie:** Eine große Kraft und Faszination geht davon aus, zu wissen und zu sagen, wo man langfristig hin und wie man den Weg beschreiten will und was jeder einzelne dazu beitragen kann und soll.

Je mehr dieser 15 Elemente Sie verwirklichen, desto größer ist die Anziehungskraft Ihres Unternehmens für Mitarbeiter und Bewerber und desto besser sind Sie gerüstet im Wettstreit um die immer knapper und wertvoller werdende Ressource Mitarbeiter.

8.6.2 High Performance Management: Produktivität und Erfolg steigern

High Performance einerseits und Gesundheit und Zufriedenheit andererseits sind in einem nachhaltigen Gleichgewicht zu halten, wenn Unternehmen langfristig erfolgreich bleiben wollen. Diese Aufgabe ist nicht neu, doch wird ihre Bedeutung zunehmen und das erfolgreiche Managen dieser Balance wird über den Erfolg eines Unternehmens im Wettbewerb zukünftig entscheiden — weil Mitarbeiter ihren eigenen Wert zunehmend kennen und selbstbewusst genug sind, um sich nicht für den kurzfristigen Erfolg des Arbeitgebers „verheizen" zu lassen. Insbesondere die von allen Unternehmen umworbene Generation Y will im Beruf erfolgreich sein, ohne die Annehmlichkeiten des Privatlebens zu vernachlässigen. Diese Generation stellt den Bevölkerungsanteil, deren Mitglieder um das Jahr 2000 herum zu den Teenagern zählten (deshalb auch oft als Millennials, zu deutsch die „Jahrtausender", bezeichnet) und jetzt die nachrückenden Fach- und Führungskräfte unter den Mitarbeitern stellen.

Schlüsselqualifikationen guter Führung und erfolgreicher Unternehmen

Um die geschilderten Herausforderungen erfolgreich zu meistern, müssen Performance-Management-Konzepte in eine neue Evolutionsstufe eintreten. In der Regel versteht man unter Performance Management heute die Verbindung von Zielvereinbarungs- und/oder Beurteilungssystemen und variabler Vergütung. Zahlreiche Beratungsunternehmen haben sich darauf spezialisiert und versprechen durch diese Kombination von Management by Objectives und einem monetären Incentivierungs-Instrument ein nachhaltiges Ansteigen der Produktivität in Unternehmen. Manch einer verspricht sogar eine „Motivations-Explosion", aber dieses vollmundige Versprechen darf man wohl als Verkaufsargument bezeichnen, das in der biestigen Realität wie eine Seifenblase zerplatzt.

Wer sich mit diesem „MbO-Vergütungs-Doppelpack" beschäftigt hat, weiß, dass oft „Frust statt Lust" produziert wird. Dies liegt nach meiner Erfahrung nicht an der mangelnden Kraft der oben genannten Konzepte, sondern häufig an dem „Wie" der Anwendung. Allzu häufig werden gute Konzepte schlecht eingeführt, so dass die Hauptanwender, nämlich die Führungskräfte, deren Nutzen nicht verstehen und mit dem neuen Instrument nicht so erfolgreich führen und motivieren können, wie die Theorie es vorsieht. So bleibt der erhoffte Motivations- und Produktivitätsschub aus und die Mitarbeiter versinken in Ärger und Frustration, wodurch sich der Leistungswille und die Ergebnisse verschlechtern anstatt sich zu steigern. Die Chance wird verpasst und ein gutes Instrument wird in den Augen der Mitarbeiter verbrannt.

Wenn man sich von diesen Erfahrungen abheben will und beim Performance Management weiter als bisher kommen möchte, muss man neue Wege gehen. Und neue Wege brauchen auch neue Namen. Wer zuerst von „High Performance Management" gesprochen hat, ist nicht nachvollziehbar. Spannend wird es sein, welche Konzepte unter diesem „Fortgeschrittenen-Titel" entstehen werden.

Nachfolgend möchte ich mein Konzept vorstellen, das ich als deutlichen Evolutionsschritt zu den heute üblichen Konzepten empfinde. Weg von dem beschriebenen Fokus aus MbO und Vergütung hin zu einem ganzheitlichen Herangehen. Eine Gesamtstrategie, die überall dort ansetzt, wo Performance bei Mitarbeitern entstehen kann, die aber doch so fokussiert ist, dass man das Konzept noch vermitteln und prozessual betreiben kann. Denn auch hier gilt: „Wer alles will, wird als Meister des Nichts enden" (m. W. nach Charles Augustin St. Boeuve).

8 Mitarbeiterbindung und High Performance Management

Auch für dieses Modell gilt, bevor man liest wie man etwas umsetzt, sollte eine Definition erklären, was man macht. Hierzu eine kompakte Erklärung:

> **High Performance Management ist die Summe aller Maßnahmen, Elemente und Prozesse, die ein Unternehmen bewusst oder unbewusst mit der Absicht betreibt, die Leistung seiner Mitarbeiter und der Gesamtorganisation nachhaltig zu steigern und auf einem hohen aber gesunden Niveau zu halten.**

Mit dem in der nachfolgenden Abbildung aufgezeigten High-Performance-Management-Modell (HPM) können Unternehmen eine nachhaltige Verbesserung der Leistungsfähigkeit ihrer Mitarbeitern und ihrer Organisationen erreichen. Bei dem Modell handelt es sich um eine Art Gesamtvision, die strategisch abgeleitet werden muss. Selbstverständlich muss es nach Kriterien der Machbarkeiten auf das eigene Unternehmen, die verfügbaren Ressourcen und das Budget individuell zugeschnitten werden.

Die Besonderheit dieses Modells ist seine ganzheitliche Herangehensweise. Ich gehe davon aus, dass schon im Rahmen des Recruitments die Grundlagen für Leistungsfähigkeit gesetzt werden müssen, denn nicht optimal geeignete Bewerber werden i. d. R. nicht zu leistungsfähigen Mitarbeitern. Und mein Modell endet gedanklich erst bei der Trennung von Mitarbeitern, denn wer kann Ihnen mehr darüber sagen, warum es Ihnen nicht gelungen ist, einen Leistungsträger zu binden als der ausscheidende Mitarbeiter selbst in einem gut geführten Exit-Interview. Durch viele weitere Elemente, die sich um einen zentralen Motor mit einem Zielvereinbarungssystem versammeln, und unter denen professionelle Führung wiederum einen wesentlichen Stellenwert besitzt, entwickelt sich durch die Kraft aller Elemente eine dauerhaft leistungsfähige Organisation.

Schlüsselqualifikationen guter Führung und erfolgreicher Unternehmen

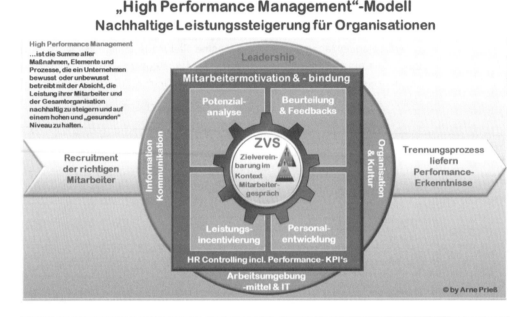

Abb. 61: Produktivitätssteigerung nach dem High-Performance-Management-Modell

Das Modell besteht in seiner vollen Ausbaustufe aus insgesamt 12 Elemente, die entwickelt, erfolgreich implementiert und nachhaltig betrieben werden müssen. Nachfolgend werden die einzelnen Elemente erklärt und es wird aufgezeigt, welche Rollen die Führungskräfte in ihnen spielen. Ich erinnere daran, dass ich die Redundanzen zum House-of-Choice-Modell bewusst nicht bereinigt habe, um Ihnen die Vollständigkeit der Erklärungen zu erhalten:

1. **Zielvereinbarungssystem (ZVS):** Führen Sie ein System ein, mit dessen Hilfe Unternehmens-Ziele auf persönliche Ziele heruntergebrochen werden. Erst dann entsteht Effektivität. Da dieser Begriff oft mit Effizienz vermischt wird wird, erinnere ich immer wieder an die Bedeutung: Wirksamkeit im Hinblick auf Ziele. Leistung misst sich an Zielen und steht nicht für sich. Die Einbettung in ein gutes Mitarbeitergespräch bildet den Motor im Gesamtgetriebe und setzt Motivation zur Zielerreichung frei.
2. **Potenzialanalyse:** Analysieren Sie systematisch die Leistungs- und Entwicklungspotenziale Ihrer Mitarbeiter und unterstützen Sie deren Freisetzung (siehe auch Kapitel 6.1.3).
3. **Beurteilung & Feedback:** Geben Sie Ihren Mitarbeiter Rückmeldung über ihre Leistungen. Gebenen Sie ihnen auch Tipps, im Positiven wie im kritischen Bereich. Nutzen Sie dabei den Feedback-Burger und das Stärken-Schwächen-Pendel (siehe Kapitel 6.1.4).

Mitarbeiterbindung und High Performance Management

4. **Personalentwicklung:** Unterstützen Sie ihre Mitarbeiter mit gezielten individuellen Personalentwicklungsmaßnahmen und kollektiven Personalentwicklungsprogrammen (letztere insbesondere für Schlüsselfunktionen). Nutzen Sie das 4-Schrauben-Personalentwicklungs-Modell und denken Sie daran, dass es viele Personalentwicklungsmaßnahmen gibt und nicht nur Trainings (siehe auch Kapitel 6.1.3).
5. **Leistungsincentivierung:** Belohnen Sie gute Leistungen mit monetären und nichtmonetären Elementen, das motiviert und macht sichtbar, dass Sie Leistungen erkennen und schätzen. Wo es Incentivierung gibt, muss es auch das Gegenteil geben. Dazu erfahren Sie mehr unter dem letzten Punkt „Trennung" (von Minderleistern).
6. **Mitarbeitermotivation & -bindung:** Stellen Sie sicher, dass alles Machbare getan wird, um Motivation zu stärken sowie Demotivation zu vermeiden und unterstützen Sie eine hohe Mitarbeiterbindung insbesonder bei Ihren Leistungsträgern und Schlüsselpersonen (siehe auch Kapitel 8.6.1). Fordern Sie aber auch eine intrinsische Motivation, denn der Mitarbeiter hat eine „absolute Pflicht", seine Arbeiten motiviert anzugehen. Im Leistungsgleichgewicht zwischen Rechten und Pflichten von Arbeitgeber und Mitarbeiter gibt es keine Vereinbarung, die lautet: „Ich zahle Dir Geld, lieber Mitarbeiter, dafür musst Du nur anwesend sein. Motivation ist Sache des Arbeitgebers." Von Mitarbeitern mit einer solchen Einstellung sollten Sie sich rechtzeitig trennen. Der Aufwand, diese zu leistungsfähigen, engagierten Mitarbeitern zu machen, ist viel zu hoch, als dass er lohnen würde.
7. **Performance Controlling mit KPI's (Key Performance Indicators):** Messen Sie den Erfolg Ihrer Bemühungen regelmäßig und nutzen Sie KPI's, die strategisch relevante Leistungskennzahlen abbilden. Leiten Sie Verbesserungsmaßnahmen ein, wenn KPI's in einem vorher definierten „gelben oder roten Bereich" liegen. Lernen Sie aus Ihren Erfahrungen, wenn Bestandteile Ihres HPM-Systems keine Wirkung zeigen. Wenn Aufwand und Nutzen in keinem Verhältnis stehen, sollte man auch den Mut haben, einelne Prozesse und Elemente aus Ihrem Gesamtkonzept abzuschalten. Manchmal zeigt sich z. B., dass monetärer Aufwand wenig oder nur kurzfristigen Nutzen für Motivation und Leistung stiftet. Das Budget ist dann in nicht monetären Elementen besser angelegt (z. B. mehr Personalentwicklung statt Prämien).
8. **Leadership:** Verbessern Sie stetig Ihre Leadership-Qualität, denn, wie Sie inzwischen wissen: „Mitarbeiter verlassen nicht Unternehmen, sie verlassen zumeist Führungskräfte". Das tun sie entweder körperlich durch Fluktuation oder mit ihrer Leistung durch „Dienst nach Vorschrift" oder „unauffälliger Minderleistung" — nach dem Motto: „So wenig wie möglich aber doch so viel wie nötig leisten, so dass man nicht unangenehm auffällt". Tun Sie also am besten alles, was dieses Buch empfiehlt.

9. **Organisation & Kultur:** Entwickeln Sie Ihre Organisation (z. B. Prozesse, Schnittstellen, Rollenklarheit) und die Kultur weiter, sodass diese beiden Faktoren hohe Leistung unterstützen können, ohne Burn out zu fördern! Ein systematisches Gesundheitsmanagement ist dabei ein starkes glaubhaftes Signal dafür, dass es um gesunde und nachhaltige Leistungsfähigkeit und nicht um den schnellen Performance-Hype geht. Denken Sie daran, Unternehmen brennen aus, wenn ihre Key Player ausbrennen.
10. **Arbeitsumgebung:** Schaffen Sie eine Infrastruktur und Umgebungen, in denen Arbeiten, Leisten, Lernen und Entwickeln erfolgreich gelingen kann. Bleiben Sie flexibel in puncto Arbeitszeiten, Arbeitsorte (warum nicht mal Konzeptarbeit zu Hause machen, solange Arbeitssicherheit gegeben ist) und Arbeitseinsatz Ihrer Mitarbeiter. Investieren Sie zudem in moderne Arbeitsmittel und eine angenehme Atmosphäre.

> **Neuro**
>
> Das Arbeitsumfeld ist ein klassisches Feld der unbewussten Wahrnehmung. An einem Beispiel soll dies deutlich werden:
> Wer die Wände voller Bilder über Krisen und Tod (z. B. Titanic, Hindenburgabsturz) hat, dessen Gehirn nimmt die ständige Gefahrenaussage wahr. Es wird jeden Tag das Signal gegeben: Wir leben in einer gefährlichen Welt. Ähnlich verhält es sich mit der Flut an (meist schlechten) Nachrichten. In unserem Gehirn werden, ohne unser bewusstes Zutun, Schaltkreise aktiv, deren Aufgabe die Vermeidung von Gefahr ist. In einer solchen Umwelt (Büro) sind kreative, neugierige und dopaminerge Einfälle nur schwer möglich. Das Gehirn ist auf Gefahrenabwehr programmiert: Schaffen Sie einen sicheren und angenehmen Raum. In den Neurowissenschaften ist dieses Phänomen als Bahnung bekannt. Die letzte Tätigkeit oder Umgebung beeinflusst massiv unsere aktuelle Tätigkeit. Wenn sich Menschen mit dem Begriff „Alter und Altersheim" beschäftigt haben und so gebahnt wurden, dann gehen sie langsamer.

11. **Information & Kommunikation:** Stellen Sie sicher, dass Ihre Mitarbeiter alle Informationen haben, die sie benötigen, um ihre Leistungen zu entfalten. Betreiben Sie Kommunikationsprozesse und -medien, die Hindernisse für Leistungen schnell offen legen. Halten Sie nur im Ausnahmefall Informationen zurück. Mitarbeiter müssen nicht alles wissen, was die Führungsebenen für ihre Aufgaben benötigen. Mit falsch verstandenem „in Watte packen" hinsichtlich kritischer Informationen, überlassen Sie aber i. d. R. die Kommunikation zu heiklen Themen dem Flurfunk. In diesem Zusammenhang gilt die Regel: „Es gibt nichts, was sich schneller verbreitet, als ein gut gehütetes Firmengeheimnis!"
12. **Recruitment & Trennung:** Stellen Sie bei der Auswahl sicher, dass bei neuen Mitarbeitern die Voraussetzungen für gute Leistungen vorhanden sind und die

neuen Mitarbeiter genau diesen Job mit innerer Motivation und Leidenschaft machen wollen. Der B-Kandidat, der dieses Kriterium erfüllt, ist auf Dauer der bessere Mitarbeiter, als derjenige, der die ausgeschriebene Aufgabe nur als Durchlaufposten plant und schon nach „höheren Ehren" Ausschau hält.

Und in Trennungsprozessen filtern Sie mit systematischen Austrittsinterviews Performance-Erkenntnisse heraus, die Rückschlüsse darauf geben, warum Leistungsträger das Unternehmen verlassen und Minderleister nicht die erhofften Leistungen erbringen konnten! Wenn Sie zu Ihren ausscheidenden Mitarbeitern keine Vertrauensbasis mehr haben, dann sollte ein Mitarbeiter aus der Personalabteilung oder jemand mit unbelasteter Beziehung ein solches Exit-Interview mit dem ausscheidenden Mitarbeiter führen.

8.7 Distance Leadership: virtuelle Führung auf Distanz

War das schön, als die eigenen Mitarbeiter alle „in Fußnähe" um die Führungskraft herum ihre Arbeitsplätze hatten. Ein kurzer Weg, einmal die Füße kurz vertreten und schon war man beisammen, konnte sich in die Augen schauen und sich austauschen. Das war insbesondere im Hinblick auf die nonverbale Kommunikation, die einen großen Teil der zwischenmenschlichen Kommunikation ausmacht, hilfreich.

„Leider" ist heute alles anders und die eigenen Mitarbeiter sitzen und arbeiten häufig an sehr verstreuten Orten. Eine Abteilung kann sich über mehrere Gebäude, mehrere Standorte, mehrere Länder oder Kontinente erstrecken. Viele Führungskräfte reagieren darauf mit „Führung per E-Mail", einem Prinzip, das leider aus verschiedensten Gründen noch nie geklappt hat. Die Gründe für dieses Misslingen werden nachfolgend noch etwas genauer unter die Lupe genommen. Auch werden Teams temporär zusammengesetzt, um Projekte miteinander zu bewältigen. Die Projektmanagement-Methodik einmal außer Acht lassend, muss auch hier Distance Leadership gelingen, denn solche Projektteams arbeiten nicht nur vorübergehend, sondern häufig auch länger virtuell auf Distanz zusammen.

Wenn virtuelle Rahmenbedingungen herrschen, kann man sich nicht darauf verlassen, dass der Mitarbeiter, wenn er Führungsimpulse per E-Mail oder Telefonat bekommt, die glänzenden Augen und hat, die man sich gerade wünscht. Vielleicht schüttelt er auch mit hochrotem Kopf und zornigem Stirnrunzeln gerade den ganzen Körper und besitzt nur das taktische Geschick, Ihnen die richtigen Worte zu

Schlüsselqualifikationen guter Führung und erfolgreicher Unternehmen

schreiben oder zu sagen. Vielleicht ist er aber auch gerade nur eingenickt und Sie interpretieren sein Schnarchen als Geräusche aktiven Zuhörens. Die Tücken virtueller Führung sind vielfältig, deshalb muss man sich, wenn man Mitarbeiter führt, in der „modernen Welt" damit auseinander setzen.

Hier ein kompakter Erklärungsversuch für das komplexe Thema Distance Leadership:

> Distance Leadership oder Führung auf Distanz ist eine besondere Form der Führung, die sich in erster Linie durch eine lokale Verteilung der Betroffenen auszeichnet und damit eine besondere Anforderung an das Führungsverhalten stellt. Alles, was in der „normalen Führung" Professionalität ausmacht, ist in der virtuellen Führung umso wichtiger. Die selteneren persönlichen Austauschmöglichkeiten und insbesondere die virtuelle und dadurch reduzierte Kommunikation erschweren die Führung, wodurch sich Nachlässigkeiten signifikanter auf den gemeinsamen Erfolg auswirken. Eine professionelle Nutzung der modernen Kommunikationsmedien ist Grundlage des Erfolges. Häufig müssen zusätzlich interkulturelle Fragen gemanaged werden und Kontrolle muss durch Vertrauen ersetzt werden.

Diese Form der Führung stellt sowohl an Führende als auch an die Geführten neue Anforderungen hinsichtlich ihrer Kompetenzen. Deshalb gilt es, bei beiden Partnern eines Führungsverhältnisses anzusetzen:

- **Virtuell Führen**: Als Führungskraft benötigt man zusätzliche Kompetenzen im Hinblick auf Kommunikation und den Einsatz von Führungsmitteln. Es ist eine unabdingbare Voraussetzung, Vertrauen in seine Mitarbeiter zu haben.
- **Virtuell arbeiten und geführt werden**: Als Mitarbeiter benötigt man zusätzliche Kompetenzen im Hinblick auf Selbststeuerung und -motivation. Zudem benötigt man die Kompetenz, der Führungskraft und de Team Vertrauen entgegenzubringen.

8.7.1 Vertrauen als Basis virtueller Führung

Angesichts der Eigenarten von virtueller Führung und der Distanz zwischen Führungskraft und Mitarbeiter, bedarf es eines besonders festen Vertrauensverhältnisses zwischen den Beteiligten. Das Wort Vertrauen ist schnell gesagt, aber was ist Vertrauen und wie kann man es erreichen?

8 Distance Leadership: virtuelle Führung auf Distanz

Auch hier eine **Definition**:

> „**Vertrauen** ist die Bereitschaft eines Menschen, aufgrund positiver Erwartungen an die Intentionen und Handlungen anderer ‚Verwundbarkeit' zuzulassen."
> (Quelle: Führung auf Distanz: Mit Virtuellen Teams Zum Erfolg, von Dorothea Herrmann, Knut Hüneke, Andrea Rohrberg)

Mit anderen Worten: Was ich bisher im Umgang mit einem Menschen erlebt habe, gibt mir die Zuversicht, keine Angst vor Enttäuschung oder fahrlässiger Schädigung haben zu müssen.

Das Vertrauens-Konzept hat drei Parteien, da auch die Teamitglieder untereinander Vertrauen entwickeln müssen:

Die **Führungskraft** muss gegenüber dem Mitarbeiter das Vertrauen entwickeln, dass dieser ihn nicht enttäuschen wird und dem Gesamtergebnis nicht fahrlässig Schaden zufügt.	Der **Mitarbeiter** muss seiner Führungskraft vertrauen, dass sie sein Leistungsvermögen richtig einschätzt, entsprechend einsetzt, ihn bei Bedarf unterstützt und ihm beisteht, auch wenn einmal etwas schief geht.

Die **Teammitglieder** müssen sich gegenseitig das Vertrauen entgenenbringen, dass alle sich zum Erreichen der gemeinsamen Ziele persönlich einbringen und nicht „auf eigene Rechnung" arbeiten wollen.

Natürlich ist Vertrauensbildung grundsätzlich hilfreich für die Zusammenarbeit, aber für das Führen virtueller Teams ist sie lebensnotwendig. Folgende Faktoren sind für die Vertrauensbildung erfolgskritisch:

- **Kenntnis voneinander:** Kenne ich die Stärken und Schwächen sowie persönliche Präferenzen des anderen? Verstehen wir uns sprachlich (z. B. bei verschiedenen Muttersprachen) und hinsichtlich unserer Meinungen und etwaiger interkultureller Besonderheiten?
- **Zuverlässigkeit**: Werden Termine eingehalten, Zusagen eingelöst und wird ein durchgehendes Leistungsniveau abgeliefert?
- **Berechenbarkeit:** Sind die Reaktionen innerhalb bestimmter Situationen und Rahmenbedingungen vergleichbar, sodass man keine negativen Überraschungen erlebt?
- **Transparenz:** Stehen die für die Leistungserbringung notwendigen Informationen zur Verfügung, sind die Ziele klar kommuniziert und sind die Regeln der Zusammenarbeit allen bekannt und jedem verfügbar?

Schlüsselqualifikationen guter Führung und erfolgreicher Unternehmen

- **Rückhalt in der Organisation:** Bekomme ich die Hilfe die ich brauche, gibt es den benötigten Support (z. B. IT-Service, Reiseplanungs-Support), haben wir die richtigen Regeln und Normen (man nennt das auch „Systemvertrauen")?

Das **Fazit**: Vertrauen im virtuellen Team ist ein wesentlicher Erfolgsfaktor für dessen Performance. Deshalb ist es eine wichtige Führungsaufgabe, den Vertrauensaufbau zu unterstützen. Dies sollte geschehen, indem Vertrauen vorgelebt, aber auch eingefordert wird, ein Vertrauensvorschuss gegeben wird und das Thema im Team sowie bei einzelnen Teammitgliedern angesprochen wird.

Wer also Kontrollfreak ist und immer alles nachkontrolliert und zu „Mikro-Management" neigt, sollte die Finger von virtueller Führung lassen. Da würden zwei Welten aufeinander prallen, die eigentlich schon bei „normaler Führung" nicht zusammen gehören, aber bei virtueller Führung alle Beteiligten und insbesondere die Führungskraft selbst aufreiben.

Wenn Sie einen Mangel an Vertrauen vonseiten des Teams gegenüber einem Teammitglied erkennen, sollten Sie den Betroffenen mit folgenden Ratschlägen unterstützen:

- Nehmen Sie aktiv Kontakt zu anderen auf, möglichst persönlich, und erst, wenn das Vertrauen sich gefestigt hat, zunehmend virtuell (z. B. per E-Mail).
- Lassen Sie andere ihre Kompetenzen erkennen (fachlich, methodisch, persönlich, sozial).
- Sprechen Sie über Ihre Motivation, an den gemeinsamen Zielen mitzuarbeiten.
- Beweisen Sie ihr Engagement für die gemeinsamen Ziele durch Handlungen („walk the talk!").
- Beweisen Sie ihre Zuverlässigkeit und erklären Sie Abweichungen davon.
- Seien Sie positiv eingestellt gegenüber den anderen, wertschätzen Sie aber auch das gemeinsame Anliegen durch konstruktiv-kritische Beiträge, wenn das gemeinsame Ziel dadurch besser zu erreichen ist.

Diese Ratschläge können Sie natürlich genauso für sich selbst nutzen, wenn Sie Vertrauensdefizite, die Ihre Mitarbeitern Ihnen gegenüber haben, verspüren.

Sie kennen sicher das Sprichwort „Vertrauen ist gut, Kontrolle ist besser!" Das müssen Sie für die virtuelle Führung adjustieren:

Vertrauen ist gut, aber es wird nach Beweisen in Form von Ergebnissen noch viel besser!

Distance Leadership: virtuelle Führung auf Distanz

Denn Ergebnisse sind der Motor für die vertrauensbasierte Beziehung. Ich bringe einem Mitarbeiter Vertrauen entgegen, teilweise auch in Form eines Vertrauensvorschusses; dieser beweist mir durch seine Arbeitsergebnisse, dass mein Vertrauen gerechtfertigt war.

Umgekehrt ist es natürlich genauso wichtig: Der Mitarbeiter bringt seiner Führungskraft Vertrauen entgegen, diese beweist durch loyales Verhalten und proaktive Unterstützung, dass es gerechtfertigt war.

Der „Genickschuss" für Vertrauen ist es, sich mit Lippenbekenntnissen solange Vertrauen zu „erschleichen", bis einmal etwas schief geht — und sich dann vom Mitarbeiter zu distanzieren (nicht nur regional, sondern mental), ihn als Schuldigen für den entstandenen Schaden zu benennen und allein zu lassen.

> **Neuro**
>
> In virtuellen Teams ist unser Zugehörigkeitsgefühl infrage gestellt, daher gilt hier umso mehr: Vor der Sacharbeit muss die Beziehungsarbeit stimmen, sonst können die Ergebnisse nur in den Keller gehen. Nehmen Sie sich als Führungskraft dieselbe Zeit wie bei „normalen" Arbeitsverhältnissen, um Ihre Mitarbeiter und ihre einzigartigen Vorstellungen kennenzulernen. Diese anfängliche Zeit ist gut investiert.

8.7.2 Richtig kommunizieren bei virtueller Führung

Insbesondere in der Phase des Vertrauensaufbaus muss Kommunikation möglichst persönlich gestaltet werden, also mit echter körperlicher Anwesenheit. Erst nachdem eine Vertrauensbasis geschaffen ist, kann mit Bild und Ton (Videokonferenz oder Skype) und anschließend auch zunehmend telefonisch oder per E-Mail kommuniziert werden. Diese Skala wird aber nicht nur durch den Grad des Vertrauens bestimmt, sondern auch durch den Inhalt der Kommunikation. Vielleicht haben Sie schon einmal das „Media-Richness-Modell" gesehen. Es beschreibt über die Achsen „Inhalte" und „Medien" der Kommunikation einen Idealbereich: Für welche Kommunikationsinhalte ist welches Medium geeignet. Aus meiner Sicht fehlte die Dimension „Vertrauen". Deshalb habe ich das Modell weiterentwickelt zum VIKo-Modell (Vertrauen-Inhalt-Kommunikations-Medien—Modell).

Wie bereits angedeutet, funktioniert Führung, die überwiegend per E-Mail praktiziert wird, nicht. Diese Form der Führungsimpulse kann man erst nutzen, wenn man sich besser kennt und Vertrauen aufgebaut hat — und auch dann nur für bestimmte Inhalte. Auch wenn es bequem ist, im stillen Kämmerlein schnell einmal

Schlüsselqualifikationen guter Führung und erfolgreicher Unternehmen

über den großen Verteiler eine E-Mail „rauszuhauen", so muss man doch anschließend zumeist feststellen, dass sich bei den Mitarbeitern nicht allzu viel getan hat. Eine E-Mail ist deshalb nur ein Anstoß, aber keine Form der Führung.

Das VIKo-Modell beschreibt, dass mit Zunahme des Vertrauens auch virtuellere Kommunikations-Medien eingesetzt werden können. Am Anfang sollte man so viel wie möglich mit Präsenz-Treffen sowie Bild + Ton-Medien arbeiten. Mit zunehmenden Komplexität der Inhalte erfordert die Kommunikation aber auch dann, wenn Vertrauen vorliegt, mehr Präsenz, was bei der Wahl der Medien berücksichtigt werden muss. Konflikte und Verhandlungen z. B. per „Ping-Pong-Mail-Stakkato" zu führen ist deshalb grober Unfug. Wenn Sie bei so etwas auf „CC stehen", dann sollten Sie sofort ein Stoppschild hochhalten und die Beteiligten an den Tisch holen.

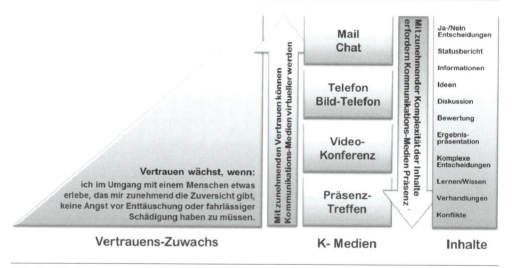

Abb. 62: VIKo-Modell (Vertrauen-Inhalts-Kommunikations-Medien–Modell)

8.7.3 Virtuelle Teams entwickeln

Das meiste von dem, was zur erfolgreichen Weiterentwicklung virtueller Teams nötig ist, gilt auch für normale Teams. Aber wie eingangs erklärt, bei virtuellen Teams eben viel systematischer, intensiver und bewusster. Kurz gesagt: eine ganze Schippe professioneller. Nur so können die durch die Distanz gegebenen Erschwernisse überwunden werden.

8 Distance Leadership: virtuelle Führung auf Distanz

Nachfolgend stelle ich Ihnen ein 9-Schritte-Vorgehen vor, dass Ihnen helfen wird, Ihr virtuelles Team und Ihre Distance Leadership zu verbessern:

1. Verdeutliche die Mission!
2. Setze klare Ziele!
3. Kläre Verantwortungen!
4. Erkenne Teamphasen!
5. Lerne Dein Team kennen!
6. Etabliere Beziehungen!
7. Etabliere Knotenpunkte!
8. Schaffe eine Team-Identität!
9. Erkenne und gestalte Kultur!

Abb. 63: 9-Schritte-Vorgehen zur Weiterentwicklung virtueller Führung

1. Verdeutliche die Mission!
Wer versteht, warum ein Team, eine Abteilung, eine Organisation besteht, der kann immer und überall auftragsgerecht handeln. Hier ein Beispiel: „Wir entwickeln die Produkte, die unsere Kunden benötigen und die sie bereit sind zu kaufen!" Eine solche Mission hilft dabei, nicht jene Produkte zu entwickeln, die man schon lange Mal verwirklichen wollten und die dann als Ladenhüter im Regal liegen.

2. Setze klare Ziele!
Über die Kraft der Ziele habe ich bereits in den Kapiteln über Management by Objectives und Change Management geschrieben. Wer weiß, in welchem Hafen am Ende der Reise das Schiff liegen soll, der kann auch mit verschiedenen Schiffen einer Flotte von jedem Punkt der Welt und auch bei Sturm und Hagel die Reise planen und die Segel richtig setzen, um es erneut mit den Worten eines Seglers zu beschreiben.

3. Kläre Verantwortungen!
Wenn man genau weiß, wer welche Verantwortung zum Gelingen der Ziele trägt, hat man mehr Vertrauen darin, dass man sich auf seine eigene Verantwortung konzentrieren kann. Mit diesem Gefühl kann man loslassen, auch wenn man den Kollegen wegen der Distanz nicht immer zusehen kann: „Ich vertraue darauf, dass dieser Beitrag an einem anderen Ort von einem anderen Kollegen erbracht wird und damit die Basis für meine Arbeit gelegt wird!" Verantwortung ist genau wie Ziele und Vertrauen ein sehr starkes Element in der virtuellen Welt.

Schlüsselqualifikationen guter Führung und erfolgreicher Unternehmen

4. **Erkenne Teamphasen!**
   Jedes Team durchläuft Phasen, es ist nicht sofort einsatz- und leistungsfähig, nur weil Namen auf einem Organigramm stehen. Die Phasen gehen einher mit einer stetigen Zunahme der Leistungsfähigkeit, die zu Beginn recht niedrig ist. Die Phasen sind:
   - Orientierung (Forming): Wer macht hier was und wozu?
   - Konflikte (Storming): Warum macht eigentlich der etwas, was ich viel lieber täte?
   - Konsolidierung (Norming): Welche Regeln und Prozesse geben wir uns, damit die Konflikte aufhören?
   - Durchführung (Performing): Jetzt lass uns tun, was unsere Mission ist und was die Ziele erfordern!
   - Auflösung (Adjourning): Bei Projekten lösen sich Teams auch wieder auf, wenn das Ziel erreicht wurde. Auch bei Um- und Restrukturierungen kann diese Auflösung-Phase vorkommen.

5. **Lerne Dein Team kennen!**
   Diese Regel gilt sowohl für die Führungskraft als auch für die Kollegen untereinander. Das Wissen über die Stärken und Schwächen des anderen, über seine Motivatoren und persönlichen Eigenarten, schweißt das Team zusammen und ermöglicht es, bewusster miteinander umzugehen. Ein Persönlichkeitsverfahren wie z. B. MBTI, DISC oder INSIGHTS kann dabei schnell helfen, sich kennen zu lernen.

6. **Etabliere Beziehungen!**
   Innerhalb des Teams ergeben sich aufgrund der regionalen Nähe (Kollegen innerhalb eines Standortes) aber auch aufgrund persönlicher Sympathien, Prozessverbundenheit und Aufgabengleichheit einzelne oder mehrere Sub-Teams, die es als Inseln in der virtuellen Welt zu festigen gilt.

7. **Etabliere Knotenpunkte!**
   Durch wiederkehrende Ereignisse (wöchentliche Video-Konferenzen, halbjährliche Präsenz-Meetings, jährliche Kick Offs), technische Plattformen (z. B. Intranet, Share-points, gemeinsame Laufwerke), regelmäßige Infos und Reportings (z. B. per Status-Mail an alle) schaffen Sie Knoten, die wie bei einem Fischernetz ein Geflecht bilden und Zusammenhalt sichern.

8. **Schaffe eine Team-Identität!**
   Sorgen Sie durch eine akzeptierte Teambezeichnung, durch Symbole, Slogans, Erlebnisse in Teambuildings und bei Social Events verbindende Elemente und Erinnerungen, mit denen man sich identifizieren kann. So entwickeln sich sichtbare und unsichtbare Anziehungskräfte.

9. **Erkenne und gestalte Kultur!**
   Kultur heißt bekanntlich „gelebte Normen und Werte". Eine virtuelle Arbeitswelt ist geprägt von einer vielfältigen Ansammlung von Kulturen. Teammitglieder an verschiedenen Standorten erleben dort die Kultur des Standortes, in verschiedenen Ländern die jeweilige Landeskultur. Darüber eine Unternehmenskultur zu stülpen, ist eine Mammutaufgabe. Etwas kleiner aber immer noch anspruchsvoll ist der Versuch, einem virtuellen Team kulturelle Anker einzuhauchen. Viel passiert hier, wenn die Führungskraft Werte vorlebt. Aber Sie können auch im Rahmen von Teambuildings Normen bzw. Spielregeln entwickeln lassen und mit einem „psychologischen Vertrag" (alle zeichnen ab, was sie gemeinsam entwickelt haben) ein Commitment dafür abfordern. Aber dies ist natürlich nur der Anfang. Das jederzeitige und stetige Einfordern der Normeinhaltung, das Incentivieren von normgerechtem und das Sanktionieren von der Norm widersprechendem Verhalten ist dann der Dünger für das Gedeihen der Teamkultur (siehe auch Kapitel 8.5 Change Management).

HR

Verlangen Sie vom HR-Partner, den Konzepten, Instrumenten und Prozessen Ihrer virtuellen Organisation gerecht zu werden. Ein im Headquarter sitzender und sich vor Reisen scheuender HR-Partner ist nicht kompatibel mit Ihrem Tun, wenn dieses sich durch virtuelles Arbeiten und Distance Leadership auszeichnet. In meinen Jahren als HR-Organisationsberater habe ich manche HR-Abteilung erlebt, die sich zentralisiert, während sich das Business dezentralisiert. Manchmal hängt die HR-Organisation den schnellen Zyklen von Zentralisierung und Dezentralisierung auch einfach nur hinterher. Wie auch immer, es bedarf beim HR-Partner eines Denkens und Handelns, dass den oben genannten Tipps für eine Arbeit und Führung auf Distanz gerecht wird. Wer ein echter HR-Business-Partner werden will, muss diesem Gebot folgen.

9 Werteorientierte Führung

Ich möchte dieses Kapitel mit einem Plädoyer beginnen:

**Führung ist eine viel zu wichtige Angelegenheit,
als dass man sie ohne Werte betreiben sollte!**

Viel ist geschrieben und ausgebildet worden unter dem Stichwort „Werteorientierte Mitarbeiterführung". Manchmal lesen sich die Apelle als „Kopfwaschen der unmoralischen Manager durch die letzten Verteidiger der Menschlichkeit in der Wirtschaft". Ich kann die Beweggründe der Autoren solcher Apelle gut verstehen. In vereinzelten Unternehmen habe ich in der Tat Manager erlebt, denen es mehr um ihre „Herrschaft" und in erster Linie um sie selbst ging. Nach meiner Erfahrung helfen in solchen Konstellationen von außen zugerufene Wertekataloge wenig. Ich glaube fest daran, dass Werte von innen kommen müssen. Sie müssen als Ergebnis einer Selbstreflexion, allein oder im Führungsteam, zu Tage gefördert werden. Erst dann haben sie eine Überlebens-Chance. Die typischen Lippenbekenntnisse, die ein Geschäftsführer niedergeschrieben und verkündet hat, verpuffen schneller als den Mitarbeitern lieb ist.

Meiner Philosophie folgend, schreibe ich Führungswerten auch ganz praktischen und handwerklichen Nutzen zu: Immer dann, wenn einer Führungskraft das erlernte Handwerkszeug für die Führung nicht ad hoc einfällt, dann sollten und könnten die eigenen Werte das Vakuum füllen. Werte kommen von innen, sind also zu jedem Moment unbewusst da und wirksam. Besser noch wäre es natürlich, sie wären sehr bewusst in der täglichen Führungsarbeit vorhanden. Ich stärke das Bewusstsein um die eigenen Werte gerne durch eine unterschriebenen Eigenverpflichtung. So bilden die Werte Eckfahnen eines Spielfeldes, das sichtbar umrahmt ist und auf dem man sich bewegen möchte.

> **Neuro**
>
> Werte entstehen, wie alles andere, durch ständige Wiederholung. Ein Wert wie Zuverlässigkeit kommt also in den Kopf des Mitarbeiters, indem er immer wieder Zuverlässigkeit erfährt. So verknüpfen sich in seinem Werteareal im Gehirn die Synapsen für Zuverlässigkeit.
>
> Wenn Sie einen Wert etablieren und einfordern wollen, ist langfristig die einzige Chance, diesen Wert jeden Tag an vielen kleinen Beispielen vorzuleben. Damit wird eine Bewertung zu einem Wert, alles andere (z. B. das Niederschreiben der Werte) hat nur nebensächlichen Charakter. Unser Gehirn lernt nicht durch Lesen, sondern viel besser durch viele kleine Beispiele, die zu einer Regel zusammengefasst werden. **Leben Sie die Werte vor, nur dann werden sie zur Unternehmenskultur!**

Bevor man seine eigenen Werte oder die Führungswerte und -leitlinien eines Führungsteams definiert, sollte man mit Definitionen, klären, was alle unter den jeweiligen Begriffen verstehen sollen:

F-Werte	F-Leitlinien
sind erstrebenswerte Zustände, bzw. Ziele, die sich eine Organisation setzt, um die Mitarbeiterführung und die Zusammenarbeit von FK´s und MA´n sinnvoll zu regeln.	sind konkrete Handlungsanweisungen, die der FK Hilfestellung geben für Ihr Werte-konformes Verhalten. Idealerweise stehen dafür F-Instrumente und –Prozesse zur Verfügung, die eine nachhaltige Umsetzung gewährleisten
z.B.: Fairness, Gerechtigkeit, Ergebnisorientierung, Feedbackkultur, Leistungsorientierung	z.B.: zusammen mit unseren Mitarbeitern erarbeiten und vereinbaren wir Ziele, die unsere Unternehmensziele effektiv unterstützen
Zusammen ergeben F-Werte und F-Leitlinien das F-Leitbild	

Abb. 64: Definition Führungswerte, -leitlinien und -leitbild

Idealerweise etabliert die HR-Organisation in einem Unternehmen zum Führungsleitbild passende Stützprozesse. Das sollte in Form von Instrumenten und Hilfsmitteln, mit denen die Operationalisierung unterstützt wird, geschehen. So sieht mein Führungs-Omega-Prinzip ja vor: Führungsverhalten und Supportleistungen vom HR-Partner stehen im Einklang. Definiere ich also einen häufig vorkommenden Wert wie „Ergebnisorientierung", so sollte man ein Zielvereinbarungssystem einführen und betreiben. Dadurch wird man als Führungskraft einerseits in der erfolgreichen Umsetzung von Management by Objectives und der damit verbundenen Ergebnisorientierung unterstützt. Andererseits wird man aber durch den verpflichtenden Prozess und die definierten Instrumente und Standards auch zur Beibehaltung und Umsetzung des Führungswertes gezwungen.

9 Selbsterkenntnis: eigene Werte erkennen und Verhalten vordenken

9.1 Selbsterkenntnis: eigene Werte erkennen und Verhalten vordenken

In meinen Trainingsprogrammen und Coachings fordere ich die Teilnehmer auf, folgende Reflexions-Übung zu machen:

Stellen Sie sich ein Fußballfeld vor, das von Linien und Fahnen umrahmt ist. Wer sich außerhalb dieses sichtbar begrenzten Feldes bewegt, ist „raus aus dem Spiel" und wer will das schon. Ich lade Sie nun ein, Ihre persönlichen Werte zu definieren — und zwar alle, sowohl die positiv klingenden als auch diejenigen, die gegebenenfalls Probleme verursachen könnten, die aber unbenommen innere Treiber Ihres Handelns sind. Gehen Sie in sich und fördern Sie im Rahmen eines „Brainwritings" alles zu Tage, was Sie bewegt, an was Sie sich unbewusst halten. Beschreiben Sie dann Ihr konkretes Verhalten, an dem ein Mitarbeiter erkennen und erleben kann, dass Sie den inneren Wert „leben".

Wenn Sie dann Ihre persönliche Innenwelt reflektiert haben, fragen Sie sich im zweiten Schritt, ob diese Werte auch alle eine professionelle Führung unterstützen. Manches, was einem als Wert wichtig erscheint, entspricht nicht dem Nutzen, den man mit Führung stiften möchte. Manch reflektierter innerer Treiber dient nicht den übergeordneten Zielen und Faktoren der Wirtschaftlichkeit des Unternehmens sowie den verschiedenen im Kapitel 2 beschriebenen Rollen der Führungskraft und den damit verbundenen Verpflichtungen. Die inneren eigenen Werte müssen also noch auf deren Passung und Tauglichkeit für professionelle Führung hin überprüft werden.

Hierzu ein konkretes Beispiel, dass sich in ähnlicher Form bei einigen der durchgeführten Reflexionen ergeben hat:

Eigener Wert: Harmonie und Höflichkeit im Team

Eigenes Verhalten, an dem man den Wert erleben kann:

- Ich schlichte Streit im Team und sorge dafür, dass man Konflikte beendet.
- Ich ermahne Mitarbeiter, die ihre Meinungen offen und ohne Rücksicht auf die Teamkollegen und den Teamspirit artikulieren, mehr Freundlichkeit und die Einhaltung der Regeln der Höflichkeit an den Tag zu legen.

Ein solcher Wert ist Ausdruck einer verständlichen Harmoniebedürftigkeit, wer will schon jeden Abend mit dem Gefühl belasteter Teambeziehungen nach Hause gehen. Andererseits ist Harmonie kein Selbstzweck. Teams müssen Konflikte aushalten und lernen, sie auf eine Sachebene zu bringen und zu bereinigen (siehe dazu auch das Kapitel 8.1.2 Eisbergmodell). Oft sind Konflikte ja auch Ausdruck von Mängeln in Prozessen, in der Arbeitsteilung oder den Leistungsbeiträgen einzelner Teammitglieder. Das sind alles Probleme, die es nachhaltig zu lösen gilt und die nicht für einen höflicheren Ton unter den Teppich gekehrt werden dürfen.

Ein alternativer Führungswert und die dazu passende -leitlinie könnten sein:

Wert: Konflikt- und Feedbackkultur

Führungsleitlinien:

- Ich unterstütze das Team und einzelne Mitarbeiter bei der nachhaltigen Lösung von Problemen untereinander durch die Anwendung von Konfliktlösungstechniken.
- Mitarbeiter werden von mir ermutigt, Meinungsverschiedenheiten nach vereinbarten Kommunikationsregeln und Feedbackregeln zu artikulieren und den dadurch entstehenden Austausch als Mittel zur Verbesserung von Prozessen, Leistungen und Zusammenarbeit zu verstehen.
- Ich sorge auch nach hitzigen Diskussionen für eine Bereinigung von Störungen auf der Beziehungsebene und einer gemeinsamen Ausrichtung auf Teamziele.

Diese beiden Negativ- und Positivbeispiele zeigen auf, dass man seinem ersten Reflexionsergebnis nicht folgen muss. Ein Hinterfragen des eigentlichen Motivs „Harmonie und positiver Umgang miteinander" muss von der Führungskraft in das Geflecht der sonstigen Erfordernisse und Pflichten eingebunden werden. Durch die oben erfolgte Präzisierung ist aus dem Motiv ein sinnvoller Wert geworden, der durch die Leitlinien operationalisierbar und damit erlebbar wird.

9 Führungs-Leitbilder: vereinbartes Spielfeld für das Führungsteam

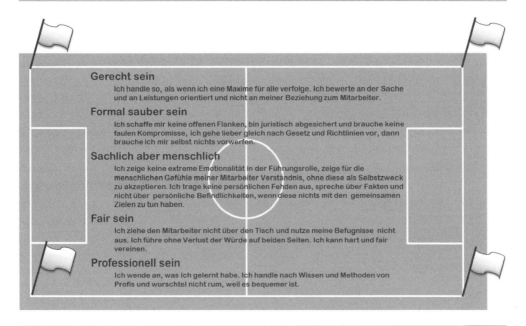

Abb. 65: Beispiel für persönliche Führungswerte und -leitlinien aus einem Workshop mit Führungskräften

Ganz losgelöst von der Erarbeitung eines Führungsleitbildes in einem Unternehmen ist diese Übung sinnvoll und wichtig. Sie hilft Ihnen dabei, zu hinterfragen, warum Sie in verschiedenen Situationen auf bestimmte Weise reagieren. Und sie hilft durch den zweiten Schritt, das eigene Verhalten auf Passung zur Führungsrolle zu adjustieren, sozusagen ein paar störende Ecken nachzuschleifen.

9.2 Führungs-Leitbilder: vereinbartes Spielfeld für das Führungsteam

In zahlreichen Führungskräfte-Entwicklungsprogrammen ermutigte ich die Geschäftsführung, auch die Entwicklung eines Führungsleitbildes als wichtiges Zwischenziel mit einzubauen. Das Führungsteam eines Unternehmens bekommt so für die Momente, in denen Handwerkszeug gerade „nicht abrufbar" ist, Werteorientierte Handlungsimpulse. In einigen Programmen wollten die Auftraggeber direkt mit der Erarbeitung des Leitbildes starten. Bisher ist es mir aber immer gelungen, den Auftraggeber davon zu überzeugen, dass man erst einmal verstehen muss, wie professionelle Führung funktioniert, bevor man ein bindendes Leitbild für die Führungsmannschaft entwirft. Deshalb steht die Entwicklung des Leitbildes idealerweise am Ende eines Entwicklungsprogrammes.

Ein vereinbartes Führungsleitbild wird heute nach meiner Beobachtung auch als ein Qualitäts-Merkmal für Unternehmen empfunden und kann auf der Website und im Employer Branding nach innen und außen propagiert werden. Nach außen kann man Bewerbern den Eindruck vermitteln, dass man sich der Wichtigkeit von Führungs-Qualität bewusst ist und auch aktiv durch Trainings, Instrumente, Prozesse und insbesondere mittels Werten die Sicherung der Qualität anstrebt. Nach innen kann man seinen Mitarbeitern die Selbstverpflichtung des Führungsteams transparent machen und sie einladen, an der nachhaltigen Umsetzung mitzuarbeiten, in dem man sie einlädt, das Versprochene einzufordern und regelmäßig Feedback zur Einhaltung des Leitbildes zu geben. Letzteres kann man systematisch im Rahmen von Mitarbeiterbefragungen und unsystematisch im Rahmen von persönlichen Feedbacks an die jeweilige Führungskraft einholen.

Für die Erarbeitung eines gemeinsamen Führungsleitbildes habe ich ein Workshop-Design entwickelt, das interaktiv an einem Tag mit einem repräsentativen heterogenen Teil der Führungskräfte einen sehr fortgeschrittenen Entwurf zu Tage fördert. Dabei werden folgende Schritte bearbeitet:

1. **Persönliche Führungswerte**: Hier wird mit einer Selbstreflexion gearbeitet (Spielfeldübung wie oben erklärt auf Flipchart), daraus entsteht ein „Werte-Marktplatz".
2. **Kriterien für ein Führungsleitbild**: Woran messen wir, ob unser Ergebnis unseren Erwartungen entspricht; wie soll das Endergebnis aussehen (z. B. keine hohlen Phrasen oder nichts, was wir nicht halten können)?
3. **Marktplatz**: Inspiration von anderen Unternehmen holen; wie sehen Führungsleitbilder bei anderen aus, wie werden sie formuliert, abgebildet und an die Führungskräfte überreicht (z. B. in Form von Postern, Handbüchern, Broschüren, Flyern). Dieselbe Frage gilt für die Inhalte aus der durchlaufenen Führungskräfteentwicklung. Werden z. B. alle wichtigen Inhalte als Lernposter zusammengestellt?
4. **Interaktive Übung in 2–3 Gruppen**: Der Auftrag an die Gruppen lautet: „Erarbeiten Sie Schaubilder, mit denen Sie ihre gemeinsamen Führungswerte und dazu passende Führungsleitlinien visualisieren und erklären können; versuchen Sie die Werte und Schaubilder in Abstimmungsrunden anzugleichen."
5. **Weiteres Vorgehen:** Benennen Sie einen Owner und eine Taskforce, die die weitere Feinbearbeitung und die Verabschiedung des Führungsleitbildes durch die Geschäftsführung vorantreibt und eine Präsentation vor dem Führungsteam organisiert.

Führungs-Leitbilder: vereinbartes Spielfeld für das Führungsteam **9**

Während in manchen Unternehmen durch wochenlange Diskussionen das Thema „zerredet" wird, bis keiner mehr Interesse daran hat und am Ende etwas herauskommt, mit dem sich niemand identifizieren mag, ergibt das von mir beschriebene Verfahren in kürzester Zeit ein akzeptiertes Leitbild mit konkreten Hilfestellungen. Die Feedbacks der Teilnehmer des Verfahrens sind äußerst positiv, was der späteren Umsetzung sicher Rückenwind gibt.

Und der Weg über die Entwicklung eines erklärenden Schaubildes setzt neben dem Ringen um die richtigen gemeinsamen Werte und dem Kampf um die passenden Worte für die Formulierung der Führungsleitlinien eine kreative Kraft frei, die dem Verfahren den nötigen Schwung gibt. In den Schaubildern wird oft auch eine Verzahnung mit dem Unternehmenszweck erreicht. Hier einige Beispiele, bei denen dies gelungen ist:

- Ein Unternehmen, dass Geräte zur Verhinderung von Blutgerinnung entwickelt und herstellt, bildet seine Werte auf Thrombozyten ab, die durch Fibrin-Fäden verbunden sind, entlang derer die jeweiligen Führungsleitlinien benannt werden.
- Ein anderes Unternehmen, das sich als Maklerpool für Versicherungsdienstleistungen versteht, hat ein olympisches Schwimmbecken abgebildet, um den Pool-Gedanken aufzunehmen. Am Sprungturm, den Startblöcken und in den Coaching-Zonen werden die Werte und die dazu definierten Leitlinien benannt. Selbst die abgebildete Personen bei der Erklärungsstory sind Menschen bzw. bestehenden Funktionen aus dem Geschäftsleitungsteam (siehe Abbildung unten).
- Ein Unternehmen, das Verkabelungen und Steckersysteme für Autos entwickelt, produziert und einbaut, hat jeden Wert als Stecker abgebildet. Jeder Stecker wiederum wird mit Kabelverbindungen in das Zentrum zum Unternehmenslogo geführt (siehe Abbildung unten).

Die entstehenden Inhalte von Führungsleitbildern sind nicht selten vergleichbar mit denen anderer Unternehmen. Das liegt sicher daran, dass sie sich alle mit (hoffentlich) professioneller Führung auseinandersetzen und deshalb den „gleichen Acker bestellen". Durch die kreative Darstellung und die Auswahl der wichtigsten und gemeinsam herausgearbeiteten Werte erhält das Führungsleitbild aber seine auf das jeweilige Unternehmen zugeschnittene Story.

Werteorientierte Führung

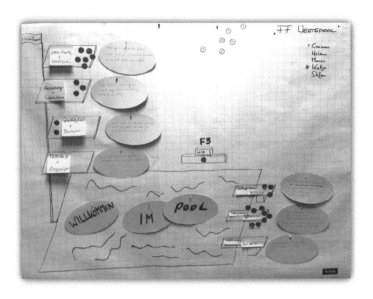

Abb. 66: Entwurf eines Schaubildes für ein Führungsleitbild als Workshop-Ergebnis (mit freundlicher Genehmigung von FondsFinanz)

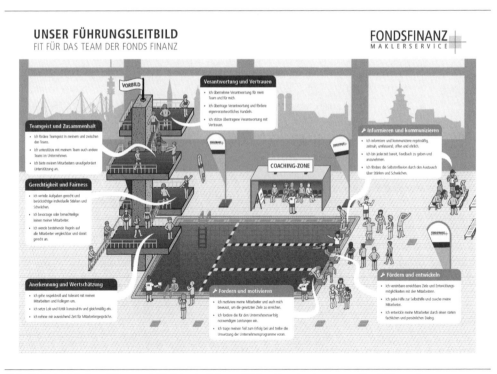

Abb. 67: Beispiel eines Führungsleitbildes (mit freundlicher Genehmigung von FondsFinanz)

9 Führungs-Leitbilder: vereinbartes Spielfeld für das Führungsteam

Abb. 68: Beispiel eines Führungsleitbildes (mit freundlicher Genehmigung von S-Y Systems)

Ich werde manchmal gefragt, ob es einen allgemeingültigen Katalog von Werten gibt, die eine moderne und professionelle Führung prägen sollten. Einen solchen vorzugeben würde meinem oben beschriebenen Verständnis, dass die Werte von innen kommen sollten, widersprechen. Deshalb möchte ich ein solch komfortables Angebot an den Leser vermeiden und biete keine Liste an, aus der man sich per „copy-paste" etwas herauskopiert und dann in sein Logo einbaut. Auf diese Weise entstandene Leitbilder produzieren meines Erachtens nur einen Wandschmuck aus „bunten Bildern". Ich glaube dass bei dem ganzen Verfahren auch „der Weg das Ziel ist". Der Vorgang der Reflexion, der Erarbeitung, das gemeinsame Ringen um Worte und Bilder führt zu einer vertiefenden Beschäftigung mit der zukünftig gewollten Führungsqualität. Das Ergebnis ist dann manchmal gar nicht so überraschend, da es ja ein Abbild dessen ist, was man ohnehin in sich fühlt und durch einen kollektiven Professionalitäts-Filter veredelt hat.

Werteorientierte Führung

Ich möchte ein Negativ-Beispiel beschreiben, um mein Plädoyer gegen Copy-paste-Versuche zu verstärken:

Ich wurde von einem Unternehmen (großer Mittelständler, ca. 3.000 Mitarbeiter, Nahrungsmittelproduzent) aufgefordert, Führungstrainings durchzuführen. Auf dem Weg zum Büro der Personalentwicklerin gingen wir durch die modernen Flure des Verwaltungsgebäudes. Beim Small Talk fragte ich nach, ob es ein Führungsleitbild gibt, das ich mit meinen Trainings „transportieren" soll. Die Dame verneinte dies in einem Moment, als ich an einem interessanten Poster vorbeikam, das im Flur zu Ihrem Büro an der Wand hing. Sie erraten bestimmt, was der Inhalt dieses Posters war. Genau: das Führungsleitbild des Unternehmens. An diesem Poster ist die Personalentwicklerin ca. sechs Monate täglich mehrfach vorbei gelaufen. Hätte ich nicht gefragt und wäre ich nicht über dieses Poster „gestolpert", hätte ich mein Training losgelöst von den vormals erarbeiteten Werten und Leitlinien aufgesetzt und ein weiteres Mal den Beweis angetreten, dass das Führungsleitbild in diesem Unternehmen zum reinen Wandschmuck mutiert ist.

Wie auch immer diese Situation entstanden ist, ich habe davon folgende Erkenntnisse abgeleitet:

- Neue Führungskräfte und auch Mitarbeiter der Personalabteilung müssen verpflichtend und nachhaltig in ihrem Integrationsprozess in Leitbilder eingewiesen werden.
- Spätere Führungs-Trainings müssen Leitbilder in Erinnerung bringen und dürfen nicht davon abweichende Botschaften vermitteln.
- Nach ihrer Einführung müssen Leitbilder immer wieder einmal in Erinnerung gebracht werden, damit man sie über die sichtbaren Belege wie Poster oder Intranet-Darstellungen wieder bewusst zur Kenntnis nimmt. Dies kann u. a. geschehen durch:
    - Regelmäßige Befragungen der Mitarbeitern, verbunden mit der Aufforderung zum gezielten Feedback über die Einhaltung des Führungsleitbildes und der -leitlinien. Die Ergebnisse können dann als Kennzahlen aus Mitarbeiterbefragungen für den Vergleich einzelner Führungskräfte verwendet werden.
    - Regelmäßige Refresher-Übungen bei Kick-Offs, Management-Meetings und sonstigen Zusammenkünften der Führungskräfte (z. B. mi einem Poster, auf dem die Werte und Leitlinien „geweißelt" wurden und aus der Erinnerung nachgetragen werden sollen).
    - Transparente Verzahnung von implementierten Instrumenten und Prozessen mit den Führungswerten (z. B. mit folgender Ankündigung: „Wir starten wieder unsere jährliche Mitarbeiterbefragung, um unserem Führungswert ‚Feedback und offene Kommunikation' eine Plattform für die lebendige Umsetzung zu geben")

Führungs-Leitbilder: vereinbartes Spielfeld für das Führungsteam

- Berücksichtigung des Leitbildes im Rahmen der Beurteilung von Führungskräften.
- Vorstellung des Leitbildes im Rahmen von Recruiting-Verfahren durch die Führungskraft mit dem Hinweis: „Gerne können Sie mich als Ihre zuständige Führungskraft daran messen."

HR

Wenn ein Führungsleitbild in einem Unternehmen vorliegt, dann sollten die HR-Mitarbeiter die obigen Erkenntnisse berücksichtigen, um das geschilderte Negativ-Beispiel nicht zu wiederholen. In Integrationsprozessen und den dazu häufig ausgeteilten Handbüchern, in Mitarbeiterbefragungen und Beurteilungssystemen und bei Trainings sollten die HR-Partner die Leitbilder thematisieren und damit zur nachhaltigen Etablierung im Unternehmen beitragen.

Bei einem meiner Kunden wird die Einhaltung des Führungsleitbildes an die variable Vergütung der Führungskräfte geknüpft, um die Ernsthaftigkeit dieses Wertekanons zusätzlich deutlich zu machen. Das ist sicherlich auch eine gute Maßnahme, wenn man die Einhaltung des Leitbildes auf eine von den Führungskräften akzeptierte Weise misst.

Für den späteren Erfolg eines Führungsleitbildes sollte man noch folgende Erkenntnis beherzigen (dieses Zitat wird Augustinus zugesprochen, aber es schmücken sich auch andere mit dieser Weisheit):

„Du kannst in anderen nur entzünden, was in Dir selber brennt!"

(Augustinus, 354-430)

Als Vertreter des Top-Managements z. B. von Gerechtigkeit zu sprechen, sie von seinen Führungskräften zu fordern, aber selbst ungerecht zu handeln, führt schnell dazu, dass ein solcher Wert keinen Eingang in das kollektive Führungsverhalten findet. Gerechtigkeit bleibt dann ein Lippenbekenntnis und die innere Verpflichtung nachgeordneter Führungskräfte ist bald erloschen.

Deshalb sollte das Top-Management die definierten Werte gut kennen, aber auch tief in sich selbst hineinsehen, ob da ein Feuer brennt, das ein vorbildliches und erlebbares Handeln ermöglicht.

10 Sich selbst führen, bevor man andere führt

Eine einfache und doch wichtige Erfahrung, die ich über die Jahre der Beschäftigung mit der Führungskräfteentwicklung gemacht habe, lautet:

Du kannst andere nur führen, wenn Du Dich selbst führen kannst!
Du kannst Dich nur selbst führen, wenn Du Dich kennst!

Bei manchen Coaching-Aufträgen gibt mir der Auftraggeber über den Coachee folgende Vorinformation bzw. Vorbeurteilung: „Der hat mit sich selbst mehr als genug zu tun, ich wundere mich nicht, dass da keine Zeit bleibt zur Führung seiner Mitarbeiter".

Häufig sind mit dieser Aussage Themen gemeint wie z. B. vorübergehende persönliche Probleme wie familiäre Schwierigkeiten, Krankheiten, Orientierungsphasen im Leben, Kämpfen um seinen Job wegen Erfolglosigkeit der geführten Abteilung (was oft auf mangelnde Führungskompetenz zurückzuführen ist). Solche Themen binden die eigenen Kräfte und diese fehlen dann für die Führungsrolle.

Dazu eine kleine Anekdote: Im Rahmen eines Hauptgesellschafterwechsels eines Unternehmens blieb die Verlängerung des Vertrages für die Geschäftsführerin in der Schwebe. Der zuständige Personalleiter kam mit seinen Themen nicht mehr weiter, weil er Freigaben für Budget und HR-Themen nicht mehr mit der Geschäftsführerin besprechen und dingfest machen konnte. Alle anhängigen Themen wurden vertagt, der Kopf der Geschäftsführerin war nicht frei und der Mut für Entscheidungen angesichts der eigenen unklaren Zukunft gehemmt. Die Geschäftsführerin ließ sich sogar zu der Äußerung hinreißen „Ich entscheide hier gar nichts mehr, nachher wird mir das noch nachteilig ausgelegt".

Das war ein echter Offenbarungseid, wenn er auch menschlich sicherlich verständlich ist. Vermeiden Sie deshalb Situationen, die dazu führen, dass bei Ihnen selbst oder bei unterstellten Führungskräften der Kopf nicht frei ist. Der gesamte unterstellte Bereich und alle geführten Mitarbeiter geraten sonst in eine Lähmung, die ein Unternehmen schädigen kann. Und sollte eine solche Situation doch einmal passieren, dann sorgen Sie für schnelle Abhilfe.

Sich selbst führen, bevor man andere führt

Bereits die Fähigkeit, zu erkennen, dass man sich selbst in einer solchen Situation befindet, hat schon viel mit Eigenführung zu tun. Der geschilderte Zusammenhang zwischen der eigenen aktuellen Situation und dem daraus resultierenden Führungsverhalten verdeutlicht, dass es zum Dasein einer Führungskraft gehört, sich regelmäßig mit sich selbst zu beschäftigen.

Unabhängig von persönlichen Krisen, gilt es meines Erachtens aber auch, seine persönlichen Eigenschaften und deren Auswirkung auf das ganz normale Tagesgeschäft der Führung auszuloten. Jede Führungskraft sollte wissen, wie sie üblicherweise in welchen Situationen reagiert und warum sie das tut. Nur so kann das eigene Verhalten bewusster gesteuert werden und schädliche Führungsfehler oder falsche Reaktionen können vermieden werden.

Ein guter Weg, um sich selbst kennenzulernen, ist die Teilnahme an einem Persönlichkeitsverfahren, das auf wissenschaftlich fundierten Modellen basiert. Davon gibt es, wie bereits erwähnt, einige, die man bei lizensierten Trainern durchführen kann. Hier ein paar Beispiele: Myers Briggs Typenindikator (MBTI), DISG, Insights, Reiß Profil, Golden Profiler, Herman Dominanz Instrument (HDI).

Die Auswahl der Anbieter ist groß, manche sind mehr, andere weniger gut ausgebildet. Und manche haben es sich die Methoden nur oberflächlich angelesen und verursachen durch Halbwissen schädliche Situationen, in denen der Teilnehmer in eine Sinnkrise gerät, weil sich die Ergebnisse nicht authentisch anfühlen und aus einer falschen Ausgangserkenntnis heraus konkrete Empfehlungen für das eigene Verhalten getroffen werden.

In meinen Trainingsprogrammen nutze ich oft den ganzen ersten Tag für eine Selbstreflexion. Aus verschiedenen Gründen habe ich mich für den MBTI entschieden. Er erscheint mir als das klarste Modell und ist daher leicht zu verstehen, weshalb man ihn im späteren Führungsalltag gut erinnern und nutzen kann. Alle weiteren Trainingsmodule und die Fallstudien nehmen dann immer wieder Bezug darauf. So lernt man, bei der Vorbereitung auf Führungssituationen immer auch sein eigenes Verhaltens zu betrachten. Wenn man das Modell gut verstanden hat, kann man es auch auf einen Mitarbeiter anwenden und sich damit besser in ihn einfühlen und auf ihn einlassen. Die aus dem Modell über den Mitarbeiter gewonnenen Erkenntnisse verifiziert man stetig anhand seines Verhaltens und justiert das eigene Verhalten gegebenenfalls nach. So entwickelt sich langsam eine gute und intensive Kenntnis des Profils und eine deutlich mitarbeiterorientiertere Führung.

Manche Teilnehmer stehen einem wissenschaftlichen Verfahren im Vorfeld kritisch gegenüber. Das ändert sich aber nach der Einführung des Modells und der Durchführung des Verfahrens — sie stehen dann diesem hilfreichen Innenblick und der zusätzlichen Möglichkeit, seinen Mitarbeiter bewusster in seinen persönlichen Eigenschaften einzuschätzen, sehr positiv gegenüber.

Dieses Kapitel will und kann die oben genannten Persönlichkeitsverfahren nicht beschreiben, dazu gibt es jeweils einschlägige Literatur (für den MBTI z. B. „Typisch Mensch: Einführung in die Typentheorie", Richard Bents und Reiner Blank). Und schon gar nicht kann ein Buch die Durchführung eines Verfahrens bei einem lizensierten Anbieter ersetzen. Aber ich möchte Ihnen den Mut zusprechen, sich im Rahmen Ihrer beruflichen Entwicklung als Führungskraft einmal die Zeit für einen „Blick in den Spiegel" zu nehmen, es lohnt sich.

Ganz losgelöst von standardisierten psychologischen Verfahren, möchte Ihnen eine ganz pragmatische Anleitung geben, wie Sie sich selbst unter die kritische Lupe nehmen können. Dafür benötigen Sie keinen Anbieter eines der genannten Verfahren, sondern nur etwas Zeit und den Willen, sich und Ihr Verhalten anhand geeigneter Kriterien zu hinterfragen. Das daraus resultierende Ergebnis wird Ihnen helfen, sich im Rahmen Ihrer Führungsaufgabe bewusster zu verhalten, weil Sie nicht mehr „Sklave ihrer selbst" sind, sondern sich bewusst entscheiden können, ein verändertes Verhalten an den Tag zu legen.

Ich empfehle Ihnen, die in der nachfolgende Liste aufgeführten Kriterien und Fragen für Ihre Selbstreflexion einmal komplett durchzugehen und für sich schriftlich zu beantworten. Die eingeklammerten Hinweise/Fragen helfen Ihnen, wenn die Beantwortung der jeweiligen Frage etwas stockt. In der zweiten Spalte finden Sie Hinweise darauf, welchen Einfluss Ihre Antworten auf Ihr Führungsverhalten haben können.

Noch ein kleiner Tipp: Decken Sie die zweite Spalte zunächst ab und beantworten Sie zuerst ehrlich und selbstkritisch die jeweilige Frage. Erst dann lesen Sie die Hinweise in der zweiten Spalte, die Ihnen helfen werden, mit den reflektierten Erkenntnissen umzugehen.

Sich selbst führen, bevor man andere führt

Kriterien und Fragen	Einfluss auf die Führung
Wie ist der Korridor meines **Führungsstils**? (Siehe Kapitel 1.2 Führungsstil)	Es ist legitim und menschlich, dass man sich innerhalb eines bestimmten Korridors des Führungsstil-Kontinuums wohler fühlt, deshalb spricht man ja auch von Stil. Aber bedenken Sie, dass Situationen und Personen sich nicht nach der Führungskraft ausrichten werden, sondern es nur umgekehrt funktioniert. Seien Sie sich deshalb Ihrer Führungsstil-Komfortzone bewusst und bereiten Sie sich mental darauf vor, dass Sie sich auch einmal rechts und links dieser Stil-Zone bewegen müssen. Dies können Sie auch methodisch festigen. Wenn Sie einmal besonders kooperativ oder demokratisch führen wollen, nehmen Sie sich z. B. eine Kreativitätstechnik vor und übernehmen Sie die Rolle des Moderators. Das zwingt Sie dazu, sich auf den Weg und nicht auf das Ziel zu konzentrieren und erlaubt Ihren Mitarbeitern, einen Beitrag für eine Problemlösung zu liefern.
Was sind meine **Stärken** in der Führung? (Welche Situationen kann ich gut meistern, weswegen ich mich gerne auf sie einlasse?)	Stärken entstehen meist aus Präferenzen im Hinblick darauf, was ich gerne tue. Das lerne ich auch gut zu tun. Als Führungskraft kann ich auf meinen Stärken aufbauen. Ein Beispiel: Wenn ich mich gerne mit neuen Dingen beschäftige, dann suche ich danach und fühle ich mich auch wohl auf neuem Terrain. Meine Mitarbeiter sind dann meist diejenigen, die diese Themen vorantreiben müssen, bis sie nutzbar sind für den beruflichen Alltag. Wenn ich dann aber ständig nach neuen Herausforderungen suche und diese in meine Mannschaft „hineinpumpe", wird sie bald überlastet sein. Das kann soweit führen, dass sich die Mitarbeiter für Sie eine längere Krankheitspause wünschen, die Sie für eine Weile ausschaltet. Oder sie möchten, dass „Ihre Karriere außerhalb des Unternehmen ihre erfolgreiche Fortführung findet" und sie einen weniger aktiven, kreativen „Anreißer" als Ihren Nachfolger bekommen.
	Fazit: Werden Sie nicht zum Sklaven Ihrer Stärken, behalten Sie immer auch die Notwendigkeit, andere Themen anzugehen, im Auge, auch wenn diese vielleicht langweiliger sind oder sogar zur nächsten Frage passen.

10 Sich selbst führen, bevor man andere führt

Kriterien und Fragen	Einfluss auf die Führung
Was sind meine **Schwächen** in der Führung? (Welche Situationen liegen und gelingen mir nicht so gut, weshalb ich mich auch nur ungern darauf einlasse?)	Der Logik bei den Stärken folgend, entstehen Schwächen meist aus Dingen, die man nicht gerne tut, die also nicht zu den eigenen Präferenzen gehören. Screenen Sie Ihre Führungsaufgaben daraufhin und machen Sie sich gedanklich Merker im Bezug auf diese Themen, damit Sie sie nicht stetig umschiffen. Entweder erlernen Sie für diese Themen besonders intensiv ein grundlegendes Handwerkszeug oder Sie lassen sich, wenn dies angemessen ist, durch Mitarbeiter dabei unterstützen. Warum nicht einen begabten Mitarbeiter moderieren lassen, wenn es Ihnen nicht liegt. Oder warum sollten Sie pingelig genau Listen führen, wenn Sie davor einen Horror oder eine von der Medizin noch unerforschte Excel-Allergie haben, einer Ihrer Mitarbeiter aber genau dafür ein Händchen und eine Leidenschaft besitzt. Erinnern Sie in diesem Zusammenhang bitte auch den Grundsatz, dass „die Übertreibung einer Stärke eine Schwäche ist". Was Sie als ganz tolle Stärke ausleben, kann für Ihre Mitarbeiter schon weit im Übertreibungsbereich liegen. Wenn Sie sich für einen „geborenen Kommunikator" halten, haben Ihre Mitarbeiter vielleicht schon das Gefühl, dass Sie sie von der Arbeit abhalten mit den vielen von Ihnen initierten Gesprächen.
Welche Mitarbeiter sind mir **sympathisch**? (Welche Eigenschaften gefallen mir an Ihnen?)	„Hans sucht Hänschen" bedeutet, dass man meistens die Mitarbeiter sympathisch findet, die einem hinsichtlich der persönlichen Eigenschaften sehr ähnlich sind. Man wäre kein Mensch, wenn man solche Mitarbeiter nicht bevorzugen würde. Als Führungskraft muss man aber Werte wie Gerechtigkeit und Fairness vorleben, da darf es nicht passieren, dass man eine sympathieorientierte Führung betreibt und zweierlei Maß anlegt. Ein Beispiel: Wenn Sie bei einem Ihrer „Sympathie-Favoriten" bei der Übertretung einer Unternehmens-Policie zu schnell ein Auge zudrücken, ermutigen Sie damit alle zu gleichem Verhalten. Es ist also wichtig die Sympathie-Eigenschaften zu ergründen, und sich nicht unbewusst von innen leiten zu lassen.

Sich selbst führen, bevor man andere führt

Kriterien und Fragen	Einfluss auf die Führung
Welche Mitarbeiter sind mir **unsympathisch**? (Welche Eigenschaften missfallen mir an ihnen und bringen mich auf die Palme? Siehe auch die Antitypen-Übung aus dem Eisbergmodell.)	Seine „Antitypen" erkannt zu haben, hilft, um ihnen eine faire Chance zu geben. Bevor Sie das nächste Mal intuitiv aggressiv reagieren, wenn ein unbeliebter Mitarbeiter bei Ihnen vorspricht, schalten Sie einen Gang herunter und schieben Sie ihre intuitive Reaktion unter Verwendung Ihres Antitypen-Merkwortes beiseite. Dies erfordert Disziplin und Durchatmen, aber es lohnt sich. Denn was ein solcher Mitarbeiter einbringt, ist häufig genau das, was Hans und Hänschen übersehen und/oder nicht leisten können und wollen.
Wie viel **Zeit** verbringe ich mit reinen Führungsaufgaben? (Was hält mich davon ab, mehr Zeit einzubringen? Was tue ich mit meiner restlichen Zeit, ist das mein Auftrag?)	Ich habe die Erfahrung gemacht, dass Manager viel zu viel Zeit mit Aufgaben verbringen, die nicht nur weit unter ihrer intellektuellen Fähigkeiten liegen, sondern auch nicht zu den originären Führungsaufgaben gehören. Sicher gibt es viele Gründe dafür: Zum Beispiel machen einem die fachlichen Aufgaben Spaß, da sie die berufliche Herkunft widerspiegeln. Und ab und zu braucht man einfach einmal „einfache Kost", um sich von den schwierigen Führungsaufgaben „zu erholen"; oder man scheut sich vor den Folgen der eigenen Führungsentscheidungen. Was auch immer es ist, führen Sie es sich vor Augen. Ganz vereinfacht gefragt: Wie viel Prozent Ihrer Zeit verbringen Sie mit originären Führungsaufgaben (entlang des Führungs-Omegas) und wie viel mit anderen Aufgaben? Wenn Sie ein gutes Stellenprofil haben, in denen Ihre Führungs- und sonstigen Aufgaben aufgeführt sind, schreiben Sie einmal Prozentzahlen dahinter. Wenn Sie die 100 % verteilt haben, dann summieren Sie die Werte für die Führungsaufgaben. Weniger als 2/3 sollte das Ergebnis nicht sein, denn darunter kommen Sie in den Bereich des „Edelfacharbeiters" und sind zu teuer. Dann sollten Sie Delegieren oder Weglassen, um das Verhältnis wieder zugunsten der Führungsaufgaben zu verändern.

10 Sich selbst führen, bevor man andere führt

Kriterien und Fragen	Einfluss auf die Führung
Suche ich den **Kontakt und die Kommunikation** zu meinen Mitarbeitern? (Gehe ich gerne und proaktiv zu ihnen? Oder sitze ich am liebsten an meinem Schreibtisch und empfinde das Kommen meiner Mitarbeiter als Störung und Unterbrechung?)	Wenn man sich allein und mit sich selbst in seinem Büro am wohlsten fühlt, dann neigt man dazu, proaktive Kontakte mit seinen Mitarbeitern zu vermeiden. Es finden sich dann immer Aufgaben, die einen zwingen, am Schreibtisch zu verbleiben. Führen bedeutet aber Umgang und Kommunikation mit den Mitarbeitern, die es zu führen gilt. Und dies möglichst nicht nur per Mail, denn das ist ja wie bereits erklärt eine Führungsweise, die die 80 % nonverbale Kommunikation im Verborgenen belässt und nur bei einfachen Inhalten und einer guten Vertrauensbasis funktioniert. Summieren Sie doch einmal, wie viel Zeit Sie im direkten Austausch mit Ihren Mitarbeitern verbringen. Wenn der Wert geringer als 50 % ist, sollten Sie sich im Kalender selbstverpflichtende Termine eintragend, an denen Sie raus zu den Mitarbeitern gehen. Der „gute alte Abteilungsdurchgang" ist kein verstaubtes Mittel vergangener Tage, es ist die Selbstverpflichtung für Präsenz und Kontaktpflege. Wie heißt es so schön: Wenn die Führungskraft sich häufig sehen lässt, dann kann sich die Arbeit der Mitarbeiter bald sehen lassen! Und bei den Mitarbeitern, die Sie auf Distanz führen, nutzen Sie jede sich bietende Gelegenheit, um zu telefonieren, zu skypen oder zu chatten.
Gehen Sie **systematisch** oder **intuitiv** an Führungssituationen heran? (Bereite ich mich vor, wenn ich z. B. Mitarbeitergespräche durchführe oder lasse ich mich auf die Situation und den Mitarbeiter ein und schaue, wie ich reagiere?)	Was halten Sie von folgendem Spruch: „Woher soll ich wissen, was ich denke, bevor ich höre, was ich sage?" So oder ähnlich könnte der Wahlspruch für Führungskräfte lauten, die sich auf alle Situationen unvorbereitet einlassen. Dies tun manche Führungskräfte entweder aus Zeitmangel, der keine Rüstzeiten zur Vorbereitung zulässt, oder aus der persönlicher Überzeugung, dass Intuition durch nichts zu ersetzen ist und man es deshalb auch gar nicht erst mit Vorbereitung versucht. Ich glaube fest daran, dass Intuition erfolgskritisch für die Führung ist! Ich glaube aber auch daran, dass erst dann, wenn sich zur Intuition noch eine systematische Vorbereitung gesellt, echte Spitzenführung entsteht. Und verstecken Sie sich nie hinter dem Argument, dass Sie keine Zeit für die Vorbereitung haben. Das würde heißen, Sie hätten keine Zeit für Spitzenführung. Mein Rat: Planen Sie immer mindestens 50 % der Zeit für die Vorbereitung einer Führungssituation, die die Situation selbst dauern wird. Also ein einstündiges Gespräch sollte 30 Minuten Vorbereitung erhalten. Ich weiß, was Sie gerade denken: „So ein theoretischer Unfug!"

Sich selbst führen, bevor man andere führt

Kriterien und Fragen	Einfluss auf die Führung
	Aber so ist es immer, wir tun Dinge in Zukunft nicht, weil wir sie heute auch nicht tun, und erklären Sie dann als reine Theorie. Aber durch diese Argumentationsweise werden richtige Dinge nicht falscher. Oft hat man nur einen Versuch, um einen Mitarbeiter für etwas zu gewinnen oder einen Knoten zu durchschlagen. Für diesen einen Versuch sollte ich wissen, was ich erreichen will und was nicht und was ich über den Mitarbeiter weiß und dabei nutzen kann etc. etc.
Fühlen Sie sich wohl oder unwohl in **angespannten Situationen**, in denen Sie kritische Gespräche mit Ihrem Mitarbeiter führen müssen? (Gelber, oranger und roter Bereich des Führungs-Omegas)	Ich habe oben schon beschrieben, wie stark die Harmoniebedürftigkeit das Verhalten eines Menschen beeinflusst. Gerne bewegen sich vermutlich nur wenige Menschen im Grenzbereich der Führung. Sie schauen sicher auch gerne einmal weg, wenn Krisen, Konflikte oder Pflichtverstöße vorliegen und angegangen werden müssten. Aber denken Sie daran, je länger man „auf Harmonie spielt", desto schwieriger wird es, den sich verstärkenden Grund für Disharmonie aus der Welt zu schaffen. Halten Sie es wie die Feuerwehr: Feuerverhütung ist leichter als Feuerbekämpfung! Sie ersparen sich also Arbeit und richtig lange Ausflüge in den meist anstrengenden und zeitraubenden Grenzbereich, wenn Sie Probleme gleich angehen.

Mein Eingangsstatement möchte ich ergänzen:

Ehe man sich bemüht, seine Mitarbeiter zu verstehen, sollte man erst einmal den Menschen verstehen, dem man jeden Tag im Spiegel begegnet!

11 Führungskräfteentwicklung im Unternehmen implementieren

Wenn Sie nun alle Kapitel gelesen haben und dabei das Gefühl nicht los geworden sind, dass in Ihrem Unternehmen noch reichlich Potenzial zur Professionalisierung der Führung besteht, sollten Sie nicht zögern, dies anzuregen oder einzufordern. Wenn Sie entscheidungsbefugt sind, dann nutzen Sie Ihre Möglichkeiten direkt und stoßen entsprechende Maßnahmen an. Wenn Sie noch Entscheider über sich haben, dann gehen Sie zu diesen oder zur Personalabteilung und leisten Sie Überzeugungsarbeit. Im Kapitel 8.6 finden Sie genügend Argumente, warum Führung so wichtig für die Mitarbeitergewinnung, -bindung und insbesondere die Mitarbeiterleistung ist.

Für eine erfolgreiche didaktische Gestaltung der Führungskräfteentwicklung möchte ich Ihnen oder Ihren Personalleitern bzw. -entwicklern nachfolgend einige Erfahrungen mitgeben. Natürlich führen wie so häufig viele Wege nach Rom, aber es gibt auch einige Irrwege. Deshalb finden Sie nachfolgend eine Liste von Tipps, damit Ihre Wege in die richtige Richtung gehen:

Gewinnen Sie zuerst den Rückhalt der Geschäftsführung!

Ohne ein Commitment der Unternehmensleitung bleibt eine Führungskräfteentwicklung ein „zahnloser Tiger". Man benötigt für die Umsetzung eines Programms die Zeit der Führungskräfte, ein Budget für die Maßnahmen, Aufträge für die HR-Abteilung zur Entwicklung von Stützprozessen u. v. a. m. Diese Voraussetzungen bleiben irgendwann auf der Strecke, wenn man nicht den uneingeschränkten Rückenwind aus der ersten Führungsetage hat.

Entwickeln Sie eine Gesamtdidaktik und holen Sie sich dafür eine Freigabe und das Budget!

Die Didaktik (Lehrplan) kann vielfältige Maßnahmen beinhalten. Im Zentrum stehen aus meiner Sicht immer noch „klassische" Trainings, in denen das notwendige Handwerkszeug von einem fachkundigen Trainer vermittelt wird. Natürlich kann man sich auch mehrere Trainer dazu holen, die für die jeweiligen Themen eine besondere Expertise einbringen. Eine vertraute Lerngemeinschaft entsteht aber eher, wenn ein einzelner Trainer durch das ganze Programm begleitet und die jeweiligen Fortschritte der Teilnehmer mitverfolgen kann.

Führungskräfteentwicklung im Unternehmen implementieren

Weitere Element sollten zum späteren Zeitpunkt die gemeinsame Erarbeitung eines Führungsleitbildes und jährliche Führungskonferenzen sein, bei denen man sich ganz explizit und regelmäßig Zeit für die Optimierung der Führung im Unternehmen nimmt. Damit setzt man das Zeichen gegenüber der Belegschaft und den Führungskräften selbst, wie wichtig der Geschäftsführung dieses Thema ist.

Für aktuelle Themen und Anlässe sollten spezifische Trainings und Workshops aufgesetzt werden. Insbesondere dann, wenn die HR-Abteilung neue Instrumente, Prozesse und Konzepte implementiert, die den Führungskräften zukünftig die Arbeit erleichtern sollen.

Neue Führungskräfte sollten im Hinblick auf ihr Wissen „auf Flughöhe" gebracht werden. Ansonsten entsteht eine „2-Klassen-Gesellschaft" von Programmteilnehmern und den Nichtteilnehmern, die nicht „mitreden" können. Idealerweise durchlaufen die neuen Führungskräfte das gleiche Programm wie die „alten Hasen", sobald eine ausreichende Gruppengröße zustande kommt. Nach meiner Erfahrung scheitert dies aber oft am Budget, deshalb habe ich als Kompromisslösung mehrfach kompaktere Versionen entwickelt, in denen z. B. in 2 Modulen die Inhalte von 3 Modulen vermittelt wurden. Lässt man einige interaktive Übungen weg und betreibt man eine gewisse Fokussierung, ist das ein durchaus machbarer Zwischenweg. Auf jeden Fall ist ein solches Vorgehen besser, als den neuen Kollegen kein Programm anzubieten.

Mentoren-Programme, bei denen fortgeschrittene nachweislich erfolgreiche Führungskräfte den jüngeren oder auch den nicht so erfolgreichen Führungskräften eine kollegiale Beratung oder ein Coaching zukommen lassen, kann den gemeinsamen Lernwillen unterstützen. Ausgewählte Führungskräfte können im Bedarfsfall zusätzlich durch externe Coachings unterstützt werden, wenn die neutralere und diskretere Vorgehensweise angeraten wäre.

Führungskräfteentwicklung im Unternehmen implementieren 11

Abb. 69: Das didaktische Haus der Führungskräfte-Entwicklung

Zur Erklärung: In der obigen Abbildung finden Sie rechts die Abkürzung „TBA". Sie bedeutet „to be announced" und ist ein Platzhalter für weitere noch hinzukommende Themen, die der Gesamtdidaktik zugeordnet werden.

Bringen Sie „Zug in den Kamin", trainieren Sie top down!

Auch wenn Führungskräfte in den oberen Leveln es oft nicht wahrhaben wollen, auch sie können und müssen noch Lernen oder Vergessenes erinnern. Und nur ein Top-down-Ansatz ermöglicht die Umsetzung eines Erfolgsprinzips: **Man muss auch abfordern, was man gefördert hat!**

Aber wie will ein Geschäftsführer von seinem nachgeordneten Bereichsleiter die Umsetzung bestimmter Verhaltensweisen oder die Anwendung von Methoden abfordern, wenn er selbst diese nie erlernt hat. Erst das Vorhandensein des Wissens auf allen Führungs-Leveln ermöglicht es, eine gemeinsame Sprache zu sprechen, ein gemeinsames Verständnis zu entwickeln und sich auch gegenseitig zu unterstützen bei der Übertragung von Wissen zu Können in der Praxis.

Führungskräfteentwicklung im Unternehmen implementieren

Sollten sich ältere und „höhere" Führungskräfte einer Teilnahme an der Führungskräfteentwicklung entziehen wollen mit dem Hinweis, dass man das doch alles kann, dann sollte man darauf hinweisen, dass dies niemand bezweifelt, es aber darum geht, ein gemeinsames Führungsverständnis und eine einheitliche Sprache und Wissens-Basis zu entwickeln und deshalb die Teilnahme aller Führungskräfte im Unternehmen erforderlich ist.

Meine Erfahrungen haben im Übrigen eher aufgezeigt, dass vielen langjährig erfahrenen Führungskräften die Teilnahme an Weiterbildungen nicht ermöglicht wurde und sie dankbar die Chance ergreifen, dies nach zu holen.

Bei entsprechender Größe des Führungsteams ist es sinnvoll, die Trainingsmodule homogen nach Führungs-Leveln durchzuführen. Bei der Erarbeitung des gemeinsamen Führungsleitbildes und bei Refreshern kann und sollte man dann wieder mischen. Auch etwaige Implementations-Trainings von neuen HR-Prozessen können heterogen trainiert werden.

Messen Sie die Führungs-Qualität, im Kollektiv und bei jedem einzelnen!

Die Evaluation vom Lerntransfer ist eine naheliegende Maßnahme. Aber leider machen das nur die wenigsten Unternehmen. Das liegt entweder am mangelnden Budget oder an einer mangelnden Feedback-Kultur.

Aber nur so entdeckt man die Schwachstellen auf valide und nachweisbar Weise. Eine jährliche Mitarbeiterbefragung, in der u. a. auch mit geeigneten Fragen überprüft wird, ob die Mitarbeiter das erleben, was die Führungskräfte nach dem Entwicklungsprogramm leisten müssten, wäre dazu gut geeignet. So kann man auch einen Vergleich zwischen den Führungskräften vornehmen und analysieren, wo noch individueller Nachholbedarf vorliegt.

Idealerweise führen Sie neben regelmäßigen Mitarbeiterbefragungen auch Führungs-Feedbacks durch, in denen ganz gezielt die direkt und gegebenenfalls auch indirekt geführten Mitarbeiter um ein ausführliches und sehr differenziertes Feedback zur konkreten Führungsleistung gebeten werden. Dabei sollten auch Fragen eingebaut werden, die ein etwaiges Führungsleitbild im Hinblick darauf, wie es in der Praxis angewendet wird, auf den Prüfstand stellen.

Solche Messverfahren können am Markt eingekauft werden und helfen Optimierungspotenziale zu entdecken und zu heben. Wenn Sie beide Verfahren anwenden wollen, empfehle ich eine halbjährliche zeitversetzte Durchführung. So kann

Führungskräfteentwicklung im Unternehmen implementieren

man zwischen den Messungen Maßnahmen anstoßen und schon bei der nächsten Messung erste Erfolge erkennen.

Wie bei jedem Feedback-Instrument gilt aber natürlich, messen sie nur, wenn Sie auch bereit sind, sich dem Feedback offen zu stellen und auch notwendige Maßnahmen zur Verbesserung umzusetzen. Feedback einzuholen und weiterzumachen wie vorher, beschädigt nur die Feedback-Kultur. Wenn man nicht aufgeschlossen ist für anschließende Maßnahmen, sollte man es lieber lassen und nicht um Feedback bitten.

> **Neuro**
>
> Inzwischen ist der Stand der Psychologie und der Pädagogik so weit, dass viele Modelle, die früher „weiche Themen" waren, sehr gut belegt sind. So kann z. B. der Wunsch nach Zugehörigkeit inzwischen im Gehirn nachgewiesen werden. Zugehörigkeit ist eben kein „Nett, wenn wir so eine Kultur schaffen, aber Controlling ist wichtiger"-Faktor, sondern nachweisbar ein erfolgskritischer Führungsfaktor.
> Die neuesten bildgebenden Verfahren helfen uns, die weichen Faktoren sichtbar zu machen. Nutzen Sie solche Instrumente in der Führungskräfteentwicklung.

Führen Sie regelmäßig Refresher durch!

Das einzige, was in der Personalentwicklung sicher ist, ist das Vergessen des Erlernten! Wenn man nicht nach spätestens 6 Monaten einen ersten Refresher-Tag einlegt, ist der „Sinkflug in die Vergessenheit" kaum noch aufzuhalten. Ein Tag, an dem man interaktiv das Erlernte zurück in den Arbeitsspeicher holt, ist eine zusätzliche aber gute Investition. Andernfalls löst sich die größere Anfangsinvestition in die Führungskräfteentwicklung in Wohlgefallen auf.

Jedes nachfolgende Training zu neuen Themen, die Vertiefung und Erweiterung des Handwerkszeugs bringen sollen, empfehle ich mit einem Refresher-Anteil zu vorherigen Weiterbildungsmaßnahmen zu versehen. So ergeben sich Kettenglieder zwischen allen Maßnahmen, die den Teilnehmern immer wieder aufzeigen, dass man eigentlich alles hat, was man braucht, wenn man es anwenden würde!

Um das Wissen und die Methoden in Erinnerung zu bringen, kann man ausgewählte Modelle (Feedback-Burger etc.) auch mit anderen Medien immer wieder in die Aufmerksamkeit zurückführen. So haben manche Unternehmen, bei denen ich Führungskräfte-Entwicklungsprogramme durchgeführt habe, die von mir entwickelten und laminiert ausgegebenen Lernkarten (pro Trainingstag eine DinA4-Folie mit den wichtigsten Inhalten) als Bildschirmschoner eingerichtet. Damit haben die Führungskräfte mehrfach täglich kurze Flashlights, die sie ermuntern, das vermittelte Wissen bei nächster Gelegenheit anzuwenden. Die wichtigsten Wissensbausteine kann man z. B. auch auf Tischaufstellern (auf DIA5 gefaltete und laminierte DIN-A4-Folien) oder ähnlich präsenten Medien verfügbar halten.

Rollen Sie auch international aus!

Wenn Ihr Unternehmen in mehreren Ländern aktiv ist, dann sollte das Führungskräfte-Entwicklungsprogramm auch international ausgerollt werden. Dazu müssen aber interkulturell erfahrene und für die jeweiligen Länder kundige Trainer eingesetzt werden. Hüten Sie sich davor, Ihren deutschen Trainer z. B. in Englischer Sprache in Russland vermitteln zu lassen, wie Führung funktioniert. Die Pleite ist vorprogrammiert, nicht nur wegen der Kommunikationsverluste durch die Fremdsprache, sondern auch wegen der mangelnden interkulturellen Akzeptanz des Trainers und seiner mitgebrachten Inhalte. Ich habe es deshalb immer so gehalten, dass ich im Rahmen eines „Train the Trainers" landeskundige Trainer für ihren Roll-out-Einsatz in den jeweiligen Ländern vorbereitet habe. Diese haben dann ein interkulturelles Customizing für die Inhalte vorgenommen und im Grundsatz vergleichbare, aber für die jeweiligen Kulturen angepasste Trainings durchgeführt.

Bei den oben genannten jährlichen Führungs-Konferenzen sollte man dann die Chance nutzen, einmal alle Führungskräfte aus allen Ländern dabei zu haben.

Implementieren Sie Führungs-Stützprozesse durch die Personalabteilung!

Der letzte Punkt auf meiner Agenda ist natürlich das Missing Link zwischen Führung und HR-Management. Ein professionelles Führungsverhalten stetig und stabil in der Praxis zu verankern, gelingt eben viel nachhaltiger, wenn es etablierte Prozesse, Instrumente und sonstige Unterstützung im Unternehmen gibt. Hier wiederhole ich mein Plädoyer für eine aktive Partnerschaft zwischen Ihnen, den Führungskräften, und ihren Partnern, den Personalern. Alles im Sinne erfolgreicher Unternehmen und einer menschenwürdigen bereichernden Arbeitswelt für die Mitarbeiter.

Quellen und Literaturempfehlungen

Dulcis, D. et al.: Neurotransmitter Switching in the adult brain regulates behavior, Science Vol 340, 449–453, 2013.

Elbert, T.: Increased use of the left hand in string players associated with increased cortical representation of the fingers, Science Vol. 220: 21–23.

Grün, K.: Gekränkte Freiheit. Interview mit Wolf Singer. In: Grün/Roth, das Gehirn und seine Freiheit.

Hirschhausen, von E.: Glück kommt selten allein, 2009.

Hüther, G.: Bedienungsanleitung für ein menschliches Gehirn, 2002.

Kandel, E: Auf der Suche nach dem Gedächtnis, 2009.

Mischel, W.: Delay of gratification in children, Science, Vol. 244, 1989, 933–938.

Ochsner, K. et al.: Common representation of pain an negative emotion in the midbrain periaqueductal gray, 17.04.2012.

Ochsner, K.: Rethinking Feelings: An fMRI Study of the Cognitive Regulation of Emotion, 2006.

Ochsner, K.: Thinking makes it so.

Ophir, E.: Cognitive control in media multitaskers, 2009.

Olds, J. und Miller, P: Positive reinforcement produced by electrical stimulation of septal area and other regions of rat brain, 1954.2012.

Peters, A.: Das egoistische Gehirn, 2011.

Plessow, F.: Better not to deal with two tasks at the same time when stressed? Acute psychosocial stress reduces task shielding in dual-task performance, 2012.

Ramachandran, V.: Eine kurze Reise durch Geist und Gehirn, 2005.

Sacks, O.: Der einarmige Pianist, 2008.

Spitzer, M.: Geist im Netz, 2000.

Spitzer, M.: Domain & Käsekuchen, 2012.

Solms, M. und Turnbull, O.: Das Gehirn und die innere Welt, 2004.

Toni, N. et al.: LTP promotes formation of multiple spine synapses between a single axon terminal and dendrite, Nature 402, 421–425.

Downloads und Hilfsmittel

Zum Download stehen Ihnen zur Verfügung:

- Selbstaudit „House of Choice" — Attraktivität als Arbeitgeber
  http://www.hrcontrast.de/images/HR_Quickcheck_HoChoice_120809.pdf
- Selbstaudit „High Performance Management"
  http://www.hrcontrast.de/images/pdf/HR_Quickcheck_HPM_120809.pdf
- Eine farbige Darstellung des Führungs-Omegas finden Sie unter:
  http://www.hrcontrast.de/images/pdf/Führungsomega_Download_131030.pdf

Auf den folgenden Seiten finden Sie zu den Selbstaudits einen Quick-Check, den ich Ihnen sehr empfehlen möchte.

Quick-Check „House of Choice"

„Missing Link" zwischen Mitarbeiterbindung und HR-Management

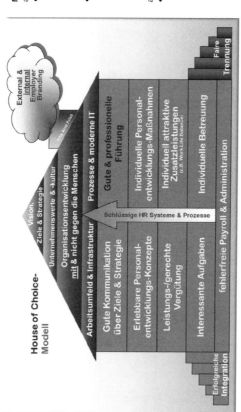

Mitarbeiterbindung
aus **Mitarbeitersicht:**
- …ist die gefühlte Anziehungskraft eines Unternehmens, die einen bewusst zum Bleiben bewegt, obwohl man die Möglichkeit zum Gehen hätte.
- …liegt vor, wenn die Gravitation eines Heimatplaneten – sprich eines Unternehmens – stärker ist als die Fliehkraft seiner Satelliten – sprich Mitarbeiter.

aus **Unternehmenssicht:**
- …ist die Summe aller Maßnahmen, Elemente und Prozesse, die ein Unternehmen bewusst oder unbewusst mit der Absicht betreibt, insbesondere die richtigen, also erfolgskritischen Mitarbeiter im Unternehmen zu halten.

Bewerten Sie ehrlich, wie gut sie die 15 Themenfelder bzw. Aufgaben auf der folgenden Seite erfüllen, indem Sie den Ist-Zustand mithilfe der Ampel einschätzen. Sie können mit + und – oder mit AAA, BB, C (ähnlich den Ratings) zusätzlich differenzieren. Treffen Sie anschließend eine zusammenfassende Einschätzung.

Zusammenfassende Selbsteinschätzung über Ihr „House of Choice"	A	B	C

Bewerter: Datum: Beteiligte:

Downloads und Hilfsmittel

Unser „House of Choice"

Quick Check-Fragen		A alles ok	B verbesserungs-würdig	C Handlungs-bedarf	Unsere Maßnahmen
Bereich	**Themenfeld bzw. Aufgaben**				
Eingangstür	1. **Erfolgreiche Integration:** fachlich und sozial „anwachsen" im neuen Unternehmen				
Fundament & Erdgeschoß	2. **Interessante Aufgaben:** Die richtigen Leute auf die richtigen Jobs setzen				
	3. **Individuelle Betreuung:** Ansprache und Interesse an den Themen des Mitarbeiters zeigen und ihn/sie wertschätzen				
	4. **Fehlerfreie Payroll & Administration:** Was klappen muss, muss klappen, keine Fehler bei Hygienefaktoren				
1. Stock	5. **Leistungs-/gerechte Vergütung:** Compensation muss der Leistung und der Wertschöpfung des Mitarbeiters gerecht werden				
	6. **Individuelle attraktive Zusatzleistungen:** Benefits gibt es nicht nach dem Gießkannen-Prinzip, sondern zugeschnitten auf Berufs-/Lebensphasen, sodass insbesondere die Work-Life-Balance klappt				
2. Stock	7. **Erlebbare Personalentwicklungs-Konzepte:** Transparente Entwicklungs-perspektiven und PE-Prozesse, die nachweislich helfen, Entwicklungsziele zu erreichen				
	8. **Individuelle Personalentwicklungs-Maßnahmen:** Der einzelne Mitarbeiter muss lernen können und alle Maßnahmen dazu als seine PE verstehen				
3. Stock	9. **Gute Kommunikation über Ziele & Strategie:** Klar sagen, wo es hingehen soll und wie man es gemeinsam mit dem Mitarbeiter schaffen will				
	10. **Gute & professionelle Führung:** Die drei wichtigsten Worte der Bindung sind Führung, Führung, Führung!				
Dachgeschoss	11. **Arbeitsumfeld & Infrastruktur:** Mitarbeiter müssen sich wohlfühlen, im und um das Unternehmen				
	12. **Prozesse & moderne IT:** Wer seine Ziele kennt, will effektiv und effizient arbeiten, dabei helfen gute und bekannte Prozesse und eine arbeits-erleichternde IT				
	13. **Organisationsentwicklung mit und nicht gegen die Menschen:** Bei Veränderungen die „Betroffenen zu Beteiligten machen" und nicht umgekehrt; Change Management als Kompetenz bei HR und Mgt				
	14. **Unternehmenswerte & -kultur:** Gelebte Werte in einer positiv erlebten Kultur statt Lippenbekenntnisse. Dazu gehört u. a. auch ein faires Trennungs-management				
	15. **Vision, Ziele & Strategie:** Wissen, wo man langfristig hin will, wie man den Weg beschreiten will und was jeder einzelne dazu beitragen kann und soll				

Downloads und Hilfsmittel

Quick-Check „High Performance Management"

„High Performance Management"-Modell
Nachhaltige Leistungssteigerung für Organisationen

Bewerten Sie ehrlich, wie gut sie die 12 Themenfelder bzw. Aufgaben auf der folgenden Seite erfüllen, indem Sie den Ist-Zustand mithilfe der Ampel einschätzen. Sie können mit + und – oder mit AAA, BB, C (ähnlich den Ratings) zusätzlich differenzieren. Treffen Sie anschließend eine zusammenfassende Einschätzung.

Zusammenfassende Selbsteinschätzung über Ihr „House of Choice"	A	B	C

Bewerter: Datum: Beteiligte:

Downloads und Hilfsmittel

High Performance Management

Quick Check-Fragen

Bereich	Nr.	Themenfeld bzw. Aufgabe	A alles ok	B verbesserungs- würdig	C Handlungs- bedarf	Unsere Maßnahmen
Der zentrale Motor	1.	**ZVS-Zielvereinbarungssystem:** Betreiben Sie ein System, mit dem Unternehmensziele auf persönliche Ziele heruntergebrochen werden, erst dann entsteht Effektivität. Leistung misst sich an Zielen und steht nicht für sich. Die Einbettung in ein gutes Mitarbeitergespräch bildet den Motor im Gesamtgetriebe und setzt Motivation zur Zielerreichung frei!				
Die zentralen Elemente	2.	**Potenzialanalyse:** Analysieren Sie systematisch die Leistungs- und Entwicklungspotenziale Ihrer Mitarbeiter und unterstützen Sie die Freisetzung!				
	3.	**Beurteilung & Feedback:** Geben Sie Ihren Mitarbeitern Rückmeldung über ihre Leistungen incl. Tipps, im positiven wie im kritischen Bereich!				
	4.	**Personalentwicklung:** Unterstützen Sie Ihre Mitarbeiter durch gezielte individuelle PE-Maßnahmen und kollektive PE-Programme (für Schlüsselfunktionen)!				
	5.	**Leistungsincentivierung:** Belohnen Sie gute Leistungen mit monetären und nicht-monetären Elementen, das motiviert und macht sichtbar, dass Sie Leistungen erkennen und schätzen!				
Der rote Rahmen	6.	**Mitarbeitermotivation & -bindung:** Stellen Sie sicher, dass alles Machbare getan wird, um Motivation zu stärken und Demotivation zu vermeiden und unterstützen Sie eine hohe Mitarbeiterbindung insb. bei Ihren Leistungsträgern und Schlüsselpersonen				
	7.	**HR Controlling incl. Performance KPI's:** Messen Sie den Erfolg Ihrer Bemühungen regelmäßig und fokussieren Sie auf KPI's, die strategisch relevante Leistungskennzahlen abbilden!				
Die Grundfläche des Modells	8.	**Leadership:** Verbessern Sie stetig Ihre Leadership-Qualität, denn „Mitarbeiter verlassen nicht Unternehmen, sie verlassen zumeist Führungskräfte"!				
	9.	**Organisation & Kultur:** Entwickeln Sie Ihre Organisation (z. B. Prozesse, Schnittstellen, Rollenklarheit) und Kultur weiter, sodass sie hohe Leistung unterstützt ohne Burn out zu fördern!				
	10.	**Arbeitsumgebung:** Schaffen Sie die Infrastruktur und die Umgebungen, in denen Arbeiten, Leisten, Lernen und Entwickeln erfolgreich gelingen kann!				
	11.	**Information & Kommunikation:** Stellen Sie sicher, dass Ihre Mitarbeiter alle Informationen haben, die sie benötigen, um ihre Leistungen zu entfalten. Betreiben Sie Kommunikationsprozesse und -medien, die Hindernisse für Leistungen schnell offen legen.				
Die Wege rein und raus	12.	**Recruitment:** Sichern Sie bei der Auswahl, dass bei neuen Mitarbeitern die Voraussetzungen für gute Leistungen vorhanden sind; und in **Trennungsprozessen** filtern Sie mit Austrittsinterviews Performance-Erkenntnisse heraus, warum Leistungsträger das Unternehmen verlassen und Minderleister nicht die erhofften Leistungen erbringen konnten!				

Die Autoren

Arne Prieß

Berufliche Laufbahn
Studium der Pädagogik mit den Schwerpunkten Personalmanagement, Psychologie sowie Berufs- und Betriebspädagogik, betriebswirtschaftliche und personalwirtschaftlich Fernstudien-Diplome. Seit 1986 in verschiedenen Führungs-, Ausbildungs- und Personalmanagementaufgaben tätig. Berufliche Stationen im öffentlichen Dienst und in der Siemens Business Services GmbH & Co. OHG.

Im Jahr 2000 Mitgründer der Unternehmensberatung HRblue AG, im Vorstand für die Geschäftsfelder HR-Consulting und Projekte, Mitarbeiterbefragungen und HR-Trainings verantwortlich, dabei im Rahmen eines HR-Outsourcings vier Jahre HR-Director der Scout24-Gruppe. 2012 Gründer und Geschäftsführer des Beratungs- und Trainingsunternehmens HR CONTRAST GmbH.

Kompetenz-, Beratungs- und Trainingsschwerpunkte
Langjähriger Trainer und Coach für Führungskräfte, MBTI-Trainer-Lizensierung; Trainer für viele Schlüsselkompetenzen wie z. B. Projektmanagement, Zeitmanagement und strategische Personalmanagementthemen, u. a. für die Haufe Akademie, das ZfU und FORUM Institut.

Personalfachliche Beratungsprojekte in strategischen HR-Themen mit besonderen Schwerpunkten in strategischen Neuausrichtungen von HR-Abteilungen (HR-Transformationen), der Mitarbeiterbindung und dem High Performance Management inklusive variabler Vergütung und Zielvereinbarungssysteme.

Projektmanager und Moderator (z. B. für Unternehmensstrategie-Prozesse, Führungskräftetagungen, Assessment Center und Teambuildings). „Speaker" für Impulsvorträge zu HR-Management- und Führungs-Themen sowie Methodenkompetenzen.

Autor zahlreicher Fachartikel, Lehrbriefe, eTrainings und Mitautor von „Personalprozesse gestalten und optimieren" (heute Teil des Personaloffices von Haufe).

Die Autoren

Dr. Sebastian Spörer

Berufliche Laufbahn

Studium der Betriebswirtschaftslehre und der Sozialwissenschaften mit Promotion als Dr. phil. Ausbildungen in verschiedenen Fachgebieten der Psycho-Neuro-Sozio-Endokrino-Immunologie. Seit 2003 in verschiedenen Führungs- und Personalmanagementfunktionen tätig.

Seit 2006 Training für Führungskräfte zu den Themen Work-Life-Balance und Gesundheitsmanagement. Seit Mitte 2011 Leiter des Zentrums für Leistungsmanagement im Schloss zu Hopferau. Lehrbeauftragter an der Universität Augsburg für Kommunikation.

Kompetenz-, Beratungs- und Trainings-Schwerpunkte

Nach Stationen im öffentlichen Dienst und in verschiedenen Trainingsinstituten jetzt Trainer für Neuro-Leadership. Umsetzung von Trainingsprojekten und Erweiterung von Führungskräfteentwicklungen um den Bereich Neuro-Biologie. In Deutschland die einmalige Kombination aus Gehirnforschung, Immunologie und Führungskräfteentwicklung.

Darüber hinaus Trainings und Seminare zu den Themen Stress-Prävention, Neuro-Motivation und Neuro-Selbstmanagement.

Key-Note-Speaker und Impulsvorträge zu den Themen Motivation durch Neuro-Biologie, Stress-Prävention, Ernährung als Motivationsgrundlage und zu verschiedene Stress- und Gesundheitsaspekten.